Hochschullehrer als Zielgruppe universitärer Personalentwicklung.

Eine Analyse erforderlicher Kompetenzen und

Möglichkeiten ihrer (Weiter-)Entwicklung.

Dissertation

Zur Erlangung des wirtschaftswissenschaftlichen Doktorgrades der

wirtschaftswissenschaftlichen Fakultät der Universität Göttingen

Vorgelegt von

Dipl. Kffr. Yvonne Lips

aus Braunschweig

Göttingen 2009

Erstgutachter: Prof. Dr. Günther Schanz

Zweitgutachterin: PD Dr. Micha Strack

Tag der mündlichen Prüfung: 16.10.2009

Berichte aus der Betriebswirtschaft

Yvonne Lips

Hochschullehrer als Zielgruppe universitärer Personalentwicklung.

Eine Analyse erforderlicher Kompetenzen und Möglichkeiten ihrer (Weiter-)Entwicklung.

D 7 (Diss. Universität Göttingen)

Shaker Verlag
Aachen 2010

Bibliografische Information der Deutschen Nationalbibliothek
Die Deutsche Nationalbibliothek verzeichnet diese Publikation in der Deutschen
Nationalbibliografie; detaillierte bibliografische Daten sind im Internet über
http://dnb.d-nb.de abrufbar.

Zugl.: Göttingen, Univ., Diss., 2009

Copyright Shaker Verlag 2010
Alle Rechte, auch das des auszugsweisen Nachdruckes, der auszugsweisen
oder vollständigen Wiedergabe, der Speicherung in Datenverarbeitungs-
anlagen und der Übersetzung, vorbehalten.

Printed in Germany.

ISBN 978-3-8322-8900-3
ISSN 0945-0696

Shaker Verlag GmbH • Postfach 101818 • 52018 Aachen
Telefon: 02407 / 95 96 - 0 • Telefax: 02407 / 95 96 - 9
Internet: www.shaker.de • E-Mail: info@shaker.de

VORWORT

Die Auseinandersetzung mit dem immer vielfältiger und komplexer werdenden Aufgabenfeld von ProfessorInnen, den sich daraus ergebenden Kompetenzanforderungen und Möglichkeiten diesen mittels Personalentwicklung zu begegnen, erscheint von besonderem Interesse. Insbesondere die hohe Aktualität der Thematik hat mich dazu angeregt, den Weiterbildungsmöglichkeiten von Hochschullehrenden im Rahmen einer Dissertation nachzugehen.

Die vorliegende Arbeit entstand während meiner Tätigkeit als wissenschaftliche Mitarbeiterin am Institut für Unternehmensführung der Georg-August-Universität Göttingen. Allen, die zu ihrem Gelingen beigetragen haben, möchte ich an dieser Stelle herzlich danken. Mein Dank gilt insbesondere Prof. Dr. Günther Schanz für die fachliche Unterstützung und Betreuung meiner Arbeit. Des Weiteren danke ich Frau PD Dr. Micha Strack für die Übernahme des Zweitgutachtens sowie Herrn Prof. Dr. Wolfgang König für die Bereitschaft, die Rolle des Drittprüfers anzunehmen.

Dankbar bin ich darüber hinaus für die vielen Ermutigungen, kritischen Diskussionen und literaturtechnischen Hilfestellungen der KollegInnen und wissenschaftlichen Hilfskräfte des Instituts sowie für das angenehme Arbeitsklima dort.

Marion Brehm, Antje Juch und Annika Lips danke ich für das Korrekturlesen und die kritisch-konstruktive Auseinandersetzung mit unzähligen Manuskriptseiten. In diesem Punkt möchte ich mich auch ganz besonders bei Anja Behrens, Sarah Guttenhöfer und Melanie Klett bedanken, die mir außerdem durch zahlreiche fruchtbare Gespräche und Anregungen beim Mensaessen insbesondere durch den harten Endspurt geholfen haben. Ein weiterer ganz besonderer Dank gilt Swantje Beier, die zeitgleich mit mir im Institut anfing und auch mit mir abgegeben hat. Ohne ihre Freundschaft, ihr offenes Ohr und ihre seelische Unterstützung hätte ich es nie geschafft. Geteiltes Leid ist eben doch halbes Leid…

Doch meine besondere Dankbarkeit und Verbundenheit gilt meiner Familie. Ganz besonders möchte ich mich bei meinem besten Freund und Ehemann Tobias Lips bedanken, der mir mit seiner liebevollen Geduld immer zur Seite stand und mich sowohl motiviert als auch, wenn nötig, abgelenkt hat. Nicht zuletzt gilt mein Dank von ganzem Herzen meinen Eltern Herbert und Irene Brüggemann, auf die ich mich in allen Lebenslagen jederzeit und uneingeschränkt verlassen konnte und die mir meinen bisherigen Ausbildungsweg überhaupt erst ermöglicht haben.

Göttingen, im Januar 2010   Yvonne Lips

Inhaltsverzeichnis

Abkürzungsverzeichnis V
Abbildungsverzeichnis IX
Tabellenverzeichnis XI
1. Einleitung 1
2. Konzeptionelle Grundlagen 7
   2.1. Das Hochschulsystem der Bundesrepublik Deutschland 7
      2.1.1. Historische Entwicklung 7
      2.1.2. Einordnung der Universität in das tertiäre Bildungssystem 16
      2.1.3. Finanzierung und Struktur der Expertenorganisation Universität 21
      2.1.4. Universitäre Aufgaben 35
   2.2. Das Berufsbild des Hochschullehrers 44
      2.2.1. Definition und Werdegang 44
      2.2.2. Das Tätigkeitsfeld 52
      2.2.3. Beschäftigungsbedingungen 66
      2.2.4. Motivation und Arbeitszufriedenheit 72
3. Anforderungsprofil und Personalentwicklung von Hochschullehrern 79
   3.1. Ein idealtypisches Anforderungsprofil 79
      3.1.1. Zum Konstrukt der Kompetenz 79
      3.1.2. Charakteristische Kompetenzanforderungen an Hochschullehrer 87
   3.2. Personalentwicklung an Hochschulen 103
      3.2.1. Gegenwärtiger Stand der Personalentwicklung von Hochschullehrern 104
      3.2.2. Hintergründe des Nachfrage- und Angebotsdefizits 110
      3.2.3. Relevanz professoraler Weiterbildung 119
   3.3. Theoretischer Zugang zur Kompetenz(weiter)entwicklung 130
      3.3.1. Allgemeine Grundlagen zur Personalentwicklung 130
      3.3.2. Konzeptionelle Fundierung der mikrodidaktischen Gestaltung 137
4. Möglichkeiten der Personalentwicklung zur Vervollständigung des Kompetenzprofils 143
   4.1. Qualitätssicherung in der Lehre 144
      4.1.1. Hochschuldidaktische Weiterbildungsmaßnahmen 144
      4.1.2. Supervision als Beratungsformat für Hochschullehrer 154
      4.1.3. Neue Medien als Inhalt und Methode von Personalentwicklungsmaßnahmen 169

4.2.	Forschungsmanagement	174
4.2.1.	Allgemeine Weiterbildungsmaßnahmen zur Vermittlung von Forschungskompetenz	174
4.2.2.	Entwicklung und Management von Forschungsprojekten	183
4.2.3.	Intra- und interkulturelle Zusammenarbeit	190
4.3.	Managemententwicklung	205
4.3.1.	(Weiter-)Entwicklung der Personalführungskompetenz	206
4.3.2.	Professionalisierung der Selbstverwaltungstätigkeiten	224
5.	Voraussetzungen einer erfolgreichen Implementierung	237
5.1.	Mögliche Anreizgestaltung zur Erhöhung der Teilnahmebereitschaft	238
5.2.	Gestaltungsprinzipien	242
5.3.	Einrichtung einer zentralen Stelle für Personalentwicklung	248
6.	Schlussbetrachtung	251
Anhang		XIII
Literaturverzeichnis		XLI

ABKÜRZUNGSVERZEICHNIS

Abb.	Abbildung
Abs.	Absatz
AHD	Arbeitsgemeinschaft für Hochschuldidaktik
Art.	Artikel
dbb	Deutscher Beamtenbund
BBesG	Bundesbesoldungsgesetz
BBiG	Berufsbildungsgesetz
Bd.	Band
BDA	Bundesvereinigung der deutschen Arbeitgeberverbände
BIP	Bruttoinlandsprodukt
BRD	Bundesrepublik Deutschland
bspw.	beispielsweise
BVerfGE	Bundesverfassungsgericht
BWL	Betriebswirtschaftslehre
bzgl.	bezüglich
bzw.	beziehungsweise
CBT	Computer Based Training
CHE	Centrum für Hochschulentwicklung
d.h.	das heißt
DAAD	Deutscher Akademischer Austauschdienst
DB	Deutsche Bahn AG
DFG	Deutsche Forschungsgemeinschaft
DHV	Deutscher Hochschulverband
DUZ	Deutsche Universitätszeitung
EDV	Elektronische Datenverarbeitung
e.V.	eingetragener Verein
et al.	et alii bzw. et aliae
etc.	etcetera
EU	Europäische Union
evtl.	eventuell
f.	folgende
ff.	fortfolgende
FH	Fachhochschule(n)

FU	Freie Universität
FuE	Forschung und Entwicklung
gem.	gemäß
GG	Grundgesetz
ggf.	gegebenenfalls
HDZ	Hochschuldidaktisches Zentrum
HRG	Hochschulrahmengesetz
http	Hypertext Transfer Protocol
i.A.	im Allgemeinen
I.d.R.	In der Regel
inkl.	inklusive
i.S.	im Sinne
i.S.d.	im Sinne der, im Sinne des
i.S.v.	im Sinne von
ICA	Intercultural Assimilator
IfO	Institut für Wirtschaftsforschung
k.A.	keine Angabe
Kap.	Kapitel
lt.	laut
m.E.	meiner Einschätzung
MbO	Management by Objectives
Mrd.	Milliarden
NHG	Niedersächsisches Hochschulgesetz
o.ä.	oder ähnliche, oder ähnliches
u.a.m.	und anderes mehr
o.g.	oben genannte, oben genannter
o.Jg.	ohne Jahrgang
o.O.	ohne Ort
o.S.	ohne Seite
o.V.	ohne Verfasser
OECD	Organisation for Economic Co-operation and Development
Orig.	Original
PE	Personalentwicklung
PR	Public Relations

QUEM	Qualifikations-Entwicklungs-Management
RUB	Ruhr Universität Bochum
S.	Seite
s.	siehe
s.u.	siehe unten
sog.	sogenannte, sogenannter
Sp.	Spalte(n)
SWS	Semesterwochenstunden
TQM	Total Quality Management
TU	Technische Universität
TZI	Themenzentrierte Interaktion
TvöD	Tarifvertrag öffentlicher Dienst
u.a.	und andere
u.Ä.	und Ähnliche, und Ähnliches
u.U.	unter Umständen
USA	United States of America
usw.	und so weiter
Vgl.	Vergleiche
VWL	Volkswirtschaftslehre
WBT	Web Based Training
WHU	Wilhelm von Humboldt Universität
WR	Wissenschaftsrat
WS	Wintersemester
www.	world wide web
z.B.	zum Beispiel
z.T.	zum Teil
ZWM	Zentrum für Wissenschaftsmanagement e.V.
ZfB	Zeitschrift für Betriebswirtschaft
z.Zt.	zurzeit

ABBILDUNGSVERZEICHNIS

Abbildung 1: allgemeine Universitätsstruktur 28
Abbildung 2: Profibürokratie 31
Abbildung 3: Aufgaben der Hochschulen 35
Abbildung 4: Übersicht über die universitären Leistungen 44
Abbildung 5: Personal an Universitäten 45
Abbildung 6: Ablauf eines Berufungsverfahrens 51
Abbildung 7: Fach-, Methoden-, Sozial- und Selbstkompetenz 81
Abbildung 8: Personalentwicklungsmaßnahmen zur Anpassung des Kompetenz- an das Anforderungsprofil 130
Abbildung 9: Zwei ‚Lehrtheorien' 139
Abbildung 10: Single-loop learning und double-loop learning 140
Abbildung 11: Konzept für Werkstattseminare (Phasenmodell) 149
Abbildung 12: Die fünf Kommunikationsmodi in der Supervision 160
Abbildung 13: Ablauf des Moduls I 173
Abbildung 14: Darstellung eines Open Space Marktplatzes 178
Abbildung 15: Projektmanagement-Schulung 186
Abbildung 16: Methoden interkultureller Trainings 197
Abbildung 17: Kolbs Lernzirkel 199
Abbildung 18: Entscheidungsmodell über Trainingsmaßnahmen zur Vorbereitung eines Auslandsaufenthalts 204
Abbildung 19: Schematische Abläufe eines Coaching-Prozesses 210
Abbildung 20: Prozess der Verhaltensmodellierung 218
Abbildung 21: Cafeteria-Angebot an Personalentwicklungsmaßnahmen für Hochschullehrer 247

ABBILDUNGSVERZEICHNIS

Abbildung 1: allgemeine Universitätsstruktur ... 28
Abbildung 2: Profibürokratie ... 31
Abbildung 3: Aufgaben der Hochschulen ... 35
Abbildung 4: Übersicht über die universitären Leistungen ... 44
Abbildung 5: Personal an Universitäten ... 45
Abbildung 6: Ablauf eines Berufungsverfahrens ... 51
Abbildung 7: Fach-, Methoden-, Sozial- und Selbstkompetenz ... 81
Abbildung 8: Personalentwicklungsmaßnahmen zur Anpassung des Kompetenz- an das Anforderungsprofil ... 130
Abbildung 9: Zwei ‚Lehrtheorien' ... 139
Abbildung 10: Single-loop learning und double-loop learning ... 140
Abbildung 11: Konzept für Werkstattseminare (Phasenmodell) ... 149
Abbildung 12: Die fünf Kommunikationsmodi in der Supervision ... 160
Abbildung 13: Ablauf des Moduls I ... 173
Abbildung 14: Darstellung eines Open Space Marktplatzes ... 178
Abbildung 15: Projektmanagement-Schulung ... 186
Abbildung 16: Methoden interkultureller Trainings ... 197
Abbildung 17: Kolbs Lernzirkel ... 199
Abbildung 18: Entscheidungsmodell über Trainingsmaßnahmen zur Vorbereitung eines Auslandsaufenthalts ... 204
Abbildung 19: Schematische Abläufe eines Coaching-Prozesses ... 210
Abbildung 20: Prozess der Verhaltensmodellierung ... 218
Abbildung 21: Cafeteria-Angebot an Personalentwicklungsmaßnahmen für Hochschullehrer ... 247

TABELLENVERZEICHNIS

Tabelle 1: Zusammenfassung der Lehr-, Forschungs- und Managementkompetenz 103
Tabelle 2: Vor- und Nachteile interner und externer Entwicklungsmaßnahmen 133
Tabelle 3: Mehrperspektivitätstechniken 168
Tabelle 4: Klassifizierung von Kreativitätstechniken mit einem jeweils typischen Beispiel 180
Tabelle 5: Schwerpunkte kultureller Trainings 198
Tabelle 6: Maßnahmen des Führungskräftetrainings 206
Tabelle 7: Beziehung zwischen Nachwuchswissenschaftler und Doktorvater 220

1. Einleitung

Deutsche Hochschulen befinden sich schon seit einiger Zeit und wohl noch für viele weitere Jahre in **einschneidenden und vielfältigen Veränderungs- und Reformprozessen**. Steigende Studierendenzahlen, die Entwicklung Neuer Medien, der veränderte Lernprozess im Sinne eines ‚Shift from Teaching to Learning',[1] die Einführung und Verwendung von Studiengebühren und der damit einhergehenden Forderung, Theorie und Praxis verstärkt miteinander zu verknüpfen sowie die Umstellung auf Bachelor- und Masterstudiengänge und des damit einhergehenden erhöhten Prüfungsaufwandes und Verschulung des Studiums rücken die **Lehrqualität** von Hochschulen immer mehr in das Zentrum öffentlichen Interesses.[2] Doch auch die wachsende Betriebs- und Projektförmigkeit der **Forschung** sowie die Forderung nach deren Verwertbarkeit, die allgemeine Verwissenschaftlichung der Gesellschaft und die verstärkte Konkurrenz mit anderen gesellschaftlichen Teilsystemen um die Verteilung knapper finanzieller Ressourcen erfordern neue Sicht- und Handlungsweisen. Darüber hinaus werden verstärkt Kostenbewusstsein, Qualitätskontrollen sowie Kunden- und Mitarbeiterorientierung verlangt. Die öffentliche Hand ist weder bereit noch in der Lage, die steigenden Bildungskosten zu tragen, ohne dass Hochschulen ihre Kosten-Nutzenrelationen glaubhaft machen.[3] Die im Rahmen der Einführung des **New Public Management** und der damit verbundenen Globalhaushalte zunehmende Dezentralisierung von Zuständigkeiten und Entscheidungen auf Hochschulen und Fachbereiche[4] sowie die Übertragung vermehrter Finanzautonomie zieht im Gegenzug die Verpflichtung nach sich, über Forschungs- und Lehrleistungen Rechenschaft abzulegen. Finanzielle Mittel werden an Hochschulen und auch hochschulintern zunehmend über Leistungskennzahlen verteilt.[5]

Diepenbrock schildert die breit gefächerten Erwartungen in prägnanter Weise: Die Hochschule „…möge durch angewandte Forschung und praxisnahe Lehre Impulsgeber für die wirtschaftliche Entwicklung einer Region sein, den Kulturraum durchdringen und beflügeln, den exzellenten wissenschaftlichen Nachwuchs fördern, welcher zugleich praxisnah verwendbar ist, sich durch exzellente Grundlagenforschung national im kompetitiv organisierten Forschungsraum durchsetzen, im europäischen Hochschulraum entlang der Bologna- und Lissa-

---

[1] Vgl. Sonntag, Schaper & Friebe 2005, S. 34
[2] Durch die stärkere Strukturierung des Studiums sind kürzere Studienzeiten möglich, übersehen wird jedoch insbesondere durch die Mentalität des ‚Punktesammelns', dass dadurch die Gefahr einer Absenkung des Niveaus wissenschaftlicher Bildung besteht.
[3] Vgl. Grossmann, Pellert & Gotwald 1997, S. 24; Mayer 2002, S. 8; Wagner 2004, S. 247; Pellert et al. 1999, S. 233
[4] Vgl. Leichsenring 2007, S. 3
[5] Vgl. Arnold 2001, S. 403

bon-Prozesse etablieren und als weit sichtbarer „Leuchtturm" im globalen Wettbewerb wahrnehmbar sein."[6]

Die genannten Leistungen der Universitäten werden in erster Linie durch die in ihr tätigen Personen, insbesondere den Professoren[7] sowie deren Leistungsbereitschaft und -fähigkeit determiniert.[8] In diesem Zusammenhang gerät die Tätigkeit der Hochschullehrer, der maßgeblichen **Leistungsträger dieser Institution**, stärker in das Blickfeld des Interesses. „Die Hochschullehrer sind es, die den Rang einer Universität begründen, ihren Stil prägen und ihre Anziehungskraft bestimmen. Von ihnen hängt es entscheidend ab, ob Forschung und Lehre vorzüglich oder mittelmäßig sind, ob gute Kollegen und gute Studenten angezogen oder abgestoßen werden, ob Promovenden und Habilitanden Originelles leisten oder sattsam Bekanntes wiederkäuen. Ein, zwei Fehlbesetzungen können ein Fach ruinieren."[9]

Die meisten Professoren tun und geben angesichts Überlast und der sich stetig verschlechternden Rahmenbedingungen ihr Bestes. Aber um die Leistungsfähigkeit der Hochschulen, ihre Effizienz und ihre Flexibilität in größtmöglichem Maße zu steigern, muss der **Kompetenzentwicklung** der in ihr tätigen Leistungsträger mehr Bedeutung eingeräumt werden. Nur dann werden die Hochschulen in der Lage sein, die raschen und dynamischen Änderungen auch in Zukunft erfolgreich zu bewältigen.[10]

Mit den aufgezeigten Veränderungen werden auch die **Anforderungen**, die an Hochschullehrer gestellt werden, **immer komplexer**. Immer mehr Kontextwissen ist erforderlich, um angesichts der rein quantitativen Lehr- und Prüfungsbelastung, der Forschungsabläufe und der umfangreichen Verpflichtungen in der Selbstverwaltung die Aufgaben effektiv und effizient erfüllen zu können. Immer mehr Findigkeit, Antrags- und Begründungsaufwand sind nötig, um bewährte Mitarbeiter halten und die knappere Grundausstattung durch Drittmittelfinanzierung ausgleichen zu können. Dabei sind Hochschullehrer auf die wenigsten Aufgaben systematisch vorbereitet. Zudem müssen sich auch erfahrene Hochschullehrer ständig auf neue Rechtsgrundlagen, Verwaltungsabläufe, Forschungsförderungsbedingungen oder Prüfungsvorschriften einstellen, den Forschungsstand verfolgen, veränderte Rahmenbedingungen einschätzen, neue Erfahrungen und neue Ideen für Lehre und Lernen kennen lernen. Es gilt also auch für Professoren, sich in den verändernden Umfeldbedingungen ihre **Berufsfähigkeit zu erhalten**, um nicht nur sich selbst, sondern auch ihrem Auftrag gerecht zu werden. Dies zu

---

[6] Diepenbrock 2007, S. 606
[7] Zur besseren Lesbarkeit des Textes wird im Folgenden lediglich die männliche Form für Professoren, Hochschullehrer, Mitarbeiter, Teilnehmer etc. verwendet.
[8] Vgl. Brenzikofer 2002, S. 2
[9] Morkel 2000, S. 25
[10] Vgl. Zehetmmair 1998, S. V

erleichtern, Instrumente anzubieten, die ihnen die Anpassung an die neuen Anforderungen ermöglicht und die fehlende Ausbildung kompensiert, ist **Aufgabe einer universitären Personalentwicklung** für die Zielgruppe der Professoren, wie sie nicht nur in der Wirtschaft üblich ist, sondern international auch im Wissenschaftsbetrieb erfolgreich funktioniert.[11] Auch um die nun vorhandenen Gestaltungsmöglichkeiten auf den Leitungsebenen nutzbringend auszuschöpfen, sollte eine intensive Auseinandersetzung über das Instrument der Personalentwicklung geführt werden.[12]

Die Hochschule ist ein Ort des Aufbaus, der Weiterentwicklung und Vertiefung von Kompetenzen, Wissen und Können, Techniken und Methoden, Fertigkeiten und Fähigkeiten. Erscheint es da nicht paradox diese Institution in Bezug auf Personalentwicklung, d.h. die absichtsvolle Förderung individueller Kompetenzen, als ‚**unentdecktes Land**' zu bezeichnen?[13] In Bezug auf den wissenschaftlichen Nachwuchs und das Verwaltungspersonal ist dem sicherlich heute nicht mehr uneingeschränkt zuzustimmen. Doch während der durchaus korrekten Annahme folgend, die erforderlichen Kompetenzen seien bereits auf dem Weg zur Professur auszubilden, für den wissenschaftlichen Nachwuchs bereits zahlreiche Angebote entstanden sind und stetig weitere hinzukommen, wird die **Zielgruppe der Professoren bei diesen Bemühungen weitgehend außen vor gelassen**. Doch wie soll der wissenschaftliche Nachwuchs auf die Führung einer Universität oder eines Fachbereichs, delikate Berufungsverhandlungen oder das Führen von Mitarbeitern vorbereitet werden, wenn sie diese Tätigkeiten angesichts fehlender Umsetzungsmöglichkeiten in der realen Praxis nicht erproben können? Zudem gehen diese Ansätze von der irrigen Annahme aus, dass die in der Doktorandenausbildung erworbenen Kompetenzen in der heutigen Zeit für ein ganzes ‚Professorenleben' ausreichen. Und das, wo Universitäten dabei sind, akademische Weiterbildung als ihr viertes Aufgabengebiet zu deklarieren. In einer Zeit, in der **lebenslanges Lernen** ‚Groß' geschrieben und die Halbwertzeit des Wissens nur noch mit fünf Jahren angegeben wird, scheinen die größten Wissensorganisationen und -produzenten diese Erkenntnisse bei ihren eigenen Leistungsträgern zu ignorieren.[14]

Dabei geht es keineswegs um die unreflektierte und vorbehaltlose Übernahme von Personalentwicklungskonzepten aus der Wirtschaft auf die Hochschulen, vielmehr sind Maßnahmen

---

[11] Vgl. Jungkind & Willems 2008, S. 391; Webler 1993, S. 120
[12] Vgl. Pellert & Widmann 2008, S. 14
[13] Vgl. Schmidt 2007a, S. 125
[14] Vgl. Franke 1999, S. 117. Auszunehmen ist hier jedoch in gewissem Maße die Forschung, denn auf ihrem Fachgebiet sind Professoren stets bemüht auf dem neuesten Stand zu bleiben.

auf ihre Anwendbarkeit bei Professoren zu überprüfen und ggf. auf die Spezifika der Hochschulen anzupassen.[15]

„Auffällig ist, dass Versuche, systematische Informationen über diesen Beruf zu gewinnen nur selten vorgenommen werden. Der Beruf, der selbst von der Überzeugung lebt, dass systematischer Informationsgewinn für den Fortschritt der Menschheit unentbehrlich ist, wird seinerseits selten zum Gegenstand systematischer Analyse gemacht."[16]

Es findet sich eine Fülle von Literatur die sich mit der Personalentwicklung der unterschiedlichsten Zielgruppen in verschiedenen Organisationstypen befasst. **Personalentwicklung von Universitätsprofessoren** ist bisher jedoch nur im **Ausnahmefall** Gegenstand wissenschaftlicher Abhandlungen. Hochschullehrer sind das noch am wenigsten erforschte Untersuchungsfeld, zieht man die Bedeutung dieser Berufsgruppe in Betracht. Selbst die USA bietet hierzu wenig. Das Gros an Auskünften stellt die Sozialforschung bereit, die sich jedoch meist mit sehr begrenzten Themenfeldern begnügt.[17] Auch die Themengebiete ‚Kompetenzen' und ‚Anforderungen' werden viel diskutiert. Kompetenzprofile für Hochschullehrer sind jedoch selten und beziehen sich i.d.R. nur auf wenige Aspekte der Tätigkeit.

Da der Gesetzgeber die Personalentwicklung des eigenen Personals gesetzlich als Aufgabe der Hochschulen verankert hat, stellt sich die Frage, inwieweit Universitäten dieser Verpflichtung hinsichtlich der Zielgruppe der Professoren nachkommen und wie sie die Personalentwicklung ausgestalten.[18]

Im Zentrum des Forschungsinteresses dieser Arbeit steht daher die Frage, über welche Kompetenzen ein Hochschullehrer angesichts der aufgezeigten Veränderungen verfügen sollte, um sowohl die Balance zwischen den vielfältigen Rollenanforderungen halten zu können als auch diese kompetent auszufüllen und in welcher Weise eine universitäre Personalentwicklung zur Vervollständigung des Kompetenzprofils beitragen kann. Das Ziel der nachfolgenden Analyse besteht folglich darin, unter Berücksichtigung der spezifischen Besonderheiten der Zielgruppe und deren Arbeitsumfeld, ein Personalentwicklungsangebot zusammenzustellen, welches geeignet erscheint, diesen Anforderungen gerecht zu werden.

---

[15] Vgl. Schmidt 2007b, S. 7; Küpper & Sinz 1998, S. VII. Natürlich ist auch die Vorstellung, die Wirtschaft sei als Personalentwicklungs-Benchmark besonders geeignet, so als gäbe es dort keine Defizite in diesem Bereich, fragwürdig. Vgl. Laske & Auer 2006, S. 66
[16] Enders 1997, S. 51 f.
[17] Vgl. Wildt 1984, S. 172; Karpen 1995, S. 86
[18] Vgl. HRG § 3 (2)

Diesem Ziel folgend, gliedert sich die vorliegende Arbeit in vier Teile. Das sich anschließende Kapitel 2 bietet zunächst einen Einblick in die Organisation ‚Universität' durch die Darstellung ihrer geschichtlichen Entwicklung, strukturellen Gestaltung sowie insbesondere der ihr obliegenden Aufgaben. Darüber hinaus wird das Berufsbild des Hochschullehrers anhand theoretischer und empirischer Literatur analysiert, wobei auch hier das besondere Augenmerk auf dem Tätigkeitsfeld liegt.

Kapitel 3 liefert das Wissen für eine vertiefte Auseinandersetzung mit dem Anforderungs- und Kompetenzprofil und der Personalentwicklung von Professoren. Dabei gilt es in einem ersten Schritt ein idealtypisches Anforderungsprofil zu erstellen, welches die Basis der später darzustellenden Personalentwicklung bildet. Nachdem hier der Zugang zum Konstrukt der Kompetenz gelegt wurde, werden die wichtigsten Facetten der Forschungs-, Lehr- und Managementkompetenz benannt.

Der zweite Teil dieses Kapitels beschäftigt sich mit der Personalentwicklung an Hochschulen. Um den gegenwärtigen Stand der Personalentwicklung von Professoren zu ermitteln, wurde im Rahmen dieser Arbeit eine empirische Erhebung durchgeführt, deren Ergebnisse hier dargestellt werden. Des Weiteren widmet sich dieser Abschnitt den Hintergründen eines etwaigen Nachfrage- und Angebotsdefizits universitärer Personalentwicklung sowie der Relevanz professoraler Weiterbildung.

Abschließend bietet der letzte Teil des dritten Kapitels einen theoretischen Zugang zur Kompetenz(weiter-)entwicklung, in dem allgemeine Grundlagen zur Personalentwicklung sowie zur tiefergehenden mikrodidaktischen Gestaltung dargelegt werden.

Darauf aufbauend beschäftigt sich Kapitel 4 mit verschiedenen Möglichkeiten der Personalentwicklung zur Vervollständigung des vorher aufgestellten Kompetenzprofils. Die Untergliederung dieses Kapitels orientiert sich dabei an den drei primären Tätigkeitsbereichen von Professoren. Folglich werden für Forschung, Lehre und Management aus dem Instrumentarium der Personalentwicklung jeweils diejenigen Maßnahmen ausgewählt und vorgestellt, die für eine Weiterentwicklung der entsprechenden Kompetenzen und für die Besonderheiten der Zielgruppe ‚Hochschullehrer' geeignet erscheinen. Angereichert wird das gesamte vierte Kapitel mit nationalen und internationalen Erfahrungen, bereits erprobten Konzepten und ‚Best-Practice-Beispielen' zur Personalentwicklung für Professoren.

Abgerundet wird die vorliegende Arbeit mit den in Kapitel 5 dargestellten Umsetzungsbedingungen, ohne die eine erfolgreiche Implementierung eines Personalentwicklungskonzeptes für Hochschullehrer nicht möglich erscheint.

2. Konzeptionelle Grundlagen

Zum besseren Verständnis der späteren Ausführungen wird im Folgenden Grundlegendes zum Arbeitsumfeld und dem Berufsbild von Hochschullehrern dargestellt.

2.1. Das Hochschulsystem der Bundesrepublik Deutschland

Ziel dieses Unterkapitels ist es, das deutsche Hochschulsystem als Ganzes, in seiner historischen Entwicklung und gesellschaftlichen Einbettung in wichtigen Charakteristika zu skizzieren. Die universitäre Personalentwicklung muss sich mit den Besonderheiten der Organisation Universität auseinandersetzen, um sinnvolle Ansatzpunkte für personalentwicklerische Tätigkeiten zu finden.

2.1.1. Historische Entwicklung

Struktur und Organisation von deutschen Universitäten sind nur vor dem Hintergrund ihrer historischen Entwicklung zu verstehen. Die heutige Universität ist das Ergebnis politischer Entscheidungen, getroffen in den unterschiedlichen geschichtlichen Situationen angesichts der jeweilig herrschenden wirtschaftlichen, politischen und geistigen Gegebenheiten.[19]

Mit **Bologna** und **Paris** entstanden im 12. Jahrhundert die ersten europäischen Universitäten. Ausgestattet mit päpstlichen und kaiserlichen Privilegien konnten die ‚universitas magistrorum et scholarium' (korporative Gemeinschaften von Lehrenden und Lernenden) ihre inneren Angelegenheiten weitgehend selbstständig regeln, sich selbst ergänzen, Prüfungen abnehmen und über die regionale Anerkennung hinausgehende Grade verleihen.[20] Während nach diesen beiden Vorbildern in Italien, Frankreich, England und Spanien bald weitere Universitäten entstanden, wurden die ersten Hochschulen im damaligen **Deutschen Reich** mit einiger Verzögerung und aufgrund der konfliktären Beziehung von Papst und Kaiser anders als ihre Vorbilder **von Landesfürsten gegründet**.[21] Die dadurch entstandene verstärkte staatliche Aufsicht und Leitung ist bis heute typisch für deutsche Hochschulen geblieben.[22] Auch die im Mittelalter ausgebildeten institutionellen Züge, wie die Gliederung in Fakultäten mit gewählten Dekanen, Senat, Leitung durch einen Rektor sowie das Prinzip der Selbstverwaltung überdauerten weitestgehend bis in die Gegenwart.[23] Den Kanzler als kirchliche Aufsichtsinstanz (insbesondere auch über die ‚richtigen' Lehrinhalte) gab es hingegen nur bis in die Neu-

---

[19] Vgl. Bahro & Becker 1979, S. 10
[20] Vgl. Peisert & Framhein 1997, S. 2
[21] Vgl. Prahl & Schmidt-Harzbach 1981, S. 25 f; Ellwein 1997, S. 23, 25, 30; Müller 1990, S. 12; Peisert & Framhein 1997, S. 2
[22] Vgl. Peisert & Framhein 1997, S. 2
[23] Vgl. Peisert & Framhein 1997, S. 2; Müller 1990, S. 24

zeit.[24] Dessen Funktion übernahmen nach dem gleichzeitigen Machtverfall von Papst- und Kaisertum im 16. Jahrhundert ebenfalls die Landesherren. Die Hochschulen wurden nun gänzlich ihrer Herrschaft und Verwaltung zugeführt und verloren wesentliche Korporationsrechte und Privilegien. Der Hochschullehrer, zunehmend in der Rolle des Staatsbeamten, erhielt statt Kirchenpfründe ein Salär, welches nicht selten aus säkularisiertem Kirchen- oder Klostergut bezahlt wurde. Seine Amtsführung unterlag statt alleiniger korporativer, mehr und mehr staatlicher Kontrolle.[25] Nach dem Dreißigjährigen Krieg griff der absolutistische Verwaltungsstaat insbesondere auch in das Prüfungs- und Graduierungswesen ein, in dem es zu großen Missbräuchen gekommen war. Mit der Einführung sog. Staatsexamina wirkte er einerseits den käuflichen Graden entgegen, andererseits sollten die staatlichen Ämter vom Adelsmonopol befreit werden.[26]

Das damalige universitäre Umfeld war noch stabil und überschaubar. Aufgrund der zu entrichtenden Studiengebühren waren die Universitäten verhältnismäßig klein, außerdem beschränkten sie sich auf Theologie, Jura und Medizin. Um ein einheitliches Bildungsniveau der Studenten zu erreichen, wurde zuvor jedoch der Besuch der sog. Artistenfakultät[27] verlangt. Forschungsaktivitäten oder gar integrierte, die Fachgebiete überschneidende Aktivitäten befanden sich noch in den Kinderschuhen. Als zentrale Organisationseinheit galt der einzelne Lehrstuhl. So lehrte und forschte auch jeder Professor in seiner ‚**Gelehrtenstube**' für sich und organisierte sich selbst.[28]

Mit dem Zeitgeist der Aufklärung wurde die Aufgabe der Universität nicht mehr nur darin gesehen, das vorhandene Wissen zu tradieren, sondern dieses Wissen auch zu mehren und bisher herrschende falsche Lehrmeinungen zu korrigieren.[29] Dieser neue Wissenschaftsbegriff begründete eine humanistische Universitätsreform, deren Markstein die Gründung der Universität Berlin (1809/1810) wurde. In ihr verwirklichte der damalige Sektionschef für Kultus und Unterricht **Wilhelm von Humboldt** die aus dem philosophischen Gedankengut des deutschen Idealismus hervorgegangene ‚Idee der Universität', wodurch Berlin modellbildend weit über die preußischen Grenzen hinaus wurde.[30]

---

[24] Vgl. Müller 1990, S. 14, 24
[25] Vgl. Müller 1990, S. 45, 53 f.
[26] Vgl. Müller 1990, S. 58; Prahl & Schmidt-Harzbach 1981, S. 71 f.
[27] Studium der ‚sieben freien Künste', eingeteilt in Quadrivium (Arithmetik, Geometrie, Astronomie, Musik) und Trivium (Grammatik, Dialektik, Rhetorik). Vgl. Peisert & Framhein 1997, S. 2
[28] Vgl. Hödl & Zegelin 1999, S. 361; Scheidegger 2001, S. 191
[29] Vgl. Thieme 1965, S.1 f.
[30] Vgl. Müller 1990, S. 67 ff.; Peisert & Framhein 1997, S. 3; Roth 2001, S. 566

Die Forderung Humboldts, die „...Wissenschaft als etwas noch nicht ganz Gefundenes und nie ganz Aufzufindendes zu betrachten, und unablässig sie als solche zu suchen"[31] unterstrich die Rolle der Forschung als Kernstück wissenschaftlicher Tätigkeit und gab dem Universitätslehrer eine Doppelstellung. Er hörte auf nur Lehrer zu sein, er wurde auch Forscher.[32] Die Formel ‚**Bildung durch Wissenschaft**' brachte die Postulate der Einheit von Forschung und Lehre sowie die durch den Dienst an der Wissenschaft zu verwirklichende Einheit von Lernenden und Lehrenden zum Ausdruck. Dabei wurde der Heranführung und Beteiligung von Studenten an die Forschung statt reiner Wissensvermittlung eine bedeutende Rolle für die studentische Persönlichkeitsentwicklung zugesprochen. Forschende Lehre und lehrende Forschung sollten den Mittelpunkt bilden. Hierzu dienten Problem- und Spezialvorlesungen sowie insbesondere auch Seminare und Laboratorien, in denen die Studierenden selbstständig Ergebnisse erarbeiten sollten. Auf diese Weise gelang es Humboldt, die Forschung, die bis dahin vornehmlich in außeruniversitären Akademien stattfand, wieder an die Universität zu holen. Die Seminare waren der Ursprung der sich in der zweiten Hälfte des 19. Jahrhunderts an Universitäten und Technischen Hochschulen außerhalb der Fakultäten herausbildenden Institute, die heute, stark verselbstständigt, zu den Grundeinheiten der Hochschulstruktur zählen, wodurch die traditionelle Fakultätsgliederung an Bedeutung verlor.[33] Die durch das **Institutssystem** geförderte wissenschaftliche Ausdifferenzierung hob die Einheit der Wissenschaften auf. Auch die Professorenlaufbahn hat das Institutssystem verändert. Erstrebenswert galt nicht mehr nur das Ordinariat allein sondern zudem noch die Institutsleitung. Dies erforderte die Entwicklung von Verwaltungsgeschick und Unternehmerinitiative. Ausgangspunkt einer wissenschaftlichen Karriere war zunehmend eine Assistenz statt einer Privatdozentur. Zudem wurde die Abhängigkeit von Institutsdirektor sowie dessen Lehr- und Forschungseinrichtungen verstärkt.[34] „Insbesondere wenn der Professor auf einen neugeschaffenen Lehrstuhl berufen wurde, konnte er für sich allein ein ganzes Institut nach seinen Wünschen beanspruchen; das Institutspersonal sowie die Ausrüstung standen ihm auf Lebenszeit zur Verfügung. Daher kam es, dass die Ordinarien über ihre Institute herrschten wie Fürsten über ihre kleinen Lehen, ohne jemals von oben, sei es von einem Ministerium, einem Rektor, einem Senat oder einer Fakultät, kontrolliert zu werden. Die Autonomie, die üblicherweise den Universitäten

---

[31] Humboldt 1956, S. 379
[32] Vgl. Humboldt 1956, S. 377 f.
[33] Vgl. Peisert & Framhein 1997, S. 3; Müller 1990, S. 69 f.; Steiger 1981, S. 85; Flaschendräger 1981, S. 130; Kopetz 2002, S. 43; Peisert 1990, S. 394; Humboldt 1809/1964, S. 13
[34] Vgl. Turner 1987, S. 235

zugeschrieben wurde, war also in Wirklichkeit die individuelle Autonomie des Ordinarius, sobald er erst einmal berufen und mit seinem Institut etabliert war."[35]

Organisatorisch bildete sich damals der **Januskopf akademischer und staatlicher Verwaltung** heraus, wobei letztere mit ihren Ministerien und Kuratoren bzw. Kanzlern als Außenstellen tief in die Hochschulen hineinregierten. So lagen Gründungs- und Organisationsgewalt sowie die Etathoheit beim Staat. Die dualistische Verwaltungsstruktur galt jedoch nicht als problematisch sondern wurde eher als „Chance der vertrauensvollen Zusammenarbeit zwischen Staat und Hochschule im Interesse ihrer Leistungsfähigkeit in Forschung und Lehre"[36] verstanden. Sie lag im Sinne Humboldts, der dem Staat ohnehin mehr vertraute als den Professoren. Die staatliche Steuerung erfolgte dezentral durch die einzelnen Territorialstaaten. Schon damals zeichneten sich also Ansätze des heute vorherrschenden Kulturföderalismus ab.[37]

Zunehmende wissenschaftliche Spezialisierung und Verwissenschaftlichung der entstehenden Industriegesellschaft sowie die ansteigende Studentenfrequenz erzwangen eine **bauliche, personelle und finanzielle Erweiterung des Hochschulwesens**, so dass von einem in der zweiten Hälfte des 19. Jahrhunderts einsetzenden Wandel der Universität vom akademischen Klein- zum wissenschaftlichen Großbetrieb gesprochen werden kann.[38] Zwar konnten die vermehrten Lehraufgaben durch die steigende Zahl von Extraordinarien und Privatdozenten aufgefangen werden, persönlicher Kontakt und individuelle Betreuung wurden jedoch durch den Massenandrang erschwert, so dass die Distanz zwischen forschenden Professoren und ihren Studierenden immer größer wurde und bei vielen zu einem Gefühl der Entfremdung führte.[39] Lehrende und Lernende suchten fortan nicht mehr gemeinsam nach der Wahrheit sondern standen sich als autoritativ Abhängige gegenüber. Auch die Seminare boten bei weitem nicht mehr allen Studierenden Platz.[40] Neben der ‚offiziellen' Universität entwickelte sich eine ‚inoffizielle', die in personeller Hinsicht die weitaus größere darstellte und welche die ehemals alleinigen Träger der Universität in die Minderheit drängte. Dennoch blieb die Reputation der Ordinarien ungebrochen und sie verteidigten ihre Privilegien in Selbstverwaltung und Besoldung, als Fachvertreter und Institutsleiter. Unterstützung erhielten sie durch Strukturveränderungen, induziert durch die Herausbildung von Instituten, Seminaren, Kliniken und

---

[35] OECD 1973, S. 40
[36] Oppermannn 2005, S. 2 f.
[37] Vgl. Wolter 1999, S. 35 f.
[38] Vgl. Müller 1990, S. 82; Ellwein 1997, S. 132
[39] Vgl. Jarausch 1991, S. 329
[40] Vgl. Clark 1995, S. 32 f.; Jarausch 1991, S. 329

Laboratorien. Das patriarchalische System der Ordinarienuniversität blieb (vorerst) bestehen.[41]

Im Zuge des zunehmend komplexer werdenden administrativen Betriebsablaufs wuchs auch das Verwaltungspersonal, das diesen gewährleisten sollte, und gesellte sich als neue Gruppe zu den Studierenden, Hochschullehrern bzw. Forschern und Assistenten.[42]

Das exponentielle Wachstum der Entdeckungen, Erfindungen und neuen Erkenntnisse in den zwanziger und dreißiger Jahren führte einerseits zu einer zunehmenden Spezialisierung und infolgedessen zu einer höchst differenzierten innerwissenschaftlichen Arbeitsteilung, andererseits **begünstigte es die Forschung** in dem Sinn, dass sich die wissenschaftliche Reputation immer stärker aus ihr ergab. Bezogen auf die Lehre, die immer stärker von ihrem Verhältnis zur Forschung bestimmt wurde, kam es zu der Schwierigkeit, grundlegende Einführungen in die einzelnen Wissenschaften zu geben, die jedoch als großes Ganzes verstanden werden sollten.[43]

Zudem stiegen im Zuge der naturwissenschaftlichen Erfolge und ihrer Bedeutung für die jeweilige Industrie die staatlichen und industriellen Anforderungen.[44] Der steigende finanzielle Bedarf der natur- und ingenieurwissenschaftlichen Forschung sowie die Explosion naturwissenschaftlicher Erkenntnisse führten zu einer **Teilung** universitärer Forschung **in Grundlagen- und angewandte Forschung**.[45] Die Ende des 19. Jahrhunderts einsetzende Projektfinanzierung der Forschung verstärkte diese Differenzierung, was eine partielle Forschungsauslagerung in nicht-universitäre Einrichtungen zur Folge hatte.[46]

Nach dem zweiten Weltkrieg und dem Niedergang des Dritten Reiches wurden die Universitäten wieder so aufgebaut wie sie vorher bestanden hatten.[47] Der Auffassung folgend, ‚**die deutsche Universität sei im Kern gesund**', wurde an die Humboldtsche Ordinarien-Universität angeknüpft und nach dem Weimarer Vorbild restauriert.[48] Lehrstuhlinhaber erhoben sich erneut zu dominierenden Ordinarien, die – fachlich nahezu unangreifbar – ihren eigenen Forschungsinteressen nachgingen.[49] Das Grundgesetz garantierte in Art. 5 Abs. 3 die Freiheit von Wissenschaft und Lehre. Die Entscheidungsgewalt für die gesamte Hochschule lag in den Händen des Senats (Grundsatzentscheidungen beim großen Senat), Routineangele-

---

[41] Vgl. Müller 1990, S. 82, 103; Ellwein 1997, S. 132
[42] Vgl. Müller 1990, S. 113
[43] Vgl. Ellwein 1997, S. 231 f.
[44] Vgl. Hödl & Zegelin 1999, S. 377
[45] Vgl. Stenbock-Fermor 1982, S. 1160; Klüver 1983a, S. 207 f. beide zitiert nach Hödl & Zegelin 1999, S. 378
[46] Vgl. Stichweh 1994, S. 156 ff
[47] Die etwas anders verlaufende Entwicklung des Hochschulwesens in der DDR wird aufgrund der vollständigen Anpassung bzw. Übernahme des westdeutschen Hochschulsystems (mit all seinen Vor- und Nachteilen) nach dem Fall der Mauer nicht näher ausgeführt.
[48] Vgl. Anweiler 1996, S. 31 f.; Peisert & Framhein 1997, S. 5
[49] Vgl. Kühler 2005, S. 128

genheiten regelte der Rektor, der die Hochschule nach innen und außen vertrat und vom Großen Senat als Vollversammlung der Lehrstuhlinhaber gewählt wurde. Für Verwaltungsfragen war der Kanzler bzw. Kurator zuständig, während die Fakultäten sich mit Fragen bzgl. Lehre, Prüfungen und Selbstergänzung des Lehrkörpers beschäftigten.[50] Mit Hilfe des Rotationsprinzips wurde die Chancengleichheit der Fakultäten in der Selbstverwaltung gewährleistet. Dieser **korporative Aufbau** fand seine Begründung in der Annahme, die Ordinarien seien aufgrund ihrer Fachkenntnisse automatisch auch in der Lage qualifizierte Entscheidungen in organisatorischen Fragen hinsichtlich Forschung und Lehre zu treffen.[51]

Seit der Zeit des Wiederaufbaus bis in die neunziger Jahre hinein stiegen infolge des Ausbaus der Studienförderung und Abschaffung von Studiengebühren die Studierendenzahlen an den Universitäten rapide an, während zur gleichen Zeit der Ansturm durch die Gründung neuer Universitäten nur teilweise aufgefangen werden konnte.[52] Das ehemals geschlossene Universitätssystem von Elfenbeinturm und Gelehrtenrepublik entwickelte sich zu einem **offenen System**.[53] Dennoch schneidet die Bundesrepublik bzgl. der Beteiligung am Hochschulstudium im internationalen Vergleich eher schlecht ab, was sich auch bis heute nicht geändert hat. Vor dem Hintergrund der von der OECD prognostizierten steigenden Nachfrage expandierender Industrienationen nach hochqualifizierten Arbeitskräften schürten Äußerungen wie ‚Bildungsnotstand heißt wirtschaftlicher Notstand'[54] die Angst, Deutschland könne ohne deutliche Expansion des tertiären Bildungswesens wirtschaftlich zurückfallen.[55] Daneben forderte Dahrendorfs Buch ‚Bildung ist Bürgerrecht' „…jedem Bürger eine von Einkommen und Bildungsgrad der Eltern unabhängige, seinen Anlagen und Fähigkeiten entsprechende Bildungs- und Berufschance.."[56] zu ermöglichen. Um diesen Forderungen trotz steigender Bildungskosten und damit verbundener Finanzprobleme der Länder nachkommen zu können, wurde 1969 das Grundgesetz um Bildungsplanung und Hochschulbau als ‚**Gemeinschaftsaufgaben**' von Bund und Ländern mit dem Ziel der Erreichung gleicher Lebensverhältnisse erweitert.[57] Diese Grundgesetzänderung räumte dem Bund gleichzeitig das Recht ein, Rahmenvorschriften für das Hochschulwesen zu erlassen.[58] Dies entspricht einer Abkehr vom reinen Kulturföderalismus hin zu einem **kooperativen Kulturföderalismus**.[59]

---

[50] Vgl. Müller 1990; Prahl & Harzbach 1981, S. 160
[51] Vgl. Oehler & Bradatsch 1998, S. 414
[52] Vgl. Teichler 1990, S. 14; OECD 1973, S. 41
[53] Vgl. Hartmann 1984, 12
[54] Vgl. Picht 1964, S. 17; Teichler 2004, S. 94
[55] Vgl. Peisert & Framhein 1997, S. 6; Teichler 1990, S. 14
[56] Dahrendorf 1965 zitiert nach Peisert & Framhein 1980, S. 13
[57] Vgl. Peisert & Framhein 1997, S. 7
[58] Vgl. Art. 75 Nr. 1a GG
[59] Vgl. Peisert 1990, S. 394

Die **68er-Bewegung** führte in Deutschland zu grundlegenden Veränderungen in der Bildungspolitik. Dabei mündete die studentische Kritik am deutschen Wissenschaftsbetrieb in Forderungen nach umfassender Demokratisierung der Hochschullandschaft. Deren Entsprechung war zunächst der Wandel von der Ordinarien- zur (auch recht umstrittenen) **Gruppenuniversität**, in der, jedoch von Land zu Land unterschiedlich, sämtliche Statusgruppen von Hochschulmitgliedern (Professoren, wissenschaftliche Mitarbeiter, nichtwissenschaftliche Mitarbeiter sowie Studierende) an der Selbstverwaltung mitwirken.[60]

Durch diese Reform sahen jedoch viele Professoren ihren Machtstatus (alleinige Verfügungsgewalt über Haushaltsmittel, Personal, Studenten und Curricula) gefährdet, waren sie doch einst alleinige Träger der Ordinarien-Universität. Sie weigerten sich, den Sinn und Zweck der erforderlichen Umstrukturierungsmaßnahmen anzuerkennen, und legten zahlreiche Verfassungsbeschwerden ein, aufgrund derer das Bundesverfassungsgericht in seiner Entscheidung vom 29. Mai 1973 den ehemaligen **Ordinarien die absolute Mehrheit in den Hochschulgremien** (zu forschungs- und wissenschaftsrelevanten Fragen und Berufungslisten) zusprach, da dies zur Aufrechterhaltung der in Art. 5 Abs. 3 GG gewährleisteten Wissenschaftsfreiheit unabdingbar erschien.[61]

Die zweite große Veränderung bestand in der Abkehr vom dualen Verwaltungskörper hin zu einer **Einheitsverwaltung**, in der akademische Selbstverwaltung und allgemeine Verwaltung zusammengefasst wurden, was mit einer Stärkung der Stellung von Rektor bzw. Präsident einherging. Um den **Karriereweg zur Professur zu verkürzen**, wurde drittens die Personalstruktur verändert, in deren Zuge auch dem ‚Mittelbau' Möglichkeiten der eigenständigen Forschung und Lehre eingeräumt wurden. Änderungen von Lehre und Studium betrafen den Ausbau institutionalisierter Beratungsangebote und didaktischer Hilfen sowie die zunehmende **‚Verschulung' des Studiums**.[62] Der auffälligste Eingriff in die überlieferten Universitätsstrukturen stellt die weitestgehende **Auflösung der Fakultäten** dar. Aus den traditionellen vier Fakultäten entstanden je nach Hochschulgröße über zwanzig Fachbereiche.[63]

Angesichts der wachsenden Vielfalt der Motive, Befähigungen und Berufsperspektiven der zunehmenden Zahl von Studierenden sowie der drastisch steigenden Hochschulkosten wurde am 31.10.1968 durch Länderbeschluss ein neuer Hochschultyp, die **Fachhochschule,** ge-

---

[60] Vgl. Peisert 1990, S. 396
[61] Vgl. OECD 1973, S. 41 f.; Schiedermair 1984, S. 239; Teichler 1990, S. 16. „Hochschullehrer sollten bei Entscheidungen die unmittelbar die Lehre betreffen, mindestens die Hälfte, bei Entscheidungen, die unmittelbar Fragen der Forschung oder die Berufung von Hochschullehrern betreffen, mehr als die Hälfte der Stimmen haben." BVerfGE 35, S. 131 ff.
[62] Vgl. Teichler 2002, S. 354; Müller 1990, S. 106; Oppermann 2005, S. 5
[63] Vgl. Müller 1990, S. 106; Führ 1997, S. 205

schaffen, die auf wissenschaftlicher Basis eine praxisorientierte Ausbildung sichern sollte. So erhielten Ingenieurschulen und andere Höhere Fachschulen annähernd Hochschulstatus.[64]
Die aktive Phase der öffentlichen Reformdiskussion fand mit dem Inkrafttreten des **Hochschulrahmengesetzes** (HRG) am 26. Januar 1976 einen gewissen Abschluss. Gründungs- und Organisationsgewalt, Rechtsaufsicht, Finanz- und Personalhoheit lagen weiterhin bei den Ländern. Inhaltlich enthält das HRG Bestimmungen über Hochschulaufgaben und -mitglieder sowie Personalstruktur, die Zulassung zum Studium, Hochschulorganisation und -verwaltung sowie die staatliche Anerkennung von Einrichtungen und Abschlüssen. Die Länder hatten bis zum Ende des Jahrzehnts Zeit, ihr Hochschulrecht anzupassen, wobei ihnen jedoch ein gewisser Spielraum blieb, der auch genutzt wurde.[65]

Als mit der verschlechterten staatlichen Finanzlage der forcierte Hochschulausbau trotz kontinuierlich steigender Studentenzahlen ein Ende fand und den bislang bundesweit bestehenden numerus clausus auf schließlich über vierzig Fächer anwachsen ließ, beschlossen die Regierungschefs von Bund und Ländern mit dem sog. ‚Öffnungsbeschluss' den Hochschulzugang für die damaligen geburtenstarken Jahrgänge trotz mangelnder räumlicher und personeller Kapazitäten offen zu halten und hierfür zeitweise Überlastbedingungen in Kauf zu nehmen.[66]
Doch diese ‚Untertunnelungsstrategie' scheiterte. Im Gegenteil: die weitestgehend aus der Substanz der Hochschulen getragene Überlast führte zu einer spürbaren qualitativen Verschlechterung der Lehre[67] und einem Forschungsrückgang, denn gerade die Forschungsfunktion wurde durch das Primat der Lehre und der studentischen Überlast in Mitleidenschaft gezogen und gilt im internationalen Vergleich als zurückgeblieben.[68]
Auch die ‚pädagogische Eignung' der Hochschullehrer geriet aufgrund (über)langer Studienzeiten, hoher Fachwechsler und Abbrecherquoten in die Kritik. Verlangt wurde u.a. eine stärkere Praxisorientierung. Hochschulen fanden sich daraufhin in sog. Rankinglisten auf mehr oder weniger guten Plätzen wieder und so zogen **Lehrevaluationen** in deutsche Hörsäle ein. Traditionelle ‚Bildung' erodierte zunehmend zu ‚Ausbildung'.[69]

---

[64] Vgl. Teichler 1990, S. 15; Bahro & Becker 1979, S. 58
[65] Vgl. Führ 1997, S. 206 f.; Teichler 1990, S. 16 f. Das HRG erfuhr bis zur heutigen Zeit zahlreiche Novellierungen.
[66] Vgl. WRK 1988, S. 23; Peisert & Framhein 1997, S. 10; Peisert 1990, S. 396. Dies geschah einerseits aufgrund der als unerträgliche intergenerative Chancenungleichheit empfundenen Verringerung der Studierchancen und andererseits vor dem Hintergrund demoskopischer (Fehl-)Schätzungen eines Rückgangs der Studentenzahlen, der Mitte der 80er Jahre beginnen und ca. ein Jahrzehnt andauern sollte. So schien ein erneuter Ausbau des Hochschulwesens weder finanzierbar noch besonders zweckmäßig zu sein.
[67] Bspw. verschlechterten sich die Betreuungsverhältnisse deutlich, da insbesondere der Personalbestand nicht mit den steigenden Studentenzahlen mithielt.
[68] Vgl. Franke 1999, S. 22; Teichler 2002, S. 354; WRK 1988, S. 23, 25; WR 2006, S. 15
[69] Vgl. Kromrey 1994, S. 153; Diepenbrock 2007, S. 606

Im Zeitalter der Globalisierung und Internationalisierung stand dann die zunehmende Sorge um die Attraktivität der inländischen Hochschulen für ausländische Studierende im Interesse der öffentlichen Diskussion. So kam es mit der europaweiten **Bologna-Erklärung** zur Einführung von konsekutiven Bachelor- und Masterstudiengängen nach angelsächsischen Vorbildern.[70] Im Rahmen des Bologna-Prozesses kam auch der Leitbegriff der '**Employability**' von Absolventen auf. Demnach sollten Hochschulen neben berufs- oder tätigkeitsspezifischen Qualifikationen auch sog. überfachliche Schlüsselqualifikationen vermitteln, um die Studierenden auf wechselnde berufliche Anforderungen vorzubereiten.[71]

Bis zum auslaufenden 20. Jahrhundert kamen die Universitäten mit geringfügigen Strukturänderungen aus und bewiesen eine ungemein starke Standfestigkeit. Doch das nahende 21. Jahrhundert machte deutlich wie sehr sich ihre Existenzbedingungen geändert hatten:[72] „The era of laissez-faire campus administration is over."[73]

Universitäten sahen sich angesichts der anhaltenden Unterfinanzierung, des zunehmenden Fachkräftemangels und des sog. ‚Brain Drain' einem starken Leistungs- und Legitimationsdruck ausgesetzt. Wirtschaftliche Gesichtspunkte rückten in den Mittelpunkt, was teilweise unter dem Titel '**Ökonomisierung der Wissenschaft**' diskutiert wurde.[74] Universitäten sollten sich als Dienstleister verstehen, die sich im Wettbewerb am Bildungsmarkt behaupten müssen. Bund und Länder reagierten darauf mit der Einführung der stärker leistungsorientierten und wettbewerbsfördernden **W-Besoldung** sowie der **Juniorprofessur**. Das Verbot der Erhebung von **Studiengebühren** wurde aufgehoben und die Hochschulen dürfen jetzt außerdem einen Teil ihrer Studienplätze in eigener Verantwortung vergeben.[75] Eine 1,9 Milliarden schwere **Exzellenzinitiative** sollte deutsche ‚Spitzenuniversitäten' hervorbringen, den Wettbewerb unter den Hochschulen verschärfen und die Profilbildung forcieren.[76] Ein deutsches Harvard wurde dadurch jedoch noch nicht geschaffen.[77] Aber um aus Hochschul- und Fachbereichsleitern ‚Wissenschaftsmanager' zu machen, müssen Rektoren, Präsidenten und Dekanen der Rücken gestärkt werden. Hochschulen brauchen dafür mehr Eigenständigkeit.[78] Seit einiger Zeit scheint sich daher weltweit ein neues Organisationsmodell durchzusetzen, das als **New Public Management** bekannt wurde. Es hat zum Ziel, staatliche Dienstleistungen effektiver, effizienter, markt- und bürgernäher auszuführen. Auf Hochschulen übertragen bedeutet

---

[70] Vgl. Teichler 2005a, S. 18 f.; Teichler 2004, S. 97 f.
[71] Vgl. Brendel, Eggensperger & Glathe 2006, S. 3
[72] Vgl. Scheidegger 2001, S. 3
[73] Keller 1983, S. 26
[74] Vgl. Süß 2006, S. 84, 89
[75] Vgl. www.gew.de/print/HRG-Novellen.html, S. 2
[76] Vgl. Zechlin 2006, S. 447
[77] Vgl. Zechlin 2006, S. 448
[78] Vgl. Winter 2004a, S. 6

das ‚New University Management'[79] eine Abkehr von Bildung und Wissenschaft als Selbstzweck und einen Wechsel von einer Angebots- zu einer Nachfragestruktur.[80] Entscheidungskompetenz und Ressourcenzuständigkeit werden von den Ministerien in die Hochschulen hineinverlagert, wodurch die Universitäten eine Erhöhung der institutionellen Autonomie erfahren und zunehmend aus der direkten Obhut des Staates entlassen werden.[81]

2.1.2. Einordnung der Universität in das tertiäre Bildungssystem

Das deutsche Hochschulwesen baut auf dem Primar- und dreigliedrigen (Haupt- und Realschule sowie Gymnasium) Sekundarschulwesen auf,[82] wobei für die verschiedenen Hochschularten auch unterschiedliche (schulische) Zugangsvoraussetzungen gelten.[83] Hochschulen werden gemäß § 1 HRG definiert als Universitäten, Pädagogische Hochschulen, Kunsthochschulen, Fachhochschulen und sonstige Bildungseinrichtungen, die entweder staatliche oder nach § 70 HRG staatlich anerkannte Hochschulen sind.

Insgesamt gibt es in der Bundesrepublik Deutschland nach dem vorläufigen Stand vom Wintersemester 2008/2009 394 Hochschulen, die folgende **Hochschularten** umfassen:

- Universitäten (104)
- Kunsthochschulen (51)
- Pädagogische Hochschulen (6)
- Theologische Hochschulen (14)
- Fachhochschulen (189)
- Verwaltungsfachhochschulen (30).[84]

Dabei können die verschiedenen Hochschularten drei Kategorien zugeordnet werden. Universitäten, Pädagogische und Theologische Hochschulen zählen zu den **wissenschaftlichen Hochschulen**.[85] **Musik- und Kunsthochschulen** stellen die zweite Kategorie dar, gefolgt von den **Fachhochschulen** und Verwaltungsfachhochschulen, die zusammen die dritte Gruppe bilden.[86] Aufgrund der quantitativ geringeren Bedeutung der Kunsthochschulen stellt sich das deutsche Hochschulwesen jedoch eher als eine ‚Zwei-Typen-Struktur' dar, in welcher der relativ homogene Universitätssektor (wissenschaftliche Hochschulen) dem Fachhochschul-

---

[79] Vgl. Winter 2004b, S. 131
[80] Vgl. Braun 2001, S. 254
[81] Vgl. Laske & Meister-Scheytt 2006, S. 102; Winter 2004a, S. 6
[82] Eine Darstellung der Grundstruktur des deutschen Bildungswesens findet sich im Anhang, vgl. Anlage 1.
[83] Vgl. Bode et al. 1997, S. 283; Peisert & Framhein 1997, S. 32
[84] Vgl. http://www.destatis.de/jetspeed/portal/cms/Sites/destatis/Internet/DE/Content/Statistiken/BildungForsch ungKulur/Hochschulen/Tabellen/Content50/HochschulenHochschularten,templateId=renderPrint.psml Zugriff am 05.04.2009
[85] Vgl. Peisert & Framhein 1980, S. 16
[86] Gesamthochschulen, als Verbund von Universitäten und Fachhochschulen, werden je nach Zweig den Kategorien der wissenschaftlichen Hochschulen und der Fachhochschulen zugeordnet.

sektor (inkl. Verwaltungsfachhochschulen) gegenüber steht, wobei sich Studienorganisation und Forschung beider Institutionen zunehmend annähern.[87]

Trotz der größeren Anzahl von Fachhochschulen sind mehr als zwei Drittel aller Studierenden an Universitäten eingeschrieben. Daher bilden die traditionellen Universitäten und Technischen Hochschulen nach wie vor den Kern und wichtigsten Bereich des deutschen Hochschulsystems.[88]

Im Folgenden sollen die systembildenden Hochschularten kurz charakterisiert werden.

Universitäten

Nur die Universität stellt eine wissenschaftliche Hochschule im ursprünglichen Sinne Humboldts dar. Diese war gekennzeichnet durch das Prinzip der **Einheit von Forschung und Lehre**, dem Angebot der gesamten Breite der Geistes- und Naturwissenschaften, ganz im Sinne der ‚universitas litterarum' **(Volluniversität)**, sowie der **körperlichen Rechtsstruktur** mit der damit verbundenen Autonomie. Während Ersteres und Letzteres auch die Universitäten in ihrer heutigen Form aufweisen, ist angesichts der explosionsartigen Ausweitung der wissenschaftlichen Disziplinen selbst eine Massenuniversität nicht mehr in der Lage, das gesamte Wissenschaftsspektrum bei sich aufzunehmen.[89] Zu den Universitäten werden daher auch die Technischen Hochschulen bzw. Universitäten gezählt, deren traditioneller Schwerpunkt in den Natur- und Ingenieurwissenschaften liegt.[90]

Wesentliche Merkmale der Universität sind ferner die an ihnen durchgeführte wissenschaftliche Forschung, wobei der Fokus insbesondere auf der Grundlagenforschung liegt, des Weiteren ihr Recht, akademische Grade zu vergeben. Durch das Promotionsrecht und das Recht die ‚venia legendi' (Lehrbefähigung) zu verleihen, fällt ihr die **Ausbildung des wissenschaftlichen Nachwuchses**, und zwar sowohl für sich selbst als auch für Fachhochschulen und nichtuniversitäre Forschungseinrichtungen, zu.[91]

Die gleichrangige Stellung von Forschung und Lehre grenzt die Universität einerseits als Forschungsinstitution von anderen Forschungsorganisationen und andererseits in ihrer Funktion

---

[87] Hierzu tragen sicherlich auch die Bezeichnung als university (of applied sciences) der FH's sowie die Einführung der gestuften Bachelor- und Masterstudiengänge bei, bei denen auf FH-Studiengängen Universitätsstudiengänge und umgekehrt aufbauen können und deren Grade keine Kennzeichnung der Zugehörigkeit zur FH oder Universität mehr erkennen lassen. Vgl. Gaugler 1989, S. 581 f.; Peisert & Framhein 1980, S. 15 f.; Frackmann & de Weert 1993, S. 69; Anweiler 1996, 47; Teichler 2005b, S. 67

[88] Vgl. Gaugler 1989, S. 581 f.; Peisert & Framhein 1980, S. 15 f.; Frackmann & de Weert 1993, S. 69. Darüber hinaus werden in einigen Ländern auch Berufsakademien zum tertiären Sektor des Bildungsbereichs hinzugezählt. Gleiches gilt für bayerische Fachschulen, die Fachakademien, und die zwei- und dreijährigen Schulen des Gesundheitswesens. Vgl. KMK 2006, S. 140

[89] Vgl. Bahro & Becker 1979, S. 62; Müller 1989, S. 49; Hödl & Zeglin 1999, S. 380

[90] Vgl. Peisert & Framhein 1997, S. 36

[91] Vgl. Peisert & Framhein 1997, S. 36; KMK 2006, S. 141

als Träger von an Forschung gebundener Lehre von anderen Lehreinrichtungen des tertiären Bildungssektors ab.[92] Aufgrund des traditionellen Schwerpunkts auf der Grundlagenforschung gestaltet sich das fortgeschrittene Studium theoretisch und forschungsorientiert, wobei traditionell in der Lehre eher ein Nebenprodukt der Forschung gesehen wird, wodurch die Verantwortung für den Ausbildungserfolg primär bei den Studierenden und nicht bei der Hochschule liegt.[93]

Kunsthochschulen

Die Kunsthochschulen umfassen die Hochschulen für bildende, gestaltende und darstellende Kunst, die Musikhochschulen sowie die Hochschule für Neue Medien. Sie dienen der **künstlerischen Berufsausbildung**, wobei nicht alle das gesamte künstlerische Fächerspektrum anbieten. I.d.R. werden dort auch die Lehrer für Musik- und Kunsterziehung für die allgemeinbildenden Schulen ausgebildet.[94] Obwohl zahlenmäßig nicht ganz unbedeutend, nehmen die Kunsthochschulen selten mehr als ein Prozent der Studienanfänger auf, da neben der allgemeinen Hochschulreife, die durch hohe künstlerische Begabung außer bei Lehrberufen ersetzt werden kann, als Zugangsvoraussetzung zusätzlich noch eine Aufnahmeprüfung zu bestehen ist, in der die künstlerische Begabung nachgewiesen werden muss.[95]

Pädagogische Hochschulen

Ursprünglich aus den Pädagogischen Akademien der Weimarer Republik hervorgegangen, sind die Pädagogischen Hochschulen zwischen 1970 und 1980 angesichts eines akuten Lehrermangels in den Universitäten aufgegangen bzw. wurden zu neuen Universitäten erweitert. Sie dienen der **Lehrerausbildung für Grund- und Hauptschulen**, in manchen Bundesländern werden auch Realschullehrer ausgebildet. Grundsätzlich findet die Lehrerbildung jedoch in den Universitäten statt. Als selbstständige Einrichtung besteht die Pädagogische Hochschule ohnehin nur noch in Baden-Württemberg. Sie besitzen das Promotions- und Habilitationsrecht und bilden damit ihren eigenen Nachwuchs aus.[96]

---

[92] Vgl. Hödl & Zeglin 1999, S. 380
[93] Vgl. Frackmann & de Weert 1993, S. 76
[94] Vgl. Lynen 2004, S. 524; Peisert & Framhein 1997, S. 37; KMK 2006, S. 141
[95] Vgl. Teichler 2005b, S. 67. Zu erwähnen ist hier auch die deutsche Sporthochschule Köln, die ebenfalls eine zusätzliche sportliche Aufnahmeprüfung durchführt. Vgl. Bahro & Becker 1979, S. 75
[96] Vgl. Turner 2000, S. 106; Bahro & Becker 1979, S. 64; Peisert & Framhein 1997, S. 36; Lynen 2004, S. 522

Theologische Hochschulen

Die neben den theologischen Fakultäten der Universitäten existierenden Theologischen Hochschulen befinden sich in kirchlicher Trägerschaft und dienen fast ausschließlich der **Ausbildung des eigenen geistlichen Nachwuchses**. Sie besitzen i.d.R. das Promotionsrecht, einige auch das Habilitationsrecht, sind aber aufgrund ihres weltanschaulichen Charakters weniger autonom.[97]

Fachhochschulen (FH)

Durch ein Abkommen der Länder wurden 1970 aus ehemaligen Ingenieurschulen und anderen höheren Fachschulen (bspw. für Wirtschaft oder Sozialpädagogik) als deutsche Besonderheit die Fachhochschulen errichtet. Da diese Fachrichtungen nach wie vor den Schwerpunkt bilden, ist das an der beruflichen Praxis ausgerichtete Studienangebot schmaler als das der Universitäten, Fachhochschulen sind aber zumeist auch kleiner.[98]

Zugangsvoraussetzung für ein Fachhochschulstudium ist die Fachhochschulreife, aber auch unter Abiturienten wird ein Studium an einer FH immer beliebter.[99] Der mit den Diplomstudiengängen noch bestehende Vorteil kürzerer Studienzeiten wurde mit Einführung der Bachelor- und Masterstudiengänge aufgegeben. Wesentlichster Unterschied zum Universitätsstudium besteht in dem stärkeren Praxisbezug und den ins Studium integrierten Berufspraktika.[100] Durch die **praxisorientierte Berufsvorbereitung** werden ‚nur' Aufgaben in der **anwendungsorientierten Forschung** und im Wissens- bzw. Technologietransfer wahrgenommen, auch wenn sie gegenüber der Lehre eine geringere Rolle spielen.[101] Das **Primat der Lehre** kommt auch im hohen Lehrdeputat der Fachhochschulen zum Ausdruck. Mit i.d.R. 18 Stunden lehren Fachhochschulprofessoren (mehr als) doppelt so viel wie ihre Kollegen an der Universität (8 SWS).[102] Dabei setzt die anwendungsorientierte Lehre auch einen praxisorientierten Lehrkörper voraus. Das HRG sieht für Fachhochschulprofessoren neben der wissenschaftlichen Qualifikation eine mindestens fünfjährige, überwiegend berufspraktische Tätigkeit vor. Promotion und Habilitation können jedoch durch vergleichbare berufliche Leistungen ersetzt werden.[103] Da Fachhochschulen kein Promotions- und Habilitationsrecht haben,

---

[97] Vgl. Peisert & Framhein 1997, S. 36; Bahro & Becker 1979, S. 64
[98] Vgl. Peisert & Framhein 1997, S. 37; Arbeitsgruppe Bildungsbericht 1997, S. 641
[99] Vgl. Jeschek 1993, S. 5
[100] Vgl. Peisert & Framhein 1997, S. 38
[101] Vgl. HRK 1992, S. 15
[102] Vgl. Arbeitsgruppe Bildungsbericht 1997, S. 641; Teichler 1990, S. 38 f.
[103] Vgl. Kalkum 1989, S. 330

bilden sie auch ihren wissenschaftlichen Nachwuchs nicht selbst aus.[104] In der finanziellen Eingruppierung schneiden Fachhochschullehrer schlechter ab.[105] Und während auf jeden Universitätsprofessor durchschnittlich drei weitere wissenschaftliche Mitarbeiter kommen, fehlt in den Fachhochschulen jeglicher Mittelbau.[106]

Verwaltungsfachhochschulen

Eine Spezialform der Fachhochschulen stellen die dreißig verwaltungsinternen Fachhochschulen des Bundes und der Länder dar, die sich in Zulassung, Studiendauer und Finanzierung von den normalen Fachhochschulen abheben. Sie dienen der **Ausbildung von Beamten** für den gehobenen öffentlichen Dienst und sind daher nur dessen Angehörigen zugänglich. Die studentische Freiheit genießen die Beamten auf Widerruf, bspw. aufgrund der herrschenden Anwesenheitspflicht, jedoch nur eingeschränkt.[107]

Gesamthochschulen

Mit dem in den 1960er Jahren entwickelten Reformkonzept der Gesamthochschule sollte neben einer Erhöhung der Ausbildungschancen und flexiblen Anpassung an zukünftige Berufsanforderungen, eine sinnvolle Verknüpfung von Theorie und Praxis der einzelnen Fachdisziplinen erreicht werden.[108] Sie wurde daher im HRG von 1976 als Normalfall eingeführt.[109] Dabei umfassen Gesamthochschulen die Ausbildungsrichtungen von Universitäten, Pädagogischen Hochschulen, Fachhochschulen und teilweise auch von Kunsthochschulen.[110] Unterschieden werden **integrierte Gesamthochschulen**, bei denen entweder ein je nach Schulabschluss unterschiedlich langes Grundstudium, aber gemeinsames Hauptstudium (Lamda-Modell) oder ein gemeinsames Grundstudium mit darauf folgender Aufteilung in Fachhochschul- oder Universitätshauptstudium (Ypsilon-Modell), absolviert werden muss und **kooperative Gesamthochschulen**, die unter Aufrechterhaltung der rechtlichen Selbstständigkeit nur durch Gremien zusammengeschlossen sind.[111] Rechtlich gesehen, sind Gesamthochschulen Universitäten, sie besitzen das Promotions- und Habilitationsrecht und tragen seit Ende

---

[104] Vgl. Kalkum 1989, S. 330 f.
[105] Vgl. Franke 1999, S. 16
[106] Vgl. Arbeitsgruppe Bildungsbericht 1997, S. 641; Teichler 1990, S. 37
[107] Vgl. Peisert & Framhein 1997, S. 38
[108] Vgl. Oehler & Bradatsch 1998, S. 436
[109] Vgl. Cerych et al. 1981, S. 25; Peisert & Framhein 1980, S. 101. In § 5 (1) HRG heißt es: „Hochschulen sind als Gesamthochschulen auszubauen oder zusammenzuschließen (integrierte Gesamthochschulen) oder unter Aufrechterhaltung ihrer rechtlichen Selbstständigkeit durch gemeinsame Gremien zu Gesamthochschulen zu verbinden (kooperative Gesamthochschulen). In den Fällen, in denen Gesamthochschulen nicht oder noch nicht gebildet werden können, ist ein Zusammenwirken der Hochschulen sicherzustellen."
[110] Vgl. Peisert & Framhein 1997, S. 37
[111] Vgl. Thieme 2004, S. 44

der siebziger Jahre auch die Bezeichnung ‚Universität'.[112] Die Hochschulart der Gesamthochschule wurde jedoch wieder aufgegeben, da sich das Modell nicht bewährt hat. Die letzte Gesamthochschule befindet sich in Kassel.[113]

Die 1974 gegründete **Fernuniversität Hagen** ist die einzige ihrer Art in staatlicher Trägerschaft. Obwohl überregional frequentiert, wird sie vom Land Nordrhein-Westfahlen getragen.[114] Als integrierte Gesamthochschule konzipiert bietet sie Studiengänge nach dem Lambda-Modell an. Lehrbriefe und multimediale Lehrprogramme stellen das Studienmaterial dar, darüber hinaus ermöglichen zahlreiche Studienzentren in ganz Deutschland einen persönlichen Kontakt. Die Fernuniversität Hagen ist die einzige wissenschaftliche Hochschule, die ein breites Weiterbildungsangebot bietet.[115]

Aufgrund der diese Arbeit leitenden Forschungsfrage konzentrieren sich die weiteren Ausführungen auf Universitäten.[116]

2.1.3. Finanzierung und Struktur der Expertenorganisation Universität

Um die organisationalen Rahmenbedingungen, unter denen Professoren arbeiten, besser nachvollziehen zu können, werden nachfolgend die Finanzierung und speziellen Besonderheiten der organisationalen Struktur von Universitäten näher erläutert.

Finanzierung

Da Hochschulen bis auf wenige Ausnahmen **staatliche Einrichtungen**[117] der Bundesländer sind, hat der Staat die „Pflege der freien Wissenschaft und ihre Vermittlung an die nachfolgende Generation durch Bereitstellung von personellen, finanziellen und organisatorischen Mitteln zu ermöglichen und zu fördern."[118] Damit erfolgt die Grundausstattung in Form von Personal- und Sachmitteln für laufende Forschungs- und Lehraufgaben durch die Länder als Träger der Hochschulen. Größere Investitionen wie Bauten und Großgeräte werden nach dem Hochschulbauförderungsgesetz als Gemeinschaftsaufgabe zur Hälfte vom Bund getragen.[119] Auch der noch relativ junge Typ der **Stiftungsuniversität** ist trotz der Möglichkeit durch

---

[112] Vgl. Teichler 2005b, S. 66; Peisert & Framhein 1997, S. 37
[113] Vgl. Führ 1997, S. 221
[114] Vgl. Bahro & Becker 1979, S. 71; Thieme 2004, S. 39
[115] Vgl. Führ 1997, S. 227; Bahro & Becker 1979, S. 71 f.
[116] Die Begriffe ‚Universität' und ‚Hochschule' werden dennoch im Rahmen dieser Arbeit synonym verwendet.
[117] Vgl. Gaugler 1989, S. 582; Bahro & Becker 1979, S. 216. Nur knapp ein Fünftel der Hochschulen sind in privater, meist in kirchlicher, Trägerschaft, sie beheimaten jedoch nur 2 % aller Studenten. Vgl. Statistisches Bundesamt 2005, S. 9; Wolter 1999, S. 52; Bahro & Becker 1979, S. 216; Krüger 1996, S. 225; Brockhoff 2003, S. 4
[118] BVerfGE 35, online unter www.oefre.unibe.ch/law/dfr/bv035079.html 2007, S. 12
[119] Vgl. Peisert & Framhein 1997, S. 54

Spenden Privatvermögen aufzubauen, auf staatliche Finanzzuweisungen angewiesen. Bei der Übertragung der Trägerschaft einer Hochschule vom Staat auf eine rechtsfähige Stiftung des öffentlichen Rechts, wie bspw. im niedersächsischen Modell der Stiftungsuniversität, übernimmt die Stiftung die staatlichen Angelegenheiten. Sie besitzt die sog. ‚Dienstherreneigenschaft' und kann allein Professoren berufen. Die Stiftung unterliegt lediglich der Rechtsaufsicht, die neben der Steuerung der Hochschule vom Stiftungsrat übernommen wird, dessen Mitglieder im Einvernehmen mit dem Senat vom Ministerium berufen werden, und der kein Selbstverwaltungsgremium, sondern eher ein zusätzliches Aufsichtsorgan darstellt. Ziel der Trägerschaft einer Stiftung ist es, vermehrte Autonomie sowie eine größere wirtschaftliche Flexibilität zu erreichen.[120]

Die Finanzierung von Hochschulen unterliegt seit einiger Zeit tief greifenden Veränderungen. Insbesondere wird die inputorientierte Ex-ante-Steuerung zugunsten einer verstärkten outputorientierten Ex-post-Steuerung zurückgenommen und den Hochschulen vermehrt **Finanzautonomie** übertragen. Die staatlichen Zuweisungen werden neben einem Sockelbetrag nach Leistungskennzahlen oder auf Basis von **Zielvereinbarungen** verteilt. Kriterien für eine derartige Mittelzuweisung sind bspw. die Anzahl der Studierenden in der Regelstudienzeit, Absolventenzahlen, eingeworbene Drittmittel für die Forschung oder die Zahl der Promotionen. Auch die hochschulinterne Verteilung der bereitgestellten Mittel erfolgt über Zielvereinbarungen. Das neue Budget ist wiederum von der tatsächlichen Zielerreichung abhängig. Durch die Übertragungsmöglichkeit der Haushaltsmittel auf folgende Haushaltsjahre ermöglichen Globalhaushalte den Hochschulen erstmals einen strategischen Ressourceneinsatz. Zielvereinbarungen ermöglichen außerdem eine Stärken- und Schwächenanalyse seitens der Fachbereiche und die Identifikation daraus resultierender Entwicklungspotenziale. Insbesondere in sozialen Systemen mit hoher individueller Autonomie können Zielvereinbarungen zur Integration der Mitglieder beitragen.[121] Problematisch erweist sich jedoch die Tatsache, dass es für Lehre und Forschung keine Erfolgsgarantien gibt. Es existieren keine berechenbaren Regeln der Transformation von Input in Output. Weder können wissenschaftliche Innovationen bewertet werden, noch kann gesagt werden, wann Lehre erfolgreich war.[122] Zusammen mit der hohen Autonomie ist dies ein idealer Nährboden für Probleme der Principal Agent Theorie.[123]

---

[120] § 55 I NHG; Hartmer 2004, S. 169 f.; NHG §§ 55, 58, 62; Brockhoff 2003, S. 3; Hartmer 2004, S. 170
[121] Vgl. Ziegele 2004, S. 74; Engels 2004, S. 27; KMK 2006, S. 66; Stock 2004, S. 30 ff.; Franke 1999, S. 40; Kern 2002, S. 87; Pellert et al. 1999, S. 15
[122] Vgl. Stock 2004, S. 36 f.
[123] Vgl. Stock 2004, S. 40

Angesichts knapper öffentlicher Finanzen sind die Hochschulen zunehmend darauf angewiesen, die vom Träger bereitgestellten Grundmittel durch vom wissenschaftlichen Personal einzuwerbende **Drittmittel für Forschungsprojekte** zu ergänzen.[124]
Die dritte Säule der Hochschulfinanzierung bilden **Einnahmen aus Dienstleistungen** der Hochschulen, insbesondere aus der Krankenversorgung, aber auch Gutachten und andere Verwaltungseinnahmen. Die seit kurzem wieder erlaubten **Studiengebühren** sowie, wenn auch in geringem Umfang, **Körperschaftsmittel der Hochschule** selbst, komplettieren die Mischfinanzierung.[125]

Rechtliche Grundlagen

Gesetzliche Grundlage für die Verfassung der Hochschulen sind das **HRG** sowie die die Rahmengesetzgebung konkretisierenden **Landeshochschulgesetze**.[126]
Gem. § 58 (1) HRG sind Hochschulen i.d.R. zugleich Körperschaften öffentlichen Rechts und staatliche Einrichtungen. Sie unterliegen der staatlichen Rechtsaufsicht sowie in Bezug auf Personal-, Wirtschafts-, Haushalts- und Finanzverwaltung sowie der Krankenversorgung der Fachaufsicht der Länder.[127] Dabei ist jedoch die **Freiheit von Forschung und Lehre** durch Art. 5 Abs. 3 des GG garantiert. Die Hochschulaufgaben, auch jene die staatliche Angelegenheiten betreffen, werden durch eine Einheitsverwaltung erfüllt.[128] Die Hochschulen haben das **Recht zur Selbstverwaltung** in akademischen Angelegenheiten und geben sich ihre die Binnenstruktur der Hochschule bestimmende Grundordnung selbst. Dies erlangt größere Bedeutung, wo Landesrecht Wahlmöglichkeiten zwischen Präsidenten- und Rektoren- bzw. Präsidial- und Rektoratsleitung bietet.[129] Dennoch liegen wichtige Mitspracherechte bei den Landesministern. Bspw. bedarf die Umsetzung akademischer Beschlüsse der staatlichen Genehmigung. Und obwohl die Hochschulen bei der Auswahl ihrer Professoren ein Vorschlagsrecht besitzen, liegt das staatliche Weisungsrecht bei der zuständigen Aufsichtsbehörde, da

---

[124] Diese stammen ebenfalls überwiegend von der öffentlichen Hand, dabei insbesondere von der Deutschen Forschungsgemeinschaft (DFG), die zu 60 % vom Bund und zu 40 % von den Ländern finanziert wird, sowie von den Fachministerien des Bundes und der Länder, die insgesamt ca. 85 % der Drittmittel für themenbezogene Forschungsprojekte zur Verfügung stellen. Rund 15 % werden von der Wirtschaft finanziert, deren Interesse primär spezifischen Forschungs- und Entwicklungsaufträgen, insbesondere aus dem ingenieur- und naturwissenschaftlichen Bereich, gilt. Stiftungen spielen als Drittmittelgeber eine eher untergeordnetere Rolle. Vgl. Peisert & Framhein 1997, S. 54; Kühler 2005, S. 198; Statistisches Bundesamt 2005, S. 13
[125] Vgl. Statistisches Bundesamt 2005, S. 13; Karpen 1989, S. 21; Kühler 2005, S. 200
[126] Vgl. Arbeitsgruppe Bildungsbericht 1997, S. 634
[127] Vgl. § 59 HRG; Thieme 2004, S. 157 ff.; Rothfuß 1997, S. 64; Hartmer 2004, S. 174
[128] Vgl. Thieme 2004, S. 398, 733
[129] Vgl. § 58 HRG; Hartmer 2004, S. 173; Thieme 2004, S. 141

die meisten Hochschulen mit Ausnahme der Stiftungsuniversitäten keine Dienstherreneigenschaft besitzen.[130]

Für die Selbstverwaltung gilt gem. § 37 (1) HRG das Prinzip der **Gruppenuniversität**. Dies bedeutet, dass die Hochschulmitglieder in folgende vier Gruppen eingeteilt werden:
- **Hochschullehrer**,
- **Wissenschaftliche Mitarbeiter**,
- **Nichtwissenschaftliche Mitarbeiter** und
- **Studierende**.

In den Hochschulgremien müssen alle Mitgliedergruppen vertreten und teilweise auch stimmberechtigt sein, wobei den Professoren in Angelegenheiten der Forschung und Lehre, Berufungen und künstlerischen Entwicklung immer die absolute Mehrheit einzuräumen ist. Des Weiteren sind auch alle Mitgliedergruppen im Fachbereichsrat und in den beiden zentralen Kollegialorganen (Konzil und akademischer Senat) vertreten.[131]

Innere Organisation der Hochschulen

Neben der Hochschulleitung existieren in den meisten Hochschulen noch zwei zentrale Kollegialorgane, die mit eigenen Zuständigkeiten und Zusammensetzungen selbstständig nebeneinander stehen und auch keine Aufsichtsinstanzen für die dezentralen Einheiten darstellen. In ihnen werden Angelegenheiten geregelt, die die gesamte Hochschule betreffen.[132]

Das **Konzil**, auch Konvent, großer Senat oder Versammlung genannt, ist für die Beschlussfassung über die Grundordnung und Wahl der Hochschulleitung und des Senats zuständig. Einsetzung und Zusammensetzung ist Sache der Länder. Das Konzil setzt sich i.d.R. aus Mitgliedern aller Hochschulgruppen zusammen. Die Hochschulleitung ist dem Konzil gegenüber Rechenschaftspflichtig.[133] Mit der Einführung von Hochschul- bzw. Stiftungsräten verzichten einige Länder auf den großen Senat (bspw. NHG).

Die laufenden Selbstverwaltungsaufgaben werden vom zweiten Kollegialorgan, dem **akademischen oder kleinen Senat** erfüllt. Er besteht aus dem stimmberechtigten Präsidenten bzw. Rektor,[134] sowie aus allen Fachbereichssprechern, wobei aufgrund der großen Anzahl von Fachbereichen ein Sprecher mehrere Fachbereiche vertreten kann.[135]

---

[130] Vgl. Thieme 2004, S. 69, 143 f, 495 ff.; Kühler 2005
[131] Vgl. Thieme 2004, S. 456; Peisert & Framhein 1997, S. 52
[132] Vgl. Thieme 2004, S. 729 ff.; Kühler 2005, S. 207
[133] Vgl. Thieme 2004, S.742 f.
[134] Bei kollegialer Leitung besteht er zusätzlich aus den restlichen Leitungsmitgliedern, die jedoch keine Stimme besitzen.
[135] Vgl. Thieme 2004, S.745 f.; Kühler 2005, S. 207

Im Zusammenhang mit der Einführung neuerer Steuerungsmodelle an Hochschulen werden zurzeit unabhängige **Hochschulräte** nach dem Vorbild amerikanischer University-Boards diskutiert bzw. teilweise schon verwirklicht (bspw. in Berlin oder Bayern). Sie bestehen aus ehrenamtlichen Mitgliedern, die hauptberuflich außerhalb der Hochschule tätig sind. In manchen Ländern werden universitärer und hochschulexterner Sachverstand auch zusammengeführt. Als Beratungsorgan sind Hochschulräte mit Aufsichtsräten vergleichbar und sollen die Effektivität erhöhen. Sie können jedoch auch zahlreiche Aufgaben der Selbstverwaltung übernehmen und in die Entscheidungsstruktur mit eingebunden werden. Teilweise nehmen sie auch Aufgaben gemeinsam mit dem Senat oder Konzil war. Thieme sieht in ihnen allerdings eher systemfremde und kontraproduktiv wirkende Fremdkörper, die Verfahren nur verzögern oder komplizieren.[136]

Um eine sachgerechte und kontinuierliche Leitung der Hochschule sicherzustellen, existieren vier Typen der Hochschulleitung:

Präsidentenverfassung: Hierbei wählt das Konzil einen hauptberuflichen Präsidenten für eine bestimmte Zeit, mindestens aber für vier Jahre. Neben einem abgeschlossenen Studium muss er durch eine mehrjährige verantwortliche Tätigkeit in Wissenschaft, Verwaltung, Wirtschaft oder Rechtspflege nachweisen, einer solchen Aufgabe auch gewachsen zu sein. Eine vorzeitige Abberufung des Präsidenten ist nicht möglich. Obwohl der Präsident kein Professor zu sein braucht und vor der Wahl auch nicht dieser Hochschule angehören muss, ist die Wahl eines externen Nichtwissenschaftlers selten. Während der Präsidentschaft ruhen die Rechte und Pflichten aus dem Professorenamt, d.h. er hat keine Mitwirkungsrechte im Fachbereich, kein Wahlrecht und in Bezug auf Forschung und Lehre höchstens die Möglichkeit, diese in einer Nebentätigkeit auszuführen. Nach Ablauf seiner Amtszeit kehrt er in das Professorenamt zurück. Als Präsident ist er Träger der staatlichen Angelegenheiten, wobei er aus eigenem Recht ohne Mitwirkung der Selbstverwaltungsorgane handelt. Er ist Vorsitzender des akademischen Senats, d.h. er bereitet die Sitzungen vor, leitet die Verhandlungen und führt seine Beschlüsse aus. Daneben ist er Leiter der zentralen Hochschulverwaltung und auch Vorgesetzter, i.d.R. auch Dienstvorgesetzter, sowohl der Verwaltungsangestellten als auch der wissenschaftlichen Mitarbeiter. Er ist jedoch nicht Dienstvorgesetzter der Professoren, obwohl ihm einzelne Funktionen eines solchen bzgl. der Professoren übertragen werden können.[137] Des Weiteren obliegt ihm die Vertretung der Hochschule nach innen und außen.[138]

---

[136] Vgl. Thieme 2004, S. 730, 747 ff.; Hener 2004, S. 171 f.; Oppermann 2005, S. 11
[137] In manchen Ländern ist er auch Dienstvorgesetzter, wobei der Minister oberster Dienstvorgesetzter ist.
[138] Vgl. Thieme 2004, S. 734 ff.; Teichler 1990, S. 36

Präsidialkollegialverfassung: Hierbei wird ein hauptberufliches Mitglied analog zum Präsidenten gewählt und vom Staat bestellt. I.d.R. wird auch er als Präsident bezeichnet, der die gleichen Voraussetzungen mitbringen muss und auch sonst die gleiche persönliche Stellung wie der Präsident des ersten Leitungstyps besitzt. Der Unterschied besteht darin, dass nicht ihm allein, sondern sämtlichen Präsidiumsmitgliedern gemeinsam die Hochschulleitung obliegt. Neben dem Präsidenten gehören diesem laut Ländergesetzen der leitende Verwaltungsbeamte, also der Kanzler, der dem Präsidium gegenüber weisungsgebunden ist, und die Vizepräsidenten an. Es handelt sich jedoch nicht um ein kollegiales Organ im Sinne der Gruppenuniversität, so dass auch die Mitwirkungsbestimmungen der Hochschulmitglieder hier nicht gelten. Die Beschlussfassung erfolgt durch Mehrheitsvotum, wobei der Präsident überstimmt werden kann.[139]

Rektoren und Rektoratsverfassung: Bei ersterer wird ein Professor für mindestens zwei Jahre zum hauptberuflichen Leiter der Hochschule gewählt. Auch er besitzt keine Entscheidungsbefugnisse gegenüber den anderen Hochschullehrern und kehrt nach seiner Amtszeit ins Professorenamt zurück. In der Rektoratsverfassung wird ebenfalls ein Professor zum Rektor gewählt, dessen Stellung derjenigen einer Rektorenverfassung entspricht. Der Unterschied ist analog zum Präsidium, dass ein kollegiales Leitungsorgan gebildet wird, dem neben dem Rektor auch noch der leitende Verwaltungsbeamte sowie die Prorektoren angehören. Letztere sind ebenfalls Professoren, die ihr Amt in der Hochschulleitung jedoch nebenamtlich ausüben. Der Kanzler nimmt im Gegensatz zur Präsidialverfassung ein eigenständiges weisungsfreies Aufgabengebiet wahr.[140]

Aufgrund der geringen Bereitschaft seitens der Hochschullehrer ein Rektorenamt anzunehmen, spielen die beiden letztgenannten Leitungsformen eine eher untergeordnete Rolle.[141]

Unterhalb der Hochschulleitung ist der leitende Verwaltungsbeamte, der sog. **Kanzler** angesiedelt, der den Präsidenten oder Rektor in Rechts- und Verwaltungsfragen vertritt. Er stellt die Verbindung zwischen der Hochschulleitung und den Verwaltungsabteilungen dar. Als Leiter der Hochschulverwaltung führt er deren laufenden Geschäfte und ist für den Haushalt zuständig. Weitere Aufgaben sind die Koordination der verschiedenen Verwaltungsbereiche, die Gewährleistung des Zusammenwirkens und die Ausübung der Dienstaufsicht. Außerdem ist er Dienstvorgesetzter des nichtwissenschaftlichen Personals. Der Kanzler ist Mitglied der kollegialen zentralen Leitung, wobei die Verwaltung ansonsten auch dezentral in den Fachbereichen, wissenschaftlichen Einrichtungen und Betriebseinheiten geführt wird. Er wird vom

---

[139] Vgl. Thieme 2004, S. 739 f.
[140] Vgl. Thieme 2004, S. 741; Hartmer 2004, S. 197
[141] Vgl. Thieme 2004, S. 741; Hartmer 2004, S. 197

Minister ernannt und muss i.d.R. die Befähigung zum Richteramt mitbringen. Dienstrechtlich untersteht er dem Rektor bzw. Präsidenten.[142]

Als organisationale Grundeinheiten mit inhaltlichen Entscheidungsbefugnissen der Hochschulen können die **Fachbereiche** angesehen werden. Grundsätzlich empfiehlt es sich, einen gebildeten Fachbereich (bspw. Wirtschaftswissenschaften) zu untergliedern (VWL/BWL). Der Fachbereich ist zuständig für Forschung und Lehre, Nachwuchspflege, Graduierung und andere fachliche Aufgaben seines Sachbereichs. Die Errichtung, Veränderung oder Auflösung von Fachbereichen erfüllen Hochschule und Staat gemeinsam. Für Aufgaben, die eine Zusammenarbeit mehrerer Fachbereiche betreffen, können Kommissionen gebildet werden. Die Fachbereiche besitzen das Recht zur Selbstergänzung (Professoren, Juniorprofessoren, wissenschaftliche Mitarbeiter) und sind mit mindestens zwei Organen ausgestattet: dem **Fachbereichsrat** und **Fachbereichssprecher (Dekan)**. Ersterer ist für alle grundsätzliche Fragen, normative Ordnungen, Studienordnungen sowie Entwicklungsplanung des Fachbereichs zuständig. Wahl, Zusammensetzung und Größe sind gesetzlich bestimmt. Der Dekan wird vom Rat auf bestimmte Zeit gewählt und muss Professor des Fachbereichs sein, wobei er sein Professorenamt, allerdings mit reduziertem Lehrdeputat, weiter ausführt. Er ist Vorsitzender des Fachbereichs, führt Beschlüsse aus und leitet die laufenden Geschäfte der Fakultät in eigener Zuständigkeit. Daneben obliegt ihm eine Aufsichtsfunktion (Sicherstellung des Lehrangebots). Dekan und Fachbereichsrat teilen sich die Zuständigkeiten in Forschung und Lehre, wobei dem Dekan einige Aufgaben per Gesetz zugewiesen sind (bspw. die Verwendung der Mitarbeiterstellen des Fachbereichs). Während die Entscheidungen des Dekans dem Fachbereichsrat zur Stellungnahme vorgelegt werden müssen, sind die Entscheidungen des Fachbereichsrats bindend für die restlichen Organe der Fachbereiche.[143]

Um eine fortwährende Verbesserung der Studienverhältnisse zu gewährleisten wird dem Dekan als Entlastung ein **Studiendekan** als Anlaufstelle für allgemeine Studienfragen zur Seite gestellt, der über Vollmachten des Dekans in diesem Bereich verfügt.[144]

Durch die Einrichtung eines **Dekanats** entsteht die Möglichkeit, Nichtprofessoren an Verwaltungsgeschäften zu beteiligen. Einerseits kann dies den Arbeitsablauf komplizieren, andererseits kann es angesichts gestiegener Macht des Dekans auch als Gewaltenteilung aufgefasst werden.[145] Nicht zuletzt ist es auf diese Weise möglich, betriebswirtschaftliches Know-how in die Fachbereichsleitung zu integrieren.

---

[142] Vgl. Peisert & Framhein 1997, S. 52; Lüthje 2004, S. 271; Thieme 2004, S. 402 f.; Hartmer 2004, S. 197 f.
[143] Vgl. Kühler 2005, S. 207; Thieme 2004, S. 736, 752 ff.; Hartmer 2004, S. 192 f.; Rothfuß 1997, S. 67
[144] Vgl. Thieme 2004, S. 767
[145] Vgl. Thieme 2004, S. 767

Nun existieren neben diesen Entscheidungseinheiten auch in Hochschulen **Arbeitseinheiten** in Form von wissenschaftlichen Einrichtungen[146] und Betriebseinheiten. Als Abgrenzung kann die Zuordnung zu Professoren gesehen werden. Während **wissenschaftliche Einrichtungen** einem oder mehreren Professoren unterstellt sind, werden Betriebseinheiten selten von Professoren geleitet. Den Instituten, Seminaren und Kliniken (Medizin) stehen Personal- und Sachmittel zur unmittelbaren Erfüllung der Hochschulaufgaben zur Verfügung. Ihre Aufgaben ergeben sich aus der bestimmten fachlichen Ausrichtung, die sich i.d.R. an ihrer Bezeichnung ablesen lässt. Während zumeist alle Einrichtungen die Forschung als ihre Hauptaufgabe ansehen, hängen die Lehraufgaben vom jeweiligen Einzelfall ab. Alle wissenschaftlichen Einrichtungen sind einem Fachbereich zugeordnet bzw. stellen dessen Untergliederung dar. Obwohl sie der Verantwortung der Fachbereiche oder zentralen Organe unterstehen, stellen sie aufgrund ihrer großen Anzahl und der fehlenden Sachkunde der Fachbereichsorgane eine weitere Entscheidungsebene dar. Die **Betriebseinheiten** unterstützen mit Dienstleistungen oder Sachgütern die wissenschaftliche und künstlerische Arbeit der Hochschulen (bspw. Rechenzentren) mittelbar bei der Erfüllung ihrer Aufgaben und sind ein Teil der zentralen Organisation.[147]

Folgende Abbildung veranschaulicht noch einmal die allgemeine Universitätsstruktur:

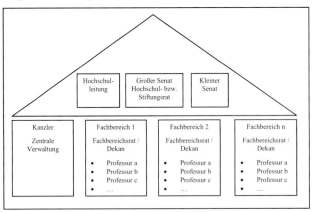

Abbildung 1: allgemeine Universitätsstruktur[148]

---

[146] Hartmer sieht in den Professuren bzw. Instituten die organisatorische und wissenschaftliche Grundeinheit. Vgl. Hartmer 2004, S. 186 f.
[147] Vgl. Thieme 2004, S. 773 ff.
[148] Eigene Darstellung

Organisationstheoretische Betrachtung

Organisationstheoretisch können Hochschulen nach Mintzberg als **Profibürokratien** bezeichnet werden.[149] Das Kapital einer solchen **Expertenorganisation** besteht in der Leistungsfähigkeit der hochqualifizierten professionellen Mitarbeiter, um deren fachliche Profile die Basiseinheiten gebildet werden. Damit stellt der **betriebliche Kern**, in der Universität bestehend aus dem wissenschaftlichen Personal der Fachbereiche, den wichtigsten Organisationsteil der Profibürokratie dar.[150] Dabei wird ein hohes Maß an individueller Autonomie als Voraussetzung zur Ausübung der Expertentätigkeit angesehen, die im öffentlichen Sektor dienstrechtlich in der Unkündbarkeit und in der Wissenschaft außerdem in der gesetzlich verankerten Freiheit von Forschung und Lehre festgeschrieben ist.[151] Wissenschaftler arbeiten in ‚Einsamkeit und Freiheit', d.h. unabhängig von ihren Kollegen, die sie weder für Forschung und Lehre noch für Dienstleistungen benötigen, aber mit engem Kontakt zu ihren Klienten (Studierende).[152] Bedingt durch die starke fachliche Spezialisierung, durch die der Expertenstatus erlangt wurde und die dabei hilft, im wissenschaftlichen Konkurrenzkampf zu bestehen, sind die Kommunikationspartner der Experten eher außerhalb der eigenen Universität zu finden.[153] Die Experten verstehen sich also nicht als Teammitglieder, ihre **Loyalität gilt dem Berufsstand**, nicht der Organisation. Durch die Dominanz der Disziplin sehen sie sich eher als Vertreter eines bestimmten Faches, denn als Mitarbeiter einer bestimmten Universität, woraus wenig Engagement für die Interessen der gesamten Organisation resultiert.[154] Dies hängt auch mit der Karrierelogik zusammen, in der nur fachliche Reputation zum Aufstieg verhilft.[155] Für die Hochschulleitung, die neben den zentralen Selbstverwaltungsgremien die **strategische Spitze** der Universität bildet, bedeutet dies einen hohen Koordinationsaufwand im Bezug auf Lehre, Weiterbildung und Außenrepräsentation.[156] Die Disziplinenorientiertheit der professionellen Mitarbeiter führt aufgrund der Vielzahl nebeneinander existierender Fächer zu einer **fragmentierten Organisationsstruktur**. Aufgrund der Verwissenschaftlichung der meisten Beschäftigungsfelder entsteht eine fast unbegrenzte Aggregation voneinander unabhängiger Disziplinen, jede mit spezifischen Normen und Kulturen.[157] Daher liegt eine

---

[149] Vgl. Mintzberg 1992, S. 256
[150] Vgl. Grossmann, Pellert & Gotwald 1997, S. 25; 27 f.; Pellert 2004a, S. 48; Mintzberg 1992, S. 256; Hartmann 1984, S. 33
[151] Vgl. Grossmann, Pellert & Gotwald 1997, S. 25
[152] Vgl. Mintzberg 1992, S. 257; de Weert 1997, S. 185
[153] Vgl. De Weert 1997, S. 185 f.; Pellert 1995b, S. 82; 2004, S. 48
[154] Vgl. Mintzberg 1992, S. 280; Grossmann, Pellert & Gotwald 1997, S. 26
[155] Vgl. Grossmann, Pellert & Gotwald 1997, S. 26 f.; Pellert 2004a, S. 48. Vgl. hierzu auch Kapitel 3.2.2
[156] Vgl. Hartmann 1984, S. 34; Pellert 2004a, S. 48
[157] Vgl. Pellert 2004a, S. 48 f.; De Weert 1997, S. 185; Pellert 1995b, S. 82

starke horizontale Aufgabenspezialisierung vor, während sie vertikal angereichert sind.[158] Unterschiedliche Ziele, Absichten und Interessen der einzelnen Disziplinen lassen außerdem kaum eine gemeinsame Identität entstehen.[159] Weick spricht daher von einer losen Verknüpfung relativ autonomer Basiseinheiten sowohl untereinander als auch zur Gesamtorganisation (‚**loosely coupled systems**').[160] Es entsteht eine **Matrixorganisation**, in der das fachliche System der Disziplin dem sozialen System der Universität gegenübersteht.[161]

Da Experten neben ihrer eigenen Arbeit auch für die kollektive Kontrolle der die Arbeit betreffenden administrativen Entscheidungen (bspw. Berufung) verantwortlich sind, wird die **Mittellinie**, repräsentiert durch Dekane und Selbstverwaltungsgremien der Fachbereiche, ebenfalls aus ihren Reihen gebildet.[162] Es entsteht eine **flache Hierarchie**, da es nur weniger Führungskräfte auf den hierarchischen Ebenen bedarf.[163] Da die hauptberuflichen Administratoren anerkannte Mitglieder des Berufsstandes sein müssen und von ihresgleichen gewählt oder mit deren Zustimmung ernannt werden, entsteht eine demokratische administrative Struktur. Man kann sie sich als auf den Kopf gestellte Pyramide vorstellen, bei der die unten stehende Administration den oben stehenden Experten zu Diensten ist. Nun mögen die direkten Machteinflüsse der Rektoren bzw. Dekane in der Tat erheblich eingeschränkt sein, aber ihre Funktionen vermögen ihnen dennoch eine durchaus nicht zu unterschätzende indirekte Macht in der Struktur zu verleihen.[164]

Der **Hilfsstab** (Zentralverwaltung und zentrale Einrichtungen wie Rechenzentrum oder Studentenwerk) ist bei der Universität voll ausgebaut und auf die Bedürfnisse des betrieblichen Kerns ausgerichtet.[165]

Aufgrund der erforderlichen Autonomie darf das technische System weder regulativ, automatisiert noch kompliziert sein. Die **Technostruktur** der Hochschule, bestehend aus den Stäben für Planung, Forschung und Studienangelegenheiten, ist daher auch nicht stark entwickelt.[166]

---

[158] Vgl. Mintzberg 1992, S. 257
[159] Vgl. De Weert 1997, S. 186
[160] Vgl. Weick 1976; Grossmann, Pellert & Gotwald 1997, S. 28
[161] Vgl. Pellert 2004a, S. 48. Ein Schaubild dieser Matrixorganisation findet sich im Anhang, vgl. Anlage 2.
[162] Vgl. Mintzberg 1992, S. 266; Hartmann 1984, S. 34
[163] Vgl. Mintzberg 1992, S. 263; Pellert 1995b, S. 95
[164] Vgl. Mintzberg 1992, S. 266, 268
[165] Vgl. Hartmann 1984, S. 35 f.; Mintzberg 1992, S. 262
[166] Vgl. Mintzberg 1992, S. 262, 273; Hartmann 1984, S 35

Das Strukturschema der Universität zeigt folgende Abbildung:

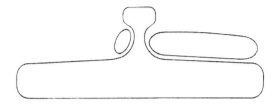

Abbildung 2: Profibürokratie[167]

Hierarchisch weisen Universitäten die organisationssoziologische Besonderheit einer **Doppelstruktur** auf.[168] Während eine mehrstufige ‚top-down-Verwaltungshierarchie' existiert, kann man die vertikale akademische Struktur als ‚Drei-Ebenen-Entscheidungsmodell' beschreiben, mit den Professuren als Basis, darüber die Fakultäts- bzw. Fachbereichsebene und die Hochschulleitung an der Spitze. Die Besonderheit liegt darin, dass die jeweils untere Ebene ihre Daseinsberechtigung und Legitimation nicht durch Delegation von der jeweils übergeordneten Ebene (top-down), sondern durch einen entgegengesetzten, auf Subsidiarität beruhenden Aufgabenverlagerungsprozess – ‚bottom-up' – erhält. Die nächsthöhere Ebene ist nur für jene Fragen zuständig, die auf der unteren Stufe nicht isoliert gelöst werden können und der Koordination bedürfen.[169] Expertenmacht ist in Autonomie und individueller Fachkompetenz begründet, während administrative Autorität auf Kontrolle und Koordination durch Vorgesetzte beruht.[170] Die demokratische Struktur des betrieblichen Kerns und die hohe Autonomie ergeben für die professionellen Mitarbeiter einen optimalen Arbeitsplatz. Sie sind an eine Universität angeschlossen und dennoch in Forschung und Lehre frei, lediglich an den ethischen Verhaltenskodex gegenüber ihrer Disziplin und ihren Studierenden gebunden.[171] „Professionelle Mitarbeiter sind daher meist verantwortungsbewusste und hochmotivierte Individuen, die sich ihrer Arbeit und den Klienten verpflichtet fühlen."[172]

In der bürokratischen Universitätsstruktur erfolgt die nötige **Koordination mittels Standardisierung der Qualifikationen,** mit den damit verbundenen Gestaltungsparametern Ausbildung und Indoktrination.[173] Dieser Koordinationsmechanismus ermöglicht die in der Univer-

---

[167] Vgl. Mintzberg 1992, S. 263
[168] Vgl. Breisig & Kahlen 2000, S. 221
[169] Vgl. Alewell 1995, S. 87 ff.; Mintzberg 1992, S. 267
[170] Vgl. Pellert 1995b, S. 95
[171] Vgl. Mintzberg 1992, S. 276; Neyses 1998, S. 182
[172] Mintzberg 1992, S. 277
[173] Die professionellen Mitarbeiter haben sich ihr Expertenwissen durch Zeit- und Geldintensive, weitgehend formale Ausbildung erworben, in der sie auch eine fachspezifische Sozialisation durchlaufen haben. Vgl. Neyses 1998, S. 182; Grossmann, Pellert & Gotwald 1997, S. 25 f.; Mintzberg 1992, S. 256 f., 259

sität vorherrschende horizontale und vertikale Dezentralisierung. Doch egal wie standardisiert die Qualifikationen und Kenntnisse auch sein mögen, die Aufgabenkomplexität führt aufgrund vielfältiger zu treffender Entscheidungen zu einer Ermessensfreiheit in der Ausführung. Dies setzt ein beträchtliches Urteilsvermögen voraus, das zwar für kompetente und gewissenhafte Experten angemessen aber durchaus nicht selbstverständlich ist. Ebenso wie die Mittellinie kann auch die Technostruktur wenig zur Koordination der betrieblichen Arbeit beitragen, da weder großer Bedarf an persönlicher Weisung oder gegenseitiger Abstimmung besteht, noch die komplexen Arbeitsprozesse einer Standardisierung zugänglich sind. Und da die Produkte professioneller Arbeit nicht ohne weiteres messbar sind, kann hier keine Standardisierung erfolgen.[174]

Allerdings ist die Standardisierung von Qualifikationen nur ein weicher Koordinationsmechanismus und allein nicht ausreichend. Die Koordination zwischen Experten und Hilfsstab erfolgt seitens der professionellen Mitarbeiter mittels Anweisungen, was die Mitarbeiter des Hilfsstabs in eine Sandwichposition zwischen der Linienautorität und der horizontalen Ausübung von Expertenmacht bringt. Noch schwieriger gestaltet sich die Koordination zwischen den professionellen Mitarbeitern untereinander, da sie keine integrierte Institution bilden sondern sich nur zusammengeschlossen haben, um in den Genuss von Ressourcen und Hilfsdiensten zu gelangen, sonst jedoch i.d.R. allein und in Ruhe ihrer Forschung nachgehen möchten.[175]

Diese Zurückhaltung gegenüber kooperativer Zusammenarbeit mit den Kollegen lassen Innovationen der Gesamtorganisation kaum zu. Die inflexible Struktur der Profibürokratie ist zwar gut geeignet um Standardprodukte und -dienstleistungen herzustellen, jedoch ungeeignet, sich auf neue Produkte und Dienstleistungen einzustellen.[176] Bedingung für eine Profibürokratie ist daher auch eine **komplexe, aber stabile Umwelt**, die den Einsatz schwieriger Verfahren notwendig macht, aber definierbare und standardisierbare Qualifikationen ermöglicht. **Alter** und **Größe** spielen eine eher untergeordnetere Rolle. Da die qualifizierten Mitarbeiter bereits bei Eintritt in die Organisation die Standards mitbringen, ist die Anlaufzeit gering. Größere Universitäten haben nur einen stärker entwickelten Hilfsstab, ansonsten arbeiten die Experten relativ unabhängig voneinander.[177] Aufgrund der Ausrichtung auf stabile Umweltbedingungen werden lediglich Verfahren für voraussagbare Kontingenzen perfektioniert, es fehlt eine Problemlösungsstruktur für unbekannte Anforderungen.[178] Größere tiefgreifendere institutio-

---

[174] Vgl. Mintzberg 1992, S. 262 f., 259 f., 278 f.
[175] Vgl. Mintzberg 1992, S. 278
[176] Vgl. Mintzberg 1992, S. 281
[177] Vgl. Mintzberg 1992, S. 272 f.
[178] Vgl. Mintzberg 1992, S. 281

nelle Veränderungen sind selten und ergeben sich lediglich aus gewandelten externen Anforderungen.[179] Die eher als konservativ geltenden Universitäten verlassen eingefahrene Gleise i.d.R. nur zögernd.[180] Dies gilt jedoch nur für das soziale System der Hochschule als Ganzes. Das Fachsystem der Experten ist sehr innovativ sowie anpassungsfähig. Fortschritte werden zügig umgesetzt. Fortschritte wissenschaftlicher und behandlungstechnischer Art sind i.d.R. stark an aktuelle Fragen der Forschung und weniger an die alltägliche Praxis der Organisation gebunden.[181]

Die **Strategien** der Profibürokratie entsprechen weitgehend denjenigen, die die professionelle Mitarbeiter und die außerhalb der Universität bestehenden Berufsverbände verfolgen. Ein einheitliches Zielsystem für die gesamte Universität lässt sich aus der bestehenden Vielfalt von Zielen der einzelnen Individuen nur schwerlich ableiten, was zu einer Zielambivalenz bei Aufgaben der Hochschulebene führt.[182] Durch die lose Kopplung der hoch autonomen Basiseinheiten verfügt die Hochschulleitung ebenso wie die Dekane über wenige Steuerungsmöglichkeiten. Dies führt bspw. in langwierigen **Entscheidungsfindungs**prozessen zu Kompromisslösungen, die innovativen Lösungen im Weg stehen. Gleichzeitig sind die autonomen Basiseinheiten in der Lage, strukturelle Entwicklungsprozesse zu blockieren.[183]

Einen Erklärungsansatz für die sich in Hochschulen vollziehenden Entscheidungsprozesse bieten Cohen, March und Olsen, die Hochschulen als ‚**Garbage Can Organisation**' (Papierkorborganisation) und ‚**organizes anarchies**' beschreiben, gekennzeichnet durch ‚problematic preferences', ‚unclear technology' und ‚fluid participation'.[184] Dieser Ansatz geht davon aus, dass Entscheidungen zufällig getroffen werden. Zwar existiert in Hochschulen ein Modell der Problembearbeitung, welches aber nicht systematisch, sondern eher unstrukturiert, uneinheitlich und unkalkulierbar ist.[185] „Vielmehr kommt es im Verfahren der Problembearbeitung aufgrund spezifischer Interessenkonstellationen, gegenseitiger Rücksichtnahmen und offensichtlicher Zieldiffusionen zu Kompromissbildungen, die abhängig von den Entscheidungsgelegenheiten der Teilnehmer eher zufällig fallen."[186]

Aufgrund der Verflechtung zwischen Individualorganen (Rektor und Kanzler, Dekan, geschäftsführender Institutsdirektor), Kollegialorganen (Rektorat, Dekanat, Institutsvorstand) und Gremien (Senat, Fachbereichsrat, Institutsrat) besitzt ein universitäres Entscheidungsor-

---

[179] Vgl. Grossmann, Pellert & Gotwald 1997, S. 26
[180] Vgl. Mintzberg 1992, S. 282
[181] Vgl. Grossmann, Pellert & Gotwald 1997, S. 26
[182] Vgl. Mintzberg 1992, S. 271; De Weert 1997, S. 186
[183] Vgl. Altvater 2007, S. 16 f.
[184] Vgl. Beckmeier, Kluge & Neusel 1988, S. 348
[185] Vgl. Altvater 2007, S. 15
[186] Altvater 2007, S. 15

gan bei den ihm zugewiesenen Entscheidungsaufgaben selten ein vollständiges und unbeschränktes Entscheidungsrecht. Neben der rechtlich vorgeschriebenen Zusammenarbeit bestehen aber auch ständig praktizierte informelle Formen der **Kooperation**. I.d.R. gibt es eingespielte Verfahrensweisen (Entscheidungskultur), die einerseits disziplinenspezifisch und andererseits institutionen(universitäts-)spezifisch sind und darüber hinaus durch die jeweils dominierenden Persönlichkeiten in den verschiedenen Organen mitgeprägt werden. Neben den internen Vernetzungen innerhalb eines Entscheidungsbereiches spielen in der Hochschulpraxis externe Verflechtungen, insbesondere vertikaler Art (zwischen verschiedenen Ebenen), gelegentlich aber auch horizontaler Art (z.B. zwischen verschiedenen Fachbereichen oder Instituten) eine nicht unwesentliche Rolle.[187]

Aufgrund der engen Kopplung der Leitungs- und Managementaufgaben einer Expertenorganisation an die fachliche Arbeit, können sie nur sehr begrenzt an hauptberufliche Organisations- und Managementfachkräfte abgegeben werden.[188] Problematisch ist daher die Abneigung vieler Experten gegen **Verwaltungsaufgaben** zu sehen, die offensichtlich lieber ungestört ihrem Beruf nachgehen möchten. Diese Freiheit hat jedoch den Preis administrativer Bemühungen. Also muss der Experte entweder die administrativen Aufgaben selbst erfüllen, was weniger Zeit für die professionellen Aufgaben bedeuten würde, oder denjenigen überlassen, die für die Übernahme administrativer Aufgaben auf Zeit für die Berufsausübung verzichten, dieser also ggf. nicht so viel Gewicht beimessen.[189]

Angesichts der aufgezeigten Probleme sowie der wachsenden Bedeutung unterstützender Stäbe, des mittleren Managements und der Technostruktur, stellt sich die Frage, ob sich die Universität auf dem Weg zur **Adhokratie** befindet, die auch der Wandlung von einer stabilen zu einer dynamischen Umwelt Rechnung tragen würde. Des Weiteren kann man Veränderungen der Koordinationsmechanismen von Standardisierung zu gegenseitiger Abstimmung und Kooperation beobachten.[190] Hartmann konstatiert, dass die Profibürokratie nicht ausreichend den unterschiedlichen Merkmalen von Forschung und Lehre Rechnung trägt. Die forschungsspezifischen Strukturmerkmale hinsichtlich der Abteilungsgröße (Bezugseinheit der Lehre ist der Fachbereich, der der Forschung das Institut oder Fachgebiet) sowie der Ausprägungen der Kontextfaktoren Technologie und Umwelt, würden eher von der Adhokratie berücksichtigt.[191]

Seit einiger Zeit steht zudem die **Professionalisierung** der Universitäten im Zentrum öffentlichen Interesses. Von Hochschulen wird gefordert, sich nicht mehr nur als loser Zusammen-

---

[187] Vgl. Alewell 1993, S. 54 f.
[188] Vgl. Grossmann, Pellert & Gotwald 1997, S. 29
[189] Vgl. Pellert 1995b, S. 96; Mintzberg 1992, S. 269 f.
[190] Vgl. Kühl 2006, S. 1
[191] Vgl. Hartmann 1984, S. 37, 39

schluss von Wissenschaftlern zu begreifen, sondern vielmehr als ‚entrepreneurial university'. Damit tritt die „…individuelle Autonomie der Wissenschaftler in den Hintergrund und wird von den Gesamtinteressen der Hochschule überlagert. Die Gewichtung verschiebt sich deutlich in Richtung Gesamtorganisation, während die Subeinheiten an Stellenwert verlieren. Folgerichtig erfährt die Leitungsebene einen Ausbau ihrer Kompetenzen und Befugnisse, während sich die wissenschaftliche Arbeitsebene stärker als Teil eines Ganzen betrachten und daher in ihren Eigeninteressen zurücknehmen muss."[192]

2.1.4. Universitäre Aufgaben

Die von den Hochschulen zu erbringenden Aufgaben sind in den Hochschulgesetzen des Bundes und der Länder fixiert:

1.) Die Hochschulen dienen entsprechend ihrer Aufgabenstellung der **Pflege und der Entwicklung der Wissenschaften und der Künste** durch Forschung, Lehre, Studium und Weiterbildung in einem freiheitlichen, demokratischen und sozialen Rechtsstaat. Sie bereiten auf berufliche Tätigkeiten vor, die die Anwendung wissenschaftlicher Erkenntnisse und wissenschaftlicher Methoden oder die Fähigkeit zu künstlerischer Gestaltung erfordern.

2.) Die Hochschulen **fördern** entsprechend ihrer Aufgabenstellung den **wissenschaftlichen und künstlerischen Nachwuchs**.

3.) Die Hochschulen fördern die **Weiterbildung ihres Personals**.

4.) Die Hochschulen wirken an der **sozialen Förderung der Studierenden** mit; sie berücksichtigen die besonderen Bedürfnisse von Studierenden mit Kindern. Sie tragen dafür Sorge, dass behinderte Studierende in ihrem Studium nicht benachteiligt werden und die Angebote der Hochschule möglichst ohne fremde Hilfe in Anspruch nehmen können. Sie fördern in ihrem Bereich den Sport.

5.) Die Hochschulen **fördern die internationale**, insbesondere die europäische **Zusammenarbeit** im Hochschulbereich und den Austausch zwischen deutschen und ausländischen Hochschulen; sie berücksichtigen die besonderen Bedürfnisse ausländischer Studenten.

6.) Die Hochschulen **wirken bei der Wahrnehmung ihrer Aufgaben** untereinander und mit anderen staatlichen und staatlich geförderten Forschungs- und Bildungseinrichtungen **zusammen**. Dies gilt insbesondere für die nach der Herstellung der Einheit Deutschlands erforderliche Zusammenarbeit im Hochschulwesen.

7.) Die Hochschulen **fördern den Wissens- und Technologietransfer**.

8.) Die Hochschulen **unterrichten die Öffentlichkeit** über die Erfüllung ihrer Aufgaben…

Abbildung 3: Aufgaben der Hochschulen[193]

Im Zusammenhang mit diesen Primäraufgaben erfüllen Universitäten eine Reihe weiterer Leistungen, angefangen bei der Krankenversorgung über wissenschaftlich-technische Prüf- und Messaufgaben (bspw. Blutproben oder Emissionsmessungen) bis hin zu kulturellen An-

---

[192] Vgl. Nickel & Zechlin 2006, S. 197
[193] § 2 HRG

geboten (wie z.b. Bibliotheken, Vorträge, musische Darbietungen oder sportliche Aktivitäten).[194]
Die Vielfalt und der Verbund sehr unterschiedlicher Leistungen schafft eine **hohe Komplexität und Heterogenität des Leistungsprozesses**.[195] Durch das fortwährende Hinzufügen neuer Aufgaben unter Beibehaltung der alten, sind nach Kerr regelrechte ‚Multiversitäten' entstanden.[196] Doch gibt es „…keine anderen Institutionen als die Hochschulen, die diese verschiedenen Funktionen zu einem Ganzen vereinen, das mehr ist, als die Summe seiner Teile."[197]
Im Folgenden werden die Kernaufgaben der Universität näher erläutert.

Forschung

Die Forschung versteht sich als Kernstück der traditionellen deutschen Universität. Sämtliche Bereiche des Hochschulsystems wie Kultur, Motivation, Reputations- oder Aufstiegsbedingungen wurden von ihr geprägt.[198]
Laut HRG **dient die Hochschulforschung** „…der Gewinnung wissenschaftlicher Erkenntnisse sowie der wissenschaftlichen Grundlegung und Weiterentwicklung von Lehre und Studium. Gegenstand der Forschung in den Hochschulen können … alle wissenschaftlichen Bereiche sowie die Anwendung wissenschaftlicher Erkenntnisse in der Praxis einschließlich der Folgen sein, die sich aus der Anwendung wissenschaftlicher Erkenntnisse ergeben können."[199] Im Bundesbericht Forschung wird sie als „geistige Tätigkeit mit dem Ziel, in methodischer, systematischer und nachprüfbarer Weise neue Erkenntnisse zu gewinnen"[200] charakterisiert. Der Wissenschaftsrat definiert Forschung als ein „Verfahren zur Formulierung und Lösung ausgewählter Probleme, das sich wissenschaftlicher Methoden bedient"[201] und darauf abzielt, über die entsprechenden Bezugs- oder Problembereiche „…formulierbare Erkenntnisse zu erlangen, die den Wissensstand erweitern und nach Möglichkeiten zur Lösung der gewählten oder anderer Probleme beitragen."[202] Forschung ist **auf Problemlösungen ausgerichtet**, da nicht Ergebnisse sondern vielmehr die Methoden im Vordergrund stehen.[203] **Primär** geht es um den **Erkenntnisfortschritt** und nicht um die Nutzanwendung, daher spielen

---

[194] Vgl. WRK 1988, S. 36, 59 f.
[195] Vgl. Alewell 1995, S. 86
[196] Vgl. Pellert 1995a, S. 41
[197] WRK 1988, S. 36
[198] Vgl. Frackmann & de Weert 1993, S. 97 f.
[199] § 22 HRG
[200] Bundesbericht Forschung I 1965, S. 22
[201] WR 1975, S. 25
[202] WR 1975, S. 25
[203] Vgl. Thieme 2004, S. 238

Kosten-Nutzen-Relationen und Termingebundenheit eine untergeordnete Rolle.[204] Jedoch zählen zur Hochschulforschung neben erkenntnis- und anwendungsorientierter Grundlagenforschung auch (produktorientierte) angewandte Forschung im gesamten Wissenschaftsspektrum.[205] Die Zuordnung zu den einzelnen sich in Steuerungskonzepten und Finanzierungsmodalitäten unterscheidenden Forschungsarten erfolgt also nach dem Kriterium der möglichen Ergebnisumsetzung.[206] **Reine Grundlagenforschung** definiert die Hochschulrahmenkonferenz (HRK) als die „Gewinnung neuer Erkenntnisse, das Auffinden neuer Ergebnisse, die Weiterentwicklung forschungsrelevanter Methoden sowie die Entwicklung neuer Gebiete und die Erforschung neuer Zusammenhänge, aber auch die Bewahrung, Pflege und Weiterentwicklung des historischen Wissens, was die Reflexion der Möglichkeiten und Grenzen wissenschaftlicher Erkenntnisse einbezieht"[207] und deren Ergebnisse nicht auf praktische Anwendung abzielen. Es handelt sich um Forschung um ihrer selbst willen.[208] Im Gegensatz dazu lassen die Ergebnisse der **anwendungsorientierten Grundlagenforschung**, die durch die praktische Bedeutung eines Themenbereichs beeinflusst ist, zumindest langfristig Umsetzungsmöglichkeiten in der Praxis erwarten, wenn auch nicht direkt in marktfähige Produkte innerhalb eines betriebswirtschaftlich zu vertretenden Planungshorizonts.[209] Ein solches Ziel wird vielmehr von der **produktorientierten Anwendungsforschung** verfolgt, die direkte oder zumindest kurzfristig erreichbare wirtschaftliche Nutzung ihrer Ergebnisse anstrebt, so dass die Spanne zwischen Forschung und Umsetzung klein ist, was auch in den Forschungsprogrammen konkret so angelegt wird.[210] Obwohl sich zunehmend anwendungsorientierte Grundlagenforschung als Standardforschung etabliert, verschwimmen die Grenzen zwischen den einzelnen Forschungskategorien aufgrund der immer kleiner werdenden Abstände zwischen Entdeckung, Erfindung und Entwicklung, wobei letzteres als systematische Anwendung und Auswertung von Forschungsergebnissen schon nicht mehr zur Forschung gerechnet wird.[211]

Es heißt, die Weltgeltung der deutschen Universität habe sie mittlerweile einbüßen müssen. Und die exzellente Forschung, die noch auf deutschem Boden stattfindet, spielt sich zunehmend in **außeruniversitären Forschungseinrichtungen**, wie den Leibniz-Instituten, Helmholtzzentren oder der Max-Planck-Gesellschaft ab, deren Anzahl und Ausstattung in den letz-

---

[204] Vgl. Peisert & Framhein 1997, S. 73
[205] Vgl. HRK 1997, S. 10
[206] Vgl. Alewell 1995, S. 86; Bolsenkötter 1976, S. 295
[207] HRK 1997, S. 10
[208] Vgl. Mittelstraß 1997, S. 14; Bolsenkötter 1976, S. 295
[209] Vgl. Mittelstraß 1997, S. 14; Bolsenkötter 1976, S. 296
[210] Vgl. Mittelstraß 1997, S. 14
[211] Vgl. Mittelstraß 1997, S. 14 f; Bolsenkötter 1976, S. 296

ten Jahrzehnten stärker als in den Universitäten anstieg.[212] Lediglich die geisteswissenschaftliche Forschung findet auch heute noch vorwiegend in den Hochschulen statt.[213] Durchaus gravierend sind die mit dieser Entwicklung einhergehenden Kreativitäts- und Innovationseinbußen, denn dadurch, dass sich Hochschulforscher ihre Themengebiete selbst auswählen, können sie sich zeitlich weit vor außeruniversitären Forschungseinrichtungen mit zukunftsträchtigen Fragestellungen beschäftigen.[214] Um im weltweiten Wettbewerb weiter bestehen zu können, sind Universitäten zunehmend auf **Kooperationen** mit diesen Forschungseinrichtungen angewiesen, um Kompetenzen zu bündeln und Schwerpunkte zu setzen.[215]

Aber in der Forschung wird nicht nur Wissen generiert, vielmehr wird es auch angewendet und mittels Vorträgen, Publikationen und Lehre weitergegeben.[216] Da die Forschung Grundlage wissenschaftlicher Lehre, Anwendung und Entwicklung ist, bildet die **Einheit von Forschung und Lehre** das grundlegende Fundament künftiger Entwicklungen, egal ob wissenschaftlicher, wirtschaftlicher oder kultureller Art.[217]

Lehre

Die verfolgte Öffnungspolitik und die sich verschlechternde Arbeitsmarktlage haben die Vorstellung der Öffentlichkeit über die Aufgaben der Hochschulen verändert. Nun gilt es als vordringliche Aufgabe den ‚**Studentenberg**' **zu bewältigen**. Eine solche Sichtweise verdammt die Universität zum Dasein einer reinen Lehr- und Ausbildungsanstalt, da sie ihre Verpflichtung gegenüber Wissenschaft und Kultur nur durch Forschung aufrechterhalten könne. Zudem wird übersehen, dass wissenschaftliche Bildung einer theorie- und forschungsorientierten Lehre bedarf.[218]

Laut HRG sollen Lehre und Studium „...den Studenten auf ein berufliches Tätigkeitsfeld vorbereiten und ihm die dafür erforderlichen fachlichen Kenntnisse, Fähigkeiten und Methoden ... so vermitteln, dass er zu wissenschaftlicher oder künstlerischer Arbeit und zu verantwortlichem Handeln ... befähigt wird."[219] Darüber hinaus haben die Hochschulen gem. § 8 HRG „... die ständige Aufgabe im Zusammenwirken mit den zuständigen staatlichen Stellen Inhalte und Formen des Studiums im Hinblick auf die Entwicklungen in Wissenschaft und Kunst, die Bedürfnisse der beruflichen Praxis und die notwendigen Veränderungen in der Berufswelt

---

[212] Vgl. Oppermann 2002, S. 12; HRK 1997, S. 12
[213] Vgl. Oehler 1990, S. 483
[214] Vgl. WRK 1988, S. 41
[215] Vgl. HRK 1997, S. 12
[216] Vgl. Wagner 2001, S. 17, 19
[217] Vgl. HRK 1997, S. 11
[218] Vgl Schiedermair 1984, S. 246; Weder 1998, S. 66
[219] § 7 HRG

zu überprüfen und weiterzuentwickeln."²²⁰ Das Studium an einer deutschen Universität **verbindet fachliche Ausbildung mit allgemeiner menschlicher Bildung**. Dies trägt der Erwartung Rechnung, ein Studium sollte neben der Berufsvorbereitung auch die allgemeine persönliche Entwicklung – insbesondere rationales, kritisches und verantwortliches Handeln – fördern.²²¹ Dies erschöpft sich jedoch nicht in bloßer Vermittlung gesicherter wissenschaftlicher Fähigkeiten und Kenntnisse. Vielmehr lernen die Studierenden „… Probleme zu erfassen, Erkenntnisse methodisch kontrolliert zu gewinnen, kritisch zu beurteilen und weiterzuvermitteln."²²² Es geht um die **Darstellung ungelöster Problembereiche** und **Vermittlung von Methoden** zu deren Lösungsmöglichkeiten. Zwar sollen die Studierenden mit Theorien und Lehrsätzen vertraut gemacht werden, doch darüber hinaus dazu befähigt werden abstrakte Strukturen aufzunehmen und eigene Ableitungen zu bilden.²²³

Obwohl das Lehrpensum in der heutigen Massenuniversität angesichts der Bildungsexpansion stark gestiegen ist und deren Studierenden überwiegend für den außerwissenschaftlichen Arbeitsmarkt qualifiziert werden, hatte die Universität schon jeher eine enge Beziehung zur **Berufsausbildung**.²²⁴ Dies wurde früher allerdings stärker geleugnet, wo Wissenschaft als ‚l'art pour l'art' betrieben wurde und es den Studierenden oblag, sich aus dem breiten Bildungsangebot das auszuwählen, was für den angestrebten Beruf nützlich erschien. Die universitäre Wirklichkeit war jedoch eine andere, denn zumindest die Theologischen, Juristischen und Medizinischen Fakultäten sowie auch die neueren Technischen Hochschulen, waren seit jeher Berufsausbildungsstätten. Und auch die ursprünglichen Philosophischen Fakultäten bzw. die aus ihnen hervorgegangenen Mathematisch-Naturwissenschaftlichen Fakultäten, die diesem Aufgabenverständnis wohl am nächsten kamen, konnten sich niemals vollständig dem Zwang zur Berufsausbildung entziehen, bildeten sie doch bspw. die Lehrer aus. Zudem darf nicht in Vergessenheit geraten, dass die Aufgabe der Berufsvorbereitung die Universitäten erst zu ihrer Größe und Leistungsfähigkeit heranwachsen ließ.²²⁵ Da wissenschaftliche Bildung relevante Grundkenntnisse für die akademische Berufsbildung vermittelt, hat sie durchaus etwas mit Ausbildung zu tun.²²⁶

Oft kritisiert wird die theorielastige Ausbildung der Studierenden, die zu wenig auf typische Berufsaufgaben vorbereitet werden würden.²²⁷ Es hat den Anschein, als würden „Universitä-

---

[220] § 8 HRG
[221] Vgl. Bruch 1999, S. 35; Peisert & Framhein 1980, S. 14
[222] O.V. 1988 zitiert nach Weder 1998, S. 66
[223] Vgl. Thieme 2004, S. 235; Seidel 1991, S. 52 f.
[224] Vgl. HRK 1992, S. 14; WR 2006, S. 60
[225] Vgl. Thieme 2004, S. 234 f.
[226] Vgl. Weder 1988, S. 65
[227] Vgl. Hüfner 1986, S. 162 f.

ten für immer unsicherere Berufe immer schlechter ausbilden."[228] Allerdings legt diese Kritik die nicht immer zutreffende Annahme zugrunde, das spätere berufliche Einsatzgebiet sei bereits während des Studiums erkennbar.[229] Außerdem zielt die universitäre Bildung aufgrund der Vielfältigkeit der Praxis und den sich schnell wandelnden praktischen Erfordernissen ganz bewusst weniger auf unmittelbare Berufsfertigkeit ab, also die direkte praktische Anwendung des im Studium Gelernten, sondern primär auf **Berufsfähigkeit**, die im Wesentlichen Problemlösungsfähigkeit enthält.[230] Lundgreen ist darüber hinaus der Ansicht, dass Berufsfertigkeit ohnehin nur in praktischer Ausbildung erworben werden kann. Eine Ausnahme bildet der Beruf des Forschers, für den die universitäre „…Lehre als Anleitung zur Forschung durch Teilnahme an ihr…"[231] sowohl Berufsfähigkeit als auch -fertigkeit vermittelt. Dass die Universität die falsch verstandene Berufsausbildungsfunktion schlechter erfüllt, mag auch daran liegen, dass sie hierauf einfach schlechter vorbereitet ist und sich in geringerem Maße mit ihr identifizieren kann oder auch will, denn eigentlich ist es die Aufgabe der Fachhochschulen im deutschen Hochschulsystem, Studenten mit wissenschaftlichen Methoden in akademischen Berufen auszubilden.[232]

Einheit von Forschung und Lehre

Einer der Grundgedanken der Humboldt'schen Universitätskonzeption war die Einheit von Forschung und Lehre. Letztere ist daher durchweg wissenschaftlich geprägt und führt die Studierenden an erstere heran. Ein ‚wissenschaftliches' Studium setzt demnach auch die lernende Teilnahme der Studierenden an der Forschung des Hochschullehrers voraus, denn Forschung wird als notwendiges Element des Anspruchs wissenschaftlich auszubilden gesehen. Durch die Vermittlung von Forschungsmethoden und -ergebnissen in der akademischen Lehre, wird diese bereichert und stetig erneuert. Auch wenn nicht ausschließlich eigene **Forschungsergebnisse vermittelt** werden, ist es doch zwingend notwendig, dass der Universitätsprofessor nicht nur Lehrer sondern auch Forscher ist. Umgekehrt wird die Forschung durch den Dialog mit Studierenden und Nachwuchswissenschaftlern sowie deren Mitarbeit in der Forschung befruchtet.[233] Zudem ist die ‚Suche nach Wahrheit' „… nur in einer Atmosphäre des fruchtbaren Gedankenaustausches zwischen denkenden Menschen, Lehrenden und Lernenden…"[234] möglich.

---

[228] Heintel 1986, S. 422
[229] Vgl. Kluge, Neusel & Teichler 1981, S. 21 f.
[230] Vgl. Schanz 2000, S. 481
[231] Lundgreen 1999, S. 146 f.
[232] Vgl. Simon 1990, S. 17 f.; Weder 1988, S. 65
[233] Vgl. HRK 1997, S. 8, 12; Bahro & Becker 1979, S. 137; Müller 1989, S. 46; WRK 1988, S. 38
[234] Kopetz 2002, S. 57 f.

Betriebswirtschaftlich stellt die **Lehre ein Kuppelprodukt**[235] **der Forschung** dar. Eine systematische Trennung dieser Hauptaufgabenbereiche der Universität hätte daher auch schwerwiegende Auswirkungen für die Universität.[236] In der Hochschulforschung steckt aufgrund der unauflösbaren Verbindung von Forschung und Lehre, der Qualifizierung des wissenschaftlichen Berufsnachwuchses inklusive des eigenen Forschungsnachwuchses, der kritischen Reflexion des Verhältnisses von Theorie und Praxis, der Möglichkeit zur interdisziplinären Arbeit und der durch öffentliche Finanzierung ermöglichten zweckfreien Grundlagenforschung, ein **Potenzial**, an das die außeruniversitäre Forschung nicht heranreichen kann.[237]

Heranbildung des wissenschaftlichen Nachwuchses

Die **Heranbildung des wissenschaftlichen und künstlerischen Nachwuchses**, der möglicherweise irgendwann selbst einmal eine Professur anstrebt, kann neben der Ausbildung akademischer ‚Praktiker' (Rechtsanwälte, Ärzte, Lehrer) als zweite Funktion der Lehre angesehen werden.[238] Gem. § 12 HRG können für Hochschulabsolventen „... zur Vermittlung weiterer wissenschaftlicher oder beruflicher Qualifikationen oder zur Vertiefung eines Studiums, insbesondere zur Heranbildung des wissenschaftlichen und künstlerischen Nachwuchses, Zusatz-, Ergänzungs- und Aufbaustudien (postgraduale Studien) angeboten werden."[239] Dabei gelten sog. ‚**Graduiertenkollegs**' als effektive Gestaltung von Forschung und qualitativ hochwertiger Ausbildung in einer Forschungsgruppe.[240] Universitäten sind aber nicht nur für Qualität sowie Forschungs- und Ausbildungsbedingungen des wissenschaftlichen Nachwuchses verantwortlich, sie müssen auch seine beruflichen Perspektiven berücksichtigen.[241] Universitäten bilden neben ihrem eigenen wissenschaftlichen Nachwuchs auch denjenigen für Fachhochschulen und außeruniversitären Forschungseinrichtungen aus.[242] Dabei wird den Nachwuchswissenschaftlern im Wesentlichen die **Fähigkeit zur selbstständigen Forschung** vermittelt.[243] Aufgrund inhaltlich differierender Forschungsschwerpunkte sind sie u.U. in der Lage, Verbindungen zwischen bislang wenig kooperierenden Forschungszweigen herzustellen

---

[235] Ein Kuppelprodukt liegt vor „... wenn aus einem für das Produktions- und Absatzprogramm zentralen Einsatzfaktor mehrere Zwischen- und Enderzeugnisse entstehen." Heinen & Dietl 1991, S. 1180
[236] Vgl. Wagner 2001, S. 21; Kopetz 2002, S. 58
[237] Vgl. Oehler 1990, S. 482; HRK 1996, S. 1
[238] Vgl. Lundgreen 1999, S. 147
[239] HRK 1997, S. 15
[240] Vgl. HRK 1997, S. 15
[241] Vgl. WR 2006, S. 56
[242] Vgl. HRK 1997, S. 14
[243] Vgl. HRK 1997, S. 15

und so durchaus gewichtige Forschungsbeiträge zu leisten.[244] Zudem können die vorherrschenden befristeten Arbeitsverhältnisse, die zu einem ständigen Wechsel wissenschaftlicher Mitarbeiter führen, einer Erstarrung von Arbeitskreisen entgegenwirken.[245]

Weiterbildung

Angesichts der demographischen Entwicklung sowie der immer kürzeren Halbwertzeit des Wissens und der daraus resultierenden Tatsache, dass die durch ein Erststudium erworbene Ausbildung keine optimale Qualifikation für die gesamte Zeitspanne des Berufslebens sein kann, hat sich der Begriff des **lebenslangen Lernens** bereits fest etabliert.[246] Und obwohl die Beteiligung der Universitäten an der Weiterbildung im HRG nicht mehr allgemein als Hochschulaufgabe aufgeführt ist,[247] wird ein entsprechendes Angebot seitens der Universitäten doch immer wieder von Wissenschafts- und Wirtschaftsorganisationen gefordert.[248] Doch inwieweit die Hochschulen tatsächlich wissenschaftliche Weiterbildung anbieten, hängt von den praktischen Bedürfnissen und den materiellen Möglichkeiten der einzelnen Universität ab.[249] Dabei wird wissenschaftliche Weiterbildung definiert als „…Oberbegriff für Hochschulangebote, die die Fortsetzung oder Wiederaufnahme organisierten Lernens zusammenfassen, und damit der Erweiterung, Vertiefung oder Spezialisierung von früher erworbenem Wissen und Fähigkeiten dienen. In Anlehnung an § 12 HRG umfasst wissenschaftliche Weiterbildung solche Studienangebote, die nach einem ersten berufsqualifizierenden Abschluss … und nach einer Phase beruflicher Tätigkeit durchgeführt werden und im Hinblick auf die Adressatengruppen inhaltlich und didaktisch-methodisch auf Hochschulniveau entsprechend aufbereitet sind sowie das spezifische Zeitbudget Berufstätiger berücksichtigen."[250] Damit dient wissenschaftliche Weiterbildung der **berufsbezogenen Aktualisierung** des Wissens, der **fachübergreifenden Qualifikation** oder **allgemeinen Weiterbildung** durch die Vermittlung aktueller Forschungsergebnisse und Methoden.[251] Chronische Überlastung führt jedoch dazu, dass Universitäten mit ihren derzeit zur Verfügung stehenden Ressourcen dieser Aufgabe nicht im erforderlichen Ausmaß gerecht werden kann und ihr Wissenspotential für die Erwachsenenbildung größtenteils ungenutzt bleibt.[252] Das sich nur wenige Hochschullehrer in

---

[244] Vgl. HRK 1993, S. 9
[245] Vgl. HRK 1993, S. 9
[246] Vgl. HRK 1997, S. 15; WRK 1987, S. 93
[247] Vgl. Thieme 2004, S. 236
[248] Vgl. BDA 2003, S. 5
[249] Vgl. Thieme 2004, S. 236
[250] BDA 2003, S. 6
[251] Vgl. HRK 1997, S. 16
[252] Vgl. HRK 1997, S. 16; Hödl & Zegelin 1999, S. 398

der Weiterbildung engagieren, liegt vorrangig in der mangelnden Lehrdeputatsentlastung und persönlichen Honorierung begründet.[253]

Technologie- und Wissenstransfer

Damit die in der Universität gewonnenen Erkenntnisse nicht nur im ‚Elfenbeinturm' verbleiben, hat das HRG den Wissens- und Technologietransfer zur Hochschulaufgabe gemacht.[254] Zudem fordern die **Verwissenschaftlichung vieler Bereiche** und die immer aufwendiger werdenden Forschungsprojekte eine Kooperation von Wissenschaft und Wirtschaft. Der Wissenstransfer überwiegt dabei jedoch jenen der Technologien.[255] Die Hochschulen sollen daher mit Praktikern aus der Wirtschaft zusammenarbeiten, um die Forschungsergebnisse möglichst zeitnah einer wirtschaftlichen Nutzung zugänglich zu machen.[256] Durch die Mitarbeit an Lösungen für konkrete praktische Aufgaben wird auch der Praxisbezug von Forschung und Lehre gefördert,[257] denn „wenn Wissenschaft ihr Wissen nicht immer wieder an solchen Praxisfeldern kontrolliert, dann ist die wissenschaftliche Erkenntnis zu wenig am konkreten Leben orientiert."[258]

Management

Um das Ziel der Erbringung o.g. akademischer Leistungen zu erfüllen, bedarf es darüber hinaus auch gewisser **nicht-wissenschaftlicher, administrativer Leistungen** im Zusammenhang mit dem Hochschulmanagement. Die nicht-wissenschaftlichen Leistungen lassen sich nach Weber in Personalmanagement, Qualitätssicherung, Finanzierung, Logistik, Marketing und Öffentlichkeitsarbeit unterteilen.[259] Vor dem Hintergrund vermehrter Autonomie und der Einführung des Neuen Steuerungskonzepts gewinnen diese Aufgaben zunehmend an Bedeutung.

---

[253] Vgl. WR 2006, S. 38; WRK 1988, S. 58
[254] Vgl. HRK 1997, S. 17; § 2 (7) HRG
[255] Vgl. Oehler 1990, S. 484; Thieme 2004, S. 240
[256] Vgl. Thieme 2004, S. 240; WRK 1988, S. 60
[257] Vgl. WRK 1988, S. 60
[258] Pellert et al. 1999, S. 49
[259] Vgl. Weber 1987, S. 29

Abbildung 4 fasst die universitären Leistungen schematisch zusammen:

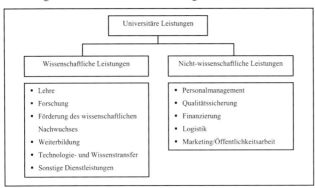

Abbildung 4: Übersicht über die universitären Leistungen[260]

2.2. Das Berufsbild des Hochschullehrers

Nachdem die Universität in ihrer historischen Entwicklung, ihren organisationalen Aufbau und nicht zuletzt die ihr obliegenden Aufgaben erläutert wurden, widmen sich die folgenden Ausführungen den in Universitäten arbeitenden Leistungsträgern, insbesondere den Professoren.

2.2.1. Definition und Werdegang

Um einen Einblick in das Berufsbild des Hochschullehrers zu geben, wird einleitend nach einer Definition des Begriffs ‚Hochschullehrer' der Weg zur Universitätsprofessur beschrieben.

Definition

Aufgrund der relativen Unabhängigkeit des Hochschullehrerbegriffes vom tatsächlichen Beschäftigungsstatus, können neben den **Beamten** (auf Zeit oder Lebenszeit) an öffentlichen Hochschulen auch **Angestellte** an vergleichbaren privaten Institutionen, **außerplanmäßige Professoren**, die hauptamtlich einer Beschäftigung außerhalb der Universität nachgehen, **Honorarprofessoren** oder **Privatdozenten** sowie **Juniorprofessoren** korporationsrechtlich zur Gruppe der Hochschullehrer gezählt werden.[261] Im **materiellen Sinne** ist unter dem aus Art. 5 Abs. 3 GG abgeleiteten und in ständiger Rechtssprechung vom Bundesverfassungsge-

---

[260] In Anlehnung an Brenzikofer 2002, S. 23
[261] Vgl. Lenzen & Hedenigg 2001, S. 1218; § 42 HRG

richt entwickelten Hochschullehrerbegriff „...unabhängig von den Abgrenzungen der beamtenrechtlichen Vorschriften der akademische Forscher und Lehrer zu verstehen, der aufgrund der Habilitation oder eines sonstigen Qualifikationsbeweises mit der selbstständigen Vertretung eines wissenschaftlichen Faches in Forschung und Lehre betraut ist."[262] Im Gegensatz zum Terminus des ‚Hochschullehrers', der auch im 19. Jahrhundert noch eher selten auftrat, kam die Bezeichnung ‚Professor' bereits gegen Ende des 15. Jahrhunderts auf und wurde dann an fast allen europäischen Universitäten gebräuchlich.[263] Im Sinne eines öffentlichen Lehrers an einer höheren Schule, insbesondere an einer Universität, geht diese Berufsbezeichnung bis zu den ersten Universitätsgründungen Europas zurück.[264]

Aufgrund der in dieser Arbeit interessierenden Forschungsfrage erfolgt eine **Fokussierung auf Universitätsprofessoren**, d.h. Hochschullehrer im materiellen Sinne, wobei im Folgenden die Begriffe Universitätsprofessor, Professor und Hochschullehrer synonym verwendet werden.

Professoren bilden gemeinsam mit dem Mittelbau (wissenschaftliche und künstlerische Mitarbeiter sowie Lehrkräfte für besondere Aufgaben) das **hauptberuflich tätige wissenschaftliche und künstlerische Personal** der Hochschule.[265] Daneben existiert die Gruppe der nichtwissenschaftlichen Mitarbeiter.

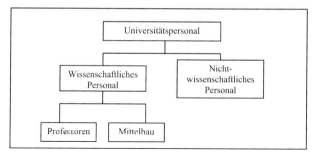

Abbildung 5: Personal an Universitäten[266]

Zwar ist die **Zahl der Hochschullehrer** entsprechend dem Wachstum des Hochschulwesens stetig angestiegen, im Zeitraum von 1995 bis 2005 sank die Zahl der in Deutschland tätigen Professoren jedoch von 22.842 auf 21.391. Damit haben die 16 Bundesländer insgesamt 1.451 Professorenstellen nicht wieder besetzt und damit eingespart – ein Rückgang von 6,4 %. Der

---

[262] BVerfGE 35, 79, 126 (29.05.1973) Aufgrund des Nachwuchsamtes fallen also Juniorprofessoren nicht unter den materiellen Hochschullehrerbegriff. Vgl. Preissler 2003, S. 125 f.
[263] Vgl Lenzen & Hedenigg 2001, S. 1218; Prahl & Schmidt-Harzbach 1981, S. 27
[264] Vgl. Grimm 1889, Sp. 2160 zitiert nach Lenzen & Hedenigg 2001, S. 1218
[265] Vgl. § 42 HRG
[266] Vgl. Brenzikofer 2002, S. 13

Stellenabbau bei Professoren setzt sich aufgrund zunehmender Einsparungen und Fächerkonzentration weiter fort.[267]

Werdegang

Die Berufswahl zum Hochschullehrer wird nicht wie bei anderen Berufen bereits vor Aufnahme oder während des Studiums getroffen. Denn erst die „...Begegnung mit der Wissenschaft, ihren Inhalten, Methoden und Schwierigkeiten und der Erfolg des Studiums ... [entscheiden] darüber, ob der Bewerber die Eigenschaften in sich trägt, die die akademische Laufbahn erfordert."[268] Hauptmotiv der Ergreifung eines wissenschaftlichen Berufes ist der **Drang zur wissenschaftlich schöpferischen Arbeit**, d.h. den ungelösten Fragen eines Fachgebietes auf den Grund gehen zu wollen, um so zur Erweiterung der wissenschaftlichen Erkenntnisse beizutragen. Die keinesfalls gesicherte Zielerreichung erfolgt unter langjährigem Verzicht auf berufliche Sicherheit und finanziellen Erfolg sowie der Inkaufnahme langer Qualifizierungszeiten und hoher Selektivität.[269] Eine formalisierte Laufbahn im beamtenrechtlichen Sinn existiert nicht. Dennoch wurde mit der Einführung des HRG 1976 ein **einheitliches Grundschema**, allerdings mit einigem Spielraum seitens der Länder, geschaffen, ein üblicher ‚akademischer Werdegang', der sich zumindest an den Universitäten bewährt hat.[270] Die diesem innewohnenden **Karrierestufen** bestanden zumindest bis 2002 aus Hochschulstudium, Promotion, Habilitation und Berufung auf eine Professur, die jede durch das Bestehen einer Prüfung oder einem prüfungsähnlichen Verfahren erreicht werden, die jedoch außer der Letzten keine Position in der Hochschule oder als Beamter sichert. Jedoch müssen nicht zwangsläufig alle Stufen durchlaufen werden, es existieren durchaus auch andere Wege zur Professur.[271]

Das HRG definiert als **Einstellungsvoraussetzungen** für Professoren:

1. „ein abgeschlossenes Hochschulstudium,
2. pädagogische Eignung,[272]

---

[267] Vgl. Huber & Portele 1983, S. 196 f.; Janson, Schomburg & Teichler 2006, S. 22; DHV-Newsletter 12/2007, S. 1; Meyer 2005, S. 594
[268] Thieme 1965, S. 8
[269] Vgl. Thieme 1965, S. 9
[270] Vgl. Thieme 1990, S. 107. Eine Darstellung des Werdegangs zur Professur findet sich im Anhang, vgl. Anlage 3.
[271] Vgl. Thieme 1990, S. 108. An den Technischen, Pädagogischen und Künstlerischen Hochschulen gelten andere Prinzipien. Bei letzteren zählt seit jeher nur die individuelle künstlerische Leistung und auch an den Technischen Hochschulen ist die Habilitation weniger wert als fundierte Praxiserfahrung. Dennoch werden auch hier Promotion und pädagogische Eignung vorausgesetzt. Vgl. Thieme 2004, S. 470; Kühler 2005, S. 218
[272] Wobei das HRG nicht sagt, wie diese Eignung belegt wird, wahrscheinlich sind Erfahrungen in Lehre oder Ausbildung gemeint. Vgl. Detmer 2004, S. 56; Thieme 2004, S. 482

3. besondere Befähigung zur wissenschaftlichen Arbeit, die i.d.R. durch die Qualität einer Promotion nachgewiesen wird, oder die besondere Befähigung zu künstlerischer Arbeit und
4. darüber hinaus je nach den Anforderungen der Stelle
   a.) zusätzliche wissenschaftliche Leistungen,
   b.) zusätzliche künstlerische Leistungen oder
   c.) besondere Leistungen bei der Anwendung oder Entwicklung wissenschaftlicher Erkenntnisse und Methoden in einer mehrjährigen beruflichen Praxis."[273]

Die meisten **Doktoranden** befinden sich in einem befristeten Dienstverhältnis. Und zwar entweder in Form von Projektverträgen, die auf die Dauer eines i.d.R. extern finanzierten Forschungsauftrags ausgelegt sind, oder sie haben von der Hochschule finanzierte vier- bis fünfjährige Qualifizierungsverträge.[274] Zum Erreichen des Doktorgrades ist die positive Beurteilung der eigenständigen wissenschaftlichen Arbeit (monographisch oder kumulativ) und die mündliche Prüfung in Form von Rigorosum oder Disputation erforderlich. Außerdem ist in Deutschland der Nachweis der Publikation der Arbeit zu erbringen. Im Jahr 2000 waren Doktoranden bei Abschluss ihrer i.d.R. 4,2 Jahre dauernden Promotion durchschnittlich 33 Jahre alt. Damit hat sich das Durchschnittsalter in den vergangenen Jahren stetig erhöht. 2004 haben 23.138 Doktoranden ihre Promotionsprüfung bestanden, das sind zehn Prozent mehr als noch 1993.[275]

Nach Erreichen des Doktorgrades schlagen nur wenige eine weitergehende wissenschaftliche Laufbahn inner- oder außerhalb der Hochschule ein. Der Anteil liegt mit deutlichen fachspezifischen Unterschieden bei 20 - 40 Prozent. Dabei ist die Anzahl der **Habilitationen** noch bis zum Jahr 1998 angestiegen, seitdem bewegt sie sich jedoch nur noch seitwärts. Insbesondere in der Medizin und der Chemie ist die Promotion Voraussetzung für eine außeruniversitäre Karriere und dient nicht nur der Qualifikation für eine Laufbahn als Hochschullehrer.[276]

Habilitanden sind als hauptberufliche wissenschaftliche Mitarbeiter oder Assistenten an der Hochschule beschäftigt, wo sie Lehr- und Forschungsaufgaben zur Unterstützung der Tätigkeiten des Lehrstuhls wahrnehmen.[277] Nach wie vor wird in der Habilitation der Befähigungsnachweis gesehen, ein wissenschaftliches Fach selbstständig in Forschung und Lehre zu

---
[273] § 44 HRG
[274] Vgl. Janson, Schomburg & Teichler 2006, S. 45
[275] Vgl. WR 2001, S. 19; Janson, Schomburg & Teichler 2006, S. 32, 49; Enders & Bornmann 2001 S. 65 f.
[276] Vgl. Janson, Schomburg & Teichler 2006, S. 52; WR 2001, S. 22
[277] Vgl. Rothfuß 1997, S. 110; Statistisches Bundesamt, 2005, S. 13

vertreten.²⁷⁸ Grundlage der Eignungsfeststellung bildet neben einer öffentlichen Probevorlesung vor dem Fakultätskollegium und einem wissenschaftlichen Gespräch in Form eines Kolloquiums die Habilitationsschrift als eine originäre, monographische und in sich abgeschlossene wissenschaftliche Abhandlung, die einen Beitrag zum Forschungsfortschritt leistet (sog. ‚opus magnum'). Sie sollte im Thema von der Dissertation abweichen und auch in ihrem wissenschaftlichen Anspruch über diese hinausreichen. Daneben ist es auch möglich, mehrere wissenschaftliche Aufsätze oder kleinere Schriften, zumeist veröffentlicht in renommierten Zeitschriften, zu einer sog. kumulierten Habilitation zusammenzuführen, die in ihrer Summe den gleichen wissenschaftlichen Wert besitzen. Insbesondere in den Naturwissenschaften und der Medizin trägt die intensive kontinuierliche Publikationstätigkeit zur Erweiterung der wissenschaftlichen Erkenntnisse bei, daher ist hier die kumulative Habilitation stark verbreitet. Als problematisch wird die qualitative Gleichwertigkeit betrachtet, da ein Unterschied darin gesehen wird, ob man sich mit mehreren verschiedene Themen behandelnde Arbeiten mittleren Umfangs beschäftigt oder sich voll und ganz in einem einzigen Thema vertieft. Mit erfolgreichem Abschluss des förmlichen Habilitationsverfahrens, wird die akademische Lehrbefugnis, die sog. ‚**venia legendi**' erworben.²⁷⁹ Erteilt wird sie von der Fakultät, jedoch ohne Rücksicht auf den Bedarf an Hochschullehrern und somit auch der Chance jemals einen Lehrstuhl zu erhalten. Da die Habilitation frei ist, hat jeder Promovierte ein Recht darauf, zur Habilitation zugelassen zu werden.²⁸⁰ Das Durchschnittsalter liegt seit Ende der achtziger Jahre relativ unverändert bei 40 Jahren nachdem es seit den siebziger Jahren um ca. drei Jahre gestiegen ist. Jedoch gibt es auch hier deutliche fachspezifische Unterschiede.²⁸¹ Damit liegt die Dauer vom Hochschulabschluss bis zum Erreichen einer Professur bei durchschnittlich 14 Jahren.²⁸²

Im Wunsch den Qualifikationsweg deutlich zu verkürzen und die wissenschaftliche Karriere besser planbar sowie das deutsche Hochschulsystem wieder attraktiver für in- und ausländische, insbesondere auch weibliche, Nachwuchswissenschaftler zu machen, wurde im Jahr 2002 mit dem 5. Gesetz zur Änderung des Hochschulrahmengesetzes das am amerikanischen Modell des ‚assistant professors' angelehnte Modell der „**Juniorprofessur**' eingeführt.²⁸³ Die

---

[278] Vgl. Detmer 2004, S. 59. Etwa ¾ der deutschen Universitätsprofessoren (73%) haben sich im Laufe ihrer Tätigkeit habilitiert, weitere 22% haben die Promotion als höchsten wissenschaftlichen Abschluss abgelegt und 5 Prozent ein Diplom, Magister oder Staatsexamen. Vgl. Enders & Teichler 1995, S. 18
[279] Vgl. Kühler 2005, S. 217; Thieme 2004, S. 478; Thieme 1965, S. 11; WR 2001, S. 22, 60; Berning, Harnier & Hofmann 2001, S. 30
[280] Vgl. Thieme 1990, S. 117
[281] Die Spanne reicht von 36,8 - 45 Jahren. Vgl. WR 2001, S. 23 f.
[282] Vgl. Janson, Schomburg & Teichler 2006, S. 7
[283] Vgl. Landfester & Rössel 2003, S. 44. Mit der Novellierung von 2002 war zunächst vorgesehen, dass die Juniorprofessur die Habilitation als Regelvoraussetzung für die universitäre Professur ersetzt. Infolge nachfol-

Lockerung des Hausberufungsverbots soll die Einführung der sog. ‚tenure tracks' ermöglichen und ein eigenes Budget sowie eine drittmittelfähige Grundausstattung die internationale Anschlussfähigkeit wieder herstellen. Von den bundesweit geplanten 6.000 Juniorprofessurstellen verblieben jedoch nur 1.600. Insgesamt wurden im Zeitraum von 2002 - 2004 nur 1.145 Stellen ausgeschrieben. Erstaunlicher ist jedoch, dass nur 786 Stellen an 65 Hochschulen besetzt wurden.[284]

Einstellungsvoraussetzungen für die Berufung auf eine Juniorprofessur sind ein abgeschlossenes Hochschulstudium, pädagogische Eignung sowie die besondere Befähigung zu wissenschaftlicher Arbeit, die i.d.R. durch die herausragende Qualifikation einer Promotion nachgewiesen wird.[285]

Juniorprofessoren nehmen dieselben Aufgaben wie Professoren auf Lebenszeit selbstständig und weisungsfrei wahr, allerdings unter einem anfangs geringerem Lehrdeputat (4 SWS).[286] Vorgesehen ist ein **zweiphasiges Dienstverhältnis**, das maximal sechs Jahre betragen soll.[287] Nach der ersten Phase werden die wissenschaftlichen und sonstigen Leistungen des Juniorprofessors evaluiert, wobei vom HRG offen gelassen wird, wie dies zu erfolgen hat. Grundsätzlich kann man davon ausgehen, dass intern eine Überprüfung der Lehrqualität und extern die der Forschungsqualität erfolgt. Hat sich der Lehrstuhlinhaber für die Tätigkeit eines Hochschullehrers bewährt, wird das Beschäftigungsverhältnis verlängert. Juniorprofessoren können sich ab diesem Zeitpunkt aber auch um Lebenszeitprofessuren bewerben, letzteres unter der Voraussetzung, dass vor Aufnahme der Juniorprofessur ein Hochschulwechsel stattgefunden hat oder mindestens zwei Jahre einer Tätigkeit außerhalb der berufenen Hochschule nachgegangen wurde. Spätestens nach Ablauf von insgesamt sechs Jahren endet das Rechtsverhältnis automatisch, eine weitere Verlängerung ist ausgeschlossen. Fällt die Evaluation negativ aus, kann eine Verlängerung um ein Jahr zur Arbeitsabwicklung und Vorbereitung der weiteren beruflichen Tätigkeit vereinbart werden.[288]

Insgesamt scheinen Juniorprofessoren mit der eigenen Situation sehr zufrieden zu sein, insbesondere mit der hohen Unabhängigkeit und Eigenverantwortlichkeit. Allerdings erwartet nur knapp ein Drittel, dass sich durch diese Wahl überdurchschnittlich gute Karrierechancen er-

---

gender Kontroversen und eines Urteils vom Bundesverfassungsgericht steht es nunmehr den Ländern frei, die Juniorprofessur als Weg zu den höheren Professorenrängen anstelle oder neben der Habilitation vorzusehen. Vgl. Janson, Schomburg & Teichler 2006, S. 12; Chantelau 2004, S. 163; Landfester & Rössel 2003, S. 44

[284] Vgl. Detmer 2004, S. 55; BMBF 2006, S. 6; Buch et al. 2004, S. 5; Landfester & Rössel 2003, S. 47; Preissler, 2003. 125; Janson, Schomburg & Teichler 2006, S. 63
[285] Vgl. § 47 HRG
[286] Vgl. Chantelau 2004, S. 163; Thieme 2004, S. 474
[287] Vgl. § 48 I HRG
[288] Vgl. Thieme 2004, S. 474 f.; Berning 2002, S. 9

öffnen.[289] Aufgrund der **vorherrschenden Unsicherheit** über die künftigen Karriereperspektiven nutzen daher viele Juniorprofessoren ihre Stelle, um sich nebenbei zu habilitieren.[290] Als problematisch werden insbesondere die mangelnde finanzielle und personelle Ausstattung sowie das Fehlen von transparenten und klar definierten Evaluationskriterien gesehen.[291] Aber auch die Ermöglichung von Hausberufungen stehen unter Verdacht, die Bildung von Seilschaften und Vetternwirtschaft zu forcieren.[292]

Weiterer Kritikpunkt der Juniorprofessur ist die **hohe Belastung**, wodurch die Freiräume zur Weiterqualifikation eingeschränkt werden. Im Gegensatz zum vom Professor abhängigen Habilitanden, der aber auch durch diesen erfahrenen Lehrer angeleitet wird, erfährt der Juniorprofessor keine derartige Unterstützung, begibt sich aber dennoch in die Abhängigkeit eines Evaluationsgremiums sowie etwaiger Fürsprachen und Einsprüchen etablierter Fachvertreter.[293] Und auch eine formelle Bestätigung seiner wissenschaftlichen Qualifikation wie bei der Habilitation (venia legendi) erhält er nicht oder allenfalls in Form des Evaluierungsberichts.[294] Da Juniorprofessoren bei der Einstellung durchschnittlich 34 Jahre alt sind, ist die Mehrheit der Inhaber von Juniorprofessuren nach deren Ablauf im gleichen Alter wie der Durchschnitt ihrer habilitierten Kollegen.[295]

Ein **Hauptproblem des Werdegangs** zur Professur liegt in der Aneinanderreihung befristeter Anstellungen. Weder Habilitation noch Juniorprofessur führen automatisch zu einer Professur. Die Nachwuchswissenschaftler tragen das hohe Risiko mit über 30 Jahren als Doktor bzw. über 40 Jahren als Habilitierter oder ‚gewesener Juniorprofessor' bei Ausbleiben einer Professorenstelle hochspezialisiert eine außeruniversitäre Arbeit zu finden oder arbeitslos zu werden.[296]

Das **Durchschnittsalter bei der Erstberufung** liegt bei 41,8 Jahren, wobei Frauen im Schnitt knapp zwei Jahre älter sind. Analog zum Habilitationsalter existieren auch hier deutliche Unterschiede zwischen den Fachbereichen.[297]

In der Bewerbung konkurrieren Nachwuchswissenschaftler mit amtierenden Professoren, die durch eine erneute Berufung ihre Ausstattung, ihr Gehalt und Prestige erhöhen wollen.[298]

---

[289] Vgl. Reichardt, 2006, S. 225; Buch 2004, S. 14 zitiert nach Berning 2002, S. 19
[290] Vgl. Buch et al. 2004, S. 4, 34
[291] Vgl. Buch et al. 2004, S. 6
[292] Vgl. Landfester & Rössel 2003, S. 18
[293] Vgl. Kliesch et al. 2002, S. 198
[294] Vgl. Berning 2002, S. 16; Thieme 2004, S. 475
[295] Vgl. Buch et al. 2004, S. 35; Landfester & Rössel 2003, S. 18
[296] Vgl. Huber 1990b, S. 475
[297] Vgl. WR 2001, S. 26
[298] Vgl. Kühler 2005, S. 226

Ein **Berufungsverfahren** zur Erst- oder Wiederbesetzung einer Professur gliedert sich i.d.R. in vierzehn Teilschritte:

1. **Überprüfung** der bisherigen Ausrichtung und Ausstattung der zu besetzenden Professur sowie Entscheidung über die künftige Verwendung der Stelle, d.h. Wiederbesetzung, Umverteilung oder Umwidmung.
2. Zwingend vorgeschrieben ist die **öffentliche Ausschreibung** der Professur, die die Bezeichnung der Stelle, den Zeitpunkt der potenziellen Besetzung, die Bewerbungsfrist und besoldungsrechtliche Einordnung sowie Art und Umfang der zu erfüllenden Aufgaben enthält. Um eine möglichst große Anzahl an geeigneten Kandidaten anzusprechen, ist eine offene, weite und flexible Ausschreibungsformulierung zu wählen. Dies erfolgt im Zusammenwirken von Hochschulleitung und Dekan.
3. **Bewerbungseingang**
4. Einsetzung einer **Berufungskommission**, die von der Fakultät oder dem zentralen Kollegialorgan gebildet wird. Deren Mitglieder sind Professoren und zwar insbesondere des Fachbereichs, in dem die Stelle besetzt werden soll, wissenschaftliche und nichtwissenschaftliche Mitarbeiter, ein Gleichstellungsbeauftragter sowie Studierendenvertreter. Die Professoren haben jedoch die absolute Mehrheit.
5. **Preselektion der Bewerbungen**: Anhand welcher Kriterien mit welcher Gewichtung die Auswahl getroffen wird, ist dem pflichtgemäßen Ermessen der Berufungskommission überlassen. Als Auswahlkriterium steht die Spezialisierung der Kandidaten, insbesondere ihre Forschungsleistungen im Vordergrund. Zunehmend finden auch überfachliche Aspekte wie pädagogische Kenntnisse, soft Skills, Managementfähigkeiten oder internationale Erfahrung eine Rolle. In den Ingenieur-, Erziehungs- und Kunstwissenschaften ist zudem außerhochschulische Berufserfahrung wichtig. Hausberufungen dürfen nur in begründeten Ausnahmefällen zugelassen werden.
6. **Einladung ausgewählter Bewerber** (i.d.R. 6-8): Zusätzlich können auch aussichtsreiche Kandidaten angesprochen werden, die sich nicht beworben haben. Diese Bewerber erhalten die Gelegenheit, sich mit einem Fachvortrag vor dem Fachbereich, meist mit einem Thema ihrer Wahl, zu präsentieren und sich einer anschließenden Fachdiskussion zu stellen. Zumeist können die Bewerber danach vor der Berufungskommission und den übrigen Mitgliedern des Fachbereichsrats ihre Vorstellungen für eine Wahrnehmung der ausgeschriebenen Professur in Forschung und Lehre vortragen und sie diskutieren. Der Bewerber und die Fachbereichsmitglieder können sich dabei auch persönlich über die eingereichten Bewerbungsunterlagen hinaus kennenlernen. Verläuft diese Vorstellung der Bewerber in der zunächst engsten Auswahl mehrfach nicht zur Zufriedenheit der Berufungskommission, prüft sie, ob und inwieweit weitere Einladungen mit Aussicht auf Erfolg an andere Interessenten ausgesprochen werden können.
7. Erarbeitung eines **Berufungsvorschlags**, i.d.R. in Form einer sog. ‚Dreierliste': hierfür ist nicht nur die Mehrheit des Gremiums sondern auch die Mehrheit der ihm angehörenden Professoren notwendig. Außerdem werden externe Gutachten einschlägiger Fachvertreter eingeholt.
8. **Verabschiedung der Berufungsliste** durch die Fakultät
9. **Vorlage des Berufungsvorschlags im Senat** (zentralem Kollegialorgan)
10. **Vorlage** ggf. über den Präsidenten bzw. Rektor beim **Landesministerium**, das den Ruf i.d.R. entsprechend dem Vorschlag der Universität ausspricht. Der Minister kann jedoch je nach Landesrecht auch von der Reihenfolge abweichen, die gesamte Berufungsliste zurückweisen oder eine andere Person berufen.
11. **Zweigeteilte Verhandlungen** mit dem Rufempfänger, einerseits mit der Hochschule über Fragen der Ausstattung der Professur, durchgeführt vom Kanzler oder Dekan, und andererseits mit dem Ministerium.
12. **Bleibeverhandlungen**, die der Rufempfänger mit seiner jetzigen Hochschule führt. Es handelt sich um Vereinbarungen über die Bedingungen, unter denen sich der Professor verpflichtet den Ruf abzulehnen. Es gelten die gleichen Regularien wie bei Berufungsverhandlungen. Voraussetzung ist ein konkretes Konkurrenzangebot.
13. **Rufannahme oder -ablehnung**.
14. Einleitung des beamtenrechtlichen **Ernennungsverfahrens** und Übernahme der Professur.

Abbildung 6: Ablauf eines Berufungsverfahrens[299]

Die Gesamtdauer einer Neubesetzung einer Professur beträgt durchschnittlich 18 Monate.[300]

---

[299] Vgl. § 45 HRG; Gaugler 1996b, S. 42 ff.; 1996a, S. 115 ff.; Detmer 2004, S. 65 ff.; Thieme 2004, S. 487 ff.; Rothfuß 1997, S. 94; Janson, Schomburg & Teichler 2006, S. 59; Schmitt 2004, S. 304
[300] Vgl. Janson, Schomburg & Teichler 2006, S. 59

2.2.2. Das Tätigkeitsfeld

Hochschullehrer „…nehmen die ihrer Hochschule jeweils obliegenden Aufgaben in Wissenschaft und Kunst, Forschung und Lehre in ihren Fächern nach näherer Ausgestaltung ihres Dienstverhältnisses selbstständig wahr."[301] Die in Kapitel 2.1.4 genannten Aufgaben der Universitäten werden in erster Linie von den Professoren getragen. Daher lassen sich deren Tätigkeiten auch von den Universitätsaufgaben ableiten. So wird deutlich, warum das traditionelle Professorenleitbild **nicht einen** Beruf, sondern eine Mischung aus einer Vielzahl von zu bewältigenden Tätigkeiten mit unscharfer Abgrenzung repräsentiert.[302] Es lassen sich vier Kernaufgaben identifizieren: Zunächst hat der Professor sein Fach in **Forschung** und **Lehre** zu vertreten, wobei heute meist nicht nur ein Fachvertreter, sondern mehrere Parallelprofessuren für ein Fach vorhanden sind. Daneben **fördert er den wissenschaftlichen Nachwuchs** und nimmt umfangreiche **Managementaufgaben** wahr.[303]

Im Folgenden werden die Facetten der einzelnen Aufgaben etwas näher beleuchtet.

Forschung

Obwohl die Berufsbezeichnung ‚Hochschullehrer' die Lehrfunktion betont und Universitätsprofessoren auch in erster Linie für die akademische Lehre bestellt werden, verstehen sie sich eher als Forscher mit einem aus der Wissenschaft abgeleiteten Lehrauftrag.[304] Erste und vornehmlichste Aufgabe der Hochschullehrer ist daher auch die Forschung.[305]

Die folgende Darstellung der umfangreichen Aufgaben, die mit der Forschung einhergehen, orientiert sich an einem an Flämig angelehnten Modell des Forschungsablaufs, welches durchaus Fach- und Methodenübergreifend zur Anwendung kommt.

Jedes Forschungsprojekt beginnt mit der **Definition des Forschungsproblems**, einer mehr oder weniger genauen **Zielfestlegung**, der **Auswahl der Forschungsmethode** und der anschließenden **Informationsgewinnung**. Letztere erfolgt durch die Aufarbeitung fremder Forschungsarbeiten mittels intensiven Literaturstudiums, um sich einen Überblick über den aktuellen Forschungsstand zu verschaffen.[306] Aber auch die Teilnahme an (inter-)nationalen Vorträgen, Tagungen, Kongressen, Foren, Workshops und Seminaren, deren Planung und Organisation sowie das Abfassen von Beiträgen für diese Veranstaltungen dienen neben der Weitergabe von Forschungsergebnissen der Orientierung über den weltweiten Stand des Faches

---

[301] § 43 HRG
[302] Vgl. Daxner 1999, S. 75; Thieme 2004, S. 499
[303] Vgl. Peisert & Framhein 1997, S. 73; Thieme 2004, S. 537
[304] Vgl. Enders 1998, S. 57
[305] Untersuchungen zeigen, dass nahezu alle Professoren in Forschungsprojekten tätig sind. Vgl. Enders & Teichler 1995, S. 46; Noelle-Neumann 1980, S. 144
[306] Vgl. Bolsenkötter 1976, S. 530; Flämig 1979, S. 49 f.; DHV 2004, S. 72; Thieme 1994, S. 19

und damit der Information. Gleiches gilt für Fachgespräche mit Wissenschaftlern und Studienreisen.[307]

Ebenfalls unabdingbar für eine erfolgreiche Forschung ist eine **effektive Planung und Organisation**. Hierzu gehören Projektentwürfe, -anträge und -berichte, im Rahmen von Forschergruppen außerdem noch die Aufgabenverteilung, Koordination und Verhandlungen zur Durchsetzung von Projekten. Des Weiteren sind die Einwerbung von Stipendien und Forschungsgeldern zu nennen sowie die Etablierung von Sonderforschungsbereichen.[308] Insbesondere die Sicherstellung der Forschungskontinuität erscheint angesichts des stetig ansteigenden Bedarfs an personellen und materiellen Ausstattungen, die das zur Verfügung stehende Institutsbudget übersteigen, ohne zusätzliche **Drittmittelakquise** unmöglich.[309] Immerhin 63 Prozent der deutschen Professoren gaben in einer Studie von Enders und Teichler an, innerhalb der letzten drei Jahre über hochschulexterne Forschungsmittel zu verfügen.[310] Um in den Genuss dieser finanziellen Förderung zu kommen, ist ein ausführlicher Projektantrag zu stellen, der die Ziele und Risiken darstellt, die Methoden und Ressourcen umreißt, eine Zeit- und Finanzplanung sowie Angaben über die Qualifikation des Projektleiters und eine populär gehaltene Kurzfassung enthält. Entschieden wird über den Antrag durch intensive Begutachtung externer Fachkollegen. Bei der Bewilligung der beantragten Finanzmittel gewinnt neben dem fachlichen Qualitätskriterium zunehmend auch gesellschaftliche oder ökonomische Relevanz an Bedeutung.[311]

Nachdem Forschungsziele und -methode(n) festgelegt, alle relevanten Informationen beschafft und die erforderlichen personellen und sachlichen Mittel organisiert sind, folgt die **eigentliche Forschungsproduktion**. Sie umfasst die Verarbeitung und Interpretation der gesammelten Informationen, die Hypothesenbildung, je nach Fach die Überprüfung mittels Experiment/Simulation, empirischer Feldstudien oder Quellen- und Textanalysen, die Resultatsanalyse im Lichte der Theorie, die die Hypothese bestätigt oder falsifiziert, die Fixierung der Ergebnisse sowie die Entscheidung, ob das Ziel oder zumindest ein Teilziel erreicht wurde.[312] Neben der eigenen primären Forschung zählen aber auch die systematische Integration verschiedener fremder Forschungsarbeiten zu einem neuen Gesamtkomplex sowie die (kritische)

---

[307] Vgl. Hornke 1997, S. 119; Hasler 1993, S. 49; Buch et al. 2004, S. 20; Bergerhoff 1981, S. 5; Enders & Teichler 1995, S. 54
[308] Vgl. Hornke 1997, S. 119; Hasler 1993, S. 49; Apenburg, Jurecka & Tausendfreund 1977, S. 221
[309] Vgl. Enders & Mugabushaka 2005, S. 73 f.
[310] Vgl. Enders & Teichler 1995, S. 47
[311] Vgl. Erkelenz 2006, S. 454; Enders & Mugabushaka 2005, S. 73 f.
[312] Die genannten Phasen werden bei jedem Projekt immer wieder durchlaufen, man spricht wissenschaftstheoretisch vom sog. hermeneutischen Zirkel. Vgl. Flämig 1979, S. 49 f.; DHV 2004, S. 72; Spiel, Wolf & Popper 2002, S. 31

wissenschaftliche Stellungnahme zur Forschung anderer zur Forschungsproduktion.[313] Den gesamten Forschungsprozess begleiten intra- als auch interdisziplinäre wissenschaftliche Diskussionen mit Mitarbeitern und Kollegen.[314] Dass Forschung nicht nur in Einsamkeit und Freiheit stattfindet, zeigen die immer bedeutsamer werdenden **Kooperationen und Forschergruppen**. Diese kommunikativen (inter-) nationalen Forschungsformen bedienen sich der Teamarbeit und Arbeitsteilung und bieten damit die Möglichkeit, Ergebnisse (kritisch) zu überprüfen, zu interpretieren und weiterzuentwickeln. Seit jeher war Forschung, gleich ob allein oder in Gruppen ausgeführt, auf Kritik, Kontrolle und Evaluation durch die Fachöffentlichkeit angewiesen.[315] Angesichts des Trends zu immer fortgeschrittener Spezialisierung gewinnt der **interdisziplinäre Dialog**, oftmals sogar wesensfremder Fachrichtungen, auch im Hinblick auf die Entwicklung neuer Fragestellungen, Denkweisen und Methoden, immer mehr an Bedeutung.[316] Die größte Chance wissenschaftlichen Fortschritts besteht in der Zusammenarbeit interdisziplinärer Forschergruppen an einem konkreten Forschungsvorhaben.[317] Schon heute finden wichtige wissenschaftliche Entdeckungen und Entwicklungen vielfach zwischen den Fächern statt, wie bspw. in der Biophysik oder -chemie.[318] Forschungsvorhaben werden daher heute zumeist als **Projekt** realisiert. Eine Projektgruppe im Rahmen eines Forschungsprojekts ist eine Gruppe von internen und/oder externen Wissenschaftlern eines Fachgebietes und/oder interdisziplinären Richtungen, die

- an einem einmaligen Vorhaben (Projekt) mit komplexer, neuartiger Aufgabenstellung arbeiten,
- das gemeinsame Ziel verfolgen, neue Erkenntnisse in einem wichtigen oder ganz aktuellen Forschungsgebiet zu gewinnen, wobei eine Definition des Forschungsziels nicht immer eindeutig möglich ist, und
- zeitlichen, finanziellen, personellen und anderen Begrenzungen unterliegen.[319]

Zu der **Aufgabe eines Projektleiters** zählt Litke die Zielformulierung und Überprüfung ihrer Erreichbarkeit, die Festlegung der Aufbau- und Ablauforganisation, die Strukturierung und Bestimmung der Projektgruppe, Mitarbeiterführung, Termin- und Kostenmanagement sowie Ressourcenbeschaffung. Des Weiteren werden Projektplanung, Überwachung und Steuerung,

---

[313] Vgl. Ipsen & Portele 1976, S. 30
[314] Vgl. Apenburg, Jurecka & Tausendfreund 1977, S. 221
[315] Vgl. DHV 2004, S. 73
[316] Vgl. HRK 1997, S. 11
[317] Vgl. Schelsky 1967, S. 25
[318] Vgl. Morkel 2000, S. 48
[319] Vgl. Erkelenz 2006, S. 451

Entscheidungen, Sicherstellung von Information und Dokumentation, Aufgabenverteilung und Koordination genannt.[320]

Wie erinnerlich geht es im Bereich angewandter Projektforschung um Produkte (bspw. Pharmazeutika), Methodenwissen (bspw. Therapieansätze), technologische Verfahren oder archäologische Untersuchungen. Schwerpunkt der Grundlagenforschung liegt in methodenorientierten Projektgegenständen bzw. Prozessinnovationen (Entschlüsselung des menschlichen Genoms).[321]

Nicht zur Forschung, weil private Nebentätigkeit, gehört laut Thieme die **Verwertung der Forschungsergebnisse** in Form von wissenschaftlichen Büchern, Aufsätzen, Forschungsberichten, Tagungspapieren, Zeitungs- bzw. Zeitschriftenartikeln, Patenten, EDV-Programmen und künstlerischen Ausstellungen oder produzierten Filmen, da es im Ermessen des Hochschullehrers liegt, ob er seine Ergebnisse in irgendeiner Weise publizieren möchte oder sie als bedeutungslos, ungesichert, noch einmal überprüfungsbedürftig oder falsch und damit auch nicht als publikationswürdig einstuft. Eine Publikationspflicht trifft den Professor jedenfalls nicht.[322] In der heutigen Zeit müssen Forschungsergebnisse allerdings zunehmend öffentlichkeitswirksam präsentiert oder in multimedialer Form vermarktet werden.[323] Publikationen setzten einige organisatorische Tätigkeiten voraus, wie bspw. das Diktieren von Endfassungen wissenschaftlicher Texte, Korrekturen, Korrespondenz mit Verlagen sowie entsprechende Gespräche.[324] Im Durchschnitt hält ein Professor jährlich vier wissenschaftliche Vorträge und publiziert drei wissenschaftliche Aufsätze.[325]

Die Forschungstätigkeit des Professors trägt jedoch nicht nur zur Weiterentwicklung seines Faches bei, sondern stellt auch eine **Form der Weiterbildung** des Hochschullehrers dar, weil erfolgreiche Forschung kontinuierlicher Aktualisierung bedarf.[326]

Lehre

Forschung ist auch für den zweiten Aufgabenbereich des Hochschullehrers, die akademische Lehre, von großer Bedeutung, denn da aktuelles „…Wissen hypothetischer Natur und nur im Kontext mit vielen Unsicherheiten zu vermitteln ist, erfordert seine Vermittlung Lehrer, die durch eigenständiges Forschen selbst aktiv an der Erarbeitung solchen lebendigen, d.h. auf Fachkongressen und in Fachzeitschriften diskutierten Wissens mitwirken und die diesem

---

[320] Vgl. Litke 2007, S. 168 f.
[321] Vgl. Nehlsen-Pein 2006, S. 101 f.
[322] Vgl. Enders & Teichler 1995, S. 139, 143; Thieme 1994, S. 19 f.
[323] Vgl. Klinkhammer 2004, S. 69
[324] Vgl. Ipsen & Portele 1976, S. 30
[325] Vgl. Noelle-Neumann 1980, S. 144
[326] Vgl. Bergerhoff 1981, S. 4

Wissen zugrundeliegende Methodik bzw. deren **Rückwirkung** auf die Inhalte dieses Wissens kennen."[327] Die Lehre hat umgekehrt aber auch Rückwirkungen auf die Forschung, denn „der Lehrende bedarf der Lernenden, um Einseitigkeiten in seinen wissenschaftlichen Lehrmeinungen und um das geistige ‚Sich-zur-Ruhe-setzen' zu vermeiden, damit er selber ein Lernender bleiben kann."[328] Doch anders als in der Forschung kann sich der Professor im Rahmen seiner Lehrveranstaltungen nicht nur Spezialgebieten widmen, sondern hat sein Fach in voller Breite zu vertreten.[329]

In der Lehre werden **Kenntnisse und Erfahrungen** des Professors an die Studierenden **weitervermittelt**. Dabei geht es nicht nur um den Erwerb von Wissen und Fähigkeiten, sondern auch um theoretische Reflexion und Kritik, um Methodenkompetenz und um die Hinführung zur Anwendung.[330] Hierzu sollte der Professor bestrebt sein, das gesamte Spektrum didaktischer Möglichkeiten auszuschöpfen, um die Lehre möglichst effektiv zu gestalten.[331] Außerdem führt ein guter Hochschullehrer „… in der Vorlesung nicht ein Buch vor. Er führt sich selbst vor: sein Denken, seinen Zugang zu den Problemen; und er hilft dadurch seinen Hörern, Zugang zu ihren Problemen zu finden. Er zeigt auch seine Grenzen; und er setzt sich der Kritik aus."[332]

Wie erinnerlich umfasst universitäre Lehre neben der reinen Schulung zur beruflichen Existenzsicherung auch **Persönlichkeitsentwicklung** sowie Anleitung zu gesellschaftlichem Verhalten.[333] Damit sind außerwissenschaftliche Faktoren, insbesondere der Erwerb von Schlüsselkompetenzen angesprochen.[334] Als Lehrziele nennt der WR „… die Bildung durch und an Wissenschaft, Aus- und Weiterbildung für einen Beruf und Förderung und Ausbildung von Wissenschaftlern für Aufgaben in Wissenschaft, Wirtschaft und Gesellschaft."[335].

Die Lehrtätigkeit geht jedoch über die bloße Anwesenheit im Hörsaal hinaus. Zu ihr zählen neben der Durchführung auch die **Vor- und Nachbereitung** von Lehrveranstaltungen.[336]

---

[327] Häberle & Schubö 1996, S. 44
[328] Herrmann 2000, S. 487
[329] Vgl. DHV 1998, S. 351 f.
[330] Vgl. Graeßner 1996, S. 84. In der Umfrage von Enders und Teichler wurden das Erlernen von Theorien, Konzepten und Paradigmen von 87 Prozent der Universitätsprofessoren als wichtige Unterrichtsziele betont. Drei Viertel gaben an, dass ihnen Forschungsmethoden (73%) und professionelle Problemlösungskompetenz (77%) wichtig seien, und zwei Drittel betonen dies auch für das Erlernen von Fakten (63%). Vgl. Enders & Teichler 1995, S. 101
[331] Vgl. Bergerhoff 1981, S. 4
[332] Maier-Leibnitz 1979, S. 71
[333] Vgl. Mertens 1974, S. 37
[334] Vgl. Chur 2006, S. 1
[335] WR 1993, S. 20
[336] Hierzu zählen Veranstaltungsplanung, inhaltliche und didaktisch-methodische Überlegungen, Entscheidungen über einen möglichen Medieneinsatz, Überarbeitung des ggf. netzbasierten Lehrmaterials, Gestaltung von Präsentationsfolien, Ausarbeitungen, Materialvorbereitung, etc. Vgl. DHV 1998, S. 351 f.; Bolsenkötter 1976, S. 530; Apenburg, Jurecka & Tausendfreund 1977, S. 221; Trepte et al. 1976, S. 73, 75 f.; Bremer 2004, S. 205

Während Vorlesungen dazu dienen, den Stoff nach letztem Wissensstand in konzentrierter Form an eine große Hörerschaft zu vermitteln, ermöglichen Übungen, Seminare, Exkursionen und Praktika in Form von Kleingruppen einen größeren Kontakt zwischen Professor und Studierenden.[337] Neue Medien ermöglichen zudem E-Learning und Blended-Learning Angebote. Des Weiteren zählen sowohl die Themenstellung, Betreuung und Bewertung von **Abschlussarbeiten** als auch **Prüfungstätigkeiten** zu den Lehraufgaben. Letztere umfassen Sprechstunden zur Prüfungsvorbereitung und Diskussion der erbrachten Leistungen, Organisation, Konzeption von Prüfungsaufgaben, d.h. sowohl Klausurfragen als auch Aufgaben für die mündliche Prüfung, Prüfungsaufsicht, Abnahme von (mündlichen) Prüfungen, Korrektur von Klausuren sowie Klausureinsicht. Im Rahmen seiner Prüfungspflichten hat der Universitätsprofessor deren Inhalte an den Ausbildungszielen zu orientieren. Dabei sind sowohl Wissens- als auch Verständnisfragen zu stellen, um die Problemlösungsfähigkeit, die das Zusammenspiel von Wissen und Können erfordert, bei den Studierenden abzuprüfen.[338] Außerdem führen die neuen technologischen Möglichkeiten zu verstärktem Aufkommen von Fälschungen und Betrugsversuchen, so dass zur eigentlichen Bewertung auch die Überprüfung evtl. Plagiate hinzukommt.[339]

Die Teilnahme an **Studienreformen** ist zwar auch dienstliche Pflicht des Hochschullehrers, hat aber kaum praktische Bedeutung. Professoren kann man nicht zur Mitarbeit an Reformaufgaben zwingen, mit denen sie inhaltlich nicht konform gehen. Die Beantwortung von Fragen bezüglich des Faches oder des Studienganges im Rahmen der **Studienfachberatung** ist hingegen eine wichtige Aufgabe der Hochschullehrer.[340] Die angesichts der Hochschulexpansion und der Einführung neuer Studienstrukturen (Bachelor/Master) zum Teil unüberschaubaren Verhältnisse zwingen den Hochschullehrer in die Verantwortung, dass Studierende die richtigen Informationen über das jeweilige Fach erhalten. Hierfür hat er sich in regelmäßigen Sprechstunden zur Verfügung zu halten, in denen Studieneingangs- und studienbegleitende Beratungen über Studienmöglichkeiten und Studientechniken in der jeweiligen Fachrichtung, Auswahl von Lehrveranstaltungen, Studienfach- und Ortswechsel, berufsorientierte Studiengestaltung, Studienabschlüsse, inhaltliche Studienprobleme, Studienkreise, Möglichkeiten des Aufbau- und Ergänzungsstudiums sowie Fernstudium im Medienverbund, stattfinden.[341] Viebahn unterteilt die Themenfelder einer Sprechstunde in fachliche Unterstützungswünsche, bewertungsbezogene, kooperationsbezogene und studienorganisatorische Zwecke, Ratschläge

---
[337] Vgl. Mittmann 1995, S. 23; Grigat 1991, S. 63; Dall 1974, S. 52; Bergerhoff 1981, S. 5
[338] Vgl. Mittmann 1995, S. 23; Grigat 1991, S. 63; Dall 1974, S. 52; Bergerhoff 1981, S. 5
[339] Vgl. Klinkhammer 2004, S. 74
[340] Vgl. Thieme 1994, S. 38
[341] Vgl. Grigat 1991, S. 61, 87 f.; Buch et al. 2004, S. 20; Görlitz, Rodewald & Schmidt 1978, S. 28

und Beratung sowie karrierebezogene Anliegen.[342] Ein effektives Gespräch teilt sich dabei in die fünf Phasen: Kontakt, Anliegensklärung und -bearbeitung, Klärungsvergewisserung und Abschluss.[343]

Um über neuere Entwicklungen zur Lehrtätigkeit informiert zu sein, erscheinen auch **Kontakte** zu anderen Hochschulen, Verbänden und Industriefirmen als wichtig.[344]

Ebenfalls zu den Lehraufgaben gehören die **wissenschaftliche Weiterbildung** und das Seniorenstudium, deren Aufgabe es ist, außerhalb oder im universitären Rahmen neueste wissenschaftliche Erkenntnisse zu vermitteln.[345]

Bei diesen vielzähligen Lehraufgaben fordern die Hochschullehrer jedoch, manche mehr, manche weniger, die tatkräftige **Unterstützung** ihrer wissenschaftlichen Mitarbeiter ein.[346]

Management

Der dritte Tätigkeitsbereich von Hochschullehrern betrifft das Management, welches neben der Mitarbeit in der akademischen Selbstverwaltung auch alle anfallenden Arbeiten im Rahmen der Institutsführung umfasst. Beide Bereiche enthalten die Übernahme von **Personalführungsfunktionen**.

Die Mitwirkung an der **Selbstverwaltung** der Hochschulen ist Recht und Pflicht ihrer Mitglieder.[347] Zwar ist niemand verpflichtet, sich in ein bestimmtes Hochschulgremium wählen zu lassen, dennoch besteht die Verpflichtung, überhaupt und in angemessenem Umfang Ämter zu übernehmen.[348] Selbstverwaltungsaufgaben dienen der Steuerung der Programmgestaltung in Forschung und Lehre, der Koordination der Verfahrensabläufe, der Gestaltung der Kooperationsformen sowie der Ressourcenverteilung. Erfüllt werden sie durch die **Mitwirkung in Hochschulgremien** (z.B. Fachbereichs-/Fakultätsrat) und deren Ausschüsse (z.B. Prüfungskommission) als **Beauftragte** (z.B. Senatsbeauftragte) sowie durch die Übernahme von **Ämtern der Hochschulorgane** (Rektor/Präsident, Dekan). Dabei umfassen die Selbstverwaltungstätigkeiten vor allem Sitzungen und Gutachtertätigkeiten für den Fachbereich.[349] Zur Beratung und Vorbereitung von Beschlüssen werden sowohl auf Leitungs- als auch Fach-/Fakultätsbereichsebene Ausschüsse und Kommissionen eingesetzt. Dabei lassen sich Pflicht- (Studienreformausschuss) und freiwillige Ausschüsse auf Dauer (Bibliotheksfragen) und zeit-

---

[342] Vgl. Viebahn 2004, S. 97
[343] Vgl. Golle 2003a, S. 5 ff.
[344] Vgl. Dall 1974, S. 52
[345] Vgl. Grigat 1991, S. 58, 89
[346] Vgl. Thieme 1990, S. 120
[347] Vgl. § 37 I (1) HRG
[348] Vgl. Thieme 2004, S. 549
[349] Vgl. Rosenbladt 1977a; van Lith 1979, S. 41; Würtenberger 2003, S. 479 f.; Thieme 1994, S. 46 f.; Apenburg, Jurecka & Tausendfreund 1977, S. 221; Ipsen & Portele 1976, S. 30; Schelsky 1967, S. 27

lich befristet (Berufungsausschuss) unterscheiden.[350] Die Schwierigkeit besteht hier primär in der Vereinigung aller Interessen mit den Aufgaben der Hochschulen im Hinblick auf finanzielle, personelle und Entwicklungsprobleme.[351]

Verstanden als die gleichzeitige Führung des Alten und des Neuen,[352] und durchgeführt im Amt des **Präsidenten** oder **Rektors**, kann **Hochschulleitung** beschrieben werden als:

- Schaffung geeigneter Aufgaben- und Rollenverteilung, d.h. Festlegung von Verantwortlichkeiten und gemeinsamen Arbeitsstrukturen, Teamentwicklung, Verknüpfung der Kooperationsbeziehungen zwischen verschiedenen Führungsebenen, Entwicklung von übergreifenden Leistungsteams
- Schaffung geeigneter Informationsflüsse zur frühzeitigen Identifikation und Beseitigung auftretender Probleme, Funktionsschwächen oder fehlender Koordination zwischen einzelnen Hochschulbereichen
- Ressourcenmanagement
- Fundraising
- Gestaltung der informellen und formellen Kommunikation
- Gestaltung von Prozessen und Beziehungen
- Gestaltung von Entscheidungen
- Mitarbeiterführung
- Steuerung von Intergruppenprozessen
- Symbolisches Management
- Fachlich-strategische Orientierung und Arbeit am wissenschaftlichen Selbstwertgefühl (Zielvereinbarung, Leitbildentwicklung)
- Dienstleistung und Moderation
- Widerspruchsmanagement i.S.d. Umgangs mit Ambivalenz, Unklarheit, Komplexität und widersprüchlichen Spannungen[353]
- Qualitätsmanagement
- Aktive Vertretung nach außen
- Stärkung der dezentralen Einheiten

---

[350] Vgl. Thieme 2004, S. 768
[351] Vgl. Bergerhoff 1981, S. 4
[352] Vgl. March 1999, S. 113
[353] Heintel zählt hierzu im Hochschulbereich: „Gesellschaftsdistanz (Autonomie) versus Gesellschaftsrelevanz; Kritisches Gewissen der Gesellschaft versus Traditionsschutz; Experimentieren versus Effizienz; Institutionscharakter versus Kurzzeitausbildungsstätte; Expertise versus Transparenz; Planung versus Flexibilität; Logik versus Emotionalität; Expertokratie versus Formale Mehrheitsdemokratie." Heintel 1989, S. 5 zitiert nach Pellert & Widmann 2008, S. 24

- Change Management.[354]

Als **Senatsvorsitzender** übernimmt der Professor die Sitzungsvor- (Sammlung der Tagesordnungspunkte, Telefonate, Vorbesprechungen, Terminabsprachen, Rücksprachen, Briefwechsel, Aktenstudium und Erarbeitung von Vorlagen) und Nachbereitung (Abfassen und Schreiben des Protokolls, Briefwechsel, Rundschreiben, Informationsgespräche auf Grund der Beschlussfassung oder Beratung im Gremium), Verhandlungsleitung und Beschlussumsetzung. Das allein gibt ihm einen erheblichen Einfluss auf die Leitung der Selbstverwaltung.[355] Da auch die beiden Kollegialorgane mit Professoren besetzt sind, übernehmen Hochschullehrer auch deren Aufgaben.

Auf Ebene des Fach- bzw. Fakultätsbereichs können in Anlehnung an Leichsenring zehn Aufgabengruppen des Fachbereichs- bzw. Fakultätsmanagements unterschieden werden:

(1.) Der Bereich **Haushalt und Finanzen** umfasst die Haushaltsführung, Kapazitätsberechnung, Budgetplanung und -verwaltung. Eine neue Herausforderung für den Dekan stellt die Mitteleinwerbung dar, die zunehmend über Ziel- und Leistungsvereinbarungen mit der Hochschulleitung erfolgt. Inhaltlich betreffen sie die strukturellen Vorstellungen der Fakultät, deren Ziele und Profile in Forschung und Lehre, Einzelpositionen (z.B. Zielzahlen für Studierende und Forschungsaktivitäten, Strukturierung des wissenschaftlichen Personals), budgetäre Regelungen, Aufbau einer Controlling-Struktur, Transparenz und Evaluation der Ziele. Auch auf Fachbereichsebene vollzieht sich die leistungsorientierte Mittelverteilung über Ziel- und Leistungsvereinbarungen zwischen Dekan und Professoren. Damit verbunden ist die schwierige und ggf. konfliktträchtige Aufgabe der wissenschaftlichen Leistungsbewertung, die sich an wissensadäquaten Bewertungskriterien zu orientieren hat. Darüber hinaus sollen über das Zentralbudget Drittmitteleinwerbung, Absolventenzahlen, Promotionen/Habilitationen, Internationalisierung und Frauenförderung gewichtet honoriert werden.

(2.) Zentrale Bedeutung haben die **Personalentscheidungen**, und zwar insbesondere die Berufungsangelegenheiten der Professoren (Entscheidung über die Zusammensetzung der Berufungskommission und den Berufungsvorschlag). Zudem entscheidet der Fachbereich im Rahmen der Stellen-/Personalplanung über die Verwendung der Stellen hinsichtlich der wissenschaftlichen, künstlerischen und sonstigen Mitarbeiter des Fachbereichs und übernimmt die Einstellung von wissenschaftlichen Hilfskräften und Lehrbe-

---

[354] Vgl. Thieme 2004, S. 762 f., 737; Pellert 2006, S. 27 ff.; Pellert & Widmann 2008, S. 24 ff.; Hanft 2003, S. 151 f.; Grigat 2007a, S. 20; Einsiedler & Müller 1991, S. 220
[355] Vgl. Van Lith 1979, S. 15; Thieme 2004, S. 736

auftragten. Des Weiteren ist ihm die Vorgesetztenfunktion für Technik- und Verwaltungspersonal sowie die Personalentwicklung übertragen. Auch zu den Selbstverwaltungsaufgaben im personellen Bereich zählt die Aufnahme neuer Studenten.

(3.) Zur **Strategieentwicklung** gehören die Fakultäts-Entwicklungsplanung, Mittelverteilung, Profilbildung und Leitbild-Prozesse.

(4.) Der Bereich **Organisation** beinhaltet die Veranstaltungsorganisation, Beratung, Koordination fakultätsinterner Gremien, Fakultätsrat, fakultätsinterne und hochschulweite Gremienarbeit und Betreuung der Gremien sowie die Vertretung des Fachbereichs innerhalb der Hochschule.

(5.) Von großer Bedeutung sind ferner die **Beschlussfassungen** über Forschungs- und Lehrprogramme. In der Lehre hat der Fachbereich vor allem die Organisation des Lehr- und Studienbetriebs zu planen und durchzuführen. Dazu erarbeitet er Studienpläne und Prüfungsordnungen (inkl. Promotions- und Habilitationsordnungen), entwickelt neue Studienprogramme und kümmert sich um die Akkreditierung. Daneben koordiniert er die Habilitationsverfahren. Des Weiteren hat er Bafög-Angelegenheiten, Kapazitätsfragen und Sonderfälle der Zulassung zum Studium oder zur Prüfung zu klären, die fachliche Studienberatung durchzuführen und die Sicherstellung des erforderlichen Lehrangebots in den einzelnen Semestern zu gewährleisten. Bei Versäumnissen muss er kollegial und bei nicht ausgeräumten Fehlern disziplinarisch eingreifen. Im Bereich der Forschung obliegt ihm die Organisation des Forschungsbetriebes, die Förderung und Abstimmung von Forschungsvorhaben und die Bildung von Forschungsschwerpunkten.

(6.) Der sechste Bereich umfasst die **Lehr- und Forschungsevaluation**.

(7.) Im Rahmen der Zuständigkeit für Graduierungen und **Prüfungen** führt der Fachbereich letztere auch durch. Außerdem ist er für die Prüfungsorganisation und -verwaltung (inkl. EDV) zuständig. Es ist jedoch auch möglich, für diese Aufgaben ein Prüfungsamt einzurichten.

(8.) Im Bereich des **Technologietransfers** sind Konzepterstellung sowie Gewinnung und Kontakterhalt von Ansprechpartnern wichtigste Tätigkeiten.

(9.) Die **Außendarstellung** umfasst die Pflege der Website, Veranstaltungen, Repräsentation, Informationsmaterial bzw. Fakultätsbroschüren sowie die Erstellung von Berichten.

(10.) **Sonstige Verwaltungstätigkeiten** wie Raumangelegenheiten und rechtliche Angelegenheiten bilden den Abschluss.[356]

---

[356] Vgl. Epping 2007, S. 456 f.; Diepenbrock 2007, S. 606 ff.; Bergerhoff 1981, S. 7; Debus 1996, S. 466; van Lith 1979, S. 41; Thieme 2004, S. 241,758 ff., 765; Leichsenring 2007, S: 7; Leichsenring & Berthold 2004, S. 5

Die **Führung des Instituts** bedeutet in erster Linie die Erledigung der täglich anfallenden Telefonate, Post und Korrespondenz, Planung und Organisation bezüglich der Haushaltsmittel, ihrer Beantragung, Verausgabung und der zur Erbringung des Verwendungsnachweises nötigen Verwaltungstätigkeit.[357] Ebenso bedarf die **Pflege** des von dem Professor zu **vertretenen Faches**, den Bibliotheksbestand aktuell zu halten, die Organisation einschlägiger Unterrichtsmittel sowie die in dem Fach für Forschung und Lehre üblich und notwendigen Geräte zu beschaffen und instand zu halten.[358]

Neben den erweiterten **Personalführungsfunktionen** auf den Leitungsebenen, haben Professoren insbesondere im Rahmen der Institutsleitung Personalführungsaufgaben zu erfüllen. Unter Personalführung wird die Verhaltenssteuerung der Mitarbeiter seitens der Vorgesetzten im Sinne einer intendierten Verhaltensführung verstanden.[359]

Neben der Gewinnung und Entlassung der von ihm zu betreuenden Dozenten des akademischen Mittelbaus und des Lehrstuhl- oder Institutseigenen Personals (wissenschaftliche Mitarbeiter, Sekretärinnen, studentische Hilfskräfte und je nach Fach zusätzlich auch medizinisches oder technisches Personal, Laborkräfte etc.), umfasst die Personalbetreuung die Einführung in die Hauptaufgaben der Tätigkeit, Kommunikation über Ziele und Artikulation von Erwartungen aneinander, Rückmeldung zu den laufenden Tätigkeiten sowie Entwicklungs- und Fördergespräche.[360]

Pellert und Widmann weisen der Personalführungsfunktion an Hochschulen folgende **Aufgaben** zu:

- Sinnvermittlung in Bezug auf die Gesamtorganisation,
- Kommunikation der Ziele der Universität, bspw. der strategischen Ausrichtung der Hochschule und deren Bedeutung für den Fachbereich,
- Individuelle Zielvereinbarungen mit den Mitarbeitern,
- (gemeinsam) Priorisierungen vornehmen (analysieren, bewerten, entscheiden, delegieren),
- Überblick geben (informieren, bewerten),
- Abstecken der Rahmenbedingungen für die Leistungserstellung,
- Schaffen von Freiräumen und Förderung der Mitarbeiter,
- Unterstützung bei der Umsetzung von Vereinbarungen,
- Erfolgskontrolle und entsprechende Reaktion.[361]

---

[357] Vgl. Pack 1977, S. 40
[358] Vgl. Thieme 2004, S. 777 f.
[359] Vgl. Schanz 2000, S. 551 ff.
[360] Vgl. Krell & Weiskopf 2004, S. 288; Pack 1977, S. 40; Pellert 1995c, S. 129
[361] Vgl. Pellert & Widmann 2008, S. 68

Erweitern lässt sich diese Auflistung um sozialkommunikative Tätigkeiten, wie Mitarbeiter und Teams anzuleiten und zu motivieren, Konflikte zu bewältigen sowie die Leistungsfähigkeit und Zufriedenheit der Mitarbeiter sicherzustellen und zu fördern.[362]

Insbesondere **Zielvereinbarungen** (MbO) werden im Kontext des Neuen Steuerungsmodells als das maßgebliche Koordinationsprinzip der Universität des 21. Jahrhunderts gesehen.[363] Professoren gehen möglicherweise davon aus, dass die Ziele der Mitarbeiter klar sind. Oftmals ist jedoch gar nicht offenkundig, ob bspw. die Forschung oder die Lehre Priorität hat oder welche Inhalte und welcher zeitliche Rahmen von der eigenen Dissertation erwartet werden. Eine konkrete Zielformulierung und Schwerpunktsetzung ist daher von großer Wichtigkeit. „Hochschullehrer müssen letztendlich die zentralen Aufgaben ihrer Mitarbeiter definieren und die Kompetenzen ihrer Mitarbeiter erkennen. Sie müssen dann auf der Basis der allgemeinen Leitlinien für jeden Mitarbeiter spezifische Ziele formulieren, die sich an der Kompetenz des einzelnen Mitarbeiters orientieren und auf dem richtigen Schwierigkeitsniveau angesiedelt sind. Die Festlegung der Ziele kann in einem Zielvereinbarungsgespräch mit dem Mitarbeiter erfolgen. Wenn die Mitarbeiter bei der Zielbedingung mitwirken, erhöht dies die Bindung an die Ziele."[364]

Bzgl. des **nichtwissenschaftlichen Personals** (bspw. Sekretärinnen) besteht durch den Statusnachteil grundsätzlich die Gefahr der Demotivierung durch mangelhafte soziale Integration in die Arbeitsgruppe und geringe soziale Anerkennung.[365] Eine Sonderstellung nehmen die **studentischen Hilfskräfte** ein, da sie einerseits Mitarbeiter sind und andererseits Studierende. Auch hier sind Führungsaufgaben zu bedenken, die wohl in erster Linie in der Planung und Organisation liegen. So sollten (soweit möglich) auf der inhaltlichen Ebene Interessenschwerpunkte und auf der formalen Ebene vorübergehende Belastungsphasen (z.B. Prüfungen) Berücksichtigung finden.[366]

Förderung des wissenschaftlichen Nachwuchses

In Bezug auf die wissenschaftlichen Mitarbeiter kommt den Hochschullehrern neben der **aufgabenorientierten Führung** des jeweiligen Arbeitsbereichs die entwicklungsorientierte Betreuung der Promovierenden zu.[367] Zwar sind insbesondere wissenschaftliche Mitarbeiter

---

[362] Vgl. dbb 2002, S. 49; Sonntag & Schaper 2006, S. 283
[363] Vgl. Amrhein 1998, S. 135. „Das Instrument der Zielvereinbarung beruht darauf, daß sich prinzipiell gleichberechtigte, jedoch mit unterschiedlichen Aufgaben oder Funktionen ausgestattete Partner über Ziele verständigen, deren Erfüllung zu einem festgelegten späteren Zeitpunkt überprüft wird. Die Resultate münden dann in einen erneuten Zielvereinbarungsprozeß." Müller-Böling & Schreiterer 1999, S. 14
[364] Florack & Messner 2006, S. 12
[365] Vgl. Krell & Weiskopf 2004, S. 289 f.
[366] Vgl. Hammerl 2002, S. 223
[367] Vgl. Schmidt 2008, S. 31

für ihre Weiterentwicklung weitestgehend selbst verantwortlich, dennoch hat der vorgesetzte Professor sie durch das Aufzeigen von Lern- und Entwicklungsmöglichkeiten, Feedback, Anerkennung und konstruktive Kritik zu unterstützen.[368] Strebt der Nachwuchswissenschaftler eine Hochschullaufbahn an, sollte der Professor ihn beraten wie seine Chancen stehen zum Ziel zu gelangen und seine **berufliche Entwicklung** fördern.[369] Da sie auf befristeten Qualifikationsstellen angestellt sind, besteht hier einerseits eine **Fürsorgepflicht** (ist das wissenschaftliche Vorhaben in der gegebenen Zeit realisierbar) und andererseits eine **Platzierungspflicht** (können sich die Mitarbeiter damit in der Scientific Community behaupten).[370]
Zunächst gilt es jedoch, potenzielle Spitzenforscher **frühzeitig zu entdecken** und auch aktiv nach ihnen zu suchen,[371] sie zu fördern und zu ermutigen und auf ihrem Weg zur förmlichen Qualifikation bis zum Einstieg in eine wissenschaftliche Tätigkeit zu begleiten.[372] Wie erinnerlich bilden Universitäten nicht nur ihren eigenen Nachwuchs, sondern auch jenen für wissenschaftliche Lehre, Technik, Wirtschaft und Verwaltung aus. Dabei dienen die das Pflichtprogramm ergänzenden Lehrveranstaltungen aus dem eigenen Forschungsgebiet des Professors der Heranführung an die Forschung fortgeschrittener Studenten sowie der Orientierung für Studenten und Professoren im Hinblick auf die Gewinnung des wissenschaftlichen Nachwuchses.[373] Die **Betreuung** umfasst verschiedene Gespräche zur Vergabe, Strukturierung und Bearbeitung des Themas. Das Lesen und Korrigieren der vorgelegten Arbeit, Beteiligung an mündlichen Dissertationsprüfungen und zeitnahes Erstellen von (Zweit-)Gutachten erstrecken sich hingegen auch auf Arbeiten, die nicht durch den Professor betreut wurden.[374] Bestenfalls eröffnet der Universitätsprofessor „...dem wissenschaftlichen Nachwuchs eigenständige Forschungsmöglichkeiten mit dem Ziel, dass seine Schüler über ihn hinauswachsen."[375]
Bei der Betreuung ist insbesondere auf **Selbstständigkeit** und zügiges Arbeiten großen Wert zu legen. Dabei sollte sich der Lehrende in der Verantwortung sehen, größere Irrwege bei seinen Schützlingen zu vermeiden.[376] Zeichnet sich ein zu langer oder nicht erfolgreicher Abschluss der Arbeit ab, so ist auch die rechtzeitige Nahelegung eines Abbruchs der Arbeit Aufgabe des Hochschullehrers. Universitäten produzieren ihre Sozialfälle oftmals selbst, weil sie „...wissen oder jedenfalls ahnen, daß es bei dem einen oder anderen Kandidaten nicht gut

---

[368] Vgl. Wunderer 2003 zitiert nach Sonntag, Schaper & Friebe 2005, S. 73
[369] Vgl. North & Reinhardt 2005, S. 45; Fiebiger 1988, S. 186 f.
[370] Vgl. Hammerl 2002, S. 222 f.
[371] Bei der Gewinnung von erstklassigen Nachwuchswissenschaftlern konkurrieren die Professoren finanziell mit der Privatwirtschaft, die mit deutlich besseren Gehältern als der TvöD und unbefristeten Arbeitsverträgen lockt. Vgl. Pritschow 1993, S. 98
[372] Vgl. Karpen 1984, S. 85 f.
[373] Vgl. Grigat 1991, S. 61, 68
[374] Vgl. Würtenberger 2003, S. 479 f.; Pack (1977), S. 266; Thieme 2004, S. 544
[375] DHV 1998, S. 351 f.
[376] Vgl. Webler 1991, S. 247 f.

gehen wird und dennoch nicht den Mut haben, einem Kandidaten deutlich zu empfehlen, sich bei der nächstbesten Gelegenheit mit seinen Kenntnissen – es sind ja alles hochqualifizierte Leute – etwas anderes zu suchen. Je früher eine solche Empfehlung ausgesprochen wird, ein solcher Rat gegeben wird, umso leichter ist es für die Betroffenen, ihre weitere Zukunft neu zu gestalten."[377] Auch „… Gnaden- und Sozialhabilitation, insbesondere solche mit eingeschränkter venia legendi, belasten die Betroffenen und die Wissenschaft."[378]

Die Aufgabe der **Einführung** der Nachwuchswissenschaftler **in die Scientific Community** bedeutet, sie mit den weithin unsichtbaren Regeln des Wissensbetriebs, der Wissenskorporation und den Zugangsregeln zur Fachöffentlichkeit vertraut zu machen und ihnen den publizistischen Zugang zur Fachöffentlichkeit, zu Netzwerken, Foren und anderen Formen des Austausches und der Kontakte zu ermöglichen. Auch bedürfen sie Unterstützung bei der Auswahl förderlicher Konferenzen, Ort, Ziel und Dauer von Auslandsaufenthalten. Ob und wie diese Unterstützung gewährt wird oder nicht, hat fühlbare Auswirkungen auf die Karrierechancen.[379] Auch die Etablierung von Graduiertenkollegs gehört zur Nachwuchsförderung.[380]

Laut einer Umfrage übernehmen jedoch nur etwas mehr als die Hälfte der befragten Hochschullehrer all diese Aufgaben tatsächlich.[381]

Die Vielzahl der hier aufgezeigten höchst unterschiedlicher und mitunter disparat erscheinender Tätigkeitsfelder in Forschung, Lehre, Nachwuchsförderung und Management,[382] jedes mit seinen eigenen Anforderungen, lassen das **Berufsbild des Hochschullehrers als sehr komplex**, mitunter auch als überkomplex und tendenziell überfrachtet erscheinen.[383] „Häufig ist auch nicht von vornherein klar zu unterscheiden, welche Tätigkeiten welchem Bereich zuzuordnen sind und wie sich die Tätigkeiten gegenseitig verbinden, befruchten oder behindern."[384]

Welche Aufgabe für den einzelnen im Vordergrund steht, hängt stark vom persönlichen Interesse und von der individuellen Leistungsfähigkeit ab.[385] Aber auch Ressourcenausstattung,

---

[377] Fiebiger 1988, S. 186 f.
[378] Grigat 1991, S. 70
[379] Vgl. Webler 2003d, S. 244, 248 f.
[380] Vgl. Hasler 1993, S. 49
[381] Vgl. Briede, Gerhardt & Mues 2004, S. 16
[382] Da der wissenschaftliche Nachwuchs i.d.R. eine wissenschaftliche Tätigkeit am Lehrstuhl des Doktorvaters ausüben, wird deren Förderung im Folgenden dem Management zugeordnet.
[383] Vgl. Enders & Teichler 1995, S. 45
[384] Enders & Teichler 1995, S. 45
[385] Vgl. Bergerhoff 1981, S. 8

Aufwand für akademische Selbstverwaltung, Lehr- und Prüfungsbelastung und Erfolg bei Einwerbung zusätzlicher Forschungsmittel beeinflussen den Grad der Aufgabenerfüllung.[386]

2.2.3. Beschäftigungsbedingungen

Nachdem die Arbeitsinhalte der vielfältigen Tätigkeiten von Hochschullehrern aufgezeigt wurden, gilt es nun darzulegen, unter welchen Bedingungen diese Tätigkeiten ausgeführt werden. Hierzu zählen im universitären Kontext insbesondere die Beschäftigungssicherheit, Autonomie, Entlohnung, Ressourcenausstattung, Arbeitszeit und deren Flexibilität.[387]

Was die **Beschäftigungssicherheit** anbelangt, erfolgt die Einstellung von Professoren i.d.R. in ein Beamtenverhältnis auf Lebenszeit.[388] Auf sie ist das allgemeine Beamtenrecht anzuwenden, wobei jedoch aufgrund ihrer Lehr- und Forschungsfreiheit zahlreiche Sonderregelungen bestehen.[389]

Die (Nicht-)Notwendigkeit des Beamtenstatus von Hochschullehrern ist häufig Thema öffentlicher Debatten. Thieme bspw. oder aber auch Enders sehen jedoch in der Lebenszeitstellung die Sicherung der sachlichen Unabhängigkeit und das notwendige Korrelat der Wissenschaftsfreiheit. Außerdem nehme der Hochschullehrer zahlreiche hoheitliche Aufgaben wahr.[390]

Charakteristisch für die beamtenrechtliche Stellung der Professoren ist das **Fehlen weisungsbefugter Vorgesetzter**. Bis auf die Ausführung staatlicher Aufgaben, die im Rahmen bestimmter Ämter (Dekan oder Leitung wissenschaftlicher Einrichtungen) wahrgenommen werden, sind Hochschullehrer in ihrer dienstlichen Tätigkeit weisungsfrei.[391] Aber wie alle Beamten, haben natürlich auch Professoren einen Dienstvorgesetzten, der über ihre Berufung, die Gewährung von Forschungsfreisemestern, eventuelle Disziplinarmaßnahmen oder ähnliches entscheidet. Grundsätzlich ist dies der zuständige Minister, sofern er dem Präsidenten oder einem anderen Leitungsorgan der Hochschule nicht die Kompetenzen für derartige Entscheidungen übertragen hat oder die Universität nicht selbst die Dienstherreneigenschaft besitzt (wie bspw. die Stiftungsuniversitäten).[392]

Im Hinblick auf die **Autonomie** eröffnet die Komplexität der Hochschullehrerrolle hohe Freiheitsgrade, verfassungsrechtlich verankert in der grundgesetzlichen Gewährleistung der **Wis-**

---

[386] Vgl. Peisert & Framhein 1997, S. 75
[387] Vgl. Brenzikofer 2005, S. 92 f.
[388] Vgl. Chantelau 2004, S. 161; Enders & Teichler 1995, S. 31, wobei § 46 HRG auch die Berufung auf Zeit vorsieht.
[389] Insbesondere in Bezug auf Weisungsgebundenheit, Arbeitszeit- und Urlaubsregelungen sowie Versetzungen. Vgl. Bergerhoff 1981, S. 3; Goertz 2001, S. 141; § 49 HRG
[390] Vgl. Thieme 2004, S. 501; Enders 1996, S. 40. Dem widerspricht bspw. Goertz 2001, S. 235 f.
[391] Vgl. Thieme 2004, S. 505
[392] Vgl. Thieme 2004, S. 505 f.; Mußgnug 1997, S. 138

senschaftsfreiheit in Art. 5 Abs. 3 Satz 1 GG („Kunst und Wissenschaft, Forschung und Lehre sind frei") und zugleich die stark verteidigten Markenzeichen dieser Profession.[393] Die Wissenschaftsfreiheit betrifft im Bereich der Forschung die freie Wahl der Forschungsgegenstände, Fragestellungen und Methoden, Bewertung und Verbreitung von Forschungsergebnissen, Organisation der an der Forschung Beteiligten, Form der Projektdurchführung und einzelne Ressourcenentscheidungen (bspw. Mitarbeiterauswahl).[394] Doch auch der Professor ist **nicht völlig frei**. In der Lehre ist er an sein ihm auferlegtes Lehrdeputat sowie an die Studien- und Prüfungsordnungen seiner Fakultät gebunden, ebenso an deren Beschlüsse oder die des Fachbereichs oder Institutsrats. Im medizinischen Bereich können Dienstpläne Anwesenheitspflichten vorschreiben oder Aufgaben zuweisen. Der hierarchische Vorgesetzte wird nur ersetzt durch die kollegiale Entscheidung aller Betroffenen.[395] „Der deutsche Professor als Berufsbeamter vereinigt insofern die Privilegien der sozialen Absicherung eines Staatsbeamten mit den Freiheitsgraden eines freischaffenden Unternehmers."[396]

Die an der Universität existierenden beiden professoralen Hauptgruppen werden nach **Besoldungskategorien** unterschieden: Bis zur Mitte der siebziger Jahre waren das die Gehaltsklassen H3 und H4, danach wurden für Neuberufungen bis etwa 2002 C3 und C4 verwendet, die dann von W2 und W3 abgelöst wurden. Die traditionellen Ordinarien, also Inhaber von Lehrstühlen, bekleideten die Positionen mit den höchsten Besoldungskategorien (H4, C4, W3).[397] Damit ist die **Entlohnung** angesprochen. Die bisher geltende Besoldungsordnung C wurde 2002 vom Gesetz zur Reform der Professorenbesoldung abgelöst und durch die **W-Besoldung**, ein angeblich stärker leistungsorientiertes und wettbewerbsförderndes Besoldungssystem, ersetzt. Professoren werden nun in die Besoldungsgruppen W2 und W3 eingeordnet. Da eine Unterscheidung nach Hochschularten nicht mehr vorgenommen wird, tragen sie zur besoldungsrechtlichen Gleichstellung von Fachhochschul- und Universitätsprofessoren bei. Neu eingeführt wurde die Besoldungsgruppe W1, die für Juniorprofessuren an den Universitäten gilt. Gehaltssteigerungen nach Dienstalter sind weggefallen.[398] Die neue Besoldung beinhaltet ein altersunabhängiges ruhegehaltsfähiges **Grundgehalt**, das mit 3.405,34 Euro für W1-Ämter und 3.890,03 Euro bzw. 4.723,61 Euro für W2- bzw. W3-Professuren[399] im Vergleich zur C-Besoldung deutlich niedriger ausfallen. Als Ausgleich sieht § 33 I BBesG für W2- und W3-Professuren die zusätzliche Vergabe von **Leistungsbezügen**, auch außerhalb

---

[393] Vgl. Walter 1976, S. 788 f.; Huber & Frank 1991, S. 157
[394] Vgl. Kühler 2005, S. 231
[395] Vgl. Mußgnug 1997, S. 138 f.; Janson, Schomburg & Teichler 2006, S. 23
[396] Enders 1996, S. 41
[397] Vgl. Janson, Schomburg & Teichler 2006, S. 23
[398] Vgl. Thieme 2004, S. 518; Berning 2002, S. 6; Janson, Schomburg & Teichler 2006, S. 11
[399] West-Grundgehälter, Stand: 1. August 2004

von Berufungs- und Bleibeverhandlungen, für besondere Leistungen in Forschung, Lehre, Kunst, Weiterbildung und Nachwuchsförderung sowie für die Wahrnehmung von Funktionen oder besonderen Aufgaben im Rahmen der Hochschulselbstverwaltung oder der Hochschulleitung vor. Einen Rechtsanspruch auf die Gewährung von Leistungsbezügen hat der Professor allerdings nicht.[400] Die ersten beiden Leistungsbezugsgruppen können befristet, unbefristet oder als Einmalzahlung gewährt werden, Funktionsleistungsbezüge werden für die Dauer der Funktions- bzw. Aufgabenwahrnehmung gewährt.[401] Dabei ist gesetzlich sichergestellt, dass das durchschnittliche Einkommen der Professoren im Zuge der Reform nicht abgesenkt wird.[402] Die Einzelheiten der Vergabe regeln die Länder, die dabei jedoch an einen ‚Vergaberahmen' gebunden sind, d.h. der Gesamtbetrag der Leistungsbezüge ist so zu bemessen, dass er den durchschnittlichen Besoldungsausgaben in den Besoldungsgruppen W2 und W3 sowie C2 bis C4 entspricht.[403]

Professoren in Ämtern der C-Besoldung bleiben von der Änderung nahezu unberührt, sie steigen auch nach wie vor in den Dienstaltersstufen auf. Allerdings entfällt die Möglichkeit der Erhöhung der Dienstbezüge durch Zuschüsse zum C4-Amt. Will ein C-Professor jedoch einen Ruf an einer anderen Hochschule annehmen oder mit seiner Heimathochschule Bleibevereinbarung über die Erhöhung seiner Besoldung abschließen, muss er in ein nach W besoldetes Amt wechseln.[404] Unabhängig von evtl. Berufungs- oder Bleibeverfahren können C-Professoren in die W-Besoldung wechseln. Dieser Antrag ist dann aber unwiderruflich.[405]

Ob jedoch dieses neue Modell wirklich der Leistungsförderung an den Hochschulen dient und einen Ansporn zu mehr Leistung für die Hochschullehrer darstellt, erscheint für viele Kritiker mehr als fraglich.[406] Vielmehr wird die W-Besoldung als Spargesetz zur Absenkung der Professorengehälter gesehen, das die Konkurrenzfähigkeit im internationalen Wettbewerb um die besten ‚Köpfe' gefährdet. Es besteht also noch Entwicklungsbedarf.[407] Allerdings darf auch nicht unberücksichtig bleiben, dass rein rechtlich durch den Wegfall der absoluten Gehaltsobergrenze die W-Besoldung den Hochschulen durchaus ermöglicht, den Hochschullehrern

---

[400] W1-Ämter sind von der Vergabe von Leistungsbezügen ausgeschlossen. Juniorprofessuren erhalten lediglich nach positiver Evaluation eine nicht ruhegehaltsfähige Zulage in Höhe von z.Zt. 260 Euro. Vgl. Detmer & Preissler 2005, S. 256 ff.; Hartmer 2002, S. 200
[401] § 33 III BBesG
[402] Vgl. Thieme 2004, S. 518 f.
[403] § 33 IV, § 34 I BBesG
[404] Vgl. Detmer & Preissler 2005, S. 256
[405] § 77 II BBesG
[406] Vgl. Thieme 2004, S. 519 ff.; Hoffmann 1999, S. 19. zur Problematik leistungsorientierter Professorenbesoldung siehe auch von Eckardstein 2003
[407] Vgl. Schreiber 2003, S. 20; DHV-Newsletter (11.09.2006); DHV 2007, S. 1

eine über dem C-System liegende Besoldung zu gewähren.[408] Fraglich ist jedoch, ob dies in tatsächlicher bzw. finanzieller Hinsicht der Hochschule im Einzelfall möglich ist.

Neben dem Gehalt spielt auch die **Ressourcenausstattung** für Professoren eine wichtige Rolle. Zur materiellen und personellen Ausstattung zählen Räume und Labore, Materialien und Geräte für Lehre und Forschung, EDV, Bibliotheksbestand sowie die Unterstützung durch wissenschaftliche und nichtwissenschaftliche Mitarbeiter.[409] Dabei ist die Ausstattung des Arbeitsplatzes insbesondere in den ressourcenintensiven Natur- und Ingenieurwissenschaften von besonderer Bedeutung.[410]

In Bezug auf die **Arbeitszeit** gibt es keine Vorschriften darüber, wann ein Hochschullehrer wie viele Stunden zu arbeiten hat.[411] „Wissen ist das Material, Forschung und Lehre sind zumeist die Haupttechnologien. Die Entdeckung des Wissens ist dabei eine unendliche Aufgabe (open-ended task), das Unsichere, das Unbekannte sind wichtig, Entdeckungen und Erfindungen gehören zu wichtigen Funktionen des Systems. Dies ist mit eine Ursache, dass es eigentlich keinen Grund gibt, warum die Leute zu bestimmten Zeiten an bestimmten Plätzen sein sollen. Zumindest Professoren haben eine relativ hohe Zeitautonomie, sie können etwa zuhause bleiben, schreiben und denken, statt ins Büro zu gehen."[412] Abgesehen von der Abhaltung von Lehrveranstaltungen und Sprechstunden (zusammen i.d.R. 8 SWS)[413] zu den angekündigten Zeiten und bestimmten unabweisbaren, aber zeitlich offenen Verpflichtungen für Prüfungen und Verwaltung, kann der Professor über den Großteil seiner Arbeitszeit **frei verfügen**, vorausgesetzt, er erfüllt seine Pflichten als Forscher, Lehrer und Institutsleiter im Ergebnis korrekt.[414]

Betrachtet man die Wochenarbeitszeit von Professoren, interessiert einerseits die **absolute Höhe** und andererseits deren **Aufteilung auf die verschiedenen Tätigkeiten**. Studien zur Arbeitsbelastung und -zeitverteilung scheinen die einzigen zu sein, die bezüglich der Berufsgruppe der Hochschullehrer sehr zahlreich erschienen sind. Diese Umfragen zeigen vor allem eines: das Problem des **überlasteten Zeitbudgets**, hervorgerufen durch die Kumulierung der Belastungen in der Aufgabeneinheit. Dabei kennt der ‚viergeteilte Professor', der zwischen Lehre, Forschung, Nachwuchsförderung und Management ein strapaziöses Gleichgewicht der

---

[408] Vgl. Thieme 2004, S. 518 f.
[409] Vgl. Enders & Teichler 1995, S. 78
[410] Vgl. Bolsenkötter 1976, S. 529
[411] Vgl. Thieme 2004, S. 509 f.
[412] Pellert 1995b, S. 82
[413] Diese Verpflichtung kann bei Gewährung eines Forschungssemesters und für Aufgaben in der Selbst- und Auftragsverwaltung der Hochschule befristet reduziert werden. Vgl. Krahe 1974, S. 174; Rothfuß 1997, S. 81; Teichler 1990, S. 38; § 43 III (3) HRG; Flitner 1989, S. 149
[414] Vgl. Enders & Teichler 1995, S. 21; Mußgnug 1997, S. 141

Kräfte halten muss, die vielgerühmte akademische Freiheit nur vom Hörensagen. Daher ist es nicht verwunderlich, wenn die meisten Studien eine **60-70-Stunden-Woche** ergeben.[415] Eine **Aufschlüsselung nach Tätigkeiten** zeigt, dass Professoren während des Semesters ca. die Hälfte ihrer Arbeitszeit in lehrbezogene Aktivitäten investieren. Auf die Forschung entfällt mit 23-35 Prozent ein deutlich geringerer Anteil. Verwaltungstätigkeiten variieren je nach Umfrage zwischen 12 und 27 Prozent der Gesamtarbeitszeit. In der vorlesungsfreien Zeit kehren sich die Verhältnisse um. Hier dominiert eindeutig die Forschung. Diese Zunahme wird durch die geringeren Belastungen in Lehre und Selbstverwaltung ermöglicht. Die Lehre nimmt den zweiten Rang ein (20-30 %). Verwaltungsaufgaben beanspruchen immer noch 11-12 Prozent der Arbeitszeit.[416]

Wird zusätzlich mit einbezogen, dass die Universitätsprofessoren, die ein Forschungssemester nahmen, in der Befragung von Enders und Teichler unterrepräsentiert waren (nur 7% lehrten im betreffenden Semester nicht), so ergibt sich, dass im Durchschnitt ca. 40 Prozent der Arbeitszeit von deutschen Universitätsprofessoren der Forschung zugutekommen.[417] Bezogen auf das ganze akademische Jahr sind die Zeitbudgets für Lehre und Forschung nahezu gleich, von einer „Gefährdung der Forschung durch den Zeitmangel der Professoren"[418] oder gar einer „Resteverwertung der verbleibenden Zeit für die Forschung"[419] kann pauschal durchaus keine Rede sein.[420]

Was nun die **Qualität,** der in diesen Zeitanteilen ausgeführten Tätigkeiten angeht, so zeigt eine Umfrage beim wissenschaftlichen Personal der Universität Göttingen, dass doch deutliche Diskrepanzen zwischen Anspruch und Realität, zumindest während des Semesters vorherrschen. Trotz der großzügig bemessenen Definitionen der Studie – die Leistungsqualität wird bereits ab einem tatsächlichen Zeitanteil von mehr als 70 Prozent des Zeitbedarfs als angemessen oder halbwegs angemessen eingestuft – können nur wenige Aufgaben in der angestrebten Qualität erledigt werden. Meist hat die Mehrheit das Gefühl einer wesentlich geminderten oder gar absolut unzulänglichen Aufgabenerfüllung. Dies drückt sich gewöhnlich

---

[415] In der neuesten Studie des DHV geben zwar nur noch ein Drittel der Befragten an, zwischen 60 und 70 Stunden zu arbeiten, 40 % aber immerhin noch eine 50-60 Stunden Woche, womit mehr als 70 % länger als 51 Wochenstunden arbeiten. Vgl. Hartmer 2008, S. 92. Einen guten Überblick der verschiedenen, auch der neueren, Studien geben Schaeper 1994, S. 1, 21 f. oder auch Huber & Portele 1983, S. 208. Des Weiteren siehe Noelle-Neumann 1980, S. 143; Dall 1974, S. 53; Apenburg, Jurecka & Tausendfreund 1977, S. 224; Ipsen 1976, S. 40; Schulz 1979, S. 72; Oehler et al. 1978, S. 54; Schelsky 1967, S. 29; Schönbohm 1973, S. 1018; Kopp & Weiß 1993, S. 24; Enders & Teichler 1995, S. 21, S. 57
[416] Vgl. Schaeper 1997, S. 165; Apenburg, Jurecka & Tausendfreund 1977, S. 221 ff.; Schelsky 1967, S. 30 f.; Ipsen 1976, S. 44; Enders & Teichler 1995, S. 23 f.; Tschunke 1975, S. 3; Oehler et al. 1978, S. 59; Schönbohm 1973, S. 1019
[417] Vgl. Enders & Teichler 1995, S. 24
[418] Noelle-Neumann 1980
[419] Schimank 1992
[420] Vgl. Schaeper 1997, S. 165; Enders & Teichler 1995, S. 50 f.

auch im Gefühl zeitlicher Überlastung aus. Am seltensten können die fachliche Weiterbildung und Publikationstätigkeiten angemessen wahrgenommen werden. Hier sind die Anteile einer absolut unzulänglichen Aufgabenerfüllung erschreckend hoch. Verständlicherweise fallen die Ergebnisse während der vorlesungsfreien Zeit günstiger aus.[421]

Sämtliche Studien lassen den Schluss zu, dass die Arbeitskapazität der Hochschullehrer immer noch weitgehend ausgeschöpft ist und die **Grenzen der Belastbarkeit** erreicht sind, wenn man eine qualitative Aufgabenerfüllung anstrebt. Zudem stellt Enders fest, dass sich die Professoren zunehmend aus dem Kernbereich von Forschung und Lehre zurückziehen, weil sie stärker mit Aufgaben der Hochschulleitung und -verwaltung, der Evaluation und Berichterstattung, der Drittmittelakquisition und der Dissemination ihrer Forschungsergebnisse betraut sind.[422]

Im Bezug auf die **Gewichtung der Aufgaben** kann universitätssoziologisch zwischen ‚cosmopolitans' und ‚locals' unterschieden werden. Während für erstere primär Forschung und Publikation im Vordergrund stehen und die Universitäten lediglich die Basis ihrer externen Aktivitäten bilden, sind locals lehr- und managementorientiert und verstehen sich als Mitglieder einer bestimmten Universität.[423] Und noch eines zeigen die Studien: dass dem weit verbreiteten Argument ‚Hochschullehrer würden sich nur für die Forschung interessieren und die Lehre vernachlässigen', nicht zugestimmt werden kann.[424] Trotz der inhaltlichen Komplementarität und zeitlichen Konkurrenz von den Aufgaben Forschung und Lehre sehen nur wenige der deutschen Universitätsprofessoren ihre Präferenzen ausschließlich in der einen oder anderen Funktion. Die Mehrheit ist gleichzeitig forschungs- und lehrorientiert, wobei etwa ein Drittel die Lehre und ca. zwei Drittel die Forschung stärker betonen.[425] Dabei sind die ‚Viel-Forscher' nicht zwangsläufig mit den ‚Wenig-Lehrenden' gleichzusetzen. Vielmehr kann man Professoren mit einer hohen oder niedrigen Arbeitszeit unterscheiden. Sowohl ‚Viel-Forscher' als auch ‚Viel-Lehrende' gehören mit 60 Wochenstunden und mehr zur ersten Kategorie. Die ‚Wenig-Forscher' bzw. ‚Wenig-Lehrenden' arbeiten hingegen ‚nur' 40 Stunden pro Woche.[426]

Naheliegende und auch in der hochschulpolitischen Diskussion oft auftauchende Lösung der zeitlichen Überlastung der Hochschullehrer durch die **Trennung von Forschung und Lehre** sowohl in personeller (Forschungs- und Lehrprofessuren) als auch in institutioneller (For-

---

[421] Vgl. Hoffmann 1980, S. 4 f.; Enders & Teichler 1995, S. 21
[422] Vgl. Enders 2004, S. 62; Ipsen 1976, S. 67
[423] Vgl. Pellert 1995b, S. 98
[424] Vgl. Enders 1997, S 54
[425] Vgl. Schulz 1979, S. 70; Enders & Teichler 1995, S. 26
[426] Vgl. Enders & Teichler 1995, S. 64 f.

schungs- und Lehruniversitäten bzw. Forschungsauslagerung in außeruniversitäre Einrichtungen) Hinsicht stößt trotz des bestehenden Wunsches nach Entlastung bei Lehraufgaben auf wenig Gegenliebe. Die Beibehaltung der Einheit von Forschung und Lehre ist nach Meinung der Professoren nicht nur die realistischste Erwartung, sondern auch das für die Forschung beste Modell.[427]

Die **Belastungen** der Professoren haben sich in den letzten Jahrzehnten vermehrt. Trotz stärkerer Spezialisierung steigt der Stoff in den einzelnen Fächern und damit die Zeit der Literaturverarbeitung stetig an. Umfangreichere Prüfungsarbeiten, anspruchsvollere Studierende und vermehrte Verwaltungstätigkeiten belasten zusätzlich das ohnehin schon ausgeschöpfte Zeitbudget der Professoren.[428]

In der Resolution des 47. Hochschulverbandstages 1997 heißt es dazu: „Es gibt kaum eine beamtete Berufsgruppe, die seit Jahren diese überobligationsmäßige Leistung erbringt, ohne sich darüber zu beklagen oder gar einen finanziellen Ausgleich zu verlangen. Es gibt im ganzen Land überhaupt keine Berufsgruppe, die sich dafür auch noch laufend beschimpfen lässt."[429]

2.2.4. Motivation und Arbeitszufriedenheit

Primär wählen Hochschullehrer diesen Beruf aufgrund der **Freude an wissenschaftlicher Arbeit**, des Strebens nach Weisheit, neuen Entdeckungen und Zusammenhängen, die noch keiner zuvor gesehen hat.[430] Der intellektuelle Austausch in Diskussionen mit Kollegen und die Möglichkeit mit motivierten jungen Menschen zusammenzuarbeiten und bei der studentischen Entwicklung mitzuwirken sowie das künftige Wachsen über den Lehrer hinaus vorzubereiten, sind weitere Motive. Damit verbunden ist die Befriedigung, von anderen geschätzt und respektiert zu werden.[431] Außerdem gilt der Beruf des Hochschullehrers als interessant und abwechslungsreich aufgrund der Vielzahl komplexer Aufgaben. Zudem ermöglichen es hohe Autonomie und Freiheitsgrade, eigene Ideen zu verwirklichen.[432]

Die Inkaufnahme der in Kapitel 2.2.2 aufgezeigten hohen zeitlichen Belastung und die beschriebenen Beweggründe den Hochschullehrerberuf zu wählen, lassen zweifellos auf ein

---

[427] Vgl. Enders 1998, S. 62; Schaeper 1997, S. 168 f.; Huber & Portele 1983, S. 211; Schimank 1992, S. 34; Allensbach 1977, S. 7 ff. zitiert nach Peisert & Framhein 1997, S. 74; Maier-Leibnitz & Schneider 1991, S. 42 ff.; Schulz 1979, S. 70, 72; Oehler et al. 1978, S. 62, 88
[428] Vgl. Thieme 1990, S. 120
[429] DHV 1997
[430] Vgl. McKeachie 1982, S. 7 f.; Maier-Leibnitz 1979, S. 95; Mohr 1999, S. 166
[431] Vgl. Mc Keachie 1982, S. 7 f.; Maier-Leibnitz 1979, S. 95
[432] Vgl. o.V. 2005, S. 41; McKeachie 1979, S. 7 f.; Enders 1998, S. 59

außerordentlich **hohes berufliches Engagement** schließen.[433] Das Selbstbild der ‚Anti-Materialisten', voll und ganz der Wahrheitssuche verpflichtet, passt zu der **intrinsischen Motivation**, die den Wissenschaftlern in hohem Ausmaß zugeschrieben wird. Materielle Anreize treten angesichts der hohen Bedeutung von Autonomie, Selbstentfaltungsmöglichkeiten, komplexen herausfordernden Aufgaben, sozialen Kontakten zu anderen Menschen sowie Anerkennung und Reputation innerhalb der Fakultät oder der Scientific Community, zumindest für viele in den Hintergrund.[434] Auch die Beziehung und der Kontakt zu den Studierenden stellen einen wichtigen intrinsischen Motivationsfaktor dar. Die Arbeit mit den Studierenden, zu sehen wie sie (geistig) wachsen und sie dabei zu unterstützen, wird von vielen Hochschullehrern als wichtigste Quelle der Zufriedenheit gesehen. Nebenbei schätzen sie auch die Anregungen, die von Seiten der Studierenden kommen.[435] „Auch in 50 Jahren wird es Menschen geben, die aus purer wissenschaftlicher Neugier ihr Berufsleben der Wissenschaft verschreiben. Auch in 50 Jahren wird es Menschen geben, die nicht primär das Geld lockt, sondern der wonnige Schauer beim Betreten wissenschaftlichen Neulandes nachts im längst verlassen daliegenden Institutsgebäude; die nicht primär das gesellschaftliche Ansehen lockt, sondern die innere Zufriedenheit beim Anblick eines studentischen Auditoriums, das erstmals versteht, was die Welt zusammen hält."[436]

Das **Einkommen** ist aber **nicht irrelevant**, da es in gewissem Sinne den Wert der eigenen Arbeit symbolisiert.[437] „People often are motivated by money, and faculty members are not immune to the glitter of gold."[438] Die Annahme, dass Hochschullehrer Bezahlung nicht unbedingt als Anreiz wahrnehmen, mag damit zu erklären sein, dass junge Menschen, die stark materiell motiviert sind andere Berufe auswählen, wie bspw. Arzt, in der Wirtschaft oder anderen Bereichen, in denen die Bezahlung relativ hoch ist. Daher ist es eher unwahrscheinlich reine Materialisten in der Universität zu finden.[439]

Der intrinsischen Motivation kommt auch im Bezug auf die **Arbeitszufriedenheit** besondere Bedeutung zu. Insbesondere in Universitäten, wo Hochschullehrer aufgrund der Kombination verschiedener komplexer Aufgaben in Verbindung mit geringen äußeren Vorgaben und Kon-

---

[433] Vgl. Enders & Teichler 1995, S. 22; Kempen 2005, S. 242; Rose 1972, S. 33
[434] Vgl. Pellert 1995b, S. 97. In allen hierzu vorliegenden Studien wurde intrinsische Zufriedenheit als wesentlich wichtiger als extrinsische Belohnungen genannt. Vgl. McKeachie 1979, S. 7; Schuster 1986, S. 278 zitiert nach Tack & Patitu 1992, S. 3; Weber 1930, S. 17, 12, 14.; Moses 1986, S. 137; Küpper & Hartmann 1997, S. 348 f.
[435] Vgl. Tack & Patitu 1992, S. 13
[436] Kempen 2006, S. 117
[437] Vgl. McKeachie 1979, S. 18. Dies zeigt auch die Tatsache, dass in bestimmten Fachgebieten einige Hochschullehrer in umfangreicher extrauniversitärer Arbeit hauptsächlich von extrinsischen Motiven geleitet werden. Vgl. Weber 1996, S. 170
[438] McKeachie 1979, S. 3
[439] Vgl. McKeachie 1979, S. 6 f.

trollen weitestgehend selbst darüber bestimmen können, wie und worauf sie ihre Zeit verwenden, können „externe Rahmenregelungen … leicht ignoriert, unterlaufen oder doch in einer Weise verarbeitet werden, dass sie dem beruflichen Selbstverständnis angepasst werden."[440] Aus diesem Grund scheint eine hohe Arbeitszufriedenheit von großer Bedeutung für die Identifikation mit dem Beruf und der Motivation für die Tätigkeit.[441] Arbeitsunzufriedenheit kann zu einem starken Verlust an Qualität der Arbeitsleistung führen.[442] Das Konzept der akademischen Freiheit kann zwar einerseits zu einem sehr positiven Gefühl von Professionalität führen, andererseits kann es aber auch Gefühle des Verlassenwordenseins und fehlender Wertschätzung hervorrufen. Daher ist neben der Gewährung akademischer Freiheit, die zur Wissensgenerierung nötig ist, dennoch ein gewisses Maß an Aufmerksamkeit und Beachtung seitens der Universität erforderlich, um eine hohe Leistungsqualität zu gewährleisten. Die richtige Balance zu finden ist keine allzu einfache Aufgabe.[443]

Vor diesem Hintergrund stellt sich die Frage, inwieweit Hochschullehrer mit ihrer Arbeitssituation und hier insbesondere mit ihrem Arbeitsinhalt und den Arbeitsbedingungen zufrieden sind, denn es ist anzunehmen, dass die o.g. Aspekte wesentlich zur Motivationslage von Hochschullehrern beitragen.

Insgesamt zeigen Untersuchungen eine hohe Arbeits- und Berufszufriedenheit dieses Personenkreises.[444] Positiv werden die **berufliche Anerkennung** in der Gesellschaft und der Scientific Community sowie die erreichte berufliche Position und der damit verbundene **Status** gesehen, auch wenn allgemein ein Ansehensverlust der Wissenschaftler beobachtet werden kann.[445] Des Weiteren schätzen Professoren die vielfältigen Anregungen für die eigene geistige Weiterentwicklung, gute **Selbstverwirklichungsmöglichkeiten** sowie Entfaltung der eigenen Interessen und Neigungen.[446] Auch mit den **Einkünften** aus der hauptberuflichen Tätigkeit zeigen sich Professoren zufrieden.[447] Allerdings liegt der Anteil, der die Aussichten auf eine Verbesserung als gut einschätzt, lediglich bei neun Prozent.[448] Es stellt sich jedoch die Frage, ob die positive Einschätzung der Entlohnung angesichts der neu eingeführten W-Besoldung beibehalten wird. Weder Professoren noch wissenschaftlicher Nachwuchs stehen ihr positiv gegenüber.[449] Dabei führen eher Gefühle der Entgeltungerechtigkeit zu Arbeitsun-

---

[440] Enders & Schimank 2001, S. 166
[441] Vgl. Teichler 1999, S. 243; Enders 1998, S. 67
[442] Vgl. Tack & Patitu 1992, S. xvii
[443] Vgl. Tack & Patitu 1992, S. xvii
[444] Vgl. Schaeper 1994, S. 4
[445] Vgl. Enders & Teichler 1995, S. 74, 80, 85; Kopp & Weiß 1993, S. 26
[446] Vgl. Schulz 1979, S. 80
[447] Vgl. Enders & Teichler 1995, S. 31 f.; Kopp & Weiß 1993, S. 26
[448] Vgl. Enders & Teichler 1995, S. 84
[449] Vgl. DHV-Newsletter 2006

zufriedenheit als die exakte Summe der Bezahlung.[450] Da bereits die bloße Einhaltung der vorgegebenen SWS Status und Entgelt sichert, sind engagierte Kollegen gegenüber ‚schwarzen Schafen' des Berufsstandes stark benachteiligt.[451] Gerade im Bereich der Bezahlung wurden daher an den Universitäten große Potenziale gesehen.[452] Ob jedoch die W-Besoldung die Unzufriedenheit der Leistungswilligen zu beseitigen vermag und zu vermehrter Entgeltgerechtigkeit beiträgt, bleibt fraglich. Vor dem Hintergrund ihres Beamtenstatus und der damit verbundenen Unkündbarkeit scheint es nicht verwunderlich, dass fast alle Universitätsprofessoren mit der **Arbeitsplatzsicherheit** zufrieden sind.[453]

Bezüglich des **Arbeitsinhalts** sind Lehre und Forschung intellektuell anspruchsvoll und bieten einige Herausforderungen.[454] Einziger richtiger Kritikpunkt ist die unbeliebte Selbstverwaltung, die sie von den Forschungstätigkeiten abhalten, mit denen sie sich identifizieren.[455]

Die **Autonomie**, i.S.d. Freiheit von Forschung und Lehre, den eigenen Arbeitsablauf und die Arbeitsinhalte zu bestimmen, wurde bereits als Grund der Berufswahl identifiziert.[456] Wie erinnerlich, existieren mit Ausnahme für die Lehre keinerlei Vorgaben hinsichtlich Arbeitsinhalte sowie -strukturierung, Zeit, Ort, Umfang und Gewichtung der einzelnen Aufgaben.[457] Außerdem sehen sich deutsche Hochschullehrer nur geringfügig Zwängen, Kontrollen und Belastungen seitens des bestehenden Entscheidungs- und Administrationssystems ausgesetzt. Regelmäßige systematische Bewertung und Evaluation der Lehr- und Forschungsleistungen bilden die Ausnahme.[458] Aber Autonomie ist rückläufig, insbesondere in der Lehre. Studienausschüsse, Rezensionen, Akkreditierungsprozeduren, Evaluation und das Maß an allgemeiner Verantwortung könnten als limitierte akademische Freiheit wahrgenommen werden.[459] Bürokratische Hürden und Anforderungen, Einschränkungen im Bereich der Lehre, große Klassen, schlechte Hörsäle oder Lehraufgaben in ungeliebten Kursen werden als Einschränkung der Freiheit und Autonomie empfunden, was zu Unzufriedenheit führt.[460]

Hinsichtlich der **sozialen Beziehungen** am Arbeitsplatz beeinflusst der Kollegenkreis maßgeblich die Arbeitszufriedenheit.[461] Während in der Studie von Enders und Teichler knapp zwei Drittel der Hochschullehrer ein zufriedenstellendes Verhältnis zu Kollegen konstatieren,

---

[450] Vgl. Ivancevich & Donnelly 1968, S. 176
[451] Vgl. Weber 1996, S. 170
[452] Vgl. Amrhein 1998, S. 66
[453] Vgl. Enders & Teichler 1995, S. 85
[454] Vgl. Moses 1986, S. 137
[455] Vgl. Küpper & Hartmann 1997, S. 361
[456] Vgl. Weber 1996, S. 169
[457] Vgl. Brenzikofer 2005, S. 105; Enders & Teichler 1995, S. 2 f.; Weber 1996, S. 170
[458] Vgl. Enders 1998, S. 72
[459] Vgl. Moses 1986, S. 138
[460] Vgl. McKeachie 1979, S. 8; Weber 1996, S. 169
[461] Vgl. Amrhein 1998, S. 65

fanden Küpper und Hartmann negative Werte für Anerkennung und Beziehungen zu Kollegen heraus. Etwas geringer ist der Anteil derjenigen, die die Kooperation und Kommunikation positiv einschätzen.[462] Möglichkeiten der sozialen Interaktion bieten bspw. gemeinschaftliche Forschungsprojekte. Hier kommt es jedoch auf die fachspezifische Forschungskultur (Einzel- oder Teamforschung) an, ob Kooperationen üblich sind. Selbstverwaltungsaufgaben werden zu einem großen Teil in Kooperation erfüllt. Nicht zuletzt erfordert auch die Lehraufgabe eine gewisse Zusammenarbeit mit den Studierenden. Die Bedeutung des Kontakts zu Studierenden wird von Professoren oft betont.[463]

Gründe für Arbeitsunzufriedenheit werden darin gesehen, dass Lehre zu wenig Gewicht hat und dass in der Forschung Quantität mehr zählt als Qualität. Mehrere Studien konstatieren ein **mangelndes Gewicht der Lehre** in Aufstiegsverhandlungen und die Diskrepanz zwischen der wahrgenommenen und tatsächlichen Belohnung von Lehre.[464]
Am stärksten kritisieren Universitätsprofessoren die **Art der Hochschulverwaltung**, die ihrer Meinung nach oft autokratisch ist und die akademische Freiheit zu wenig unterstützt. Negativ wurde auch der Informationsfluss zwischen Hochschulverwaltung und Wissenschaftlern gesehen. Ebenfalls wird die schlechte Kommunikation betont. Eine kompetente Leitung sprach der Verwaltung nur eine Minderheit der befragten Hochschullehrer zu.[465]
Auch bezüglich der **Arbeitsbedingungen** ergibt sich ein negatives Bild.[466] Insbesondere die personelle und materielle Ausstattung werden bemängelt.[467] Bezüglich der Arbeitszeit sind Hochschullehrer insbesondere mit der Zeit für Forschung, dem Verwaltungszeitaufwand und mit der Lehrbelastung unzufrieden.[468] Unzufriedenheit besteht auch hinsichtlich der Möglichkeit, Arbeit und Familie zu verbinden.[469] „Eventually, you find a compromise between your job and your close family, but then, the time is up! Then there's no time left for yourself, let alone, for your friends or to go out. The time has just run out."[470]
Wenn sich also eine Mehrheit von 64 Prozent der deutschen Universitätsprofessoren als mit ihrer beruflichen Situation insgesamt sehr zufrieden äußern, dann legt dies den Schluss nahe, dass die **positiv bewerteten Aspekte** für die globale Beurteilung letztlich **wichtiger** sind als die negativen. Relativierend muss man hinzufügen, dass Untersuchungen zur Arbeits- und

---

[462] Vgl. Enders & Teichler 1995, S. 85; Küpper & Hartmann 1997, S. 351
[463] Vgl. Brenzikofer 2002, S. 105
[464] Vgl. Moses 1986, S. 140
[465] Vgl. Enders & Teichler 1995, S. 85, 206
[466] Vgl. Schimank 1992, S. 25, 38; Kopp & Weiß 1993, S. 24 f.
[467] Vgl. Enders & Teichler 1995, S. 33
[468] Vgl. Kopp & Weiß 1993, S. 26; Schimank 1992, S. 17 ff., 38; Schönbohm 1973, S. 1019; Sinn 1974, S. 37 f.; Schulz 1979, S. 73 f.; Noelle-Neumann 1980, S. 145. Insbesondere der Prüfungsaufwand hätte sich durch die Umstellung auf Bachelor- und Masterabschlüsse vervielfacht. Vgl. Hartmer 2008, S. 93
[469] Vgl. Adriaenssens, De Prin & Vloeberghs 2006, S. 351 f.
[470] Adriaenssens, De Prin & Vloeberghs 2006, S. 353

Berufszufriedenheit verschiedener Berufsgruppen, ebenfalls eine mehrheitliche Zufriedenheit mit Berufswahl und allgemeiner Arbeitssituation konstatieren. Universitätsprofessoren bilden hier also weder eine positive noch negative Ausnahme.[471]

---

[471] Vgl. Teichler 1999, S. 243; Enders 1998, S. 67; Kopp & Weiß 1993, S. 27

3. Anforderungsprofil und Personalentwicklung von Hochschullehrern

Nachdem die Hochschule als Expertenorganisation und das Berufsbild des Hochschullehrers dargestellt wurden, soll nun versucht werden, ausgehend von dem in Kapitel 2.2.2 erläuterten Tätigkeitsspektrum von Professoren, ein idealtypisches Anforderungsprofil für Hochschullehrer abzuleiten. Anschließend wird auf den Status Quo universitärer Personalentwicklung eingegangen sowie auf die Hintergründe eines evtl. bestehenden Nachfrage- und Angebotsdefizits. Darauf aufbauend stellt sich die Frage nach der Relevanz professoraler Weiterbildung. Abschließend werden allgemeine Grundlagen zur Personalentwicklung dargestellt sowie auf die konzeptionelle Fundierung der mikrodidaktischen Gestaltung näher eingegangen.

3.1. Ein idealtypisches Anforderungsprofil

Im Folgenden wird versucht aufbauend auf grundlegenden Darstellungen zum Konstrukt der Kompetenz, ein Kompetenzspektrum für die drei Tätigkeitsbereiche Forschung, Lehre und Management aufzustellen.

3.1.1. Zum Konstrukt der Kompetenz

Aufgrund der formal und inhaltlich voneinander abweichenden Kompetenzdefinitionen werden zunächst einige begriffliche Abgrenzungen vorgenommen. Zunächst kann **Kompetenz** i.S.v. ‚zuständig-' oder ‚befugt-sein' verwendet werden.[472] Im Gegensatz dazu wird Kompetenz im Folgenden als die „...Fähigkeit eines Individuums, einer Gruppe oder Organisation [verstanden], mit einer Aufgabe, Situation oder Person fachlich, situativ und/oder sozial angemessen umzugehen."[473] Ähnlich sieht Münch in Kompetenz die Fähigkeit, „aufgabengemäß, zielgerichtet, situationsbedingt und verantwortungsbewusst betriebliche Aufgaben zu erfüllen und Probleme zu lösen und zwar – je nach arbeitsorganisatorischen Gegebenheiten – entweder allein oder in Kooperation mit anderen."[474] Für Frei, Duell und Baitsch ist Kompetenz das Zusammenspiel von „...(1) Fähigkeiten, Fertigkeiten und Wissen, (2) Werten und Einstellungen, (3) Bedürfnissen, Motiven und Zielen sowie (4) Erfahrungen in konkreten Tätigkeiten."[475] Genauso Heyse: „Kompetenzen werden von Wissen fundiert, durch Werte kon-

---

[472] Vgl. Frei, Duell & Baitsch 1984, S. 32
[473] Laske & Habich 2004, S. 1007
[474] Münch 1995, S. 11
[475] Frei, Duell & Baitsch 1984, S. 31

stituiert, als Fähigkeiten disponiert, durch Erfahrungen konsolidiert, auf Grund von Willen realisiert."[476]

Der Begriff Kompetenz markiert eine **Abkehr** vom früher dominierenden **Qualifikationsbegriff**. Unter Qualifikation werden i.a. die aus spezifischen Tätigkeitsmerkmalen abgeleiteten Fähigkeiten, Fertigkeiten und Kenntnisse einer Person verstanden, die sie für eine bestimmte berufliche Tätigkeit befähigen und i.d.R. durch Ausbildung erworben werden.[477] **Fähigkeiten** bezeichnen dabei die angeborenen sozialen, geistigen und körperlichen Grundvoraussetzungen einer Person. Sie sind nur eingeschränkt veränderbar und bilden die Basis der Kompetenzentwicklung. Die auf den Fähigkeiten aufbauenden **Fertigkeiten** hingegen sind konkret durch Übung erlernte, organisierte und koordinierte Handlungen. **Kenntnisse** werden erworben und betreffen die verschiedensten Sachverhalte.[478] Obwohl der Kompetenzbegriff die Fähigkeit beinhaltet, mit Wissen umzugehen, es umzustrukturieren, anzupassen sowie selbstständig neues Wissen zu generieren, ist **Wissen**[479] vom Kompetenzbegriff abzugrenzen. Denn ersteres muss erst in Handlungen umgesetzt werden, um Kompetenz zu zeigen.[480] Während Qualifikation in Prüfungssituationen gemessen wird, ist Kompetenz erst am konkreten Handlungsergebnis ersichtlich.[481] Denn „...eine zertifizierte Qualifikation ist noch kein Garant für eine kompetente Handlung. Während sich eine erfolgreiche Qualifizierung (Input) in einer Befähigung (Qualifikation) ausdrückt, wird eine erfolgreiche Handlung (Output) von der Kompetenz (Fähigkeit, Zuständigkeit und Befugnis) bestimmt."[482] Damit kann es sehr wohl Qualifikation ohne Kompetenz, nicht aber Kompetenz ohne Qualifikation geben.[483]

Neuere Definitionen beschreiben Kompetenz als **Disposition zur Selbstorganisation** und damit als „...Fähigkeit des Individuums, in ungewissen und komplexen Situationen und bei offenen Aufgabenstellungen in prozessorientierten Arbeitsorganisationen durch selbstorganisiertes Handeln Problemlösungen zu entwickeln sowie selbstorganisiert Neues hervorzubringen."[484] Es geht darum, „... beabsichtigte Handlungen zielgerichtet umzusetzen, gestützt auf

---

[476] Erpenbeck & Heyse 1999, S. 162
[477] Vgl. Grunwald 1995, S. 195; Gessler 2006, S. 26
[478] Vgl. Mittmann 1995, S. 5; North & Reinhardt 2005, S. 29, 197
[479] Vgl. Bergmann 2001, S. 530 f. „Wissen ist die Gesamtheit der Kenntnisse und Fähigkeiten, die Personen zur Lösung von Problemen einsetzen. (theoretische Erkenntnisse, praktische Alltagsregeln und Handlungsanweisungen). Wissen stützt sich auf Daten und Informationen, ist im Gegensatz zu diesen jedoch immer an Personen gebunden." North & Reinhardt 2005, S. 20
[480] Vgl. Sonntag & Schaper & Friebe 2005, S. 35; North & Reinhardt 2005, S. 29
[481] Vgl. North & Reinhardt 2005, S. 29
[482] Gessler 2006, S. 26
[483] Vgl. Heyse & Erpenbeck 2004, S. XVI
[484] Pawlowsky, Menzel & Wilkens 2005, S. 343

fachliches und methodisches Wissen, auf Erfahrungen und Expertise sowie unter Nutzung kommunikativer und kooperativer Möglichkeiten."[485]

Im Hinblick auf Personalentwicklungsmaßnahmen haben Kompetenzen längst eine Schlüsselrolle eingenommen. Ziel ist die Entwicklung **beruflicher Handlungskompetenz**, d.h. „die Fähigkeit, alles Wissen und Können, alle Ergebnisse sozialer Kommunikation, alle persönlichen Werte und Ideale auch wirklich willensstark und aktiv umsetzen zu können und dabei alle anderen Kompetenzen zu integrieren,"[486] um die zunehmende Komplexität der beruflichen Umwelt begreifen und durch ziel- und selbstbewusstes, reflektiertes und verantwortliches Handeln gestalten zu können.[487] Berufliche Handlungskompetenz bezieht sich damit auf etwas Ganzheitliches, Integratives und umfasst neben fachlichen und methodischen Komponenten auch die sozialen und personalen Aspekte menschlichen Arbeitshandelns.[488] Die Aufteilung in die vier vorgenannten, nicht ganz trennscharfen, Kompetenzbereiche nimmt Bezug auf die wohl geläufigste und faktoranalytisch bestätigte Klassifizierung in:

(1) Fachkompetenz,

(2) Methodenkompetenz,

(3) Sozialkompetenz sowie

(4) Personale Kompetenz,

integriert zur (im Prinzip) unteilbaren Handlungskompetenz.[489]

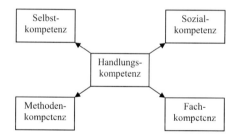

Abbildung 7: Fach-, Methoden-, Sozial- und Selbstkompetenz[490]

(1) Unter **Fachkompetenz** werden Kenntnisse, Fertigkeiten und Fähigkeiten für die Ausführung von Arbeitsprozessen einer bestimmten beruflichen Tätigkeit verstanden. Fachkompetenz bedarf einer ständigen Aktualisierung und kann in ‚bereichsspezifische Fachkompetenz'

---

[485] Sonntag & Schaper 2006, S. 271
[486] Brodbeck & Maaß 2004, S. 49
[487] Vgl. Sonntag & Schaper 2006, S. 270
[488] Vgl. Sonntag & Schaper 2006, S. 271
[489] Vgl. Erpenbeck & Heyse 1996, S. 19; Bunk 1994, S. 11
[490] Wottreng 2003, S. 10

und ‚bereichsunspezifische Sachkompetenz' unterteilt werden. Letztere beinhaltet fachübergreifende Fachkompetenzen.[491]

(2) Bei der **Methodenkompetenz** geht es darum, innerhalb seines Fachgebietes denk- und handlungsfähig zu sein, d.h. „...geeignete Methoden und Strategien zur Bewältigung einer Aufgabe oder zur Lösung eines Problems anwenden zu können."[492] Methodenkompetenz beinhaltet die Fähigkeit, die erworbenen Kenntnisse, Fertigkeiten und Verhaltensweisen in komplexen Arbeitsprozessen strategisch geplant und zielorientiert einzusetzen.[493]

(3) **Soziale Kompetenz** bedeutet unterschiedliche interpersonale Prozesse ziel- und ergebnisorientiert initiieren, steuern und aufrecht erhalten zu können, d.h. unter Wahrung eigener Interessen im privaten, beruflichen und gesamtgesellschaftlichen Kontext selbstständig, umsichtig und nutzbringend zu handeln. Die Schwierigkeit besteht darin, die Balance zwischen Selbstverwirklichung bzw. Durchsetzung und Anpassung an Normen, Werte und Anforderungen Dritter zu halten.[494]

(4) Schließlich wird unter **Selbstkompetenz** oder **personaler Kompetenz** die Fähigkeit und Bereitschaft verstanden, „...mit sich selbst kritisch und reflektierend umgehen zu können, d.h. eigene Kenntnisse, Fähigkeiten und Fertigkeiten zu hinterfragen und eventuell Maßnahmen z.B. zur Qualifikation einleiten zu können"[495] sowie „... produktive Einstellungen, Werthaltungen, Motive und Selbstbilder zu entwickeln, eigene Begabungen, Motivationen, Leistungsvorsätze zu entfalten und sich im Rahmen der Arbeit und außerhalb kreativ zu entwickeln und zu lernen."[496] Dieser Kompetenzbereich umfasst also nicht nur traditionelle Arbeitstugenden sondern auch allgemeine Persönlichkeitsmerkmale.[497]

Dieser **viergliedrigen Grundstruktur** entsprechen viele Konzeptionen, wobei gelegentlich Fach- und Methodenkompetenz[498] oder auch Selbst- und Sozialkompetenz[499] zusammengenommen werden oder der Bereich der personalen Kompetenz gänzlich fortgelassen wird.[500] Erpenbeck und von Rosenstiel erweitern dieses Modell um die Komponente der **Aktivitäts- und Umsetzungskompetenzen**, die ihrer Meinung nach steuernd die anderen Kompetenzen

---

[491] Vgl. Erpenbeck & Heyse 1996, S. 42 f.; Frieling & Sonntag 1999, S. 148; Frey & Balzer 2005, S. 34; Orth 1999, S. 109
[492] Arnold & Krämer-Stürzl 1996, S. 208
[493] Vgl. Orth 1999, S. 109; North & Reinhardt 2005, S. 44; Jäger 2001, S. 121
[494] Vgl. Schaeper & Briedis 2004, S 5; Meynhardt 2004, S. 72; Faix & Laier 1991, S. 62, 64
[495] Arnold & Krämer-Stürzl 1996, S. 208
[496] Erpenbeck & Heyse 2007, S. 159
[497] Vgl. Schaeper & Briedis 2004, S 5
[498] So z.B. Nickut, 2002 und Erpenbeck & Rosenstiel, 2003, S. XVI
[499] Vgl. Gessler 2006, S. 31
[500] So z.B. Sonntag & Schäfer-Rauser, 1993; Höfer, 2005, S. 160. Eine andere Einteilung wählt Schuler, der Kompetenzen in Eigenschaftsanforderungen (Fähigkeiten, Interessen), Verhaltensanforderungen (Fertigkeiten, Gewohnheiten), Qualifikationsanforderungen (Problemlösungs- und Qualitätsstandards) allerdings nicht immer trennscharf unterteilt. Vgl. Schuler 1996, S. 59 ff.

beeinflussen und die sie als „Dispositionen einer Person [definieren], aktiv und gesamtheitlich selbstorganisiert zu handeln und dieses Handeln auf die Umsetzung von Absichten, Vorhaben und Plänen zu richten – entweder für sich selbst oder auch für andere und mit anderen, im Team, im Unternehmen, in der Organisation. Diese Dispositionen erfassen damit das Vermögen, die eigenen Emotionen, Motivationen, Fähigkeiten und Erfahrungen und alle anderen Kompetenzen – personale, fachlich-methodische und sozial-kommunikative – in die eigenen Willensantriebe zu integrieren und Handlungen erfolgreich zu realisieren."[501]

Zur Ergänzung oder **Erweiterung der Grundstruktur** ließen sich zahlreiche weitere Kompetenzbereiche und Einzelkompetenzen heranziehen, wie bspw. Mitwirkungskompetenz, interkulturelle Kompetenz, Management- und Führungskompetenz, Innovations- und Entwicklungskompetenz, Medienkompetenz und Lernkompetenz.[502]

Letztere, die Lernkompetenz, verweist bereits auf das jüngst hervorgekommene Konstrukt der **Metakompetenz**, das bspw. von Schmidt über die vier Grundkompetenzen gelegt wird.[503] Er versteht darunter die „… Fähigkeit zur realistischen Einschätzung der eigenen Kompetenzen, zur Identifikation von Entwicklungszielen sowie zur Steuerung der eigenen Kompetenzentwicklung"[504] und misst der Metakompetenz insbesondere aufgrund der Relevanz der Selbststeuerung der Kompetenzentwicklung in der hochschulischen Personalentwicklung eine hohe Bedeutung zu.[505] Dabei wird übersehen, dass bereits Erpenbeck und Heyse in jeden der vier Kompetenzbereiche den Aspekt der Selbstorganisation haben einfließen lassen[506] und somit die Metakompetenz bereits in der Methoden- bzw. Selbstkompetenz enthalten ist.

Ein anderer Ansatz findet sich in der Unterscheidung **funktionaler und extra-funktionaler** Fertigkeiten bzw. fachlicher und überfachlicher Qualifikationen. Obwohl letztere nicht zwingend für den Arbeitsprozess notwendig sind, läuft er mit ihnen vermutlich weitaus besser, reibungsloser und sicherer ab.[507] Nach der Expertenbefragung von Teichler et al. zählen zu außerfachlichen Qualifikationskriterien: **Arbeitsprozessübergreifende Aspekte** (Engagement, Initiative, Interesse für berufliche Tätigkeit), **Kooperation und kommunikative Aspekte** (Teamfähigkeit, Führungsqualifikation, Kontaktfähigkeit, Durchsetzungsvermögen, Integrationsfähigkeit), **generelle Arbeitstugenden** (Zielstrebigkeit, Effektivität, Stetigkeit,

---

[501] Erpenbeck & Heyse 2007, S. 159
[502] Vgl. Bunk 1994, S. 11; Winnes 1993, S. 95; Scholz 1994, S. 827 f.; Staudt & Kottmann 2001, S. 261; Anz 2004; Föhr 1999; Ziegler 1994; Clark 1998, 2005; Jäger 2004, S. 606; Knoll 2001, S. 139 f.; Kastner 1990, S. 185 f.; Sonntag & Schaper & Friebe 2005, S. 36; Kirchhöfer 2004, S. 66. Für eine ausführlichere Darstellung siehe Schmidt 2007b, S. 78 ff.
[503] Vgl. Schmidt 2007b, S. 77 ff.
[504] Schmidt 2007b, S. 80
[505] Vgl. Schmidt 2007b, S. 80
[506] Vgl. Erpenbeck & Heyse 2007, S. 159
[507] Vgl. Gaugler 1986, S. 72 f.; Dahrendorf 1975, S. 33 f.; Edinsel 1994, S. 104

Leistungsbereitschaft, Belastbarkeit), **kognitive Kompetenzen** sowie **allgemeine Persönlichkeitsmerkmale** (Breite der Interessen und Orientierungen, Persönlichkeitsbild, Allgemeinbildung, politische Einstellung).[508]

Ein weiteres eng mit der überfachlichen Qualifikation verbundenes Konstrukt ist jenes der relativ zeitunabhängigen **Schlüsselqualifikationen** bzw. -kompetenzen, die einen Menschen in die Lage versetzen sollen, den lebenslangen Veränderungen von Anforderungen gerecht zu werden.[509] Der Begriff der Schlüsselqualifikationen wurde 1974 von Dieter Mertens eingeführt. Die These lautet, dass „das Obsoleszenztempo (Zerfallszeit, Veraltenstempo) von Bildungsinhalten positiv mit ihrer Praxisnähe und negativ mit ihrem Abstraktionsvermögen korreliert."[510] Für ihn sind Schlüsselqualifikationen „...solche Kenntnisse, Fähigkeiten und Fertigkeiten, welche nicht unmittelbaren und begrenzten Bezug zu bestimmten, disparaten praktischen Tätigkeiten erbringen, sondern vielmehr a) die Eignung für eine große Zahl von Positionen und Funktionen als alternative Optionen zum gleichen Zeitpunkt, und b) die Eignung für die Bewältigung einer Sequenz von (meist unvorhersehbaren) Änderungen von Anforderungen im Laufe des Lebens."[511] Mertens unterscheidet vier Kategorien von Schlüsselqualifikationen: Basis- und Horizontalqualifikationen (Letztere beinhalten das Wissen über das Wesen von Informationen, Informationsgewinnung und -verarbeitung sowie das Verstehen von Informationen), Breitenelemente (praktischen Anforderungen am Arbeitsplatz) und Vintage-Faktoren (zur Beseitigung intergenerativer Bildungsdifferenzen).[512]

Eine **Zuordnung der Schlüsselqualifikationen** zu Fach-, Methoden-, Sozial- und Personalkompetenz erfolgt sehr unterschiedlich. Witt sieht in ihnen „... Meta-Wissen für den Umgang mit Fachwissen."[513] Andere bezeichnen lediglich Methoden-, Sozial- und Selbstkompetenz als Schlüsselqualifikationen.[514] Mittmann hingegen ordnet sie nicht nur der Methoden- und Sozial-, sondern auch der Fachkompetenz zu.[515] Auch für Orth nehmen sie eine Querschnittsfunktion gegenüber allen vier Kompetenzbereichen ein.[516]

Da dem Konstrukt der **Sozialkompetenz** von vielen Autoren in der heutigen Arbeitswelt große Bedeutung beigemessen wird, soll es im Folgenden etwas genauer betrachtet werden.[517]

---

[508] Vgl. Teichler, Buttgereit & Holtkamp 1984, S. 128
[509] Vgl. Mertens 1974, S. 36 ff. Eine Übersicht der verschiedenen Begriffsdefinitionen findet sich bei Orth 1999, S. 38 ff.
[510] Mertens 1974, S. 39
[511] Mertens 1974, S. 40
[512] Vgl. Mertens 1974, S. 41 f.
[513] Witt 1990, S. 95
[514] Vgl. Kirchhöfer 2004, S. 67; Laske & Habich 2004, S. 1008; Arnold & Krämer-Stürzl 1996, S. 210
[515] Vgl. Mittmann 1995, S. 8
[516] Vgl. Orth 1999, S. 109
[517] Vgl. Schuler & Barthelme 1995, S. 79

Sozialkompetenz besitzt eine Multidimensionalität, die durch das Zusammenspiel mehrerer, das individuelle Verhalten beeinflussender, Kompetenzen zum Ausdruck kommt.[518]
Schuler und Barthelme teilen interpersonales Verhalten in zwei Gruppen. **Verhaltensbezogene Kompetenzen** und **das Zustandekommen dieses Verhaltens erklärende Kompetenzen**. Erstere beinhalten z.B. Kommunikationskompetenz, Kooperations- und Koordinationskompetenz, Team- und Konfliktfähigkeit. **Kommunikative Kompetenz** setzt sich aus einer Vielzahl von einzelnen Leistungen und Fähigkeiten zusammen wie z.b. verbale und nonverbale, interaktive (Kontaktaufnahme und -aufrechterhaltung, Rollenverständnis, Übernahme von Rollen) und sozial-kognitive Fähigkeiten (Sensibilität für die Aufnahme und Interpretation von Informationen und für ablaufende soziale Prozesse).[519]

Eng an den Kommunikationsbegriff gebunden sind die **Kooperations- und Koordinationsfähigkeit**.[520] Kooperationsfähigkeit bezieht sich auf die Zusammenarbeit mit Anderen, d.h. Aufgaben in einer Gruppe zielorientiert zu planen, durchzuführen und zu einem (möglichst erfolgreichen) Abschluss zu bringen. Durch den Bezug zu anderen Personen ist Kooperation von der bloßen Koordination abzugrenzen.[521]

Eng mit der Kooperationsfähigkeit verbunden ist die **Teamfähigkeit**. Als nicht ganz überschneidungsfrei mit den zuvor genannten Konstrukten kann sie als ein Zusammenspiel mehrerer Komponenten sozialer Kompetenz zur konstruktiven Zusammenarbeit in Gruppen im Rahmen der gemeinsamen Leistungserbringung verstanden werden.[522]

Dabei bergen „… spezielles Wissen, eigene Erfahrungen und Sichtweisen, persönliche Wertvorstellungen, Sympathie und Antipathie, die Persönlichkeit des einzelnen, seine Vorlieben und Abneigungen, Wünsche und Befürchtungen, Ansprüche und Zielsetzungen"[523] ein erhebliches Konflikt- und Spannungspotenzial innerhalb der Gruppe. Damit sei die letzte Subkategorie sozialer Kompetenz angesprochen. **Konfliktfähigkeit** bedeutet, Konflikte frühzeitig zu erkennen und insbesondere nicht zu ignorieren sondern Möglichkeiten zu deren Lösung zu suchen und diese aktiv anzugehen statt einer Auseinandersetzung auszuweichen.[524]

Kompetenzen, die das Zustandekommen von sozial kompetenten Verhalten erklären, sind **nicht direkt beobachtbar** sondern eher aus dem Verhalten abzuleiten. Zu ihnen zählen Durchsetzungsvermögen, interpersonale Flexibilität, Rollenflexibilität (Fähigkeit, sich situati-

---

[518] Vgl. Kanning 2005, S. 7
[519] Vgl. Schuler & Barthelme 1995, S. 82 f.
[520] Vgl. Schuler & Barthelme 1995, S. 83
[521] Vgl. Grob, Maag & Merki 2001, S. 374
[522] Vgl. Schuler & Barthelme 1995, S. 83
[523] Schuler & Barthelme 1995, S. 84
[524] Eng an die Konfliktlösestrategien geknüpft ist die Fähigkeit zum Verhandeln/Aushandeln. Vgl. Schuler & Barthelme 1995, S. 84; Mangels 1995, S. 53 ff.

onsadäquat zu verhalten), Sensibilität (Wahrnehmungssensibilität) sowie Empathie (Einfühlungsvermögen, soziale Einsichten).[525]

Frey und Balzer betonen ergänzend **soziales Verantwortungsbewusstsein** als Fähigkeit, „… mündig, eigenständig, wert- und normbezogen und unter Berücksichtigung der antizipierbaren Auswirkungen sich selbst, anderen und einer Sache gegenüber bewusst zu handeln und die Konsequenzen, die daraus resultieren, ebenso bewusst zu tragen."[526]
Erworben wird Sozialkompetenz insbesondere durch Sozialisation im familiären Umfeld, in der Schule und allen anderen Umwelten, mit denen man im Laufe des Lebens in Kontakt kommt. Hier wird auch der enge Bezug zu Persönlichkeit und Erfahrung deutlich.[527]

Eine Aussage darüber, ob Mitarbeiter als kompetent bzw. inkompetent gelten, lässt sich pauschal nicht treffen. Vielmehr kommt es darauf an, ob das persönliche **‚Set' an Kompetenzen** zu einer spezifischen Anforderungssituation passt.[528] Denn der Begriff Kompetenz beschreibt die „Relation zwischen den an diese Person/Gruppe herangetragenen oder selbstgestalteten Anforderungen und ihren Fähigkeiten bzw. Potenzialen, diesen Anforderungen gerecht zu werden."[529]

Aufgabe der Personalentwicklung ist es somit, die für die Organisationsmitglieder relevanten Kompetenzen unter Berücksichtigung der Organisationsziele und Umweltbedingungen zu ermitteln, so dass Organisationsmitglieder den an sie gerichteten aktuellen und/oder künftigen Kompetenzanforderungen in hinreichendem Maße entsprechen und ihre Kompetenzen mit Blick auf gegenwärtige oder künftige Anforderungen (weiter-)entwickeln.[530] Daraus lässt sich ableiten, dass eine zielgerichtete Personalentwicklung nur dann stattfinden kann, wenn feststeht, welche Kompetenzen ein bestimmter Arbeitsplatz erfordert.[531] Am Anfang steht also die Analyse der Arbeitsanforderungen. Dies erfolgt anhand arbeitsanalytischer Verfahren, Experten- oder Führungskräftebefragungen oder durch den Stelleninhaber selbst.[532] Anschließend werden die Anforderungen (Soll-Profil) den vorhandenen Kompetenzen des Mitarbeiters (Ist-Profil) gegenüber gestellt. Sind daraufhin etwaige Kompetenz- bzw. Verhaltensdefizite

---

[525] Vgl. Schuler & Barthelme 1995, S. 82, 85 f.
[526] Frey & Balzer 2005, S. 36
[527] Vgl. North & Reinhardt 2005, S. 47
[528] Vgl. Kanning 2007, S. 17
[529] König 1992, S. 2047
[530] Vgl. Schmidt 2007b, S. 81
[531] Vgl. Kanning 2005, S. 62
[532] Vgl. Hofman 2000, S. 14 f.

erkennbar, werden Trainingsmaßnahmen entwickelt mit denen die Defizite ausgeglichen werden sollen.[533]

Auf die Hochschule übertragen bedeutet dies, dass die universitäre Personalentwicklung zunächst die für Hochschullehrer relevanten Kompetenzen ermitteln und ein Anforderungsprofil erstellen muss.[534] Eine vollständige Anforderungsanalyse bedürfte einer breiten Datenbasis, die nur über empirische Erhebungen erhältlich wäre. Im Rahmen dieser Arbeit konnten diesbezügliche Untersuchungen verschiedener Gründe wegen nicht durchgeführt werden. Aus Zeit- und Kostengründen werden solche aufwendigen Anforderungsanalysen auch in der Praxis oft unterlassen. Daher wird im Folgenden versucht ein allgemeines und insbesondere Idealtypisches Anforderungs- bzw. Kompetenzprofil aus den bereits dargelegten Tätigkeiten herauszuarbeiten.

3.1.2. Charakteristische Kompetenzanforderungen an Hochschullehrer

Das in Kapitel 2.2.2 dargestellte breite Tätigkeitsspektrum lässt vermuten, dass der Beruf des Hochschullehrers **höchste Anforderungen** an die Arbeitskraft sowie an die wissenschaftlichen und menschlichen Qualitäten stellt. Laut Erne ist der Professor idealiter „Wissenschaftlich auf dem neuesten Stand, mitreißend und verständlich in Vorlesungen und Seminaren, herausragend in den wissenschaftlichen Promotions- und Habilitationsleistungen, möglichst ausgestattet mit 10 Jahren Berufserfahrung in den unterschiedlichsten Branchen, Charismatiker und Apostel in Bezug auf die Bildung seiner Studenten, daneben noch Experte für das finanzielle Management seines Fachbereichs und exzellenter Fachbereichsmanager."[535] Es handelt sich demnach um Anforderungen, die sich auf die Qualität der Lehre, Geniosität der Forschung und Effizienz des Managements beziehen, womit auch die drei Tätigkeitsbereiche angesprochen wären, die in der späteren Personalentwicklungsdiskussion eine Rolle spielen.[536]

Um ein Kompetenzprofil zu erstellen bieten sich zwei alternative Vorgehensweisen an, die eine Dominanz der **theoretischen** oder aber der **pragmatischen Perspektive** implizieren.[537] Im ersten Fall würde das Kompetenzprofil von dem oben dargestellten viergliedrigen Handlungskompetenzmodell ausgehen und in einem zweiten Schritt einzelne Kompetenzen den vier Kompetenzbereichen zuordnen. Für diese Arbeit wurde die Entscheidung getroffen, der pragmatischen Herangehensweise zu folgen und die unter Kapitel 2.2.2 dargestellten Tätig-

---
[533] Vgl. Kanning 2005, S. 44
[534] Vgl. Tschunke 1975, S. 7
[535] Erne 2001, S. 273
[536] Vgl. Kapitel 4
[537] Vgl. Schmidt 2007b, S. 181

keiten als Ausgangspunkt für das Kompetenzprofil zu nehmen, um daraus Einzelkompetenzen abzuleiten, welche die Bandbreite der vier Dimensionen der beruflichen Handlungskompetenz zwar aufgreifen, ohne jedoch eine exakte Umsetzung der theoretischen Konstrukte darzustellen.

In der Literatur finden sich zahlreiche Bemühungen, Anforderungen und Kompetenzen aufzulisten, die ein Hochschullehrer erfüllen bzw. besitzen muss.[538] Diese beziehen sich jedoch primär auf die Lehrkompetenz. Insbesondere existieren noch keine Bemühungen, die Kompetenzen eines Hochschullehrers nach den drei Haupttätigkeitsbereichen aufzuschlüsseln. Im Folgenden wurde genau dies versucht, wobei die Kompetenzen sowohl tätigkeitsübergreifend als auch innerhalb des einzelnen Aufgabenfeldes nicht immer trennscharf und überschneidungsfrei sind.[539] So ist sicherlich die Projektmanagementkompetenz ein unabdingbarer Bestandteil der Forschungskompetenz, gleichzeitig aber auch für eine Fachbereichsentwicklung unerlässlich.[540]

Lehrkompetenz

Es stellt sich nun die Frage, über welche konkreten Kompetenzen ein Hochschullehrer verfügen muss, um in der heutigen Zeit ‚**gute Lehre**' anzubieten und woran sich diese festmachen lässt.[541] Bis zum erstmaligen Uniranking des ‚SPIEGELS' 1989 war ‚gute Lehre' kein Gegenstand gesellschaftlichen Interesses. Demzufolge gab es auch keine einheitliche Interpretation. Doch seitdem entstanden viele unterschiedliche Ansätze, sich dem Konstrukt der Lehrkompetenz zu nähern.[542]

Ausführlich hat sich **Webler** mit der Thematik beschäftigt und so findet sich auch eine mögliche Antwort in seiner ‚Rollenanalyse des akademischen Lehrers', dessen Ergebnis ein umfangreicher Kriterienkatalog für ‚gute akademische Lehre' darstellt.[543]

In enger Anlehnung an Webler's Auflistung didaktischer Fachkompetenz werden im Folgenden Subkompetenzen der Lehrkompetenz aus Hochschulgesetzen, verschiedenen didaktischen Leitideen (z.B. Humboldts Gemeinschaft von Lehrenden und Lernenden), Erwartungen seitens der Gesellschaft sowie der Hochschule als Verbund von Wissenschafts- und Ausbil-

---

[538] So z.B. Haefner 1998, S. 343 f.; Jost et al 2004, S. 594 f.; Enders 1996, S. 240; Bergerhoff 1981, S. 3; Grigat 2002, S. 2; Mohr 1999, S. 168; Pritschow 1993, S. 97; Morkel 2000, S. 27; WR 2001, S. 106
[539] Auch erheben die folgenden Aufzählungen keinen Anspruch auf Vollständigkeit.
[540] Vgl. Jungkind & Willems 2008, S. 6
[541] Vgl. Webler 2003b, S. 53
[542] So z.B. Webler 2003b, S. 53; Rindermann 1999, S. 154; Schulmeister 2005b, S. 225 f.; Knöchel 1980, S. 156 ff. zitiert nach Kiel 1987, S. 18. Eine Übersicht verschiedener Studien zu Kriterien guter Lehre findet sich im Anhang, vgl. Anlage 4.
[543] Bspw. Anleitung geben, Aktualität der Inhalte, Verständlichkeit oder Neugier wecken etc. Vgl. Webler 1991, S. 246; 2003b, S. 70

dungssystem abgeleitet.[544] Anders als Webler lassen sich die Kompetenzen m.E. allerdings nicht trennscharf in Fach-, Methoden-, Sozial- und Selbstkompetenz unterteilen. So beinhaltet auch fast jede der folgenden Subkompetenzen mehrere Bereiche beruflicher Handlungskompetenz.

Planungs-, Organisations- und Strukturierungskompetenz beschreibt „die Fähigkeit, einzelne Stunden, eine Lehrveranstaltung oder ganze Studiengänge unter Einbeziehung von Zielen, Inhalten, Methoden, Lehrenden, Lernenden, Rahmenbedingungen (z.B. Einbettung in Studiengänge, Raumsituation, Tutorien)..."[545] unter Bezugnahme auf Lehrinhalte und -methoden benachbarter Fachgebiete und in Absprache mit Kollegen zu planen, strukturieren, organisieren und zu verändern.[546] Dazu zählen bspw. aktuelle praxisbezogene Inhalte, realistische Lernziele, Transparenz, Berücksichtigung des Kenntnisstandes der Studierenden, Zeit für Fragen und anschauliches Lehrmaterial.[547]

Didaktische (Methodik)kompetenz umfasst „die Fähigkeit, zielgruppen- und sachorientiert ein angemessenes Methodenspektrum einzusetzen, das sich an den Bedürfnissen von Lehrenden und Lernenden orientiert. Die Fähigkeit, den Lernprozess mit seinen Unwägbarkeiten durch Impulse einzuleiten, zu moderieren oder zu steuern, d.h. mit den Studierenden, der Lernsituation, dem Lernstoff und den Lernbedingungen verantwortlich umzugehen."[548] Hierzu zählt die Fähigkeit, den Studierenden Räume für selbstorganisiertes Lernen zu öffnen und ihnen Anleitung zu aktivem Lernen zu geben, die Moderation von kleinen und großen Gruppen, Möglichkeiten, sich und den Lehrstoff zu präsentieren, Konfliktmanagement sowie die Beherrschung intra- und interkultureller Kommunikationsstile.[549]

Medienkompetenz beschreibt „die Fähigkeit, alte und neue technische Medien (Visualisierung, Multimedia usw.) [verantwortungsvoll und reflektiert] in die Lehre zu integrieren."[550] Hierzu gehören die Fähigkeit zum Umgang mit Lernsoftware, zur Strukturierung und Aufbereitung von Lehrmaterialien für das Internet sowie zur Organisation und Durchführung von Online-Lehreinheiten mit asynchronen und synchronen Groupware-Produkten.[551] Damit wird deutlich, dass Medienkompetenz mehr ist als der Umgang mit Technik. Vielmehr bedarf ein kompetenter Medieneinsatz neben grundlegenden didakti-

---

[544] Vgl. Webler 2003b, S. 54 ff., 75; 1991, S. 247 f.
[545] Webler 2003b, S. 75
[546] Vgl. Arnold 2001, S. 405 f.
[547] Vgl. Webler 1991, S. 246
[548] Webler 2003b, S. 76
[549] Vgl. Webler 2003b, S. 76
[550] Webler 2003b, S. 76
[551] Vgl. Schulmeister 2005a, S. 127

schen Qualifikationen, technischen Kenntnissen und Moderatorkompetenzen auch kreative und gestalterische Fähigkeiten sowie erhebliches Hintergrundwissen.[552] Welche Bereiche der Medienkompetenz Hochschullehrer abdecken müssen, hängt sehr stark von der Form des Medieneinsatzes ab. Die Literatur unterscheidet zumeist drei Kategorien: Erstens die Anreicherung bzw. Ergänzung der traditionellen Präsenzlehre durch neue Medien (bspw. Animationen zur Visualisierung), zweitens die wechselnde Präsenz- und Onlinephasen (Blended Learning) und drittens die Virtualisierung (sämtliches Lehrmaterial sowie netzgestützte Betreuung).[553]

Beratungskompetenz (Studien- und Lernberatung) beinhaltet „die Fähigkeit, Studierende bei der organisatorischen und zeitlichen Gestaltung ihres Studiums, der Auswahl sinnvoller Studienschwerpunkte, adäquater Arbeits- und Forschungsmethoden und geeigneter Lernformen (Lerntechniken, Lerngruppen usw.) zu unterstützen."[554] Beratungsgrundlage bilden lernpsychologische, motivations- und kognitionspsychologische Kenntnisse sowie die Fähigkeit, über Lehr- und Lernprozesse sowie -probleme kommunizieren, konstruktive Kritik geben und sich auf ‚schwierige' Einzelpersonen einstellen zu können. Zudem verpflichten ungünstige Betreuungsverhältnisse zur effektiven Nutzung der zur Verfügung stehenden Zeit.[555]

Ausbildungskompetenz: Berufsqualifizierende Studienabschlüsse erfordern Lehrveranstaltungen, die mehr als akademische Wissensbestände erschließen. Veränderungen in den beruflichen Anforderungen, z.B. extrafunktionaler (Schlüssel-)Qualifikationen müssen aufgenommen und in das Studium integriert werden können. Die Fähigkeit zur Verwirklichung der Studienziele gem. §§ 7/8 I HRG muss vorhanden sein. „Um das Studienziel einer theoriegeleiteten Handlungskompetenz zu erreichen, müssen im Sinne der Überbrückung von Theorie und Praxis fallbezogene, problembezogene, interdisziplinäre und projektorientierte Lehrveranstaltungen konzipiert und durchgeführt werden können. Dazu gehört die Fähigkeit, die Struktur der Disziplin auf die Struktur des Lernens zu beziehen und didaktisch zu transformieren und die Fähigkeit, Qualifikationsziele zu ermitteln und in Lernkontexte zu übersetzen."[556]

Kompetenz zur Verknüpfung von Forschung und Lehre: Hiermit ist die Fähigkeit gemeint, das Wissenschafts- und Ausbildungssystem unter ausdrücklicher Beibehaltung der

---

[552] Vgl. Albrecht 2004, S. 16 f. Selbstverständlich muss ein Hochschullehrer nicht alle Kompetenzbereiche zu 100 Prozent in sich vereinen. Vielmehr kommt es darauf an, inwieweit Unterstützung und Infrastruktur an der Hochschule vorliegen. Vgl. Bremer 2004, S. 199
[553] Eine Übersicht der verschiedenen Kategorisierungen findet sich bei Bremer 2004, S. 199
[554] Webler 2003b, S. 76
[555] Vgl. Webler 1991, S. 247 f., 2003b, S. 75; Golle 2003a, S. 5 ff.
[556] Webler 2003b, S. 76 f.

Einheit von Forschung und Lehre auf dem Niveau wissenschaftlichen Studiums in Lehrveranstaltungen zu verbinden. „Es geht um den Forschungsbezug von Lehre, um Methoden, die Studierenden auch Erkenntnisprozesse in der Forschung selbst erfahren zu lassen und um die Fähigkeit zur Rekomposition komplexer, über das eigene Fach u.U. hinausgehender Antworten auf Praxisprobleme unter Zusammenfassung vieler partikulärer Forschungsergebnisse. Derartige Forderungen werden in der Anwendung forschenden Lernens, in Lehrforschungsprojekten und in der Fähigkeit erfüllt, Ergebnisse der eigenen Disziplin für Zwecke der Lehre wieder in den Status noch zu lösender Probleme rückzuversetzen (genetisches Lernen), statt die Studierenden nur zuzuschütten mit Ergebnissen, mit Stoff."[557]

Fähigkeit zur Praxisentwicklung bedeutet, Kooperationsbeziehungen „…zu Praxisfeldern, eigenen Absolventen sowie zu intermediären Personen und Einrichtungen … aufzunehmen und deren Praxiswissen in Lehre und Studium einfließen zu lassen [und] … eigenes und fremdes Erfahrungswissen aus dem Alltag in Praxisfeldern zu enttrivialisieren und über induktive Schritte der Abstraktion einer Theoriebildung zuzuführen, also Theorien der Praxis zu entwickeln, die in die Lehre eingeführt werden…"[558]

Internationalisierungskompetenz umfasst neben Fremdsprachenkenntnissen (insbes. englisch) und interkultureller Kompetenz auch die Fähigkeit, Lehrveranstaltungen und Curricula dem Wunsch nach stärkerem internationalem Austausch unter den Studierenden und Wissenschaftlern anzupassen.[559]

Prüfungskompetenz beschreibt „die Fähigkeit, mündliche und schriftliche Prüfungen den Studienzielen entsprechend in testtheoretisch, prüfungsrechtlich und prüfungsdidaktisch angemessener Form vorzubereiten, durchzuführen und zu bewerten."[560] Dabei gilt es, klare Fragen zu stellen, die die wesentlichen Lern- und Studienziele aufgreifen, Klausuren genau auf die zugehörige Veranstaltung abzustimmen und die wichtigsten Punkte aufzugreifen, auf eine gerechte Beurteilung zu achten, Leistungsanforderungen und Bewertung vorher darzustellen und zu begründen, die Beurteilung ggf. in einem Beratungsgespräch zu erläutern und Hinweise zur Überwindung von Schwächen zu geben. Wichtig erscheint hierbei insbesondere eine geschickte Gesprächsführung, mit der Fähigkeit, sich zurückzunehmen, Fragen zu stellen, statt Antworten zu geben, zu beobachten und zuzuhören. Nicht zuletzt ist die Schaffung einer sachlichen, vertrauensvollen und

---

[557] Webler 2003b, S. 77 f.
[558] Webler 2003b, S. 78 f.
[559] Vgl. Fischer-Bluhm & Zemener 2003, S. 113
[560] Webler 2003b, S. 79

angstfreien Atmosphäre ohne Furcht vor Spott und Bloßstellung von herausragender Bedeutung.[561]

Qualitätsmanagementkompetenz beinhaltet „die Fähigkeit, Lehr- und Lernprozesse und die intervenierenden Variablen zu analysieren und zu bewerten sowie die Ergebnisse in Prozesse der Qualitätssicherung (Personal- und Organisationsentwicklung) einzubringen. Verständnis für die Bedingungen für Wandlungsprozesse und eigene Fähigkeiten, Einsichten und Konzepte in Wandlungsprozesse einzubringen bzw. solche Prozesse zu moderieren (Change Management)."[562]

Es sollte deutlich geworden sein, dass Lehre als interaktiver Prozess neben wissenschaftlicher Kompetenz und Leistungsfähigkeit ein hohes Maß an Kommunikations-, Konflikt- und Einfühlungsvermögen erfordert. „Es ist stets die ganze Persönlichkeit des Lehrenden, die der Student in der Vorlesung, im Seminar oder in der Prüfung erlebt. Sowohl fachlich-wissenschaftliche, ideologische und moralische Qualitäten als auch methodische und kommunikative Fähigkeiten beeinflussen den Lehr- und Erziehungserfolg der Hochschullehrer."[563]

Forschungskompetenz

Im Hinblick auf die vom Hochschullehrer zu erfüllende ‚Forschungskompetenz' bietet die Literatur weit weniger Hinweise.[564] Dies mag jedoch daran liegen, dass Forschungskompetenz die einzige ist, die bei Hochschullehrern systematisch ausgebildet wird und daher in geringerem Maße in der Diskussion steht. Dennoch lassen sich einige Hinweise auf Kompetenzanforderungen bei Wissenschaftlern finden.[565]

Dabei lassen sich ganz im Sinne der traditionellen Humboldt'schen Wissenschaftsidee nachfolgende Merkmale der Forschungskompetenz herauskristallisieren.

Thematische Profilierung: Grundlage jeglichen wissenschaftlichen Arbeitens ist sicherlich eine überdurchschnittlich hohe Fachkompetenz. Darunter sind überdurchschnittliche geistige Gesamtleistungsfähigkeiten, überdurchschnittliches Fachwissen und Fachkönnen sowie eine ausgesprochene wissenschaftliche Begabung zu verstehen. Inhaltlich betrifft sie den Kenntnisstand der Disziplin, die fachlich-methodische Diskussion sowie die wissenschaftstheoretischen Positionen, aber auch neuere Entwicklungen im Fach und interdiszi-

---

[561] Vgl. Webler 1991, S. 247 f.; Bückel et al. 2000, S. 4; Webler 2003b, S. 75
[562] Webler 2003b, S. 79
[563] Kiel 1987, S. 12
[564] In der angelsächsischen Wissenschaftsforschung gibt es dagegen das Standardwerk von Ben-David 1977.
[565] Insbesondere für den Bereich von FuE gab es einige Versuche Anforderungskataloge für den Wissenschaftsberuf aufzustellen. So bspw. Schuler et al. 1995, S. 78

plinäre Ansätze. Grundsätzlich lässt sich feststellen, dass die fachlichen Anforderungen für Wissenschaftler in den letzten Jahren kontinuierlich gestiegen sind.[566]

Feldkompetenz „...bezeichnet das Spektrum an Erfahrungen und Wissenselementen, dass die Erschließung und Gestaltung von Handlungsspielräumen in der Wissenschaft erst ermöglicht."[567] Es reicht von der Fähigkeit neue Forschungsprojekte zu vermarkten, Drittmittel zu akquirieren, Netzwerke aufzubauen und zu erweitern, für Geldgeber interessante Ideen und Projekte zu generieren und unterstützende Mitarbeiterstellen zu schaffen über Maßnahmen der Reputationserhöhung bis hin zu Kenntnissen von Publikationsvoraussetzungen bei bestimmten Fachzeitschriften. Diese Kompetenz erlangt vor dem Hintergrund zunehmend härter werdender Konkurrenz um Forschungsgelder und verschlechterter Grundausstattung der Hochschulen besondere Bedeutung.[568]

Kommunikation und Darstellungskompetenz wird im Sinne einer adressatenspezifischen Aufbereitung und angemessenen sprachlichen oder symbolischen Darstellung der Forschungsergebnisse verstanden.[569] Zum einen zählt hierzu die dreidimensionale Schreibkompetenz (flexible Wissensbasis, Sprache und Rhetorik) als „...textgenrespezifische Fähigkeit, den komplexen Prozeß der kognitiven Strukturierung und Sprachverarbeitung zu steuern, der zur Herstellung eines sach-, genre- und adressatenangemessenen Textes führt."[570] Dabei geht es sowohl um das Verfassen wissenschaftlicher Fachartikel als auch um die Formulierung von Pressemitteilungen für die Medien. Andererseits umfasst sie die Fähigkeit, „...Forschungsergebnisse auch mündlich anschaulich zu präsentieren und anschließend kompetent und engagiert in der Diskussion zu vertreten..."[571]

Projektmanagementkompetenz: Die Durchführung komplexer Forschungsvorhaben erfordert Kenntnisse bzgl. des gesamten Instrumentariums der Projektplanung, -durchführung, -kontrolle und -dokumentation. Hierzu zählen Methoden der Projektstrukturierung, Ablauf- und Terminplanung, Einsatz- und Finanzmittelmanagement, Leistungsbewertung und Projektfortschritt, integrierte Projektsteuerung und Mehrprojektmanagement. Allgemeine Kenntnisse reichen von persönlichen Zeit- und Arbeitstechniken über Präsentations- und Moderationstechniken bis hin zu Problemlösungsmethoden sowie EDV-Kenntnissen.[572] Dazu kommt ggf. die

---
[566] Vgl. Thieme 1965, S.10; Lenz 1990, S. 98; Hall 2007, S. 20
[567] Hubrath 2006, S. 47
[568] Vgl. Zittlau 1994, S. 112; Hubrath 2006, S. 47
[569] Vgl. Bammé & Kotzmann 1991, S. 442 f.
[570] Kruse & Jakobs 1999, S. 21 f.
[571] Hubrath 2006, S. 47
[572] Vgl. Hubrath 2006, S. 47; Motzel & Pannenbäcker 1999; Kupper 2001, S. 186 f.; Arnold 1989, S. 67

Projektleitungskompetenz i.S. einer über die o.g. Projektmanagementkompetenz hinausgehende ganzheitliche, gesamtprozessorientierte Fachkompetenz ergänzt durch Durchsetzungs- und Überzeugungskraft, Entscheidungsfähigkeit und Urteilsvermögen, Delegationsfähigkeit, Hilfs- und Verantwortungsbereitschaft sowie Sozialkompetenz, z.b. der Fähigkeit zur Teamentwicklung und zum projektinternen und projektexternen Beziehungsmanagement. Letzteres bezieht sich sowohl auf Konflikt- als auch auf Integrationsfähigkeit, d.h. verschiedene Meinungen, Argumente aber auch jede Art von Vielfalt (Herkunft, Disziplin, Geschlecht, Status, Alter, Nationalität) nicht nur zu tolerieren sondern auch integrierend zu wirken. Besondere Bedeutung haben kommunikative und motivierende Fähigkeiten. Statt Kontrolleur des Projektteams zu sein, sollte der Projektleiter vielmehr als Katalysator über die Bündelung der Arbeitsergebnisse eine Unterstützungsfunktion für das Projektteam erbringen.[573]

Kompetenz zur Forschungsproduktion: Käppeli nennt Fähigkeiten und Fertigkeiten, die als Forschungskompetenz im engeren Sinne bezeichnet werden könnten. Hierzu zählen die Fähigkeit, (praxisrelevante) Forschungsfragen stellen zu können, Kenntnisse über Wissenschaftstheorien, Beherrschung verschiedener Untersuchungsansätze, -methoden und -instrumente sowie die Fähigkeit selbst welche zu entwickeln. Gleichzeitig beinhaltet sie das methodenkritische Bewusstsein, das sich auf die Zugänge zu bestimmten Gegenständen bzw. Bereichen, auf die Zuverlässigkeit und die Grenzen der Methoden, auf die Kriterien für die Stringenz von Beweisen und für die Aussagekraft von Datensammlungen erstreckt. Des Weiteren geht es um analytische Fähigkeiten sowie die Fähigkeit zur Datensammlung und -analyse. Resultate sollten mit bestehenden theoretischen Erkenntnissen und mit dem Forschungsfeld in Bezug gebracht und interpretiert werden können. Darüber hinaus muss die Fähigkeit vorhanden sein, die bestehende wissenschaftliche Literatur kritisch verarbeiten und nutzen zu können. Nicht zuletzt zählt auch die Fähigkeit dazu, mit den ethischen Implikationen von Untersuchungen adäquat umgehen zu können. Abschließend seien noch Ausdauer, Sorgfalt und ‚schöpferische Fantasie' hinzugefügt, ohne die es undenkbar erscheint, neue Erkenntnisse zu erzielen.[574] Hierzu kann auch Kreativität als Fähigkeit „Wissens- und Erfahrungselemente aus verschiedenen Bereichen unter Überwindung verfestigter Strukturen und Denkmuster zu neuen Ideen zu verschmelzen",[575] gezählt werden.

---

[573] Vgl. Motzel & Pannenbäcker 1999; Kupper 2001, S. 186 f.; Arnold 1989, S. 67; Litke 2007, S. 165 f.; Bea, Scheurer & Hesselmann 2008, S. 681 f.; Chorafas 1963, S. 42: Seelheim & Witte 2007, S. 80
[574] Vgl. Käppeli 1991, S. 105; BAK 1968, S. 15 f.; Merk, Rempe & Niemeier 2004, S. 65 f.; Thieme 1965, S.10
[575] Geschka 1986, S. 309

Die Fähigkeit zur Zusammenarbeit beinhaltet Kooperations- und Teambereitschaft. Dazu zählen zunächst die Fähigkeit und Bereitschaft, sich in eine Gruppe einzugliedern und unabhängig von Status und Disziplin mit den übrigen Teammitgliedern zusammenzuarbeiten als auch Konsensbestreben. Um zu einer umfassenden Entscheidungsgrundlage für das gesamte Team beizutragen, ist die Bereitschaft zur Weitergabe von Erfahrungen, Wissen und Informationen erforderlich. Denkfähigkeit und -bereitschaft sollten davon geprägt sein, das Einzelinteresse dem Gruppeninteresse unterzuordnen. Wichtig sind außerdem Toleranz und Vorurteilsfreiheit gegenüber anderen Meinungen, außergewöhnlichen Ideen und unkonventionellen Problemlösungsansätzen sowie Kritikfähigkeit.[576] Nicht zuletzt erfordert die Fähigkeit zur Zusammenarbeit auch die Einsicht in die Grenzen des eigenen Wissens einerseits und in die Verfahren, die Dynamik und die Grenzen von Gruppenarbeit andererseits.[577] Seelheim und Witte nennen als Teilaspekte der Teamfähigkeit Kommunikationsfähigkeit, Interaktions- und Kontaktfähigkeit, Kooperationsfähigkeit, Konfliktfähigkeit, Integrationsfähigkeit und Konsensfähigkeit.[578]

Medienkompetenz umfasst die Fähigkeit, alte und neue Medien zur Recherche (Internet, Datenbanken, Suchmaschinen, Bibliographien, digitale Bibliotheken, Expertensysteme etc.), effektiven Informationsverwaltung, Forschungsproduktion (z.B. Simulationen), Visualisierung und für Veröffentlichungen zu nutzen sowie zur zeit- und raumunabhängigen Zusammenarbeit. Letzteres bedarf der Fähigkeit zur E-Kooperation und E-Kollaboration, d.h. der Nutzung von Emails, Diskussionsforen und Videokonferenzen. Natürlich beinhaltet Medienkompetenz auch Datenschutz- und Datensicherungskenntnisse.[579]

Interkulturelle Kompetenz beschreibt die Fähigkeit und Bereitschaft zu kultureller und fächerübergreifender Kooperationsbereitschaft.[580] Wang definiert interkulturelle Kompetenz als Fähigkeit, „…sich mit der eigenen und fremden Kultur auseinandersetzen zu können, Verständnis für andere Sichtweisen zu entwickeln und in das eigene Handeln bei interkulturellen Kontakten zu integrieren."[581] Zentrale Dimensionen interkultureller Kompetenz sind

- die affektive, motivationale Ebene, d.h. die emotionale Einstellung gegenüber der Eigen- und Fremdkultur (‚self awareness', ‚cultural awareness')

---

[576] Vgl. Schneider 1991, S. 44 f. zitiert nach Witt 1999, S. 58 f.
[577] Vgl. BAK 1968, S. 15 f.
[578] Vgl. Seelheim & Witte 2007, S. 78
[579] Vgl. DINI 2004, S. 8; Faix & Laier 1991, S. 38 f.
[580] Vgl. Gaugler 1994, S. 5 ff.
[581] Wang 2008, S. 32

- die kognitive, wissensbezogene Ebene, welche kulturspezifisches Wissen (z.B. Landeskunde) betrifft und
- die Verhaltensebene (konativ), d.h. die Umsetzung von den eben genannten Einstellungen und Kenntnissen sowie Kommunikationsbereitschaft und -fähigkeit sowie Fremdsprachenkenntnisse.[582]

Aus systemischer Sicht betreffen alle drei Ebenen das Wahrnehmen, Wertschätzen und Integrieren von Unterschieden.[583]

Angesichts der Vielfalt an Fachkulturen lässt sich diese Kompetenz auch i.s. einer interdisziplinären Kompetenz verstehen. Hierzu zählt auch inter- bzw. transdisziplinäre Konfliktfähigkeit. Dazu gehört eine gewisse Sensibilität gegenüber potentiellen Empfindlichkeiten der beteiligten Disziplinen, was grundlegendes Wissen über die verschiedenen Fachkulturen voraussetzt.[584]

Kritikfähigkeit beinhaltet die Fähigkeit und Bereitschaft, eigene Forschungsergebnisse einer sachlichen Kontrolle zu unterwerfen[585] sowie „…Vorurteile und Irrtümer als solche zu erkennen und zugunsten besserer Einsicht zu revidieren."[586] Dazu gehört die Offenlegung der Fragestellungen und Interessen des ‚Vorverständnisses', der Methoden, Quellen bzw. Daten aber auch Offenheit für Gegeninstanzen und Einsicht in die möglichen Argumentationszusammenhänge.[587]

Umgekehrt sollten die Beiträge von Fachkollegen ebenso anerkannt werden wie die eigenen. Seinen Kollegen begegnet der Universitätsprofessor mit Respekt, d.h. die von ihm geäußerte Kritik ist fair, wird nicht persönlich, ist aber zugleich auch nicht verharmlosend, denn Mängel sollten in der Fachdiskussion in angemessener Form und in der Sache deutlich angesprochen werden.[588]

Kompetenz zum Wissensmanagement ist die Fähigkeit mit Wissen effektiv umzugehen, d.h. Wissen zu speichern, zu verteilen, anzuwenden und neues Wissen zu generieren.[589]

Ergänzend seien die bereits in der Ausbildung bewiesene hohe physische Belastbarkeit und Frustrationstoleranz genannt sowie spezifische Kenntnisse und Fertigkeiten, deren Kanon nur im einzelnen Fach festgesetzt werden kann. Des Weiteren wird ‚Mut zum erklärten Dilettan-

---

[582] Vgl. Schenk et al. 2000; Barmeyer 2002, S. 213
[583] Vgl. Clement & Clement 2000, S. 214
[584] Vgl. Defila, Di Giulio & Scheuermann 2008, S. 74 f.
[585] Vgl. Grigat 1991, S. 13 ff.
[586] DHV 1998, S. 351
[587] Vgl. BAK 1968, S. 15 f.
[588] Vgl. Maier-Leibnitz 1987, S. 76; DHV 1998, S. 351
[589] Vgl. Heisig & Finke 2003, S. 488 ff.

tismus', d.h. Hypothesen auf der Grundlage begrenzter Information aufzustellen und Vermeidung von ‚Fachidiotentum' verlangt.[590]

Managementkompetenz

Didaktische und fachwissenschaftliche Kompetenz werden ergänzt durch administrative Leitungs- und Personalführungskompetenzen, sog. außerfachliche Qualifikationen, die zur **Managementkompetenz** zusammengefasst werden können.[591] Was sich genau dahinter verbirgt zeigt bspw. Zürn:

- sachliche Kompetenz (Verantwortung, konsequente und folgerichtige Denkweise, Zielorientierung und Interessenvielfalt)
- situative Kompetenz (umfassendes Informiertsein, Überblick und Erkennen der Zusammenhänge, Weitblick, Blick für das Wesentliche, Entscheidungsfähigkeit)
- soziale Kompetenz (Fähigkeit zum konstruktiven Umgang mit sich und anderen)
- intra-personale Kompetenz (kritischer Umgang mit sich selbst)
- trans-personale Kompetenz (Uneigennützigkeit, Dienstbereitschaft)
- integrative Kompetenz (eigene Stärken und Schwächen anzunehmen).[592]

Mintzberg stellt an Manager folgende Anforderungen: Sie müssen repräsentieren, führen, koordinieren, Informationen sammeln und verteilen, externe Gruppen informieren, unternehmerisch agieren, Krisen managen, Ressourcen zuteilen und Verhandlungen führen können. Auf Hochschulen übertragen sind dies genau jene Anforderungen, die an Dekane und Hochschulleiter künftig gestellt werden.[593]

Im Folgenden wird versucht, einzelne Komponenten der **administrativen (Leitungs-) Kompetenz** herauszuarbeiten.

Es sei vorausgeschickt, dass die Pflicht zur Teilnahme an der Selbstverwaltung eine grundsätzliche Bereitschaft zur Übernahme von Mandaten und Funktionen in der Universität voraussetzt, aber auch Kompromissbereitschaft und den Willen, einmal gefundene Lösungen mitzutragen.[594]

Institutionenkompetenz: Zunächst erfordert das Management im Hochschulbereich, egal auf welcher Ebene, Kenntnisse über die Institution Universität, ihre Struktur, Macht- und Entscheidungsebenen, das zur Anwendung kommende Hochschulrecht sowie die sie betref-

---

[590] Vgl. Häberle & Schubö 1996, S. 47 f.; BAK 1968, S. 15 f.
[591] Vgl. Hubrath, Jantzen & Mehrtens 2006, S. 7 f.
[592] Vgl. Zürn 1993, S. 187 ff.
[593] Vgl. Hanft 2003, S. 157
[594] Vgl. Grigat 1991, S. 76

fenden Haushaltsangelegenheiten. Darüber hinaus sind betriebswirtschaftliche und Fundraising-Kenntnisse wünschenswert.[595]

Vermittlungskompetenz: Als Vermittler innerhalb der Fakultät, mit Gremien und der Hochschulleitung aber auch der externen Öffentlichkeit, sind Hochschullehrer in der Funktion von Universitätsmanagern auf kommunikative Fähigkeiten angewiesen. Hierzu wird neben Integrations- und Konfliktmanagement insbesondere diplomatisches Geschick benötigt sowie die Fähigkeit adäquat mit hochgestellten Persönlichkeiten umzugehen.[596]

Repräsentationskompetenz: Durch die umgekehrte Hierarchie hat das universitäre Führungsteam als Dienstleistungsinstanz der Kollegen sicherzustellen, „…dass gemeinsam erarbeitete Strategien von innen heraus gemeinsam getragen und nach außen hin deutlich vertreten werden. Die interne Legitimität lässt sich nur dadurch herstellen, dass die Leitung transparent und konfliktfähig auftritt. Konflikte und deren Prinzipien müssen offen ausgetragen werden. Ressourcen müssen nach Prioritäten alloziiert werden, die für die Mitarbeiter und Kollegen nachvollziehbar und verständlich sind. Die Leitung der Universität ist nur dann legitim, wenn sie authentisch leitet."[597]

Kompetenz zur Gesprächsführung: Zur effizienten Sitzungs- oder Kommissionsführung ist eine geschickte Moderation erforderlich mit der Fähigkeit zur Kohäsion (Zusammenhalt der Gruppe) und Lokomotion (Zielfokussierung). Dabei muss der Gesprächsleitende vor allem ein Gespür für die ablaufenden gruppendynamischen Prozesse entwickeln. Neben Konfliktmanagement spielt hier auch die o.g. Vermittlungskompetenz eine Rolle.[598] Konsensbestreben bedeutet, im Austausch mit anderen Personen aus verschiedenen Argumenten, Aspekten und Sichtweisen zu einem Konsens zu kommen. Dabei geht es nicht darum, wie in der Universität oftmals üblich, Kompromisse auf dem kleinsten gemeinsamen Nenner zu schließen, die zudem eher an persönlichen Befindlichkeiten orientiert sind als an gemeinsamen Interessen, sondern darum, verschiedene Beiträge zu einem sinnvollen Ganzen zusammenzutragen und Vereinbarungen zu treffen, die unter den gegebenen Umständen und Ressourcen die günstigste Strategie darstellen.[599]

Überzeugungs-/Durchsetzungskompetenz wird verstanden als „…eine soziale Kompetenz, die strategisches Handeln mit Hilfe sozialer Beeinflussungsmechanismen einsetzt, um eigene Ziele zu realisieren."[600] Insbesondere im Amt des Dekans schöpft der Hochschulleh-

---

[595] Vgl. Grigat 2007b, S. 3; Rittgerott 2006, S. 5
[596] Vgl. Wolff 2006, S. 39; Balve 2005, S. 11; Häberle & Schubö 1996, S. 47 f.; Wörner 2007, S. 10
[597] Wolff 2006, S. 39
[598] Vgl. Kübler 1980, S. 871; Mehrtens 2006, S. 13
[599] Vgl. Müller-Böling 1999, S. 38; Seelheim & Witte 2007, S. 80
[600] Six 1995, S. 401

rer seine Autorität aus seiner Persönlichkeit. Doch Akzeptanz erfordert die Transparenz seiner Tätigkeit. Er muss sich stets aktiv um die Akzeptanz seiner strategischen Entscheidungen seitens der Fakultät bemühen. Dabei müssen nicht zwangsläufig Entscheidungen auf Basis des kleinsten gemeinsamen Nenners gefällt werden. Auf den ersten Blick mag es vorteilhaft erscheinen, den gesamten Fachbereich ‚hinter sich' zu haben. Doch vielmehr sollte der Dekan versuchen, eine Mehrheit auf seine Seite zu ziehen, die die notwendigen Entscheidungen auch in letzter Konsequenz mittragen. Dazu zählt auch, Entscheidungen ggf. gegen den Widerstand anderer zum Ziel zu führen.[601]

Verhandlungskompetenz: Eng mit der eben genannten Durchsetzungskompetenz verbunden ist die Verhandlungskompetenz. Daher zählt hierzu sowohl Durchsetzungsfähigkeit aber auch Kompromissbereitschaft. Außerdem gehören auch kommunikative Fähigkeiten, die Fähigkeit zum Konfliktmanagement, Geduld und Kreativität dazu, um Lösungen zu finden, die allen Verhandlungspartnern entgegenkommen (Win-Win-Situationen schaffen), die Fähigkeit flexibel reagieren zu können und nicht zuletzt Kenntnisse der verschiedenen Verhandlungstechniken und -stile.

Generalismus: Auch die Mitarbeit in der akademischen Selbstverwaltung verlangt einen Blick für allgemeinere, über das eigene Fach hinausgehende Notwendigkeiten.[602]

Entscheidungskompetenz: Willensbildungsprozesse in Universitäten enthalten oftmals Entscheidungsvernetzungen aufgrund der Erfordernis vielfältigen speziellen Sachverstandes sowie um Machtbalancen und Abstimmungsprozesse zu gewährleisten. Entscheidungskompetenz umfasst daher nicht nur eine inhaltliche, auf das Entscheidungsobjekt bezogene Komponente, sondern auch einen (partiellen) Kooperationsaspekt mit anderen Entscheidungsorganen. Entscheidungskompetenz setzt ebenfalls Urteilskraft voraus.[603]

Organisationstalent beschreibt die Fähigkeit, Termine und Arbeitsabläufe so zu planen und zu ordnen, dass die eigene Arbeitskraft möglichst optimal genutzt wird. Dies beinhaltet auch die Fähigkeit zur Komplexitätsreduktion, d.h. sich auf Weniges, dafür Wesentliches konzentrieren zu können und Prioritäten zu setzen.[604]

Gestaltungskompetenz: „Die Entwicklung neuer Fach-, Lehr- und Forschungsprofile wie auch die Reformierung tradierter Strukturen und Prozesse des Systems Universität erfordern die Bereitschaft, über den eigenen Arbeitsbereich hinausgehend, einen Beitrag für die Innovation und Qualitäts- und Strukturentwicklung in Forschung und Lehre in der Uni-

---

[601] Vgl. Epping 2007, S. 456 f.; Kanning 2005, S. 86
[602] Vgl. Thieme 1965, S.10
[603] Vgl. Alewell 1993, S. 52; Mohn 2001, S. 308
[604] Vgl. Krämer 2007, S. 93; Malik 2001, S. 101

versität zu leisten. Diese Aufgabe erfordert nicht nur Gestaltungswillen und Entscheidungskompetenz, sondern die Ausprägung eines klaren Rollenverständnisses und die Begründung einer Kultur und Kontinuität von Leitung und Führung in der Universität/Hochschule."[605] Hierzu zählen insbesondere Veränderungsbereitschaft und -fähigkeit, d.h. veränderte Anforderungen aktiv anzunehmen, Veränderungen zielgerichtet einzuleiten bzw. umzusetzen sowie entsprechende Belastungssituationen souverän bestehen zu können. Des Weiteren geht es um die Fähigkeit, Herausforderungen annehmen und Visionen schaffen zu können sowie um ein gutes Krisenmanagement.[606] Darüber hinaus sollte sich der Professor „..den Zielen der Universität verpflichtet und für die Entwicklung seiner Hochschule verantwortlich fühlen."[607]

Koordinationskompetenz: Die interne Abstimmung lose gekoppelter Systeme bedarf spezifischer Kommunikationsfähigkeiten seitens der in ihnen tätigen Akteure. Auch vor dem Hintergrund der Fächervielfalt und deren differierender beruflichen Sozialisation kommt fach- und bereichsübergreifenden kommunikativen Kompetenzen besondere Bedeutung zu.[608]

Kompetenz zur Institutsführung umfasst die Fähigkeit, Personal- und Sachmittel in derart geschickter Weise einzusetzen und zu kombinieren, dass man sich auf dem Niveau der Spitzenforschung gegenüber der Konkurrenz behaupten kann. Hierzu zählt auch die Fähigkeit, auf neue Gegebenheiten selbst bei verkrusteten Strukturen flexibel zu reagieren. Vor dem Hintergrund der gewollten Personalfluktuation der Assistenten sowie schwankender Drittmittelmöglichkeiten kommt der Fähigkeit die Kontinuität in der Dienststruktur der Arbeitsgruppe zu erhalten, besondere Bedeutung zu.[609]

Sinkende Halbwertzeit des Wissens, zunehmende Emanzipation und Invidualisierung, verstärkter Einsatz von Teamarbeit und der Wandel hin zu einer Dienstleistungsorganisation reduzieren auch die Fachkompetenz von universitären Führungskräften auf eine zwar noch notwendige, aber nicht mehr hinreichende Bedingung für beruflichen Erfolg und rücken die soziale Kompetenz, insbesondere die **Personalführungskompetenz** in den Fokus des Personalmanagements.[610]

---

[605] Mehrtens 2006, S. 13
[606] Vgl. WIFI 2009, S. 2
[607] Morkel 2000, S. 27
[608] Vgl. Schulze 2005, S. 85 f.
[609] Vgl. Pritschow 1993, S. 98
[610] Obwohl dies in der Personalpsychologie schon weit länger der Fall ist. Vgl. Kanning 2005, S. 13 ff.; Hahn 1993, S. 68

„Unter Führungsfähigkeit wird im Allgemeinen die Beeinflussung der Einstellungen und des Verhaltens von Einzelpersonen sowie der Interaktionen von Personen in und zwischen Gruppen mit dem Zweck, gemeinsam bestimmte Ziele zu erreichen, verstanden."[611] Pollack und Pirk beschreiben Personalführungskompetenz „…als die Bereitschaft und Kompetenz, Verantwortung für andere Menschen zu übernehmen und Entscheidungen zu treffen, die Folgen für andere haben. Des Weiteren bedeutet Führungskompetenz die Fähigkeit, Orientierung zu vermitteln, Visionen vorzugeben und zu verbreiten, Menschen von einer Sache, einem Auftrag zu überzeugen und sie dafür zu begeistern. Unternehmerische Führung ist am Unternehmensergebnis ausgerichtet und vermittelt diese Orientierung auch den Mitarbeitern. Voraussetzung für eine motivierende Wirkung auf andere ist persönliche Integrität, Glaubwürdigkeit, Offenheit und Vorbildlichkeit im eigenen Verhalten."[612]

Florack und Messner haben aus dem umfangreichen Führungsmodell von Frey und Schulz-Hardt fünf Prinzipien extrahiert, an denen wissenschaftliche Führungskräfte ihr Verhalten ausrichten sollten, um ihre Führungsaufgaben professionell umzusetzen: Es sind Sinn- und Visionsvermittlung, Zielorientierung, Transparenz und Fairness des Führungshandelns, Partizipation und Autonomie der Mitarbeiter sowie persönliches Wachstum der Mitarbeiter.[613]

In Anlehnung an Ennes, Rappe und Zwick sowie Kanning können folgende Dimensionen der Personalführungskompetenz beschrieben werden:

Kommunikation: Hierzu zählt die Fähigkeit und Bereitschaft, sich mit (Fach-)Kollegen auszutauschen, Informationen an Mitarbeiter weiterzugeben, effektive Gruppengespräche zu führen sowie das richtige Maß an Interesse an den Mitarbeitern zu zeigen.

Delegation: Hiermit ist die Bereitschaft und Fähigkeit gemeint, gemeinsam mit Mitarbeitern Ziele zu vereinbaren, Aufgaben zu delegieren, sie mit Handlungsspielräumen auszustatten und darauf zu vertrauen, dass sie gute Arbeit leisten.

Feedbackkompetenz beschreibt die Fähigkeit, Mitarbeitergespräche durchzuführen, offen und fair Leistungen und wahrgenommenes Verhalten zu bewerten, gute Leistungen zu loben und anzuerkennen sowie auch konstruktive Kritik äußern zu können, Rückmeldung über die Zielerreichung zu geben, klare Absprachen mit einzelnen Mitarbeitern zu treffen und das Gespräch mit Mitarbeitern zu suchen. Dazu zählt auch die Fähigkeit zum aktiven Zuhören, d.h. dem Erzähler kontinuierlich Rückmeldung darüber zu geben, wie er ihn verstanden hat, sich in die Person des Mitarbeiters, seine Arbeitsbedingungen, Wünsche etc. hineindenken zu können (Perspektivenübernahme).

---

[611] Malik 2001 zitiert nach Frey & Balzer 2005, S. 36
[612] Pollack & Pirk 2001, S. 67 f.
[613] Vgl. Florack & Messner 2006, S. 10 ff.

Kompetenz zum Umgang mit schwierigen Mitarbeitern beinhaltet hauptsächlich die Fähigkeit Konflikte rechtzeitig zu erkennen und zu lösen.

Zuverlässigkeit und Einheit von Wort und Tat: Wichtig erscheint zudem, dass ein Professor klare Vereinbarungen trifft und sich auch daran hält, zu seinen Aussagen steht und entsprechend verfährt, die Konsequenzen des Handelns trägt, für die Qualifikation der Mitarbeiter sorgt und vorgibt, was von anderen erwartet wird.

Mitarbeiter fordern und fördern: Hierzu zählt insbesondere ein partizipativer Führungsstil mit Zielvereinbarungen, d.h. Mitarbeiter an wichtigen Entscheidungen teilhaben zu lassen und gemeinsam mit allen Mitarbeitern an einem Strang zu ziehen, nicht als Einzelkämpfer aufzutreten, sich für die Gruppe einzusetzen (Teamorientierung) und Entscheidungen zu klären. Dies bedarf der Fähigkeit, Orientierung zu geben, die Mitarbeiter zur Leistung anzuhalten, ihrer Anstrengungsbereitschaft einen Sinn zu geben (Motivierung), die Bereitschaft Informationen auszutauschen, regelmäßig Kontakt zu den Mitarbeitern zu halten, fachliche Unterstützung zu geben, bei Problemen und Fragen schnell greifbar zu sein und die Mitarbeiter bei fachlichen Problemen zu unterstützen (Fachkenntnisse vermitteln). Dazu zählt auch, sich um das persönliche Wohlergehen der Mitarbeiter zu sorgen, ihnen zu helfen (soziale Unterstützung) und geeignete Rahmenbedingungen zu schaffen. In Bezug auf den wissenschaftlichen Nachwuchs bedeutet dies, frei von Neidkomplexen, seine Leistung durch Einübung zu steigern, ohne ihn womöglich für die eigene Arbeit auszunutzen.

Verantwortungsbewusstsein: Dies erfordert Grundkenntnisse der verschiedenen Ethiklehren, Kenntnisse und Anwendung von Unternehmens-, Führungs- und Wissenschaftsethik.[614]

Ergänzend sind als wünschenswerte Eigenschaften hinzuzuzählen, eigene Fehler einzugestehen, alle Mitarbeiter nach den gleichen, fairen Prinzipien zu behandeln (Gerechtigkeit), offen für andere Meinungen und Ansichten zu sein sowie nicht auf der eigenen Meinung zu beharren, d.h. neue Ideen nicht kategorisch abzublocken.[615]

Natürlich beschreiben alle Kompetenzen ein **Idealbild**, welches kein Professor vollends erfüllen kann. „Vielmehr kommt es auf den richtigen Mix an, d.h. auf das Erkennen der jeweils zu bewältigenden .. Situation, der dafür notwendigen Aktivitäten und der wiederum für diese

---

[614] Vgl. Meier & Schindler 1992, S. 517; Jung 2003, S. 519; Pollack & Pirk 2001, S. 68 f., North & Reinhardt 2005, S. 45; 148 ff.; Karpen 1984, S. 87; Dose 2004, S. 45 f.; Kanning 2005, S. 86; Grunwald 1995, S. 200 f.
[615] Vgl. Ennes & Rappe & Zwick 2005, S. 184 ff.; Lombardo & Eichinger 1994 zitiert nach Lowey & Czempik & Lütze 2005, S. 736 f.

erforderlichen Qualifikationen."[616] Es bietet jedoch Ansatzpunkte für die Kompetenz- bzw. Personalentwicklung.[617]

Folgende Abbildung fasst die eben dargestellten Kompetenzen mit ihren jeweiligen Dimensionen noch einmal zusammen:

Lehrkompetenz	Forschungskompetenz	Managementkompetenz	
		Administrative (Leitungs-) Kompetenz	Personalführungskompetenz
• Planungs-, Organisations- und Strukturierungskompetenz • Didaktische (Methodik)Kompetenz • Medienkompetenz • Beratungskompetenz • Ausbildungskompetenz • Kompetenz zur Verknüpfung von Forschung und Lehre • Fähigkeit zur Praxisentwicklung • Internationalisierungskompetenz • Prüfungskompetenz • Qualitätsmanagementkompetenz	• Thematische Profilierung • Feldkompetenz • Kommunikation und Darstellungskompetenz • Projektmanagementkompetenz • Projektleitungskompetenz • Kompetenz zur Forschungsproduktion • Fähigkeit zur Zusammenarbeit • Medienkompetenz • Interkulturelle Kompetenz • Kritikfähigkeit • Kompetenz zum Wissensmanagement	• Institutionenkompetenz • Vermittlungskompetenz • Repräsentationskompetenz • Kompetenz zur Gesprächsführung • Überzeugungs-/Durchsetzungskompetenz • Generalismus • Entscheidungskompetenz • Organisationstalent • Gestaltungskompetenz • Koordinationskompetenz • Kompetenz zur Institutsführung	• Kommunikation • Delegation • Feedbackkompetenz • Umgang mit schwierigen Mitarbeitern • Zuverlässigkeit und Einheit von Wort und Tat • Mitarbeiter fordern und fördern • Verantwortungsbewusstsein

Tabelle 1: Zusammenfassung der Lehr-, Forschungs- und Managementkompetenz[618]

3.2. Personalentwicklung an Hochschulen

Nachdem die für erforderlich erachteten Kompetenzen für den Hochschullehrerberuf aufgezeigt wurden, soll im Folgenden untersucht werden, inwieweit bereits ein Personalentwicklungsangebot für Hochschullehrer besteht, welche Gründe dagegen sprechen und warum dennoch eine Notwendigkeit der (Weiter-)Entwicklung von Hochschullehrern besteht.

---

[616] Berthel 1992a S. 210
[617] Vgl. Erpenbeck & Heyse 1996, S. 46 f.
[618] Eigene Darstellung

3.2.1. Gegenwärtiger Stand der Personalentwicklung von Hochschullehrern

Obwohl an deutschen Universitäten eine Vielzahl an Personalentwicklungsaktivitäten beobachtet werden kann, steht eine geplante, systematische und koordinierte Personalentwicklung durch Weiterbildung, insbesondere für Professoren, noch **am Anfang**.[619] Hier „…dominiert derzeit häufig das Modell eines bunten Maßnahmenstraußes."[620] Weit verbreitet ist in Deutschland noch die weitgehende Trennung zwischen hochschuldidaktischen Angeboten einerseits und der Weiterbildung für das Verwaltungspersonal und sonstige Zielgruppen andererseits.[621]

Dabei erscheint es paradox, dass gerade Hochschulen als Orte der Wissensvermittlung Personalentwicklung offensichtlich keinen besonderen Stellenwert einräumen.[622] Es wäre doch anzunehmen, dass eine Organisation wie die Universität, deren kostbarste Ressource (und zwar in jeder Hinsicht, d.h. auch budgetär) ihr Personal ist, dem Thema Aus- und Weiterbildung ihrer Mitarbeiter mehr Aufmerksamkeit schenkt. Stattdessen **dominiert** vielerorts noch die **reine Personalverwaltung**.[623] Angesichts der hohen und steigenden Anforderungen an Forschung, Lehre und Management von Hochschulen erscheint es evident, dass die Qualität dieser Leistungen im Wesentlichen von der Qualifizierung der Professoren abhängt. Bei der stetig abnehmenden Halbwertzeit des einmal erworbenen Wissens, dem bedeutsam werdenden Exzellenzwettbewerb und den immer komplexeren Strukturen wissenschaftlicher Arbeit und ihrer Organisation, reicht die einmal getroffene Auswahl gut qualifizierter Mitarbeiter für den dauerhaften Erfolg einer Hochschule nicht mehr aus. Die systematische **Weiterentwicklung** des einmal eingestellten Personals gewinnt immer **größere Bedeutung**. Dies gilt insbesondere für die durch Verbeamtung nahezu unkündbaren Professoren. Hinzu kommt, dass Personalentwicklung zu einem der Erfolgsfaktoren für diejenigen Hochschulen wird, die sich den notwendigen Veränderungsprozessen unterziehen wollen. Organisationsentwicklung kann dabei nicht ohne Personalentwicklung erfolgen.[624]

Selbstverständlich erfahren Professoren eine kontinuierliche fachliche Weiterentwicklung und auch der Besuch von Kongressen und Tagungen kann zur Kompetenzerweiterung beitragen. Diese Maßnahmen beschränken sich jedoch zumeist auf die Forschung.[625] Falls in Bezug auf

---

[619] Vgl. Gruber 1998, S. 28. Insbesondere in Bezug auf hochschuldidaktische Weiterbildungsangebote ist in den letzten Jahren ein deutlicher Aufschwung zu verzeichnen. Vgl. Soellner & Lübeck 2002, S. 7
[620] Scholz & Lauer 2006, S. 20
[621] Vgl. Schmidt 2007b, S. 130
[622] Vgl. Schramm & Zeitlhöfler 2004, S. 62
[623] Vgl. Pellert 2004b, S. 163; 2005, S. 25
[624] Vgl. Scholz & Lauer 2006, S. 2
[625] Vgl. Rosenstiel 1998, S. 213

die anderen (erforderlichen) Kompetenzen überhaupt ein Weiterbildungsbedarf wahrgenommen wird,[626] wird dieser in erster Linie im ‚Trial and Error-Verfahren' naturwüchsig-autodidaktisch on-the-job, im learning by doing, in der Entwicklung von tacit knowledge und sehr viel **weniger in** systematischen Entwicklungs- und Förderungsprozessen oder in **speziellen (Weiter-)Bildungsveranstaltungen** befriedigt.[627]

Die wenigen bestehenden Personalentwicklungsprogramme lassen sich zum einen dahingehend unterscheiden, ob sie sich **auf die Lehre beschränken** oder **auch andere erforderliche Kompetenzen** im Rahmen einer systematischen Personalentwicklung **thematisieren** und zum anderen, ob es sich um vom interessierten Hochschullehrer **selbst initiierte** Einzelveranstaltungen, **inhaltlich aufeinander abgestimmte** (ggf. zertifizierte) Module oder **hochschuldidaktische Curricula** handelt.[628] Insbesondere in Bezug auf die Lehrkompetenz stellt die **Hochschuldidaktik** bereits eine Vielzahl erprobter Konzepte bereit, um die Lehrkompetenz zu verbessern.[629] Waren es bislang lediglich vereinzelte Initiativen, findet seit einiger Zeit eine deutlich erkennbare Verbreiterung, Intensivierung und auch Institutionalisierung hochschuldidaktischer Maßnahmen statt. Es entstehen neue Angebotsformen und auch seitens der Hochschulen findet anscheinend ein Umdenken statt. Sie erkennen die Notwendigkeit einer stärkeren Professionalisierung angesichts steigender Qualitätsanforderungen.[630] Da sich die hochschuldidaktischen Angebote jedoch überwiegend an den wissenschaftlichen Nachwuchs, im höchsten Falle an Juniorprofessoren richten, wird der überwiegende Teil der Hochschullehrer, die Professoren, von diesen Personalentwicklungsmaßnahmen nicht erfasst.[631] Dabei bietet die Hochschuldidaktik bislang den einzigen institutionellen Ort, der für eine Weiterqualifikation der Professoren zur Verfügung steht.[632] Zwar existieren an vielen Hochschulen bereits Personalentwicklungsangebote zu anderen Themen, wie bspw. Drittmittelverwaltung, Arbeits- und Präsentationstechniken, Führungskompetenz, Neue Medien oder Karriere- und Lebensplanung, diese sind jedoch häufig punktuell, beschränken sich auf die Wissensvermittlung und sind wenig systematisch aufgebaut.[633] Zudem ist fraglich, inwieweit sich diese auch an Professoren richten.[634] Außerdem beziehen sie sich auf den Einzelnen und sind meist nicht

---

[626] Vgl. Pellert 2005, S. 32
[627] Vgl. Auer & Laske 2003, S. 186, 197; Webler 2004, S. 66
[628] Vgl. Webler 2003a, S. 18
[629] Vgl. Webler & Otto 1991, S. 15; Webler 2003a, S. 19. Eine Übersicht über entwickelte hochschuldidaktische Weiterbildungsangebote in Deutschland findet sich in Wildt & Gaus 2001, S. 168 ff.
[630] Vgl. Welbers 2003a, S. 12
[631] Vgl. Scholz & Lauer 2006, S. 16; Webler 2003a, S. 17
[632] Vgl. Boettcher & Meer 2000, S. 175
[633] Vgl. www.hochschulkompass.de/hochschulen.html, Stand 12.05.2005; Mehrtens 2008, S. 7. Als Beispiel sei hier das Programm der IZDH genannt, das auch Aspekte der Drittmitteleinwerbung, des Urheberrechts, der verständlichen Darstellung von Forschungsergebnissen umfasst. Vgl. Webler 2003a, S. 19
[634] Vgl. Müller & Fisch 2005, S. 17

auf den Arbeitskontext abgestimmt. So vergrößert sich zwar das individuelle Wissen, gemeinsame Arbeitsprozesse werden aber nicht berührt.[635] Doch selbst bei vorhandenem Weiterbildungsangebot erreichen die Maßnahmen nur sieben Prozent der Professoren.[636]

Den Stellenwert, den Personalentwicklung an Hochschulen einnimmt, zeigt auch das **finanzielle Budget**, welches hierfür zur Verfügung gestellt wird. Nur wenige Hochschulen sind bereit, aus ihren knappen Mitteln die für Personalentwicklung notwendigen Ressourcen zur Verfügung zu stellen.[637] Lediglich 40 Euro wenden die deutschen Hochschulen pro Kopf und Jahr durchschnittlich für die Personalentwicklung ihrer Wissenschaftler auf. Über ein zentrales Budget verfügen nur zwanzig Prozent der Hochschulen. Durchschnittlich liegt es bei ca. 80.000 Euro pro Jahr.[638] Insgesamt bleibt also fraglich, ob die Hochschulen ihrer Verpflichtung gemäß § 2 IV HRG gerecht werden, die Weiterbildung ihres Personals zu fördern.

Es existieren zwar durchaus **einige Studien** zu den Personalentwicklungsangeboten für Wissenschaftler an Hochschulen, diese beziehen sich jedoch i.d.R. auf den wissenschaftlichen Nachwuchs, auf das Hochschulpersonal insgesamt oder Hochschullehrer ganz allgemein (d.h. inklusive Juniorprofessoren und Privatdozenten).[639] Daher wurde im Rahmen dieser Arbeit eine **deutschlandweite Erhebung** durchgeführt, die sich ausschließlich auf das Personalentwicklungsangebot für Professoren bezieht. Die Studie wurde als zweigeteilte Online-Umfrage konzipiert und durchgeführt. In einem ersten Schritt wurden, soweit möglich, die Personalentwicklungsverantwortlichen (Dezernat Personal oder Personalentwicklung)[640] von 145 deutschen Hochschulen per E-Mail kontaktiert und dazu eingeladen, sich an der Erhebung zu beteiligen. Auf die Ziele der Befragung wurde ausführlich sowohl im Anschreiben als auch im Einleitungstext der Befragung hingewiesen. Die Teilnahme erfolgte freiwillig und anonym. Der erste Fragebogen enthielt allgemeine Fragen zur Personalentwicklung von Professoren und dazu, ob bereits ein Personalentwicklungsangebot besteht oder in Planung ist. Hieran beteiligten sich 27 Hochschulen. Die Rücklaufquote von 18,6 % ist bei derartigen Umfragen durchaus üblich. In einem zweiten Schritt wurden diejenigen Hochschulen, die angaben, bereits über ein Personalentwicklungsangebot für Professoren zu verfügen, erneut gebeten, einen Fragebogen auszufüllen. Inhaltlich bezogen sich diese Fragen auf die Vorbereitung,

---

[635] Vgl. Pellert 2005, S. 38
[636] Vgl. Schlüter 2006, S. 4
[637] Vgl. Winde 2006, S. 63
[638] Vgl. Stifterverband 2006, o.S.; Schlüter 2006, S. 4
[639] So bspw. Schmidt 2007b; Müller & Fisch 2005; Hanft 2004; Battaglia 2003; Winteler & Krapp 1999
[640] Die Kontaktpersonen wurden durch Internetrecherche ermittelt. War ein Verantwortlicher für die Personalentwicklung aus den Internetseiten der Hochschule nicht ersichtlich, wurde die Umfrage an die Universitätsleitung o.ä. geschickt.

Durchführung und Nachbereitung der Personalentwicklungsmaßnahmen. Den zweiten Teil der Umfrage beantworteten zehn der fünfzehn erneut angeschriebenen Hochschulen.[641]

Ergebnisse der Studie Teil I

Alle Teilnehmer beantworteten die Frage, ob **Professoren ausreichend auf die Tätigkeiten in Forschung, Lehre und Selbstverwaltung vorbereitet** seien, mit ‚nein'. Insbesondere wurden die überfachlichen Qualifikationen (im Bereich der Hochschuldidaktik, Leitungskompetenzen, Menschenführung, kommunikative Kompetenzen, Sozialkompetenz) als nicht ausreichend eingeschätzt. **Mehr als die Hälfte** der an der Umfrage teilnehmenden Hochschulen **bieten ein Personalentwicklungsangebot** für Professoren an. Relativierend ist hier jedoch anzunehmen, dass insbesondere diejenigen Hochschulen an dieser Studie teilgenommen haben, bei denen bereits eine gewisse Sensibilität für dieses Thema vorhanden ist und welche vermutlich bereits über eine entsprechende Stelle für Personalmanagement oder -entwicklung verfügen. Daher kann dieser hohe Anteil nicht ohne Weiteres auf die Gesamtsituation deutscher Hochschulen übertragen werden. Dass dieses Thema jedoch erst seit kurzem, aber durchaus zunehmend an Bedeutung gewinnt, zeigt zum einen die Tatsache, dass die Hälfte der Hochschulen, die Personalentwicklung für Professoren anbieten, dieses Angebot erst innerhalb der letzten fünf Jahre eingerichtet haben, zum anderen die Angabe nahezu aller Hochschulen, die zum jetzigen Zeitpunkt noch über keine Personalentwicklung für Professoren verfügen, ein solches Angebot in den nächsten Jahren anbieten zu wollen.
Inhaltlich dominieren Führungsthemen, gefolgt von Einführungsprogrammen und Angeboten zu Lehre, Selbstverwaltung und Forschung.[642]
Als **Gründe** dafür, kein Personalentwicklungsangebot für Professoren bereitstellen zu können, wurden insbesondere ‚zu wenig Personal für die Durchführung' genannt. Daneben führten 50 % ‚kein Bedarf', ‚zu hohe Kosten', ‚keine Zeit' und ‚keine Kenntnisse der Personalentwicklungsmöglichkeiten für Professoren' auf.
Ca. 40 % aller befragten Hochschulen nutzen das **Angebot Hochschuldidaktischer Zentren** und mehr als die Hälfte gaben an, dass Professoren ihrer Hochschule an Angeboten externer Anbieter (bspw. vom CHE) teilnehmen.
Auf die Frage „Was **unterscheidet** Ihrer Meinung nach die Personalentwicklung von Professoren von der Personalentwicklung anderer Zielgruppen?" wurden insbesondere die Wissenschaftsfreiheit, der große Zeitdruck, der Expertenstatus und die hohe individuelle Autonomie der Hochschullehrer genannt. Des Weiteren wurden fehlende Akzeptanz und Interesse (Pro-

---

[641] Beide Fragebögen sind im Anhang vollständig wiedergegeben, vgl. Anlagen 5 und 6.
[642] Vgl. Ergebnisse Studie II

fessoren hätten ihr Karriereziel mit der Berufung erreicht) aufgeführt. Außerdem würden Professoren sehr hohe Anforderungen an die Personen, die diese Maßnahmen durchführen und an die Maßnahmen selbst stellen.

Allgemeine **Barrieren** einer Personalentwicklung für Professoren sehen die Befragten insbesondere in dem ‚Zeitfaktor', der ‚Organisationskultur', ‚mangelnde Inanspruchnahme' sowie ‚Angst vor Veränderungen und Machtverlust'.

Als **Motiv** von Professoren, an Weiterbildungsmaßnahmen teilzunehmen, wird die Einsicht in den Nutzen und die Erfordernis lebenslangen Lernens vermutet. Im Gegenzug steht neben Zeitmangel, verzerrter Aufgabenwahrnehmung und der Fehleinschätzung des eigenen Weiterbildungsbedarfs, die Nichtwahrnehmung des Nutzens einer solchen Maßnahme der **Teilnahmebereitschaft** entgegen.

Ergebnisse der Studie Teil II

In der zweiten Studie wurden zunächst einige Fragen zur **Vorbereitung der Personalentwicklungsmaßnahmen** gestellt. 80 % **erheben den Weiterbildungsbedarf** der Professoren, i.d.R. durch Gespräche und Befragungen. Als Anlass einer Personalentwicklungsmaßnahme wurden die ‚Vorbereitung auf neue Aufgaben', ‚Persönlichkeitsförderung' sowie ‚Beseitigung vorhandener Defizite' genannt. Bei allen befragten Hochschulen geht die Initiative vom Professor aus. Einige nannten zusätzlich noch ‚Auf Vorschlag des Dekans' oder des Rektorats bzw. Präsidiums, des Hochschulrats oder der Personalentwicklung.

Die **Bekanntmachung** bzw. die Ansprache der potenziellen Teilnehmer erfolgt neben einer Internetpräsenz der zuständigen Stelle für Personalentwicklung durch persönliche Ansprache, Flyer, Informationsbroschüren oder Programmhefte des Weiterbildungsangebots, die auch per E-Mail verschickt werden.

Zwar gaben 70 % der befragten Hochschulen an, ihre Professoren **zur Teilnahme zu motivieren**, bei der Frage wodurch dies geschieht, wurden jedoch meist nur vage Angaben gemacht, wie bspw. ‚Intrinsische Motivation', ‚Präsidium', ‚Kollegen', ‚Ansprache', etc. Nur eine Hochschule gab an, Professoren durch gute Angebote und Engagement zur Teilnahme bewegen zu wollen.

Bzgl. der **Art, Inhalte und Durchführung der Personalentwicklungsmaßnahmen** geben nahezu alle Hochschulen an, bereits über ein **Einführungsprogramm** für neue Professoren zu verfügen bzw. dies in den nächsten Jahren einzurichten. Als weitere Personalentwicklungsinstrumente bieten nahezu alle Hochschulen Führungszirkel und Erfahrungsaustausch sowie Coaching an. Jeweils vier Hochschulen arbeiten mit Lehrhospitationen, Workshops und kollegialer Beratung. Gar nicht genutzt wird bspw. das Instrument des Blended-Learning. Ergänzend zum eigenen Angebot würden Hochschulen am liebsten Mentoring und kollegiale Beratung in ihr Repertoire aufnehmen.

Die in den Veranstaltungen zu behandelnden **Themenbereiche** betreffen ‚Drittmittelakquisition', ‚Hochschuldidaktik', ‚Kommunikation', ‚Konfliktmanagement', ‚Personalführung' und ‚Fakultätsmanagement'. Nur je eine Hochschule gab an, Angebote zum Thema ‚Prüfungen' oder ‚Institutsleitung' anzubieten und nicht einmal ein Angebot behandelt ‚Kreativitätsförderung' oder ‚Sitzungsmanagement'. Interessant ist weiterhin, dass lediglich zwei Hochschulen Professoren ein Fremdsprachenangebot bereitstellen. Dies mag als Verweis darauf gewertet werden können, dass die vorhandenen Potenziale der eigenen Hochschule zu einem umfangreichen Personalentwicklungsangebot noch nicht voll ausgeschöpft werden, denkt man bspw. an die an vielen Hochschulen vorhandenen Fremdsprachenzentren.

Wichtigster **Kooperationspartner** bei der Durchführung der Maßnahmen ist bei allen befragten Hochschulen die Universitätsleitung. Ca. die Hälfte nennen zusätzlich noch die Fachbereiche, die Gleichstellungsbeauftragte, den Personalrat oder externe Experten.

Bei nahezu allen Hochschulen werden die Maßnahmen sowohl intern als auch extern durchgeführt. Die Angebote externer Anbieter werden dabei durchweg als ‚gut' bis ‚sehr gut' bewertet.

Interessant erscheint, dass die Personalentwicklungsmaßnahmen bei fast allen Hochschulen ausschließlich als ‚**loses Angebot**' bestehen, d.h. eine Nichtteilnahme keinerlei Konsequenzen nach sich zieht. Nur zwei Hochschulen gaben an, die Teilnahme an Personalentwicklungsmaßnahmen bereits in den Berufungsverhandlungen zu verankern. Doch niemand scheint die Möglichkeit zu nutzen, Kompetenzentwicklung an die leistungsorientierte Mittelvergabe zu knüpfen.

Eine **Evaluation** der Maßnahmen findet bei mehr als der Hälfte der Hochschulen statt, i.d.R. in Form eines standardisierten Tests am Ende der Veranstaltung oder einer Evaluation durch die Teilnehmer. Über eine fortlaufende (EDV-gestützte) Dokumentation der erfolgten Bildungsmaßnahmen verfügt nur eine Hochschule.

Auf die Frage, „Wie viele Professoren nahmen 2007 und 2008 an Weiterbildungen teil?", gaben die Hälfte der Hochschulen den Wert ‚0-19 %' an, die andere Hälfte machte hierzu gar keine Angaben.

Während die überwiegende Mehrheit im Bezug auf die Teilnahmebereitschaft **altersspezifische** Unterschiede konstatiert, in dem sie jüngere Professoren als offener einstuften, werden **disziplin-** und **geschlechtsspezifische Unterschiede** eher selten gesehen. Einige schätzen Frauen offener gegenüber Personalentwicklungsmaßnahmen ein.

Abschließend ist festzuhalten, dass zwar zunehmend Personalentwicklungsangebote auch für die Professorenschaft entstehen und die Einsicht der Notwendigkeit einer stärkeren Professionalisierung auf Seiten der Personalentwickler und -manager bereits vorhanden ist, aber dennoch auch die Schwierigkeiten eines solchen Angebots gesehen werden und insbesondere die Teilnahmebereitschaft dieser Zielgruppe wegen der unterschiedlichsten Gründe zumindest in Teilen angezweifelt wird. Worin diese Gründe bestehen, wird im Folgenden nachzugehen sein.

3.2.2. Hintergründe des Nachfrage- und Angebotsdefizits

Der Grund für die oft noch fehlende Personalentwicklung von Hochschullehrern kann man in der Tatsache begründet sehen, dass diese Zielgruppe das Angebot wohl **nicht nutzen** würde. So berechneten bspw. Spiel & Fischer, dass an ihrer Hochschule weniger als fünf Prozent der Lehrenden das bestehende Fortbildungsangebot tatsächlich nutzen, so dass ein Drittel der Kurse ausfällt. Möstl berichtet von ca. achtzig Prozent Nichtbeteiligung und Pötschke spricht von zwei Drittel, die noch nie an einem derartigen Angebot der Hochschule teilgenommen haben.[643] Die fehlende Teilnahmebereitschaft wiederum hat **vielschichtige Gründe**. Zu nennen sind hier insbesondere:

a) Ein die Forschung höherbewertendes Karrieresystem
b) Fehlende Sanktionsmöglichkeiten bei schlechter Aufgabenerfüllung
c) Vorherrschende dysfunktionale Meinungen und Ansichten
d) Ein verzerrtes Selbstbild seitens der Hochschullehrer
e) Fächerorientierung statt Corporate Identity

a) Ein die Forschung überbewertendes Karrieresystem

Eine der Hauptursachen fehlender Weiterbildung für Hochschullehrer ist im vorherrschenden wissenschaftlichen **Karrieresystem** zu sehen. Reputation oder ein Ruf auf eine renommierte Professur wird nur über herausragende Forschungsleistungen und deren Veröffentlichung erreicht.[644] Während erfolgreiche Forschung zu neuen Geldern, Mitarbeitern und besserer Ausstattung verhilft, besteht die Konsequenz guter Lehrleistung in einem noch höheren Arbeitsaufwand.[645] Auch in Berufungsverfahren spielt die Lehrleistung – trotz gegenteiliger Absichtserklärungen – bislang keine entscheidende Rolle.[646] **Publikationen und Drittmit-**

---

[643] Vgl. Spiel & Fischer 1998; Möstl 2000; Pötschke 2004
[644] Vgl. Enders & Teichler 1995, S. 70
[645] Vgl. Mittmann, 1995, S. 16; WR 2008 zitiert in www.spiegel.de/unispiegel/studium,011518,563614,00.html, S. 1
[646] Vgl. Arnold et al. 1997, S. 166

teleinwerbung stehen als Berufungskriterien für Lebenszeitprofessuren in Umfragen an erster Stelle.[647] In der wissenschaftlichen Prestigehierarchie steht die Erzeugung von Wissen weit höher als dessen Vermittlung oder die Erziehung und Ausbildung hochqualifizierter Arbeitskräfte.[648] Bereits im 18. Jahrhundert hieß es: „Docere non habet dignitatem": Lehre hat keine Würde bzw. keinen Wert. Diese Ansicht scheint auch heute noch verbreitet, obwohl diese Betonung des Forschungsbezugs im beruflichen Selbstverständnis der Professoren vor dem Hintergrund der Massenuniversität nicht mehr ganz zeitgemäß erscheint.[649] Dennoch **fehlen** sowohl materielle als auch immaterielle **Anreize**, die eigenen Lehrleistungen auf hohem Niveau zu halten. So mag es auch nicht verwundern, wenn demzufolge Anstrengungen ausbleiben, die Lehrkompetenz zu vervollkommnen.[650] Spiel, Wolf und Popper sprechen gar von einer ‚Fehlinvestition', die sich in der ‚Nicht-Teilnahme' niederschlägt.[651] Während durch die Einführung von Studienbeiträgen für die Lehre wenigstens in gewissem Maße zusätzliche Gelder zur Verfügung stehen, kann **aus guten Organisations-, Management- und Koordinationsleistungen** für die eigene Organisation **wenig individueller Nutzen** in Form von mehr Geld oder Status gezogen werden, da individuelle Karrierechancen nicht an die Entwicklung der Universität gekoppelt sind.[652] Professoren, die in einem übernommenen Amt einen sinnvollen Bestandteil ihrer Tätigkeit sehen, riskieren Reputationsverlust in der Forschung. Auch bezieht selbst der Hochschullehrer als Universitätsmanager seine Legitimität nicht aus seiner Professionalität als Manager, sondern aus seinem Forscherstatus.[653]

Der Erklärungsansatz ist hier also in der **Kosten-Nutzen-Relation** der Hochschullehrer zu sehen. Weiterbildungseinsatz muss sich in ihren Augen ‚lohnen'. Die geringe Wertschätzung von Lehr- und Managementaufgaben führt dazu, dass unbefriedigende Lehr- und Managementerfahrungen durch andere Aufgabenbereiche kompensiert werden bzw. für ihr Selbstbild irrelevant oder unwichtig sind.[654]

---

[647] Vgl. Buch et al. 2004, S. 28
[648] Vgl. Webler 2000, S. 242
[649] Vgl. Simon 1990, S. 17; Enders & Schimank 2001, S. 165
[650] Vgl. Webler 1992, S. 155
[651] Vgl. Spiel, Wolf & Popper 2002, S. 28. Allerdings ist bereits ein Bedeutungszuwachs zumindest von Lehrkompetenz bei Berufungsentscheidungen zu verzeichnen. Insbesondere Universitäten aus den neuen Bundesländern legen darauf großen Wert. So werden die Bewerber in Berufungsverfahren bspw. auch zu ihren Grundüberzeugungen und -ideen in der Lehre bzw. über ihr didaktisches Grundkonzept befragt. Vgl. Webler 2000, S. 243
[652] Vgl. Grossmann, Pellert & Gotwald 1997, S. 26 f.; Pellert 2004a, S. 48; 2005, S. 40. Einige Bundesländer haben die Studiengebühren bereits wieder abgeschafft, so bspw. Hessen.
[653] Vgl. Wolff 2006, S. 39
[654] Vgl. Arnold 2001, S. 415

b) Fehlende Sanktionsmöglichkeiten schlechter Aufgabenerfüllung

Für Professoren besteht weder die Verpflichtung zur Fortbildung noch werden ihre Leistungen oder deren Niveau überprüft. Durch fehlende Qualitätskontrollen ist die Grundlage positiver oder negativer Sanktionsmöglichkeiten nicht gegeben. Demnach könnte die Annahme aufgestellt werden, dass aus ihrer Sicht **keine Notwendigkeit** besteht, Qualifikationen zu erweitern oder zu sichern.[655] Außerdem müssten hierfür auch die Kriterien für solche professionellen Tätigkeiten wenigstens in Ansätzen kodiert und normiert werden.[656] Als Gegenargument wird meist die selbstregulierende Kraft der Scientific Community angeführt.[657] So wird auch lediglich deren Regeln gefolgt, qualifikatorische Bemühungen darüber hinaus sind nicht nötig, wenn hierzu keine Notwendigkeit gesehen wird.[658]
In Bezug auf die Lehre wurden Hochschullehrer bisher selten mit ihrer eigenen Lehrqualität konfrontiert. Ausbleibender Studienerfolg wird vielmehr den Studierenden, im günstigsten Fall der schlechten schulischen Vorbereitung auf ein Studium angelastet, selten aber mit mangelnder Lehrqualifikation in Verbindung gebracht.[659]
Nach der Berufung fehlt also eindeutig der Leistungsanreiz, es gibt keinen unmittelbaren Konkurrenzdruck mehr und der Arbeitsplatz ist aufgrund der Verbeamtung relativ sicher.[660] „Selbst eine offensichtliche Vernachlässigung der Lehre und der Studentenbetreuung wird allenfalls in Ausnahmefällen sanktioniert."[661]

c) Vorherrschende dysfunktionale Meinungen und Ansichten

Problematisch gestaltet sich die aus der Einheit von Forschung und Lehre resultierende und auch heute noch verbreitete Auffassung, ein guter Forscher sei zugleich auch ein guter Lehrer[662] bzw. **jeder Hochschullehrer sei in gleicher Weise für die verschiedenen Aufgaben qualifiziert.**[663] So wird die in § 44 HRG geforderte Einstellungsvoraussetzung der pädagogi-

---

[655] Vgl. Daxner 1996, S. 86; Mittmann 1995, S. 18
[656] Vgl. Daxner 1996, S. 112
[657] Vgl. Daxner 1996, S. 86; Mittmann 1995, S. 18
[658] Vgl. Graeßner 1996, S. 83
[659] Vgl. Eckstein 1972, S. 43
[660] Vgl. Rothfuß 1997, S. 118
[661] WR 2008 zitiert in Spiegel-online http://www.spiegel.de/unispiegel/studium/0,1518,564060,00.html Zugriff am 5.7.08
[662] Dem Umkehrschluss stimmen jedoch die Wenigstens zu. Meist wird vielmehr das Gegenteil behauptet, dass jemand der gut lehrt keine guten Forschungsergebnisse abliefern kann. Vgl. Herbert 2007, S. 39
[663] Vgl. Korte 1995, S. 38

schen Eignung von Bewerbern in Berufungsverfahren zumeist unterstellt.[664] Noch auffälliger erscheint die Ableitung von Managementkompetenz aus der Beherrschung des Fachgebiets.[665] Auch scheint Fortbildung für Hochschullehrer nicht als selbstverständliche Qualifizierung aufgefasst zu werden. Der Persönlichkeit des Wissenschaftlers wird Genialität unterstellt, die **keiner Hilfe oder Beratung bedarf**, daher wird der Besuch einer Weiterbildungsveranstaltung als Eingeständnis mangelnder Kompetenz und vorhandener Probleme in der Aufgabenerfüllung verstanden.[666] Die Angst ist hoch, im Kreis der Kollegen über die Grenzen der eigenen Möglichkeiten zu sprechen.[667]

Weit verbreitet ist auch die Ansicht, dass die Lehr- und Managementkompetenz eine **naturgegebene Begabung** oder Veranlagung sei, die nicht ausreichend erlernt werden kann.[668]

Zudem wird der **Kompetenzstand zum Zeitpunkt der Berufung als ausreichend** angesehen. Fraglich ist jedoch, ob dieser für ein ganzes Hochschullehrerleben seine Gültigkeit behält. Weiterbildung heißt i.d.R. fachliche Weiterbildung. Andere Formen der Qualifizierung finden (wenn überhaupt) in der Freizeit statt.[669] Doch es verbreitet sich die Einsicht, dass während für die allgemeine und berufliche Bildung viel Zeit und Mittel aufgewendet werden, sich die teuerste Ausbildung, nämlich die universitäre, keine Lehre ohne professionelle Vorbereitung auf hohem Qualitätsniveau leisten darf.[670]

Allein durch das Erreichen des **Professorenstatus** haben Hochschullehrer ihre außergewöhnliche Qualifikation hinreichend bewiesen. An Weiterbildungsmaßnahmen nicht mehr teilzunehmen, ist nicht nur in den Augen derjenigen, die sich noch auf dem Weg zur Professur befinden, sondern auch nach dem Selbstverständnis vieler Professoren das Zertifikat des ‚Angekommenseins' schlechthin. Status und Wissen müssen nicht mehr mittels Zertifikaten und Bescheinigungen bewiesen werden. Fehlendes Feedback, sei es von Studierenden bzgl. der Lehre oder von Mitarbeitern hinsichtlich der Führungsfunktion verstärkt diese Einstellung. Das soziale Umfeld lässt also die Wahrnehmung von Widersprüchen scheinbar kaum zu.[671]

---

[664] Vgl. Kühler 2005, S. 238
[665] Vgl. Lenz 1990, S. 98
[666] Vgl. Klinkhammer 2006a, S. 37; Webler 2000, S. 242; Schaeper 1997, S. 213 f.; Lücke 2004, S. 31
[667] Vgl. o.V. 2006, S. 5
[668] Vgl. Lenz 1990, S. 98
[669] Vgl. Pellert 2005, S. 32
[670] Vgl. Webler 2000, S. 242
[671] Linneweh sieht dies für Führungskräfte aus der Wirtschaft, was jedoch auch gut auf Professoren zu übertragen ist. Vgl. Linneweh 2003, S. 159

d) Verzerrtes Selbstbild seitens der Hochschullehrer

Angesichts der Diskussion über die mangelnde Lehrqualität an Universitäten überraschen die **Selbsteinschätzungen der Professoren**, mögen aber auch einen Grund für deren fehlende Weiterbildung bieten, denn „83 Prozent der deutschen Universitätsprofessoren halten sich für ihre Aufgaben als Lehrende gut ausgebildet bzw. qualifiziert und sehen sich somit sogar etwas häufiger für die Lehre als für die Forschung (73 %) gut qualifiziert."[672] Sie geben sich insbesondere gute Noten für die Betreuungsqualität, das Lehrangebot und den Praxisbezug von Lehrveranstaltungen.[673] Die Notwendigkeit für Weiterbildung in diesem Bereich wird daher eher weniger gesehen. „Da direkte Ausbildungsangebote für die Lehre nur in geringem Umfang bestehen und wahrgenommen werden, kann geschlossen werden, dass die meisten Befragten das bestehende vorsystematische Ausbildungssystem des Beobachtens, Erprobens, gelegentlichen Ratgebens usw. im Bereich der Forschung wie der Lehre für gut funktionierend halten."[674] Dabei steht die Zufriedenheit der Hochschullehrenden mit ihrer Lehrqualität im Gegensatz zu der Erfahrung vieler Studierenden.[675]

Dass Hochschullehrer selten einen Bedarf für eine Weiterqualifikation sehen, ist angesichts der **fehlenden Evaluation ihrer Tätigkeiten** nicht weiter verwunderlich. Rückmeldungen der Hochschule über Stärken und Schwächen in Lehre und Management sind selten.[676] Wenn deutsche Hochschullehrer kaum evaluiert werden, sie also kein Feedback darüber erhalten, wie gut bzw. wie schlecht bspw. ihre Lehre tatsächlich ist, kann nachvollzogen werden, dass sie ihrerseits wenig Weiterbildungsbedarf wahrnehmen.[677] Doch um die eigene Lehre zu verbessern, ist selbst der begnadetste Pädagoge auf die Mithilfe – insbesondere konstruktive Kritik – der Studierenden angewiesen. Jedoch ist es wohl ungewohnt und anscheinend auch belastend, durch Evaluationen mit dem eigenen Lehrverhalten konfrontiert zu werden. Professoren verwenden Veranstaltungskritik selten als Arbeitshilfe und es scheint ihnen schwer zu fallen, selbst die Rolle des Lernenden zu übernehmen.[678] Hochschullehrer begreifen **sich selbst offensichtlich selten als Forschungsfeld**.[679] Auch hat es zumindest den Anschein, dass die Mehrheit angesichts des erforderlichen Professionalisierungsprozesses vielleicht auch

---

[672] Enders & Teichler 1995, S. 19
[673] Vgl. Institut der deutschen Wirtschaft 2001, S. 3
[674] Enders & Teichler 1995, S. 19
[675] Vgl. Meyer 2005, S. 601
[676] Vgl. Rothfuß 1997, S. 113
[677] Vgl. Huber 1995, S. 51
[678] Jedoch sind seit der Einführung von Lehrevaluationen bereits einige positive Veränderungen zu verzeichnen. Vgl. Eckstein 1972, S. 44, 46 ff.; Müller-Wolf 1977, S. 230
[679] Vgl. Teichler 2003, S. 18 ff.

nur unbewusst aber durchaus konsequent ihren Status verteidigt.[680] Daxner formuliert zugespitzt, es sei nicht zu erwarten, „dass sie sehr bereit sind, die Problemhaftigkeit und die gesellschaftlichen Implikationen ihres didaktischen Handelns zu reflektieren."[681]
Darüber hinaus verstehen sich viele Hochschullehrer entgegen dieser Bezeichnung in erster Linie in ihrer Rolle als **Forscher**, die Wissenschaft im Rahmen der Gemeinschaft von Lehrenden und Lernenden darstellen, ohne gezielt dem Lehr- oder Lernprozess Beachtung zu schenken und ohne sich für Lernerfolg oder Persönlichkeitsentwicklung der Studierenden verantwortlich zu sehen.[682] Die Betreuung der Studenten wird oftmals zu einem hohen Anteil dem nichtpromovierten und promovierten Mittelbau überlassen.[683]
Die Stellung als Inter pares und das geringe Machtpotenzial, das der universitären Führungskraft noch bis vor kurzem zur Verfügung stand, führten dazu, dass sie sich nicht als Führungskraft und Vorgesetzte der anderen Professoren der Fakultät verstanden.[684] Mit dem **fehlenden Selbstverständnis als Führungskraft** korrespondiert auch häufig eine mangelnde Wertschätzung der Führungsaufgaben.[685] Managementkompetenzen werden im Bewusstsein von Professoren noch nicht zum notwendigen Know-how gezählt.[686] Es fehlt das Verständnis dafür, dass die Funktion eines Institutsvorstands, Kommissionsvorsitzenden, Dekans oder Rektors eine Führungsaufgabe darstellt, zu deren Erfüllung Alltagsverstand und wissenschaftliche Qualifikation allein nicht zwingend ausreichen.[687] Dadurch werden vorhandene Schwächen in der Personalführung häufig gar nicht wahrgenommen und auch die Sinnhaftigkeit einschlägiger Weiterbildungsangebote allzu oft als unnötig negiert.[688] So ist es nicht verwunderlich, wenn Professoren als Inhaber akademischer Leitungsfunktionen einen systematischen Lern- und Entwicklungsbedarf nahezu unisono verneinen, während die wissenschaftlichen und nichtwissenschaftlichen Mitarbeiter dieser Führungskräfte durchaus einen Entwicklungsbedarf bei ihren Vorgesetzten sehen.[689]
Ein weiteres Problem besteht darin, dass sich die Wissenschaftler nicht zum Hochschulpersonal zählen.[690] Ihr **Expertenstatus** trägt seinen Anteil dazu bei, dass Personalentwicklungsmaßnahmen bei dieser Zielgruppe nicht auf hohe Resonanz stoßen. Experten werden nicht entwickelt, sondern entwickeln sich selbst. Sie sehen sich selbst als so autonom und kompe-

---
[680] Vgl. Daxner 1996, S. 107
[681] Vgl. Csanyi & Schilling 1990, S. 189
[682] Vgl. Teichler 1990, S. 11 f.
[683] Vgl. Meyer 2005, S. 602
[684] Vgl. Hammerl 2002, S. 222
[685] Vgl. Laske & Meister-Scheytt 2003, S. 171
[686] Vgl. Elvers 2006, S. 350; Grigat 2007b, S. 1
[687] Vgl. Laske & Hammer 1997, S. 36
[688] Vgl. Baier 2006, S. 302
[689] Vgl. Laske & Meister-Scheytt 2003, S. 168
[690] Vgl. Pellert 2000, S. 11 f.

tent an, ihre beruflichen Schwierigkeiten meist ohne direkte fremde Hilfe lösen zu können und sie eher als wissenschaftliches Problem verpackt mit ausschließlich gleichrangigen Wissenschaftlern diskutieren. **Personalentwicklung** läuft also schon dem Namen nach Gefahr, abgelehnt oder allenfalls auf die nicht-professoralen Beschäftigten beschränkt zu bleiben.[691] Problematisch wird insbesondere das Ziel der Personalentwicklung der Beseitigung vorhandener Defizite gesehen. Personalentwicklung beruht auf der Annahme, dass Mitarbeiter nicht nur entwicklungsfähig sondern auch entwicklungsbedürftig und damit in gewisser Weise defizitär sind.[692]

Insbesondere Hochschullehrer der älteren Generation führen an, dass sie selbst auch ohne Aus- und Weiterbildung – nur individuell improvisierend – zur heutigen Position und Kompetenz gekommen sind. Dem ist entgegenzuhalten, dass dies nicht in der heute erforderlichen Breite stattgefunden und nicht zwangsläufig zuverlässig zu entsprechenden Kompetenzen geführt hat.[693]

Interessant ist die Gegenüberstellung von **Selbst- und Fremdbild** von Professoren. In der Öffentlichkeit steht ‚Professor Untat'[694] durchaus in der Kritik: Er zeichne sich durch mangelhaftes berufliches Engagement bzw. ausschließlichem Interesse für die eigene Forschung, einem hohen Maß an Selbstzufriedenheit, fehlendem Krisenbewusstsein und Indifferenz gegenüber den Studierenden aus.[695] Viele Hochschullehrer selbst bezeichnen sich hingegen als „…wahrheitssuchenden, ununterbrochen forschenden Professor, dessen Forschung direkt in seine Lehre fließt…"[696]

Zusammenfassend sehen Universitätsprofessoren aus verschiedensten Gründen vielfach **nicht die Notwendigkeit**, einer (Weiter-)Entwicklung ihrer Kompetenzen. Enders schreibt ihnen sogar ein fehlendes Krisenbewusstsein zu, welchem ihr verzerrtes Selbstverständnis entgegenstehen soll.[697]

Wird dieses z.T. verfälschte Selbstverständnis nicht entzerrt, ist anzunehmen, dass keine Bereitschaft entstehen wird, Zeit in die (Weiter-)Entwicklung neuer Kompetenzen zu investieren.[698]

---

[691] Vgl. Buer 2001b, S. 246; Schulze 2005, S. 95
[692] Vgl. Minssen & Piorr 2004, S. 18
[693] Vgl. Webler 2004, S. 70
[694] So der Titel des Buches von Kamenz & Wehrle 2008
[695] Vgl. Enders & Schimank 2001, S. 159 f.; Finkenstaedt 1995, S. 42
[696] Finkenstaedt 1995, S. 42
[697] Vgl. Enders 1998, S. 74
[698] Vgl. Webler 2003a, S. 14

e) Fächerorientierung statt Corporate Identity

Ein weiterer Punkt stellt die wenig ausgeprägte ‚Corporate Identity' von Professoren mit ihrer Hochschule dar, induziert durch die durchlaufende berufliche Sozialisation. Als Kosmopoliten fühlen sie sich stärker ihrer **Scientific Community** verpflichtet. Da auch wissenschaftliche Reputation primär aus der Forschung aufgebaut wird, sind Motivation und Anspruchsniveau für Lehre und administrative Tätigkeiten eher gering.[699]
Insbesondere der fehlende Anreiz, die eigene Managementkompetenz zu erweitern, kann auf die Universität als Expertenorganisation und die fast ausschließliche Bindung an die Scientific Community zurückgeführt werden. Obwohl die Experten Kontrolle und Koordination dieses Organisationstypus stark beeinflussen, sehen sie sich vorwiegend ihrer Professionalität und ihrem Fachbereich verpflichtet. Die Entwicklung der eigenen Universität ist kein primäres Anliegen von Professoren. Selbstverwaltungstätigkeiten werden im Gegenteil zumeist als Zusatzarbeit gemieden, da sie der eigentlichen Forschungsarbeit entgegenstünde. Ämter werden vielerorts reihum besetzt. Nicht zuletzt dadurch lässt sich in vielen Expertenorganisationen ein tendenziell **niedriger Grad an Professionalisierung der Leitungsarbeit** feststellen.[700]
Personalentwicklung im Wissenschaftsbereich erfolgt daher in erster Linie über die Sozialisation der jeweiligen Disziplin, wohingegen traditionelle Personalentwicklung der Organisation angegliedert ist, zu der, wie bereits mehrfach erläutert, weniger Bezug besteht.[701]

Weitere Ursachen einer fehlenden Teilnahmebereitschaft bestehen in der **mangelnden Information** über die Weiterbildungsangebote.[702] Auch der **Nutzen** einer Teilnahme an Personalentwicklungsmaßnahmen bleibt oft **unklar**. Das Angebot scheint nicht zum Bedarf zu passen oder wird als nicht hinreichend fachspezifisch wahrgenommen.[703]
Webler nennt darüber hinaus noch die Unbekanntheit von Personalentwicklungskonzepten, Überlastung der Personalentwicklungsdezernate, kaum verfügbare aufbereitete Personaldaten und unzureichende Zukunftsvisionen über das künftige Profil des Personalbedarfs.[704] Des Weiteren wird Personalentwicklungsmaßnahmen entgegengebracht, sie seien zu unspezifisch, zeitraubend, defizitorientiert und infantilisieren die Teilnehmer. Für die Praxis gilt, Instru-

---

[699] Vgl. Hartmann 1984, S. 81; Schulze 2005, S. 95
[700] Vgl. Laske & Meister-Scheytt 2003, S. 171; Thom & Tholen 2004, S. 360; Pellert 1995c, S. 131
[701] Vgl. Pellert 2005, S. 32
[702] Vgl. Rosenstiel 1998, S. 217
[703] Vgl. Flender 2004, S. 22
[704] Vgl. Webler 2008, S. 9 ff.

mente der Personalentwicklung nicht zu überschätzen und mit zu hohen Erwartungen zu überfrachten.[705]

Sicherlich stellt die von Professoren selbst häufig angegebene allgemeine **Arbeitsüberlastung und Zeitnot** einen wichtigen Grund dafür dar, dass ein Großteil dieses Personenkreises immer noch viel zu selten die Chance wahrnimmt, sich selbst auf hohem Niveau gemeinsam mit anderen weiterzubilden und den eigenen Wissensstand den neuesten wissenschaftlichen Entwicklungen anzugleichen. Aber „eine Verschiebung von Prioritäten auch auf die persönliche Weiterbildung und das wissenschaftliche update würden die notwendigen Rahmenbedingungen zumindest ermöglichen."[706] Doch die mit der Freiheit von Forschung und Lehre verbundene Autonomie der Professoren „…schließt die Freiheit mit ein, sich organisierten Lernprozessen durch Personalentwicklung zu entziehen."[707]

Allerdings stellt sich auch die Frage, **inwieweit** überhaupt ein etwaiger **Fortbildungsbedarf** bspw. an Lehrqualifikation **befriedigt werden kann**. Laut der Umfrage von Enders und Teichler gaben nur knapp ein Drittel der Hochschullehrer an, dass Ausbildungsangebote für Lehre und Forschung an der eigenen Universität bestünden.[708] Die Kapazität hierfür ist immer noch sehr gering. Doch auch die Nachfrage bspw. nach hochschuldidaktischer Fachliteratur hält sich deutlich in Grenzen. Zudem ist hochschuldidaktische Aus- und Weiterbildung selbstverständlich auf persönliche Vermittlung, d.h. learning by doing, in Workshops und ähnlichem angewiesen. Hier steht ebenfalls eine geringe Anzahl von Hochschuldidaktikern Tausenden von Wissenschaftlern an Hochschulen gegenüber.[709] Der Mangel am Kursangebot zur didaktischen Weiterbildung führt dazu, dass auch bei Überwindung der aufgezeigten Gründe einer fehlenden Teilnahmebereitschaft die Nachfrage nach Personalentwicklungsmaßnahmen mangels Moderatoren nicht gedeckt werden könnte und dass ein Großteil der für die Lehre relevanten Themen bzw. Kompetenzen im bisherigen Angebot kaum berücksichtigt wird.[710] In diesen Ausführungen kommt nochmals die geringe Relevanz einer Lehrqualifikation zu Tage,[711] wobei hier wenigstens schon ein Weiterbildungsangebot besteht. Noch schlechter stellt sich die Situation in Bezug auf die **Managementqualifikationen** dar. Und auch im Hinblick auf die Entwicklung ihrer **Forschungskompetenz** berichten Professoren,

---

[705] Vgl. Auer & Laske 2003, S. 197
[706] Linneweh 2003, S. 158
[707] Laske & Meister-Scheytt 2004, S. 38
[708] Vgl. Mittmann 1995, S. 17
[709] Vgl. Webler 1992, S. 172
[710] Vgl. Csanyi & Schilling 1990, S. 188
[711] Vgl. Webler 1992, S. 172

dass sie keinerlei Unterstützung seitens der Universität bekommen, weder in materieller oder immaterieller Form noch im Angebot von entsprechenden Trainingsmaßnahmen.[712]

3.2.3. Relevanz professoraler Weiterbildung

Trotz der in den vorausgehenden Kapiteln versuchten Sensibilisierung für diese Problematik, mag die Relevanz der Personalentwicklung für Professoren im Alltagsverständnis nicht unbedingt auf der Hand liegen, da deren berufliche Fort- und Weiterbildung als immanenter Bestandteil ihrer Forschungs- und Lehrtätigkeit aufgefasst und damit als Selbstverständlichkeit angesehen wird.[713] Dass dennoch die Notwendigkeit von Personalentwicklung für Hochschullehrer besteht, soll im Folgenden verdeutlicht werden. Das Erfordernis systematischer Weiterbildung besteht dabei in allen Bereichen professoraler Tätigkeiten.

Das wohl größte Defizit des Hochschullehrerberufs besteht darin, dass **keine systematische Ausbildung** für die vielfältigen Aufgaben existiert. So lässt sich dann auch die Notwendigkeit von gezielten Personalentwicklungsmaßnahmen für Hochschullehrer mit der vorherrschenden Qualifikation zum Professor begründen: Einzig im Bereich der Forschung und hier auch nur abseits von Drittmittelakquisition, Projektmanagement, Team- und interdisziplinärer Forschung wird relativ zuverlässig ausgebildet. Entsprechend dem Gefälle des Ansehens der einzelnen Tätigkeiten besteht weder für die Lehre und noch seltener für Managementaufgaben eine vergleichbare, den Namen professioneller Ausbildung verdienende Qualifikation. Hier liegt ein struktureller Mangel der ‚Laufbahn' zum Professorenamt vor. Die Qualifikation für die Lehraufgaben weist bereits erhebliche Mängel auf, da weder pädagogische noch didaktische Inhalte vermittelt werden. Fähigkeiten zur Bewältigung von Verwaltungs- und Gremienarbeit, zum Wissensmanagement oder zur Leitung von Instituten oder Forschungsprojekten werden so gut wie nie gefördert.[714]

Harder identifiziert folgende **Problemfelder** des Hochschulsektors der heutigen Zeit, die eine systematische Aus- und Fortbildung von Professoren erforderlich machen:
- weltweite Konkurrenz um Studierende aufgrund deren erhöhter Mobilität
- erhöhte Finanzmittelkonkurrenz durch knappe Staatskassen und infolge dessen Bedeutungssteigerung von Effizienz und Output

---

[712] Vgl. Adriaenssens, De Prins & Vloeberghs 2006, S. 352
[713] Vgl. Zundja & Mayer 2000, S. 61
[714] Damit soll keineswegs bestritten werden, dass sich mit der Tätigkeit der Nachwuchswissenschaftler in Forschung und Lehre ein Qualifizierungseffekt verbindet. Vgl. Daxner 1996, S. 107; 1999, S. 73; Hartmann 1984, S. 80; Enders 1996, S. 164, 166; Müller-Wolf 1977, S. 78; Webler 1997, S. 13; 2000, S. 231; 2004, S. 68; Enders & Teichler 1995, S. 68

- steigende gesellschaftliche Anforderungen an Produktion und Vermittlung neuer Erkenntnisse (z.b. erhöhter Ingenieurbedarf, Embryonalforschung)
- stetig steigende Studienabbrecherquote
- steigende Nachfrage nach berufsbegleitenden Weiterbildungsmaßnahmen
- Überforderung der Hochschullehrer durch unsystematisch erworbene Lehrkompetenz.[715]

Man mag dieser Liste noch die erhöhte Autonomie von Hochschulleitung und Fachbereichen hinzufügen. Als Organisationsmängel, die eine Personalentwicklung erforderlich machen, können außerdem ergänzt werden: mangelnde Kommunikation, Konfliktfähigkeit und Verwaltungskompetenz, Machtkämpfe, brüchige Entscheidungsprozesse und unzureichende Übernahme von Verantwortung für die gemeinsamen Interessen der Förderung von Lehre und Forschung.[716] Doch auch die (faktische) Unkündbarkeit der Professoren lässt eine Personalentwicklung sinnvoll erscheinen.[717]

Der Auszug aus dem Entwicklungsplan einer Universität bringt es auf den Punkt: „Nicht ihre historischen Erfolge, nicht ihre Visionen, sondern die Mitarbeiter sind die Zukunft der … Universität. Es ist ein allgemeines Defizit der Hochschulen, dass eine fach- und persönlichkeitsorientierte Personalentwicklung soviel wie unbekannt ist. Immer anspruchsvollere Aufgaben verlangen gerade an einer … Universität nach einer ständigen Qualifizierung der Mitarbeiter, sowohl im wissenschaftlichen als auch im nicht-wissenschaftlichen Bereich. Hierin liegt ein enormes, bisher kaum genutztes Entwicklungspotential, welches auszuschöpfen die Voraussetzung zur Erreichung der hochgesteckten Ziele dieser Universität ist. Ihr und dem Staat gegenüber ist die Vernachlässigung der Mitarbeiterförderung unverantwortlich. Jedes talentierte Hochschulmitglied … verdient die bestmögliche Talentförderung…"[718]

Die Notwendigkeit, die Kompetenzen von Hochschulprofessoren (weiter) zu entwickeln, ergibt sich aus verschiedenen Perspektiven. Im Folgenden wird versucht, die Notwendigkeit einer Personalentwicklung für Professoren für die einzelnen Tätigkeitsbereiche herauszustellen.

Management

Der Wandel zur Massenuniversität sowie die Übertragung bislang staatlich-zentraler universitätsorganisatorischer Aufgaben an die Universitäten und der damit verbundenen größeren Entscheidungs- und Gestaltungsspielräume führen dazu, dass sich Universitäten die Geringschätzung und **Unprofessionalität im Management** (inkl. Personalführung) nicht länger leis-

---
[715] Vgl. Harder 2003, S. 32 f.
[716] Vgl. Grubitzsch 2004, S. 337; Laske & Hammer 1997, S. 31
[717] Vgl. Müller & Fisch 2005, S. 15
[718] Auszug aus dem Entwicklungsplan einer Universität zitiert nach Laske & Meister-Scheytt 2004, S. 33 f.

ten können.[719] Die **gestiegene Autonomie** der Hochschulen erfordert seitens der Leitungsorgane erweiterte Kompetenzen. Systematische Weiterbildung von Hochschullehrern würde einen effektiveren und effizienteren Umgang mit zeitlichen und materiellen Ressourcen ermöglichen. Schleppend verlaufende Gremiensitzungen, amateurhafte Verhandlungsführung, ineffektive Sitzungsvorbereitung und schlechte Moderation sind Indizien für die Notwendigkeit der Professionalisierung der Managementkompetenzen der Hochschullehrer.[720] Auch „die für die Initiierung, Gestaltung und Steuerung von **Veränderungsprozessen** notwendige Übernahme persönlicher Verantwortung muss in diesem Zusammenhang ebenso erlernt werden wie die Leitung und Führung mit Zielen."[721] Dadurch, dass die Steuerung der Rahmenbedingungen bislang in der Kompetenz der Ministerien lag, wurden **Verteilungskonflikte** bzgl. Ressourcen (Personal, Gelder, Räume etc.) außerhalb der Universität gelöst und haben das Verhältnis der Experten untereinander nicht beeinträchtigt.[722] Diese müssen nun intern gelöst werden. Hochschullehrer gehen nicht selten mit Geldbeträgen um, die ggf. über ihre Erfahrung und ihren betriebswirtschaftlichen Horizont hinausgehen, nicht nur in Drittmittelprojekten.[723] Bei den Instituten heute handelt es sich zumeist um **erhebliche Werte**, so dass auf dem Hochschullehrer als Institutsdirektor eine besondere Verantwortung lastet. Die größeren Institute verlangen zudem in hohem Maße Organisationstalent.[724] Die Notwendigkeit der Entwicklung von Managementkompetenz lässt sich des Weiteren damit begründen, dass Professoren mit der Berufung die **Verantwortung** für ein Institut und damit auch für vorhandenes oder neu zu gewinnendes Personal übernehmen. In ihrem Arbeitsalltag sind also durchaus Führungskompetenzen gefordert, denn ein Institut stellt ein mehr oder weniger komplexes soziales System dar, dessen Steuerung Führungs- und Organisationsfähigkeiten verlangt. Mit der Übernahme von Selbstverwaltungspositionen (Kommissionsvorsitz, Dekanat etc.) ist sogar Verantwortung für die ganze Universität verbunden.[725] Eine Umfrage bei den Mitarbeitern der Universität Bern ergab zwar eine überwiegend positive Bewertung der Fach- und Sozialkompetenz ihrer Vorgesetzten (meist Ordinarien). Die **Führungskompetenz wurde aber schlechter bewertet.** Kritisiert wurden insbesondere die geringen Förderungs- und Unterstützungsmaßnahmen für die eigene Karriere sowie die fehlenden Möglichkeiten, sich ein konstruktives Feedback einzuholen.[726] „Das Fehlen selbst elementarer Kenntnisse und Fähigkei-

---

[719] Vgl. Pellert 1995c, S. 131 f.
[720] Vgl. Pellert 2005, S. 33; Webler 2000, S. 230; 2004, S. 71
[721] Mehrtens 2006, S. 13
[722] Vgl. Grossmann, Pellert & Gotwald 1997, S. 29 f.
[723] Vgl. Daxner 1999, S. 81
[724] Vgl. Thieme 1965, S. 5
[725] Vgl. Zundja & Mayer 2000, S. 62; Thom & Tholen 2004, S. 357
[726] Vgl. Thom & Tholen 2004, S. 357

ten der Personalführung und -motivation kann nicht durch guten Willen, Taktgefühl und Humanität kompensiert werden."[727] Auch **Mitarbeitergespräche** an Universitäten verfehlen oft mangels erforderlicher Führungs- und Kommunikationskompetenz seitens der Hochschullehrer den gewünschten motivierenden Effekt. Hier sollte den universitären Führungskräften professionelle Unterstützung angeboten werden.[728]

Versäumnisse oder Fehlentscheidungen im Managementbereich können erhebliche Nachteile bei den Studierenden, der Ausbildungsqualität, der Forschungsinfrastruktur, der öffentlichen Finanzen oder der Hochschule als Ganzes zur Folge haben.[729] Unzureichende Sozialkompetenzen schaffen Konflikte und gefährden die Zusammenarbeit.[730] Doch noch fehlen vielen Hochschullehrern die Wahrnehmung und das Bewusstsein, dass die Leitungsaufgaben in komplexen Expertenorganisationen in einer zunehmend dynamischeren Umwelt eine verstärkte Professionalität erfordern.[731]

Solange keine externen Wissenschaftsmanager die Leitungsebenen in Universitäten aufgrund der institutionellen, kulturellen und fachlichen Besonderheiten von Hochschulen besetzen (können),[732] und daher die Ämter der Selbstverwaltung immer noch aus den eigenen Reihen des Lehrkörpers besetzt werden, erscheint es zwingend erforderlich, die dafür erforderlichen Kompetenzen zu entwickeln.[733] Denn Universitäten werden nur in der Lage sein, die bevorstehenden Organisationsentwicklungsmaßnahmen zu bewältigen, wenn der Personalentwicklung künftig mehr Bedeutung beigemessen wird.[734]

Forschung

Auch die bestehende Kritik an der (universitären) Forschung gibt Anlass über Personalentwicklung in diesem Bereich nachzudenken. Insbesondere wird der im internationalen Vergleich relativ **geringe Forschungsoutput** hervorgehoben sowie die **geringe internationale Anerkennung** und Beteiligung an innovativen, internationalen Großprojekten. Neben der vorherrschenden finanziellen Unterausstattung universitärer Forschungseinrichtungen sind diese Defizite auch auf mangelnde Sprachkenntnisse und (im Zuge dessen?) fehlende Auslandskontakte zurückzuführen.[735]

---

[727] Webler 2000, S. 230
[728] Vgl. Möller, Meister-Scheytt & Edlinger 2006, S. 374
[729] Vgl. Webler 2004, S. 67
[730] Vgl. Comelli 1991, S. 312
[731] Vgl. Laske & Meister-Scheytt 2006, S. 106
[732] Vgl. Laske & Meister-Scheytt 2006, S. 102
[733] Vgl. Webler 2004, S. 70
[734] Vgl. Krumbiegel et al. 1995, S. 532
[735] Vgl. Brockhoff 1993; Busse et al. 1992, Scheer 1991; WR 1993

Angesichts zunehmender **Internationalisierung und Globalisierung** fordert Gaugler die Entwicklung von interkultureller Kompetenz, die vor allem ein hohes Maß an fächerübergreifender Kooperationsbereitschaft erfordere.[736] Doch bereits vor dieser Entwicklung war und ist die Wissenschaft so international wie kaum ein anderer Bereich. Sprachkenntnisse waren daher von jeher für die Lektüre und den persönlichen Erfahrungsaustausch mit ausländischen Kollegen förderlich.[737]

Obwohl **Projektarbeit** zu den zentralen Arbeitsformen der Hochschulen gehört, wird häufig nicht mit professionellen Mitteln der Projektplanung und -steuerung gearbeitet. Eine australische Studie ergab mangelhafte Kenntnisse seitens der Professoren „…im Bereich des Projektmanagements und der Fähigkeit, rechtliche Fragestellungen zu klären, Projektteams zusammenzustellen, technische Probleme zu verstehen und vorausschauend lösen zu lassen."[738] Insbesondere kristallisierten sich Defizite in der Planung und falsche Einschätzung eigener Kompetenzen heraus. Zudem sind auch Fähigkeiten gefragt „…ein geeignetes Team zusammenzustellen und zu leiten und die geeigneten Rahmenbedingungen sicherzustellen."[739]

Weitere Änderungen des Kompetenzbedarfs ergeben sich durch den **Wandel der Grundlagenforschung**: „Die traditionelle, an freiem, individuellem Erkenntnisinteresse orientierte Grundlagenforschung wird in immer größeren Bereichen abgelöst durch eine mit Hilfe öffentlicher oder privatwirtschaftlicher Programme geförderte Grundlagenforschung, die bereits „strategischen Anwendungsbezug" hat, mit anderen Worten gezielt auf bestimmte Verwertungsinteressen hin angelegt ist, obwohl selbst noch zur Grundlagenforschung gehörig."[740] Dadurch hängt die Zuweisung von Forschungsgeldern zunehmend von der Transfer- und praktischen Verwertbarkeit der Forschungsergebnisse ab. Die **Änderungen in der Forschungsfinanzierung** und der Einwerbung von projektgebundenem Personal, durch die sorgfältige Projektanträge und kollegiale Begutachtung an Bedeutung gewonnen haben, machen zusätzliche Kompetenzen erforderlich wie bspw. die Fähigkeit zur Teamforschung oder Personalführung (abhängigem wissenschaftlichen Personal wie technischem und Verwaltungspersonal gegenüber) und Drittmittelakquise. Letztere erfordert daher die Fähigkeit seitens der Wissenschaftler, Kontakte zu außeruniversitären Kooperationspartnern zu knüpfen, ihr Vorhaben verständlich zu kommunizieren und dessen Nutzen anschaulich zu präsentieren. Um ihre Forschungsergebnisse einer breiten Öffentlichkeit nutzbar und zugänglich machen zu können, müssen Wissenschaftler in der Lage sein, sich und ihre Forschung zu vermarkten.

---

[736] Vgl. Gaugler 1994, S. 5 ff. zitiert nach Mittmann 1995, S. 26
[737] Vgl. Bergerhoff 1981, S. 17
[738] Bremer 2003, S. 328 f.
[739] Bremer 2003, S. 328 f.
[740] Webler 2000, S. 228

Dabei haben bspw. Diskussionen über Kernenergie und Gentechnik dazu geführt, dass Wissenschaft nicht mehr sofort mit Forschritt gleichgesetzt wird. Das öffentliche Vertrauen weicht einer verbreiteten **Skepsis gegenüber der Wissenschaft**. Die Bedeutung wissenschaftsethischer Fragen steigt bei gleichzeitig zunehmendem Kostenbewusstsein der Öffentlichkeit. Insbesondere muss aber das Problem der Experten-/Laienkommunikation gelöst werden. Das Vertrauen der Öffentlichkeit erlangt man nur durch Transparenz, also der verständlichen Kommunikation von Forschung und ihren Ergebnissen. Aufgabe der universitären Personalentwicklung ist es nun, für diese Erfordernisse zu sensibilisieren und parallel entsprechende Weiterbildungsangebote zur Verfügung zu stellen, die Know-how über effektives Marketing, gezielte Kommunikation oder überzeugende Präsentation vermitteln, um die Forschung marktfähig und projektförmig zu organisieren oder doch wenigstens so erscheinen zu lassen.[741]

Die **abnehmende Halbwertzeit des Wissens** und immer **leistungsfähigere Computergenerationen**, die zwar aufwendige und komplizierte Denkoperationen beschleunigen aber daneben auch eine unüberschaubare Flut von Daten und Informationen generieren, führen dazu, dass es selbst bei starker Spezialisierung und Routine im Umgang mit Fachbüchern und -zeitschriften unmöglich ist, alles Relevante rechtzeitig zu erfassen.[742] Um diese Informationsflut auch nur ansatzweise zu bewältigen, aber auch die Vorteile der universellen Informationsverfügbarkeit (Flexibilität, Möglichkeit des Anpassens an sich verändernde Anforderungen) zu nutzen, erlangt die Fähigkeit modernste Hilfsmittel wie Datenbanken und Expertensysteme effektiv zu nutzen einen unschätzbaren Wert.[743]

Auch der Prozess der **Internationalisierung** sollte durch geeignete Personalentwicklungsmaßnahmen zur interkulturellen Kompetenz begleitet werden. Doch hier sehen die Lehrenden trotz der sich wandelnden Anforderungen keinen Bedarf an derartigen Qualifikationen.[744]

Darüber hinaus bietet Personalentwicklung auch für die **eigentliche Forschungsproduktion** Unterstützung an, indem sie bspw. Einführungen in die Anwendung von Kreativitätstechniken bietet. „Je mehr auch in der Forschung geplant und in Gruppen gearbeitet wird, desto mehr kommt die Anwendung von Kreativitätstechniken in Betracht."[745]

---

[741] Vgl. Webler 2000, S. 228 f.; 2004, S. 66 f.; Kopp & Weiß 1995, S. 119; Brand, Spinath & Plass 2001, S. 75 f.; Enders & Teichler 1995, S. 189
[742] Faix und Laier sprechen von über 500.000 Fachzeitungsartikel, Laborberichte und Dissertationen, die eine Chemikerin jährlich durcharbeiten müsste, um auf dem neuesten Forschungsstand ihres Berufes zu bleiben. Vgl. Faix & Laier 1991, S. 38 f.
[743] Faix & Laier 1991, S. 38 f.
[744] Vgl. Hahn 2004, S. 315 f.
[745] Geschka 1986, S. 324

Lehre

Die Einführung von **Studiengebühren** hat die Erwartungshaltung an die Lehrqualität und damit auch an die Lehrkompetenz der Hochschullehrer erhöht und mündete in der Forderung, das bestehende Professionalisierungsdefizit in der Ausbildung und Ausübung des Hochschullehrerberufs müsse beseitigt werden.[746] Mangelndes Engagement, fehlende konstruktive Rückmeldungen, Überbetonung des fachspezifischen Faktenwissens, uninteressante Lehre, unprofessionelle Vermittlungsqualität und zum Teil sogar nicht aktueller Forschungsstand sind die von Studenten häufig geäußerten Meinungen, die Anlass zu Weiterbildungsmaßnahmen von Hochschullehrern geben könnten.[747]

Anzunehmen ist, dass sich die Qualität akademischer Lehre oftmals nicht an den aktuellen **Erkenntnissen der Hochschuldidaktik** orientiert.[748] „Wieviel Zeit – Studienzeit und Lebenszeit der Studierenden – wird in unseren Hochschulen achtlos vertan, weil der Hochschullehrer die elementarsten Erfordernisse akademischen Unterrichts nicht kennt, sich möglicherweise auch nie ernsthaft darum bemüht hat, weil er sich über solche unwissenschaftlichen Senken erhaben weiß!"[749] Gleiches gilt für die Fähigkeit des **Prüfens**. Glaubt man daran, „...dass Prüflinge immer nur so gut sind, wie es die Prüfer verstehen, jene möglichst angstfrei zum Zuge kommen und präsentieren zu lassen, was sie sich im Studium erarbeitet und angeeignet haben,"[750] dann erwarten Studierende sicherlich von Hochschullehrern, diese Aufgabe zu erlernen.[751] Defizite in diesem Bereich können besonders schwerwiegende biografische Auswirkungen haben, zählen sie doch zum wichtigsten Steuerungsinstrumentarium des Studiums (und der Nachwuchsförderung, man denke nur an Promotions- und Habilitationsverfahren). Objektive Leistungsbewertungen mit Anforderungsgleichheit über Studierende und Jahrgänge hinweg erfordern Prüfungskompetenzen. Die Realität der Hochschulprüfungen scheint von testtheoretischen und rechtlichen Ansprüchen relativ weit entfernt zu sein.[752] „Prüfen ist im Bereich der Hochschule, trotz Jahrhunderte langer Erfahrung mit Prüfungen, mehr noch als Lernen, ein ungelerntes Geschäft."[753] Dennoch wird dieses Problem größten-

---

[746] Vgl. Webler 2004, S. 74; Enders & Teichler 1995, S. 176. Defizite in der Hochschuldidaktik können insbesondere in der Lehrerausbildung in einen ‚Teufelskreis' führen, da hieraus wiederum mangelnde Studierfähigkeit seitens der Abiturienten resultieren kann. Vgl. Webler 2003a, S. 15

[747] Vgl. Welbers 1995, S. 87; BMBW 1987, S. 108; Briedis, Kolja & Minks 2001; Bargel 2001; Huber 1990a, S. 79

[748] Vgl. Webler 1992, S. 155

[749] Conrady 1993

[750] Conrady 1993

[751] Hier sei angemerkt, dass ein Studierender auch beim kompetentesten Prüfer nicht bestehen wird, wenn er das Themengebiet der Prüfung nicht beherrscht.

[752] Vgl. Webler 2000, S. 231; Daxner 1996, S. 115

[753] Brückel et al. 2000, S. 4

teils nicht als solches erkannt. Dabei wäre eine systematische Aus- und Weiterbildung in Prüfungsrecht, Methodik und Praktiken relativ einfach zu bewerkstelligen.[754]

Auch die **verstärkt geforderte Berufsorientierung** universitärer Ausbildung führt dazu, dass die traditionelle Qualifikation von Professoren (Fachwissen) nicht mehr als ausreichend angesehen wird.[755] Verstärkt wird diese Entwicklung durch die Einführung von berufsqualifizierenden (und nicht allgemeinbildenden wie in den USA) Bachelor-Studiengängen.[756] Dennoch bleiben viele Professoren angesichts des enormen Anstiegs der Studentenzahlen unbeeindruckt und halten an ihrer forschungsorientierten Lehre fest, wo der Student dem Forscher bei der Arbeit ‚über die Schultern' sieht. „Dagegen gibt es an sich nichts einzuwenden. Nur ist der Blick über die Schulter bei 100 Studierenden im Kurs nicht mehr möglich."[757]

Ohne entsprechende Weiterbildungsmöglichkeiten greifen auch die neu eingeführten **Lehrevaluationen** zu kurz.[758] Sie wären vielleicht ein Instrument der Sanktion, kaum aber der Verbesserung.[759]

Ebenfalls erfordern der **technische Wandel** und die Neuen Medien erweiterte Kompetenzen in allen Tätigkeitsbereichen der Professoren.[760] Insbesondere in der Lehre ist Medienkompetenz zu einer Schlüsselqualifikation geworden, die einer stetigen Aktualisierung bedarf: „Hochschullehrer des 21. Jahrhunderts müssen in der Lage sein, junge Menschen angemessen durch die immer komplexere informationelle Umwelt zu führen. Die Moderation des Lernens in computerisierten Lernumgebungen ist gefordert."[761] Doch auch das **Rollenverständnis** wandelt sich im Kontext Neuer Medien. Neue Lehrmethoden im Rahmen netzbasierter Lehre und hybride Veranstaltungsformen rücken die kommunikativen Aspekte, das selbstgesteuerte Lernen, die Aktivierung von Studierenden, kooperative Lernformen und damit die Lernerzentriertheit in den Mittelpunkt. Die Abkehr von der Lehr- hin zu einer Lernorientierung lässt den Hochschullehrer zum Tutor, Berater, ‚Facilitator', Mentor oder Coach werden.[762]

Noch werden die didaktischen Möglichkeiten Neuer Medien nicht annähernd ausgeschöpft, da es den Verantwortlichen oftmals an Medienkompetenz zu mangeln scheint.[763] Studierende bemängeln insbesondere die schlechte technische Qualität des Lehrangebots, die unzurei-

---

[754] Vgl. Webler 2000, S. 231; Daxner 1996, S. 115
[755] Vgl. Webler 2000, S. 231
[756] Vgl. Webler 2000, S. 233
[757] Herbert 2007, S. 39
[758] Vgl. Pellert 2000, S. 14
[759] Vgl. Pellert 1995c, S. 124
[760] Gestaltung der eigenen Arbeitsprozesse, Einsatz multimedialer Lehr- und Lernmittel, digitale Unterstützung der administrativen Verwaltung etc. Vgl. Bönkost 1998, S. 10; Bremer 2003, S. 323
[761] Schulmeister 2005b, S. 228
[762] Vgl. Bremer 203, S. 329
[763] Vgl. Bönkost 1998, S. 1; Schulmeister 2001, S. 364 zitiert nach Traxel, Schulte & Hennecke 2004, S. 89

chende Online-Kommunikation, -Kooperation und -Betreuung.[764] Wird hier nichts unternommen, besteht die Gefahr, dass die (Qualifikations-)Lücke zwischen technischen Möglichkeiten des Einsatzes Neuer Medien und den individuellen Möglichkeiten des Einsatzes immer größer wird.[765]

Empirische Befunde und theoretische Herleitungen belegen, dass die Lehrqualität in erheblichem Maß von der Lehrkompetenz der Lehrenden abhängt, welche durch hochschuldidaktische Personalentwicklung beeinflusst werden können.[766]

Und da es für Hochschullehrer kein Referendariat gibt, um wenigstens die Grundlagen pädagogischer Sozialkompetenz zu erlernen, bleibt nur die Weiterbildung der bereits im Beruf befindlichen Lehrenden.[767]

Nachwuchsförderung

Insbesondere in Bezug auf die Betreuung des wissenschaftlichen Nachwuchses ist von einem **eindeutigen Weiterbildungsbedarf** seitens vieler Hochschullehrer auszugehen. Umfragen zufolge meint jeder fünfte Doktorand, dass sein Professor sich **mit dem Promotionsthema zu wenig auskennt**. 30 Prozent bemängeln, dass der Doktorvater sie ‚**nicht richtig motiviert**' und bei Problemen **nicht genug Feedback** gibt. Jeder vierte klagt darüber, dass sein **Betreuer schlecht vorbereitet** zu gemeinsamen Treffen kommt. Jeder siebte Doktorand wird überhaupt nicht vom Doktorvater betreut.[768] Bzgl. des **Aufbaus von Netzwerken** fühlen sich 40 Prozent der Doktoranden von ihren Betreuern unterstützt. Doch die Integration in die nationale und internationale Wissenschaftsgemeinschaft seines Fachgebietes erfolgt insbesondere über die Teilnahme an Kongressen und durch Forschungsaufenthalte an anderen Institutionen. Zwar haben zwei Drittel bereits mindestens einmal an einem Kongress in Deutschland teilgenommen und etwas weniger haben dort auch einen eigenen Vortrag gehalten, jedoch hatte die Mehrheit der Doktoranden bis zum Zeitpunkt der Befragung noch keine Gelegenheit, aktiv oder passiv an einem Kongress im Ausland teilzunehmen. Dennoch fühlen sich knapp zwei Drittel im Allgemeinen gut betreut.[769] Mues erklärt sich das mit der geringen

---

[764] Vgl. Schmid 2005, S. 40
[765] Vgl. Bönkost 2004, S. 251
[766] Vgl. Soellner & Lübeck 2002, S. 11
[767] Vgl. Thomas 1991, S. 196
[768] Bei den Habilitanden ergibt sich ein ähnliches Bild: Hier erfahren nur ein Drittel eine wissenschaftliche inhaltliche Betreuung ihrer Arbeit. Am häufigsten wurden bei der Betreuung vermisst: Kritik, Anerkennung, Anregungen, wissenschaftlicher Austausch, Vorbereitung auf das Forschungs- und Projektmanagement. Vgl. Berning, von Harnier & Hofmann 2001, S. 42 f.
[769] Vgl. Briede, Gerhardt & Mues 2004, S. 16 ff.

Erwartungshaltung an eine Promotion: Wer keine großen Ansprüche an eine Betreuung stellt, kann auch bei der Unterstützung nicht groß enttäuscht werden.[770]
Obwohl anzunehmen ist, dass die Art der Personalführung des Doktorvaters bei der Motivation des wissenschaftlichen Nachwuchses eine bedeutende Rolle spielt, nehmen Professoren ihre **Führungsaufgaben** anscheinend nur **selten wahr**. Insbesondere mangelt es an klaren Leitlinien und Erfolgskriterien für Aufgabenerfüllung und Promotion. Die meisten Doktoranden wünschen sich ein konkretes, regelmäßiges und systematisches Feedback zum Stand der Dissertation oder der individuellen Kompetenzentwicklung, Förderung der Karriereplanung und nicht zuletzt auch menschliche Unterstützung.[771]
Es ist anzunehmen, dass die häufig fehlende Sensibilität der Führungskräfte im Wissenschaftsbereich gegenüber diesem Thema das ihre dazu beiträgt, dass eine große Zahl wissenschaftlicher Mitarbeiter die **formale Höherqualifizierung** in der Laufzeit ihrer Verträge **nicht erreicht**.[772]
Der vorherrschende Führungsdilettantismus erscheint gerade in Zeiten des knapper werdenden wissenschaftlichen Nachwuchses, der internationalen Vergleichbarkeit und Austauschbarkeit wissenschaftlicher Karrieren und des steigenden Wettbewerbs auf dem wissenschaftlichen Arbeitsmarkt als hochgradig problematisch.[773]

Die bereits angesprochene **zeitliche Überbelastung** gibt ebenfalls Anlass über Personalentwicklung nachzudenken. Zu denken wäre bspw. an Methoden der Arbeitsorganisation und des Zeit- oder auch Gesundheitsmanagements, die eine sinnvolle Verbindung aller Bereiche erlauben.[774]

Es sollte deutlich geworden sein, dass selbst herausragende fachliche Kompetenzen bei weitem nicht mehr ausreichen, um dem komplexen Anforderungsprofil eines Hochschullehrers gerecht zu werden.[775] Früher mag der Kenntnisstand bei der Berufung für ein ganzes Hochschullehrerleben ausgereicht haben, doch heute wird auch (gerade) für Professoren lebenslanges Lernen immer wichtiger. Diese Erkenntnisse scheinen jedoch erst wenig Eingang in den Berufsstand des Hochschullehrers gefunden zu haben.[776]

---

[770] Vgl. Briede, Gerhardt & Mues 2004, S. 18; Hartung 2004
[771] Vgl. Küpper & Hartmann 1997, S. 349; Schmidt 2008, S. 30
[772] Vgl. Hanft 2004, S. 124
[773] Vgl. Thom & Tholen 2004, S. 365
[774] Vgl. Welbers 1997, S. 100
[775] Vgl. Bunk, Kaiser & Zedler 1991, S. 365; Nagel 1991, S. 30
[776] Vgl. Nagel 1991, S. 31

Eine sehr passende Analogie findet sich bei Vossenkuhl: „So wie eine grammatikalisch richtige Satzbildung strukturell von der richtigen Bildung seiner Teile bzw. Phrasen abhängt, wird das qualitative Ziel einer Hochschule über die richtige Struktur der Teilziele gesichert. Qualitätsförderung und -sicherung funktioniert ähnlich wie die Grammatik einer Sprache. Wenn nur eine der Phrasen falsch oder unzureichend gebildet ist, stimmt der ganze Satz nicht. Dann nützt es auch nichts, wenn die anderen Teile in Ordnung sind."[777]

Wichtig ist also nicht nur die Notwendigkeit einer systematischen Ausbildung anzuerkennen sondern auch das **Erfordernis lebenslanger Weiterbildung** in allen Tätigkeitsbereichen eines Professors.[778] Die von Senge in seinen Buch ‚The Fifth Discipline' vorgestellte ‚Lernende Organisation' ist eine dezentralisierte, nicht hierarchisch strukturierte und neben dem eigenen Erfolg auch das Wohlbefinden und die fachliche und persönliche Weiterentwicklung ihrer Mitglieder im Blick habende Organisation.[779] Flexibilität, Kreativität, Lernfähigkeit und andere personale Kompetenzen sind notwendig, um sich den veränderten Anforderungen anzupassen.[780] Auch Universitäten als ‚Lehrende Organisationen' sollten nicht verpassen zu ‚**Lernenden Organisationen**' zu werden. Dazu ist insbesondere ein verändertes Selbstverständnis des Lehrkörpers erforderlich.[781] Während das Bewusstsein für Fortbildungserfordernisse auch nach der Berufung im Bereich der Forschung wie selbstverständlich vorhanden ist, muss es sich für die anderen Aufgabenbereiche erst noch entwickeln.[782]

Webler zieht folgendes **Fazit**: „Falls es zu keiner derartigen Bündelung, Steigerung und Verstetigung des Kompetenzerwerbs zum Hochschullehrer kommen würde,
- nähme die Überlastung der Hochschullehrer mangels entlastender Professionalität zu,
- wäre die Förderung des wissenschaftlichen Nachwuchses weiterhin hochgradig von zufälligen Personenkonstellationen abhängig,
- verliefe das Niveau der Ausbildung suboptimal und
- hätten Forschung und Lehre weiterhin hohe Effektivitäts- und Effizienzverluste, die sich – soweit es das Studium betrifft – unmittelbar in höheren drop out Quoten und geringerer Ausbildungsqualität der Absolventen niederschlagen würde."[783]

Ausgehend von dem Tätigkeitsspektrum eines Hochschullehrers, das sich aus den Kernaufgaben der Universität ableitet, galt es ein Anforderungsprofil für die Stelle eines Hochschullehrers zu erarbeiten. Nach einem Soll-Ist-Vergleich zwischen dem Anforderungsprofil der Stelle

---

[777] Vossenkuhl 2006, S. 2
[778] Vgl. Webler 2004, S. 67
[779] Vgl. Zuber-Skerritt 1997, S. 294
[780] Vgl. Kuhl & Henseler 2003, S. 434
[781] Vgl. Webler 2000, S. 233
[782] Vgl. Webler 2004, S. 70
[783] Vgl. Webler 2004, S. 74

und den Qualifikationen und Kompetenzen der Hochschullehrer können nun Trainings-Maßnahmen zur Angleichung der Soll-Ist-Positionen entwickelt werden.

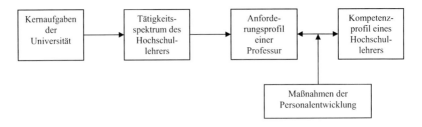

Abbildung 8: Personalentwicklungsmaßnahmen zur Anpassung des Kompetenz- an das Anforderungsprofil[784]

3.3. Theoretischer Zugang zur Kompetenz(weiter)entwicklung

Zum besseren Verständnis der Gestaltung eines entsprechenden Personalentwicklungsangebots werden nachfolgend Grundlagen der Personalentwicklung im Allgemeinen und Theorien der mikrodidaktischen Gestaltung im Besonderen aufgezeigt.

3.3.1. Allgemeine Grundlagen zur Personalentwicklung

In der Literatur gibt es **kein einheitliches Verständnis** von Personalentwicklung. Es liegen zahlreiche, z.T. uneinheitliche Inhaltsbestimmungen vor.[785] Während sich **enge Begriffsfassungen** inhaltlich auf betriebliche Qualifizierungsprozesse wie Aus- und Weiterbildung begrenzen, schließen **weite Definitionen** neben Bildungs- auch Förderungsmaßnahmen sowie Organisationsentwicklung mit ein.[786] Nach Becker umfasst Personalentwicklung demnach „... alle Maßnahmen der Bildung, der Förderung und der Organisationsentwicklung, die zielgerichtet, systematisch und methodisch geplant, realisiert und evaluiert werden."[787] Daher besitzt Personalentwicklung für Neuberger auch eine **Mehrdimensionalität**. Er unterscheidet die personale, interpersonale und apersonale Perspektive. Dies entspricht den drei Ansatzpunkten oder Wirkungsfeldern von Personalentwicklung: Individuum – Gruppe – Organisation. Das gilt insbesondere für die weite Begriffsfassung, die Personalentwicklung als Gesamtheit aller drei Aktivitäten versteht. Damit ist jede Maßnahme, die in Unternehmen durchge-

---

[784] Eigene Darstellung
[785] Eine gute Übersicht über die verschiedenen Definitionen bieten Neuberger 1994, S. 4 f. sowie Becker 2005, S. 8 f.
[786] Vgl. Rosenstiel 1998, S. 206; Becker 2005, S. 4
[787] Becker 2005, S. 8

führt wird auch Personalentwicklung, da jede Veränderung der Bedingungen Anpassungsreaktionen in allen Systemkomponenten (den personalen, interpersonalen und apersonalen) nach sich zieht.[788] Conradi hingegen versteht unter Personalentwicklung die „Summe von Maßnahmen .., die systematisch, positions- und laufbahnorientiert eine Verbesserung der Qualifikationen der Mitarbeiter zum Gegenstand haben mit der Zwecksetzung, die Zielverwirklichung der Mitarbeiter und des Unternehmens zu fördern."[789] Personalentwicklung im engeren Sinn geht also davon aus, dass ein **Soll-Ist-Defizit** zwischen (künftigen) Anforderungen und vorhandenen Kompetenzen besteht.[790]

Nach dem Berufsbildungsgesetz ist Fort- bzw. Weiterbildung – die Begriffe werden häufig synonym verwendet – eine Sammelbezeichnung für alle Aktivitäten, durch die es ermöglicht wird, die berufliche Handlungsfähigkeit zu erhalten, zu erweitern, veränderten Bedingungen anzupassen oder beruflich aufzusteigen.[791] Entsprechend kann zwischen **Erhaltungs-**, **Erweiterungs-**, **Anpassungs-** und **Aufstiegsfortbildung** unterschieden werden.[792]

Seit Einführung des Kompetenzbegriffs wird vielfach auch von **Kompetenzentwicklung** gesprochen, die der Erweiterung, Umstrukturierung und Aktualisierung von Kompetenzfacetten dient. Ziel ist die Entwicklung, Sicherung und Verbesserung einer umfassenden beruflichen Handlungskompetenz, welche den Mitarbeiter dazu befähigen „...die zunehmende Komplexität seiner beruflichen Umwelt zu begreifen und durch ziel- und selbstbewusstes sowie reflektiertes und verantwortliches Handeln zu gestalten."[793]

Auf Hochschulen bezogen beinhaltet Personalentwicklung „alle Maßnahmen, die einerseits der beruflichen und persönlichen Entwicklung der MitarbeiterInnen und andererseits der Qualitätssteigerung und -sicherung der Hochschule dienen."[794]

Dies verweist auf den Personalentwicklung immanenten **Doppelzielcharakter**, da neben dem organisationalen Interesse nach qualifizierten Mitarbeitern auch deren kompetenz- und berufsbezogene Ziele Berücksichtigung finden sollten.[795] Eine dabei oft unterstellte Interessenharmonie darf jedoch nicht (einfach) vorausgesetzt werden. Letztlich stehen zumeist die Interessen und Ziele der Organisation im Vordergrund.[796]

---

[788] Vgl. Conradi 1983, S. 13
[789] Conradi 1983, S. 3
[790] Vgl. QUEM 2007, S. 11
[791] Vgl. § 1 IV BBiG
[792] Vgl. Schanz 2000, S. 485. Eine weitergehende Ausdifferenzierung findet sich bei Brackhane 1986, S. 110.
[793] Sonntag, Schaper & Friebe 2005, S. 36
[794] Pellert 2004c, S. 348. Im Folgenden werden die Begriffe Kompetenz- und Personalentwicklung synonym verwendet.
[795] Vgl. Schanz 2000, S. 143
[796] Vgl. Conradi 1983, S. 4; Rehling 2008, S. 6

Dabei betreffen die **Ziele** universitärer Personalentwicklungsmaßnahmen
- „den kognitiven Bereich (z.B. Informationen über neue Forschungs- und Arbeitsergebnisse)
- den sozialen Bereich (z.B. Verbesserung der Kommunikations- und Kooperationsfähigkeiten) und
- den affektiven Bereich (z.B. positive Einstellung zu Studierenden und zur Lehre, Motivierung zur Anwendung des Gelernten in der eigenen Unterrichtspraxis)."[797]

Während die **organisationalen Interessen** primär die Effizienz und Flexibilität betreffen, z.B. die Beseitigung aktueller und zukünftiger Kompetenzdefizite, Verbesserung des Leistungs- und Sozialverhaltens oder interne Gewinnung von Nachwuchskräften etc., stehen **seitens der Mitarbeiter** Arbeitsplatzsicherung, beruflicher Aufstieg oder die Chance zur Selbstverwirklichung im Vordergrund.[798]

Im Kontext dieser Arbeit besteht die **Aufgabe der Personalentwicklung** darin, Hochschullehrer zu befähigen, die universitären Kernprozesse in Forschung, Lehre und Management möglichst kompetent zu gestalten. Dementsprechend soll Personalentwicklung versuchen, die Kenntnisse, Fähigkeiten und Fertigkeiten der Hochschullehrer (selbstorganisiert) zu erhalten, verbessern, vertiefen und/oder zu erweitern, um den sich wandelnden Anforderungen kompetent begegnen zu können.[799] Dies beinhaltet jedoch auch die Beeinflussung von Werthaltungen und Verhaltensformen. Gewissermaßen unvermeidbar ist dabei auch die Formung der Persönlichkeit. Die in der Literatur verbreitete Forderung nach der Ausrichtung dieser Entwicklungsprozesse an den universitären Strategien erscheint jedoch aufgrund oftmals (noch) fehlender strategischer Konzepte als schwer umsetzbar.[800]

Träger universitärer Personalentwicklung sind die **Hochschulleitung** durch strategische Ausrichtung des Personalmanagements, die **zentralen** und **dezentralen** (Fakultäten/Fachbereiche) **Einheiten der Personalentwicklung** durch Institutionalisierung des Bereiches sowie Entwicklung, Koordination und Angebot von Personalentwicklungsinstrumenten, die **unmittelbaren Vorgesetzten** (Dekane, Präsident bzw. Rektor) als Schnittstelle von Organisationszielen und Mitarbeiterwünschen sowie die operative Durchführungsebene und die **Zielgruppe der Professoren** selbst.[801]

---

[797] Berendt 1995, S. 46
[798] Vgl. Schanz 2000, S. 143; Kailer 2004, S. 770 f.; Mentzel 1989, S. 29 f.
[799] Vgl. Kanning 2005, S. 62; Münch 1995, S. 9
[800] Vgl. Laske & Meister-Scheytt 2004, S. 38
[801] Vgl. Pellert & Widmann 2008, S. 104; Becker & Tölle 2001, S. 6

Dabei muss entschieden werden, ob die Maßnahmen **intern** oder **extern** durchgeführt werden sollen. Folgende Tabelle stellt die jeweiligen Vor- und Nachteile gegenüber:

	Vorteile	Nachteile
Intern	- Ausrichtung der Themen auf spezielle Anforderungen der Hochschule möglich - Trainer kennen das Arbeitsumfeld und können mit konkreten Beispielen arbeiten - Zeitliche Flexibilität - Kosteneffektivität - Stärkung der Corporate Identity mit der Universität - Förderung der internen Kommunikation	- Mangelndes Methoden-Know-how der Trainer - Mangelnde Akzeptanz der Trainer, wenn es sich um Kollegen handelt - ‚Betriebsblindheit'
Extern	- Breites Angebot - Motivationseffekt durch die Auswahl zur Teilnahme - Neue Impulse durch andere Umgebung - Know-how spezialisierter Trainer darf hoch eingeschätzt werden - Interne Ausarbeitung und Organisation der Maßnahmen entfällt - Überwinden interner Barrieren - Systematischer Erfahrungsaustausch über Organisationen und Fachdisziplinen hinweg	- Bezug der Themen auf spezielle Bedürfnisse der Hochschule problematisch - Qualität der Maßnahmen ist unbekannt - Methoden sind nicht beeinflussbar - Transferproblem, d.h. Umsetzung des Gelernten auf die Arbeitssituation - Evtl. längere Abwesenheit als der vergleichbare Ausfall bei internen Maßnahmen - Hohe Kosten

Tabelle 2: Vor- und Nachteile interner und externer Entwicklungsmaßnahmen[802]

Die hohen Kosten externer Maßnahmen könnten evtl. durch den **Multiplikatoreffekt** abgeschwächt werden, wenn nur wenige Professoren an der Weiterbildung teilnehmen und das Gelernte weitergeben. Als Hochschullehrer sind sie es gewohnt, Wissen aufzubereiten und zu vermitteln. Außerdem vertieft sich der Lerneffekt durch die abermalige Auseinandersetzung mit den Inhalten und deren eigenständige Aufbereitung und Präsentation.[803] Mittmann hält jedoch die internen Maßnahmen langfristig für die bessere Alternative, insbesondere wegen der niedrigeren Kosten und des weitgehend fehlenden Angebots externer Anbieter.[804] Zudem könnten die Potenziale der Universitäten besser ausgenutzt werden. Hochschullehrern ist die Trainerfunktion nicht fremd, außerdem sind sie Experten in ihrem Fachgebiet. Diese Potenziale sollten i.S. einer synergetischen Personalentwicklung genutzt und unter den Professoren untereinander zugänglich gemacht werden.[805]

Nun besteht Personalentwicklung nicht nur in der Inanspruchnahme einer kurzfristigen Seminarmaßnahme, sondern vollzieht sich vielmehr als **Prozess**. Viele Modelle zum Ablauf der Personalentwicklung enthalten vier Phasen: (1) Bedarfsanalyse, (2) Planung, (3) Durchführung und (4) Evaluation.[806]

---

[802] Vgl. Mittmann 1995, S. 46; Schwuchow 1992, S. 29
[803] Vgl. Mittmann 1995, S. 47
[804] Vgl. Mittmann 1995, S. 47
[805] Vgl. Mittmann 1995, S. 47 f.
[806] Vgl. Kanning 2005, S. 64; Rehling 2008, S. 5

Am Anfang steht die **Bedarfsanalyse**. Hier ergeben Anforderungs-, Adressaten- und Ursachenanalyse die Anforderungen der gegenwärtigen und zukünftigen Tätigkeiten, die Qualifikation, Motivation und das Potenzial des Mitarbeiters sowie die Gründe etwaiger Diskrepanzen eines Soll-Ist-Vergleichs.[807] Diese vorbereitenden Maßnahmen dienen dazu, die Instrumente auf die Zielgruppe abzustimmen und Erwartungen sowie etwaige Befürchtungen der Teilnehmer kennen zu lernen, damit die erwünschte Verknüpfung von Trainingszielen und persönlichen Entwicklungszielen erreicht werden kann.[808] Die Erhebung des individuellen Entwicklungsbedarfs sollte in enger Abstimmung mit den Professoren erfolgen, um die Akzeptanz der Personalentwicklungsmaßnahmen zu erhöhen. In diesem Zusammenhang kann die Durchführung einer schriftlichen Befragung der Hochschullehrer zu Themen und Inhalten der Fort- und Weiterbildung sinnvoll erscheinen.[809] Außerdem ist die Teilnahmebereitschaft seitens der Hochschullehrer zu klären, hier könnte ein Mangel an Motivation den Erfolg der Personalentwicklung erheblich beeinträchtigen.[810]

Anschließend erfolgt die **Planung** der Personalentwicklungsmaßnahmen.[811] Zunächst werden die Lern- und Entwicklungsziele definiert. Dabei sind der Zielbereich (kognitiv, affektiv, psychomotorisch) und die Zielebene (taxonomischer Anspruch) zu bestimmen. Die Lern- und Entwicklungsziele sollten ‚**SMART**' sein:

- **S**pecific: konkrete Beschreibung des angestrebten Ergebnisses und Festlegung des zu erreichenden Qualifikationsniveaus
- **M**easurable: Messbar und beobachtbar
- **A**ttainable: Erreichbar, herausfordernd und widerspruchsfrei
- **R**elevant: Für die Akteure bedeutsam
- **T**rackable: Erreichung für die Akteure steuerbar.[812]

Auf Basis der formulierten Ziele können nun konkrete Maßnahmen konzipiert werden. Hierbei sind Entscheidungen bzgl. Lerninhalte, Lernformen und didaktischen Methoden zu treffen.[813]

Makrodidaktisch lassen sich die einzelnen Maßnahmen nach ihrer zeitlichen, inhaltlichen oder räumlichen Nähe zu einer Position unterscheiden:

---

[807] Vgl. Becker 2004, S. 1508 f. Einen Überblick über Möglichkeiten der Bedarfsanalyse bietet Kanning 2007, S. 327
[808] Vgl. Scheitler 2005, S. 209 f.
[809] Vgl. Rosenstiel 1998, S. 214 f.
[810] Vgl. Müller & Fisch 2005, S. 12
[811] Zu den Variablen der Planung einer Personalentwicklungsmaßnahme vgl. Kanning 2007, S. 329
[812] Vgl. Hersey, Blanchard & Johnson 1996, S. 405 ff.
[813] Vgl. Sonntag, Schaper & Friebe 2005, S. 58

PE-into-the-job[814] beinhaltet Maßnahmen, die auf eine berufliche Tätigkeit vorbereiten, z.b. Programme zur Einarbeitung neuberufener Professoren oder deren anfängliche Betreuung durch Mentoren.

Maßnahmen der **PE-on-the-job** finden unmittelbar am Arbeitsplatz durch ‚learning by doing' statt. Möglich sind auch Lernprozesse in möglichst authentisch gestalteten Lernumgebungen. Mit der Zusammenlegung von Arbeits- und Lernsituation soll der Transferproblematik entgegengewirkt werden. Ein Beispiel wäre Projektgruppenarbeit. Auch Mitarbeitergespräche in Form von Zielvereinbarungsgesprächen zählen zu dieser Kategorie. Im Hochschulbereich bleibt jedoch abzuwarten, inwieweit Dekane dieser Aufgabe nachkommen können. Hierfür benötigen diese jedoch wiederum Unterstützung seitens der Personalentwicklung (Schulungen, Gesprächsleitfäden).

PE-near-the-job umfasst Maßnahmen, die in räumlicher, zeitlicher und inhaltlicher Arbeitsplatznähe stattfinden, wie Coaching, Supervision oder kollegiale Beratungsformen. Sie liegen demnach zwischen den Maßnahmen der PE-on-the-job und PE-off-the-job. Der Lernprozess findet zwar nicht am Arbeitsplatz während der unmittelbaren Arbeitstätigkeit statt, behandelt jedoch konkrete Probleme der Arbeitstätigkeit und des Arbeitsumfelds. Damit soll ein Ausgleich der Nachteile von on-the-job und off-the-job Maßnahmen erreicht werden. Der individuelle Lerneffekt wird mit den Anforderungen der Arbeitsrealität verbunden.

Als **PE-off-the-job** werden Maßnahmen bezeichnet, die nicht unmittelbar an die Tätigkeitsausübung gekoppelt sind und abseits vom Arbeitsplatz stattfinden. Hierzu zählen die klassischen Seminare, Workshops und Konferenzen. Allerdings wird hier das Problem des Transfers des Gelernten in das Arbeitsfeld, durch die räumliche und zeitliche (bisweilen auch inhaltliche) Distanz zum Arbeitsplatz, aufgeworfen.

Maßnahmen der **PE-along-the-job** orientieren sich an zukünftigen Positionen, bspw. Laufbahn- oder Nachfolgeplanung.

PE-out-of-the-job umfasst Maßnahmen, die der Vorbereitung auf den beruflichen Ruhestand oder der Sicherung der Beschäftigungsfähigkeit dienen.[815]

Ist bekannt, in welche Richtung sich die Personalentwicklung bewegen soll, geht es in einem zweiten Schritt um die **Auswahl und inhaltliche Gestaltung** der Personalentwicklungsmaßnahme. Kanning unterscheidet dabei **Maßnahmen der Wissensvermittlung** (Vorträge, Lektüre, Computerprogramme u.a.), **Verhaltenstrainings** (Rollenspiel, Verhaltensmodellierung

---

[814] Im Folgenden wird Personalentwicklung der Lesbarkeit halber mit PE abgekürzt.
[815] Vgl. Conradi 1983, S. 22, 25, 72; Sonntag 1998, S. 175; Becker 2005, S. 116, 120; Pellert & Widmann 2008, S. 107; Brinkmann 1999, S. 16

u.a.), **persönlichkeitsfördernde Instrumente** (Gruppendynamik, Outdoortraining u.a.) sowie **Beratungsansätze** (Coaching, Kollegiale Beratung u.a.).[816]

Des Weiteren ist der **Transfer des Gelernten** und dessen Anwendung am Arbeitsplatz zu planen.[817]

Bei der eigentlichen **Durchführung** der Maßnahmen gilt es nun, das Geplante sinnvoll umzusetzen und die definierten Ziele zu erreichen.[818] Bei der anschließenden **Evaluation** werden die Personalentwicklungsmaßnahmen überprüft, bewertet und gegebenenfalls modifiziert.[819] Die Ergänzung dieses Funktionszyklus um eine **Phase der Transfersicherung** erscheint äußerst sinnvoll. Personalentwicklungsmaßnahmen finden erst dann einen erfolgreichen Abschluss, wenn das Gelernte dauerhaft im Arbeitsvollzug angewandt wird.[820]

Conradi schlägt den Einsatz mehrerer Maßnahmen vor, um verschiedene Ziele zu erreichen und den Lernerfolg zu verstärken. Er legt folgende Voraussetzungen zu Grunde: Lernerfolge erscheinen erstens nachhaltiger zu sein, wenn sie aus der **eigenen Erfahrung**, durch eigenes Tun entstehen. Zweitens sind sie umso schneller erreichbar, je mehr ‚**richtiges Verhalten**' **durch einen ‚Lehrer'** vermittelt wird. Um schnelle und nachhaltige Lernerfolge zu erzielen, sollte drittens zwischen die Informationsvermittlung und das aktive Tun eine Phase der kognitiven Aktivierung treten, in der die Teilnehmer dazu angehalten werden, erhaltene Informationen zu durchdenken und gedanklich auf nachfolgende **reale Übungssituationen** anzuwenden. Wichtig für einen schnellen Lernerfolg ist viertens, **Feedback** über den Lernfortschritt zu geben.[821] Diese Punkte werden gleichzeitig als Phasen von Weiterbildungsveranstaltungen zu Grunde gelegt: Instruktion, Demonstration, mentales Training, aktionales Training und Feedback.[822]

Auch Schwuchow schlägt einen **Lehrmethodenmix** vor: „Im Vordergrund steht die Integration neuen Wissens in das Erfahrungspotenzial der Teilnehmer. Den Ausgangspunkt hierfür bilden Vortrag und Diskussion sowie der Erfahrungsaustausch der Teilnehmer. In einer zweiten Phase des Lernprozesses ist die Anwendung der vermittelten Inhalte auf reale oder fiktive Situationen entscheidend. Zu diesem Zweck erweisen sich Projekt und Workshops sowie

---

[816] Vgl. Kanning 2005, S. 63, 72
[817] Vgl. Sonntag, Schaper & Friebe 2005, S. 55
[818] Vgl. Sonntag, Schaper & Friebe 2005, S. 59
[819] Vgl. Sonntag, Schaper & Friebe 2005, S. 59
[820] Vgl. Becker 2004, S. 1510
[821] Vgl. Conradi 1983, S. 99
[822] Vgl. Conradi 1983, S. 99, 101

Fallstudien als am besten geeignet. Die abschließende individuelle Transferplanung kann wiederum durch Diskussion und Erfahrungsaustausch gestützt werden."[823]

3.3.2. Konzeptionelle Fundierung der mikrodidaktischen Gestaltung

Den meisten Aus- und Weiterbildungskonzepten für Hochschullehrer liegen eher naive und unreflektierte Vorstellungen des **Zusammenhangs zwischen Wissen und Handeln** zugrunde. So wird bspw. angenommen, dass bereits die reine Vermittlung von Kenntnissen über Lehr- und Motivationsmethoden ausreicht, um ab sofort nur noch motivierende Lehrveranstaltungen in einer didaktischen Methodenvielfalt anbieten zu können.[824]

Wahl sieht diese Naivität in zwei Tatsachen begründet: Erstens wird der Teilnehmer mit der Umformung von Wissen in Handlungsprozesse und -strukturen allein gelassen. Er erhält **keinerlei Unterstützung** alte handlungsleitende Prozesse und Strukturen zu stoppen und parallel neue, dem jetzigen Wissenstand entsprechende, nach und nach aufzubauen. Dadurch entsteht das Phänomen, dass gegen besseres Wissen die bisherigen handlungsleitenden Prozesse und Strukturen beibehalten werden.[825] Zweitens erfolgt die Wissensvermittlung **ohne Rücksicht auf bereits bestehende** handlungsleitende Prozesse und Strukturen der Teilnehmer. Dadurch fehlt die Verbindung zwischen gelehrter Theorie und eigener Lehrpraxis. Neues Wissen wird an irrelevanten Stellen gespeichert und kann somit nicht zur Handlungsveränderung beitragen.[826]

Verschiedene Theorien greifen diese Problematik auf und lassen sich als Grundlage der mikrodidaktischen Gestaltung von wissenschaftlichen Personalentwicklungsmaßnahmen verwenden. Und obwohl sich die folgenden Ausführungen primär auf die Gestaltung von Maßnahmen zur Professionalisierung der Lehrkompetenz beziehen, sollten sich die Überlegungen mit vergleichbarem Erfolg auch auf die (Weiter-)Entwicklung von Forschungs- und Managementkompetenz übertragen lassen.

Mikrodidaktisch lassen sich viele Ansätze im Kern darauf reduzieren, dass im Sinne eines Erfahrungslernens **Phasen des Erlebens, Reflektierens und praktischen Ausprobierens miteinander verknüpft werden**, d.h. Lernprozesse sollten möglichst praxisnah gestaltet werden, Reflexionsprozesse initiieren und die Erprobung des Gelernten zum Ziel haben.[827]

---

[823] Schwuchow 1992, S. 274. Eine Darstellung des Lehrmethoden-Mix und Lernprozess findet sich im Anhang, vgl. Anlage 10
[824] Vgl. Wahl 1992a, S. 59
[825] Vgl. Wahl 1992a, S. 59 f.
[826] Vgl. Wahl 1992a, S. 59 f.
[827] Vgl. Scheitler 2005, S. 200; Euler 2004, S. 69

Diesen Ausführungen entspricht auch das den Dozententrainings von Wahl zugrunde liegende Konzept des ‚**Handelns unter Druck**' mit der Leitidee des ‚Aufbrechens, Umformens und Verdichtens' handlungsleitender Prozesse und Strukturen.[828] Dieser Ansatz erinnert an **Lewins Dreiphasenprozess** der Verhaltensänderung im Rahmen von organisationalen Wandlungsprozessen, der mit Hilfe der Stichworte ‚**Auftauen**' (unfreezing), ‚**Ändern**' (moving bzw. changing) und ‚**Wiedereinfrieren**' (refreezing) beschrieben wird.[829] Wahl geht davon aus, dass sich aus den bisherigen persönlichen Lehr- und Lernerfahrungen bereits typische handlungsleitende Strukturen und Prozesse bei Hochschullehrern herausgebildet haben, die mittels Personalentwicklungsmaßnahmen verändert werden sollen. Dabei vollzieht sich der **(Um-)Lernprozess** in drei Schritten: In einem ersten Schritt heißt es die bisherige Handlungssteuerung **außer Kraft zu setzen**. Die Strukturen sollen so umgeformt werden, dass sie sich bewusst bearbeiten lassen. Hierzu müssen sie entbündelt, entdichtet und enttypisiert werden. Um die bisherige Handlungssteuerung außer Kraft setzen zu können, muss der Professor das praktische Handeln unterbrechen und nachdenken. Hierzu werden zwei Strategien eingesetzt: Bewusstmachen und Konfrontationstechniken.[830] Der zweite Schritt umfasst die Bearbeitung, d.h. die **Umstrukturierung** in einem selbstgesteuerten und bewussten Lernprozess. Nachdem die Teilnehmer erkannt haben, dass ihr Handeln in einigen Punkten veränderungswürdig ist, darf nicht der Fehler gemacht werden, ihnen beibringen zu wollen, ‚wie etwas richtig gemacht wird', wie bspw. ein Lehrer einen Schüler korrigiert. Vielmehr gilt es den Hochschullehrer dazu zu befähigen, sein Handeln einer kritischen Analyse zu unterziehen und eigenständig die Punkte zu ändern, mit denen sie unzufrieden sind. Der Professor wird als Problemlöser aufgefasst, dem in Personalentwicklungsmaßnahmen Problemlösestrategien vermittelt werden. Die Hochschullehrer sollen „…sich autonom, reflexiv und zielgerichtet mit ihrem eigenen Handeln auseinandersetzen und dadurch – über Jahre hinweg – schrittweise ihre Lehr- und Interaktionskompetenzen steigern."[831] Schwerpunkte bilden die Fähigkeit zur Problemerkennung, Ursachenanalyse und Zielkritik. Die Teilnehmer wählen aus den ihnen angebotenen Weiterbildungsinhalten jene Elemente aus, die ihnen für ihre persönliche Problemlösung hilfreich erscheint.[832] Im dritten Schritt gilt es dann, **das Ge-**

---

[828] Dieser Ansatz geht davon aus, dass Lehrende oftmals unter ‚Druck' handeln und nur ein geringer Teil des Wissens unter diesen Bedingungen handlungsleitend wird. Aufgrund der begrenzten Informationsverarbeitungskapazität des Menschen muss neu erworbenes Wissen also erst umgeformt und verdichtet werden, um dann ‚en bloc' abgerufen werden zu können. Vgl. Wahl 1992
[829] Vgl. Lewin 1947; Schanz 1994, S. 403 ff.
[830] Vgl. Wahl 1992a, S. 75 f.
[831] Wahl 1992a, S. 78
[832] Vgl. Wahl 1992a, S. 78

lernte zu verstetigen.[833] Wichtig ist, dass der Hochschullehrer hierbei nicht allein ist, sondern mit bekräftigendem oder korrigierendem Feedback unterstützt wird. Lernvorgänge des Verdichtens sind äußerst langwierige Prozesse und finden überwiegend außerhalb des Dozententrainings im tatsächlichen Lehralltag statt.[834]

In ähnlicher Weise können Maßnahmen auf der theoretischen Grundlage des ‚**Double-loop-learning**' konzipiert werden. Häufig besteht zwischen der Lehrüberzeugung, also den erklärten Zielen, die in Lehre und Studium erreicht werden sollen, und dem konkreten Tun, d.h. den Mitteln mit denen die erklärten Ziele erreicht werden sollen, eine Diskrepanz. Dies verweist auf die Koexistenz von zwei Lehrtheorien, über die Hochschullehrer verfügen und die ihre Lehrhandlungen steuern. Zum einen die Theorie, an die Hochschullehrer glauben (**espoused theory**), d.h. sie gehen davon aus, dass diese Überzeugungen und Werte ihrem Lehrverhalten zugrunde liegen, und zum anderen die Theorie, die sie anwenden (**theory-in-use**), also diejenigen Überzeugungen und Werte, die sich in ihrem tatsächlichen Lehrverhalten widerspiegeln. Dabei sind sich Hochschullehrer meist nicht bewusst, dass ihre angewandte Theorie eine andere ist wie ihre geäußerte Theorie, oft sind sie sich noch nicht einmal ihrer angewandten Theorie bewusst.[835]

Abb. 9 veranschaulicht, wie Argyries & Schön dies erklären:

Abbildung 9: Zwei ‚Lehrtheorien'[836]

Leitvariablen (governing variables) sind Werte, die der Lehrende zu bewahren sucht und die wir zahlreich in uns tragen (Aufrichtigkeit, Enthusiasmus, Kontrolltendenzen, etc.). Jede Handlung beeinflusst unsere Werte und in jeder Situation kann ein Wertekonflikt (z.B. Machtstreben versus Prosoziales Verhalten) oder Wechsel (Machtstreben und demokratisches Handeln) stattfinden. **Handlungsstrategien** werden eingesetzt, um die Leitvariablen innerhalb eines akzeptablen Bereichs zu halten. Sie haben gewollte und ungewollte **Auswirkungen**.[837]

---

[833] Vgl. Wahl 1992a, S. 73
[834] Vgl. Wahl 1992a, S. 81
[835] Vgl. Winteler 2003, S. 145
[836] Winteler 2003, S. 145
[837] Vgl. Winteler 2003, S. 145

Bei Formen des gängigen **Single-loop-learning** (Lernen erster Ordnung) findet nun die Veränderung lediglich im Bereich der Handlungsstrategie statt, ohne die diesen zugrunde liegenden Werte zu reflektieren und zu verändern. Beim **Double-loop-learning** hingegen ändern sich Wert und Handlungsstrategie. Dabei können die zugrunde liegenden Werte dem Double-loop-learning förderlich als auch hinderlich sein.[838]

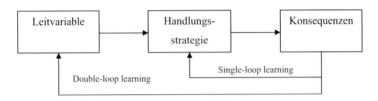

Abbildung 10: Single-loop learning und double-loop learning[839]

Ein von Ho entwickeltes und bereits erprobtes ‚**Conceptual Change Program**' greift dies auf. Insbesondere sollen vier Trainingselemente integriert werden, um die bestehende Lehrkonzeption zu entwickeln und zu verändern:

- „Konfrontation: Nichtpassung zwischen geglaubter Konzeption des Lehrens (espoused theory) und aktueller Lehrpraxis (theory-in-use); Die gegenwärtige Konzeption des Lehrens ist nicht zufrieden stellend (unfreeze);
- Selbstreflexion: Die Wahrnehmung des „mismatch" führt zum Gefühl der Unzufriedenheit und der Suche nach Alternativen (shake: emotional stir-up);
- Verfügbarkeit besserer Alternativen: Die Veränderung der „Theorie im Gebrauch" zu entwickelten Lehrkonzepten;
- Aufbau von Engagement: Entwicklung einer Vision und Realisierung der Vision (refreeze at a new level)."[840]

Von zentraler Bedeutung ist der Aspekt der **Konfrontation**, z.B. die Feststellung von Mängeln in der Lehre aufgrund der Analyse der eigenen Konzeption. Diese Konfrontation führt zu emotionalen Reaktionen, welche eine der wesentlichen Voraussetzungen für die Bereitschaft zu Veränderungen ist. **Selbstreflexion** macht die Diskrepanz zwischen Verständnis und tatsächlich zur Anwendung kommender Lehre erfahrbar und drückt sich im Bedürfnis nach Veränderung aus. Anschließend sind **geeignetere Alternativen** z.B. anhand von Forschungsergebnissen zu den Konzeptionen oder Fallstudien zu demonstrieren und diskutieren. Schließ-

---

[838] Vgl. Winteler 2003, S. 146 f. Isaac ergänzt das Konzept noch um das triple loop-Lernen, d.h. das Lernen darüber, wie man lernt und nach welchen Regeln und Normen man sich verhält. Vgl. Isaacs 1996, 191; Rappe-Giesecke 1999, S. 92
[839] Vgl. Winteler 2003, S. 147
[840] Winteler 2003, S. 148

lich muss die neue Konzeption **in der Praxis erprobt** werden, z.B. durch die selbstständige Gestaltung eines kleinen Lehrabschnitts gemäß der neuen Konzeption. Die weitere Festigung kann dann durch die wechselseitige Präsentation und Diskussion der neuen Ideen innerhalb der Gruppe erfolgen.[841]

Den bisherigen Ausführungen entspricht auch der didaktische Ansatz der **konstruktivistischen Lerntheorie**, der in der modernen Unterrichtsforschung eine große Bedeutung zukommt.[842] „Die Vorstellung vom Nürnberger Trichter, man könne neues Wissen einfach in die Gehirne von Schülern einfüllen, hat ... endgültig ausgedient. Vielmehr verweist die Wirkweise des Gehirns auf den individuellen konstruktiven Anteil beim Lernen."[843] Sie scheint insbesondere zur Förderung von Expertenleistungen in komplexen beruflichen Kontexten mit hohen Wissens- und Problemlöseanteilen geeignet zu sein.[844]

Ausgangspunkt der konstruktivistischen Lerntheorie war die **Überwindung der Nachteile passiv-rezeptiven Lernens**, die darin bestehen, dass träges Wissen produziert wird – d.h. (scheinbar) vorhandenes Wissen wird in Anwendungssituationen nicht eingesetzt – und somit kein Transfer des Gelernten auf die Arbeitssituation stattfindet. Im konstruktivistischen Ansatz wird Lernen „...als ein individueller, aktiver und selbstgesteuerter Prozess der Wissenskonstruktion verstanden."[845]

Konstruktivistischen Lernprozessen liegen folgende **Annahmen** zugrunde:

- „Wissen wird von der lernenden Person **„selbst konstruiert"**, d.h. in Abhängigkeit der bisherigen persönlichen Erfahrung, des Vorwissens und vorhandener Einstellungen werden Informationen aus der Umwelt vom Lernenden aktiv aufgenommen und so neue Wissensstrukturen angeeignet. In einem solchen Prozeß werden Lernende befähigt, ihre Wissenserwerbsprozesse selbst zu erfahren und vielfältige Perspektiven anzuerkennen und zu nutzen. Dieser dynamische und multidimensionale Prozeß stellt gleichzeitig auch einen Prozeß der Sinngebung für den Einzelnen dar.

- Lernen findet am effektivsten in **authentischen** und **interaktionalen Lernsituationen** statt. Wie Wissen erworben wird, ist in hohem Maße abhängig vom konkreten Bedeutungs- und Überzeugungskontext in dem das Lerngeschehen stattfindet (situiert ist); ebenso von sozialen und kollaborativen Lernstrukturen zwischen Lernendem und Lehrer und Lernenden untereinander.

---

[841] Vgl. Winteler 2003, S. 148
[842] Vgl. u.a. Siebert 2003; Baumert & Lehmann 1997
[843] Scheunpflug 2001, S. 81
[844] Vgl. Sonntag 2002, S. 64
[845] Reinmann-Rothmeier & Mandl 2006, S. 626

- **Metakognitive** Fähigkeiten sind wesentlich, um sich das Verständnis eines Wissensgebietes zu erarbeiten und eigenes Lernhandeln zu reflektieren und zu kontrollieren."[846]

Damit orientiert sich konstruktivistisch orientiertes Lernen an fünf Merkmalen. **Authentizität** bedeutet, dass Lernumgebungen so gestaltet werden, dass sie reale Situationen in ihrer ganzen Komplexität widerspiegeln. Den Teilnehmern wird so ermöglicht, einerseits vielfältige und realitätsnahe Lernerfahrungen zu sammeln und andererseits mit dem Wissen auch die Anwendungsbedingungen dieses Wissens zu erwerben. Ist das Lernen anhand authentischer Probleme nicht möglich, sollten Probleme und Aufgaben in einen größeren Kontext eingebettet oder simuliert werden, so dass der Lernende in Situationen versetzt wird, die ihm einen Anwendungskontext für das zu erwerbende Wissen anschaulich vor Augen führen (**Situiertheit**). Um zu verhindern, dass das erworbene Wissen auf eine Situation fixiert bleibt, sollten dieselben Inhalte in **multiplen Kontexten** angewendet werden. So wird erlernt, dass das Wissen auf andere Problemstellungen übertragbar ist. Die Reflexion von Inhalten oder Problemen mit unterschiedlichen Sichtweisen ermöglicht es, **multiple Perspektiven** zu erfahren. Abschließend sollte Lernen im **sozialen Kontext** stattfinden, d.h. Lernen ist nicht als ein ausschließlich individueller Prozess zu verstehen. Soziales Wissen über kooperative und unterstützende Verhaltensweisen kann am Besten gemeinsam erarbeitet, ‚erfahren' und angewandt werden. Hierfür sind gemeinsame kooperative Phasen des Lernens und Arbeitens Lernender untereinander sowie mit Experten in die situierte Lernumgebung mit einzubeziehen.[847]

Zusammenfassend sollten wissenschaftliche Qualifizierungsmaßnahmen also über den reinen Wissenserwerb hinausgehen und auch darauf abzielen, Selbstreflexion zu ermöglichen.[848] Wichtig erscheint außerdem die Förderung des Aufbaus kollegialer Unterstützungsbeziehungen. Um die Umsetzung der erworbenen Kenntnisse in Handeln zu fördern, sollten des Weiteren gezielte Übungsmöglichkeiten für veränderte Handlungsweisen geschaffen und Feedback ermöglich werden.[849]

---

[846] Sonntag 1998, S. 182
[847] Vgl. Frieling & Sonntag 1999, S. 189. Selbstverständlich ist auch die konstruktivistische Auffassung nicht gänzlich frei von Kritik. Ausführlich hierzu vgl. Reinmann & Mandl 2006, S. 634 f.
[848] Huber 1993, S. 114 f.
[849] Vgl. Arnold et al. 1997, S. 170 ff.

4. Möglichkeiten der Personalentwicklung zur Vervollständigung des Kompetenzprofils

Die zahlreichen **Formate** wissenschaftlicher Weiterbildung lassen sich wie folgt unterscheiden:

- **Weiterbildungsveranstaltungen**: Podiumsdiskussionen, Vorträge, Vorlesungen, Tagungen, Konferenzen, Open Space, Kongresse, Symposien, Lehrgänge, Informationsveranstaltungen, (Werkstatt-)Seminare, Kurse, Workshops; jeweils als Blockveranstaltungen oder verteilte Weiterbildungsformen;
- verschiedene individuelle oder kollegiale **Beratungsformate**: Konsultationen, Mentoring, Coaching, Supervision, ggf. in Verbindung mit Teamteaching, und Lehrhospitation;
- **Praxisentwicklung**: Experimente, Curriculumentwicklung;
- **Feedback**: Evaluationen, Führungskräftefeedback, Peer Reviews
- Durch eine Gruppe von Hochschullehrern getragene, von Experten unterstützte **Entwicklungsarbeit** (Arbeitsgemeinschaft);
- **E-Learning** bzw. **Blended-Learning** Veranstaltungen;
- **Projektmanagement**;
- **(angeleitetes) Selbststudium**: Lektürekurse, selbstorganisierte Erfahrungsaustauschgruppen, hochschuldidaktische Arbeitskreise, Lernzellen, Lehrportfolios u.a.;
- **Auslands- und Praxisaufenthalte** sowie
- **informelles Lernen**: Qualifikation, die aus der Tätigkeit hervorgeht.[850]

Diese Typen lassen sich noch **weiter ausdifferenzieren** und variieren, z.B. hinsichtlich

- der Tätigkeiten, für die weitergebildet wird (Lehre, Forschung, Selbstverwaltung)
- der Fachrichtungen
- der fachlichen Gruppenzusammensetzung (intra- oder interdisziplinär)
- des Status der Teilnehmer
- der zeitlichen und räumlichen Organisation
- der Verbindung der Veranstaltungen untereinander (singulär oder Teil einer Sequenz)
- der institutionellen Anbindung oder Verankerung.[851]

Darüber hinaus existieren insbesondere für den **wissenschaftlichen Nachwuchs** verschiedene größere Formate umfassende Fort- und Weiterbildungsangebote mit curricularer Strukturierung.[852]

---

[850] Vgl. Wildt 2005, S. 97; Webler 2000, S. 235; Mürmann 2005, S. 3; Zundja & Mayer 2000, S. 58; Huber 1976, S. 378. Eine ähnliche Einteilung findet sich auch bei Blümcke 2001.
[851] Vgl. Huber 1976, S. 378 f. Eine Übersicht verschiedener Methoden der Aus- und Weiterbildung findet sich im Anhang, vgl. Anlage 8

Eine systematische Entwicklung von erfahrenen Professoren muss von der Prämisse ausgehen, dass die zu fördernde Zielgruppe nicht so stark prägbar ist wie unerfahrene bzw. Neuberufene. Als Ansatz für eine Implementierung universitärer Personalentwicklung ist daher idealerweise zunächst die **Gruppe der jüngeren Hochschullehrer** herauszugreifen.

4.1. Qualitätssicherung in der Lehre

Die in Kapitel 3.1.2 beschriebene umfassende Lehrkompetenz zu erwerben erscheint zunächst äußerst zeitaufwendig. Doch im Gegensatz zur dargestellten Forschungskompetenz, deren Zeitbedarf im Übrigen selten zur Diskussion steht, lässt sich Lehrkompetenz in erheblich kürzerer Zeit erwerben.[853] Auch mag gute Lehre manchen leichter fallen als anderen, dennoch ist sie „aufklärbar, verstehbar und erlernbar."[854]

Im Rahmen der Weiterentwicklung von Lehrkompetenz bietet die **Hochschuldidaktik** profunde, praxisnahe und gleichermaßen theoriegestützte Erfahrungen.[855] „Unter Hochschuldidaktik werden sämtliche Bemühungen verstanden, Lehren und Lernen in der Hochschule zu erforschen und zu verbessern."[856] Allgemein ist es die Wissenschaft vom Lehren und Lernen.[857]

Lehrkompetenz setzt ihrerseits wiederum hochschuldidaktische Kenntnisse voraus. Für die Umsetzung der neu gewonnen Kenntnisse in konkrete Handlungen sind darüber hinaus gewisse Verhaltensweisen erforderlich, die oft nur über eine Verhaltensänderung erzielt werden können. Verhaltensänderungen wiederum bedürfen zumeist einer Einstellungsänderung.[858] Im Folgenden wird dargestellt, anhand welcher Instrumente dies geschehen kann.

4.1.1. Hochschuldidaktische Weiterbildungsmaßnahmen

Zur Verbesserung der Lehrkompetenz bieten sich verschiedene Maßnahmen an. Vorträge in Form von Einzelveranstaltungen, Ringvorlesungen oder im Rahmen von Tagungen sind durch die aktive Rolle des Vortragenden und dementsprechend passive Rolle der Teilnehmer primär zur Vermittlung von Fakten-, Begriffs- und Prinzipienwissen sowie Orientierungswissen geeignet. Außerdem bietet sich die Gelegenheit viele hochkarätige Referenten kennen zu lernen

---

[852] Vgl. Blümcke 2001, S. 6
[853] International geht man von ca. 250 Stunden plus Lehrpraxis aus. Vgl. Webler 2003b, S. 80
[854] Rindermann 1999, S. 154
[855] Vgl. Welbers 2003a, S. 12
[856] Soellner & Lübeck 2002, S. 4
[857] Vgl. Einsiedler 1986, S. 164. Zur Hochschuldidaktik als Theorie der Bildung und Ausbildung vgl. Huber 1983, S. 114 ff.
[858] Vgl. Berendt 1980, S. 109

und Kontakte zu knüpfen.[859] Größere Aktivität wird den Teilnehmern von Seminaren, Workshops oder Werkstattseminaren abverlangt. Der Lernprozess findet kollegial (Lernen durch wechselseitigen Erfahrungsaustausch von Peers) und innovativ (Praxisentwicklung) statt.[860] Mittels Micro-Teaching lässt sich die Wirkung des eigenen Lehrens erfahren. Hospitationen ermöglichen den Transfer neu erworbenen Wissens und dienen gleichzeitig der Reflexion der eigenen Lehrhandlungen durch kollegiales Feedback. Lehrportfolios zwingen ebenfalls zur Auseinandersetzung mit der eigenen Lehrhandlung.

Insbesondere Seminare, Kurse und Workshops sowie Feedback und Training-on-the-job werden in Umfragen immer wieder als besonders geeignet angesehen, die eigene Lehrkompetenz zu verbessern.[861]

Inhaltlich können hochschuldidaktische Grundlagen zum Lehren und Lernen sowie zu Lehrmethoden und Lehrsituationen von Vertiefungsthemen wie bspw. Methoden, Medien, Wirkungskontrollen sowie Beraten, Betreuen & Prüfen unterschieden werden.[862]

Micro-Teaching

Das Konzept des Micro-Teaching wurde 1963 an der Stanford University entwickelt, um Lehrern den Erwerb von Techniken und Fertigkeiten ihres Berufes zu ermöglichen. Ziel des Micro-Teaching ist es, Lehrenden anhand einer kurzen **Präsentation** über eine bestimmte Lehrmethode, **Rückmeldungen über ihre Wirkung** auf die Zuhörer zu geben. Videoaufzeichnungen ergänzen das Feedback von Kollegen oder Moderator. Danach wird die Präsentation entsprechend verändert, erneut vorgetragen und wiederum evaluiert.[863]
Schulmeister unterscheidet dabei folgende Modelle des Micro-Teaching:

- „**Zielmodelle**: skill-Training, Kommunikation und Interaktion in Gruppen, Einstellungsmodifikation, Übung im Variieren von Lehrmethoden, Modifikation des Lehrverhaltens, Erweiterung der Planungs-, und Entscheidungskompetenz;
- **Verfahrensmodelle**: Demokratisierung der Vorbereitungs- und Planungsprozesse, Art der Selektion der Teilnehmer, Varianten der Zeitdauer (10 Minuten-Ausschnitt bis zu einstündiger Simulation);
- **Kontextmodelle**: Einbettung der Simulation in einen situativen Kontext, Bezug der Simulation auf ein konkretes Curriculum, Integration von Umweltbedingungen;

---

[859] Vgl. Blümcke 2001, S. 5. Als Beispiel kann hier der ‚Tag der Lehre' aufgeführt werden, der den Stellenwert der Lehre zu heben versucht und dem Erfahrungsaustausch, der Präsentation und Diskussion von Innovationen dient. Er findet i.d.R. einmal jährlich statt und hat wechselnde Leitthemen (bspw. Neue Medien etc.).
[860] Vgl. Blümcke 2001, S. 5
[861] Vgl. Zundja & Mayer 2000, S. 68; Brunner-Schwaiger & Salzgeber 2004, S. 339
[862] Vgl. Reiber 2006, S. 97
[863] Vgl. Bromme et al. 2006, S. 344

- **Theoriemodelle**: behavioristische Modelle des skill-Trainings, verhaltenspsychologische Konzepte der Verhaltensmodifikation, kognitions-, entscheidungs- oder systemtheoretische Konzepte für die Analyse von Informations- und Denkprozessen und schließlich humanistische Interaktionstheorien."[864]

In Bezug auf die **Durchführung des Feedbacks** sind mehrere Variationen denkbar: Rückmeldung im Hinblick auf die didaktische Planung der simulierten Szene, zu den kognitiven Lernprozessen, zu den verhaltenspsychologischen Effekten der Situation, zu den Gefühlen des darstellenden Teilnehmers oder zu Darstellungstechniken und Präsentationsmodi.[865] Im Micro-Teaching ist es den Lehrenden möglich sowohl ihre didaktische (Methodik-) Kompetenz als auch die eigene Kritikfähigkeit zu erweitern. Dabei wird Micro-Teaching sowohl den Kriterien konstruktivistischer Lernprozesse gerecht als auch der Dreiteilung von Reflexion, Erlebnis und Erprobung. Durch die Rückmeldungen wird der Lehrende mit dem eigenen Lehrhandeln konfrontiert, kann darüber reflektieren, veränderte Handlungsalternativen entwickeln, ausprobieren und so verstetigen.

Seminare, Kurse und Workshops

In Seminaren kann im Prinzip **jegliches hochschuldidaktisches Thema** vermittelt werden. Zudem sind sie äußerst flexibel, sowohl in Bezug auf ihren Zuschnitt als auch hinsichtlich des zeitlichen Rahmens. I.d.R. liegt der zeitliche Umfang bei ca. 20 - 25 Zeitstunden, d.h. 2 SWS bzw. ein drei- bis viertägiges Blockseminar. Selbstverständlich ist es innerhalb dieses eng gesteckten Zeitrahmens nicht möglich die Thematik des Lehrens und Lernens an der Universität vollständig abzubilden. Es muss vielmehr eine Eingrenzung auf ein bestimmtes Themengebiet stattfinden. Eine Gruppengröße von zehn bis fünfzehn Teilnehmern bietet einen ‚geschützten Lernraum', der eine kreative Lernatmosphäre durch eine Feedback- oder Fehlerkultur zulässt und eine ‚Spielwiese' des Erlernens und Ausprobierens verschiedener Methoden bietet.[866] Bei der Frage nach dem Zugang ist ein induktiver Ansatz zu wählen, da es vielversprechender erscheint, wenn von einer akuten Problemsituation oder einer konkreten Planungsaufgabe ausgegangen wird. Um den Transfer zu sichern ist es wichtig, Theorie und Praxis zu verknüpfen. Das Ausprobieren strukturiert die vorangehende Arbeit und fundiert die anschließende Reflexion. Als einmalige Angelegenheit kann ein Seminar als Training eines bestimmten Verhaltens, wie dem Erklären eines schwierigen Sachverhalts, dienen.[867]

---

[864] Schulmeister 1983, S. 60
[865] Vgl. Schulmeister 1983, S. 62
[866] Vgl. Merkt 2002, S. 9
[867] Vgl. Huber 1976, S. 380 f.

Viele Autoren halten **Workshops** für das gängigste und attraktivste Weiterbildungsformat.[868] Als Vorteile werden insbesondere die geringe Dominanz des Dozierenden aufgrund der partizipativen Lernorganisation und Teilnehmerinteraktion, das eigenverantwortliche Lernen durch Selbsterfahrung sowie der Erwerb von Problemlösungskompetenz und operativen Wissens genannt.[869] Workshops stellen insgesamt ein lebendiges, praxisnahes und ganzheitliches Lernformat dar.[870]

Als Rahmenmodell eignet sich insbesondere das ‚**Didaktische Mobile'**.[871] Daran wird der Zusammenhang zwischen Lehrenden und Lernenden, Zielen und Inhalten, Methoden, Rahmenbedingungen und den institutionellen Bedingungen veranschaulicht. Einzelne Bereiche werden zur näheren Behandlung herausgegriffen und anschließend wieder in den Gesamtkontext eingeordnet. Der rote Faden des Workshops findet sich anhand des klassischen Dreischritts: **Anfangs-, Arbeits-** und **Schlussphase**, die ihrerseits mit ihren jeweiligen Charakteristika auf einer Metaebene als generelle Gestaltungsprinzipien einer Lehrveranstaltung thematisiert werden. Nach den Anfangssituationen werden in der Arbeitsphase der studentische Lernprozess unter kognitiver und konstruktivistischer Perspektive sowie die Aufbereitung des zu vermittelnden Stoffes behandelt (Ziele, Inhalte). Auch die verschiedenen Lehrformen (Präsenzlehre versus E-Learning) werden diskutiert. Der Workshop endet mit Schlusssituationen.[872] Als Methoden werden Kurzvorträge, Gruppen- und Einzelarbeit, Diskussionen, Präsentationen, Simulationen sowie Videofeedback eingesetzt.[873]

Inhaltlich betreffen die Anliegen größtenteils didaktische Fragestellungen, Veranstaltungsplanung (Wissensstrukturierung, Zeit-Stoff-Relation etc.) und Fragen der sozialen Interaktion, aber auch Beratungs- und Prüfungssituationen.[874] Nicht zuletzt können diese Seminare dazu dienen, die Unsicherheit über Lehr- und Lernformen, Beratungsinhalte, Kategorien der Bewertung und Methoden der Rückmeldung zu mindern, die sich oft besonders stark bei der Betreuung von Seminar- oder Abschlussarbeiten zeigt.[875]

---

[868] So z.B. Wildt 2005, S. 97. Flender hält sogar arbeitsintensivere Formate wie kollegiale Beratung, Hospitationen oder Coaching/Supervision für ungeeignet. Doch auch er räumt ein, dass Workshops allenfalls den Anstoß zu einer veränderten Lehrpraxis geben können und es von hoher Bedeutung ist, das dort Gelernte in den Lehralltag zu transferieren. Vgl. Flender 2003, S. 118
[869] Vgl. Harder 2003, S. 34
[870] Vgl. Schulmeister 2005a, S. 128
[871] Eine Darstellung des didaktischen Mobile findet sich im Anhang, vgl. Anlage 7.
[872] Vgl. Kröber & Thumser-Dauth 2002, S. 5 f.
[873] Wie bspw. in der Veranstaltung ‚Prüfungen fair gestalten' der Universität Siegen, vgl. http://www.uni-siegen.de/uni/hochschuldidaktik/programm/pruefungen_09.html?lang=de Zugriff am 08.12.2008
[874] Vgl. Kröber & Thumser-Dauth 2002, S. 8. Beispiele zu Ablauf und Themenschwerpunkten verschiedener Workshops finden sich in, Blümcke, Encke & Wildt 2003, S. 181 ff.
[875] Vgl. Brendel, Eggensperger & Glathe 2006, S. 10 f.

Zum Thema **Prüfungen** könnten die teilnehmenden Hochschullehrer durch eine nicht angekündigte Klausursimulation oder eine abschließende Klausur, in der die Gedanken zu dem Thema zu Papier gebracht werden sollen, die Prüfungssituation stärker erleben als es durch bloße theoretische Abhandlung möglich gewesen wäre.[876]

Um die Selbstpräsentation und Vortragstechnik ihrer Hochschullehrer zu verbessern zieht die Universität Bremen selbst **Theaterregisseure** zu Rate. In den zweitägigen Seminaren erklären die Teilnehmer reihum alltägliche Tätigkeiten, möglichst mit ganzem Körpereinsatz, wie bspw. das Loch eines Fahrradreifens stopfen, Fenster putzen, Kaffee trinken oder Kuchen backen. Dies schult das Vortragsgeschick: „Präzise Gesten sind für jeden Vortrag äußerst wichtig, denn sie zeigen ihr Verhältnis zu den Dingen."[877] Die Vortragsweise überträgt sich auch auf den Inhalt. Neben Gestik werden auch Artikulation, Mimik und Körpersprache thematisiert. Selbst- und Fremdeinschätzung gehen hier oft auseinander. Die Fähigkeit, Ruhe und Authentizität auszustrahlen kann trainiert werden. Damit gelingt auch der ‚Draht' zum Publikum. Bei der Schulung wird direkt an den persönlichen Schwachstellen der Teilnehmer angesetzt. Sie sollen lernen, sich selbst besser wahrzunehmen. In der heutigen Mediengesellschaft haben Unternehmen längst begriffen, dass ihre Mitarbeiter Schulungsbedarf in Marketing- und Imagefragen haben. So langsam wird dies auch von den Universitäten erkannt.[878] Findet der Workshop außerhalb der Universität an einem besonderen Ort statt, spricht man auch von einem Klausurseminar, wovon man sich eine besonders intensive Lernsituation erhofft. Gehören die Teilnehmer nur einem bestimmten Fachbereich oder Projekt an, handelt es sich um ein sog. ‚Inhouse-Angebot'.[879]

Werkstattseminare

Werkstattseminare gelten seit den siebziger Jahren als besonders geeignete Form hochschuldidaktischer Weiterbildung.[880] Ein Werkstattseminar verbindet „… teilnehmerzentrierte, problemzentrierte und erfahrungsbezogene Ansätze des Lernens. Es kombiniert die Analyse von Lehr- und Lernproblemen und die Reflexion der eigenen Lehr- (und Lern-)Erfahrung mit der Erprobung und Erörterung von Alternativen zu üblichen Lehrmethoden und Lernsituationen. Dabei steht die Erprobung und Besprechung praktischer Handlungsmöglichkeiten im Mittelpunkt. Die Systematisierung und Vertiefung des praktisch Erprobten schließt sich an."[881]

---

[876] So geschieht es bspw. im Master of Higher Education der Universität Hamburg. Vgl. Bülow 1980, S. 173 f.
[877] Jochen Biganzoli in Mersch 2004, S. 2
[878] Vgl. Mersch 2004, S. 2 f.
[879] Vgl. Blümcke 2001, S. 5
[880] Vgl. Webler 2000, S. 237
[881] Webler 2003c, S. 173

Es wird nicht mit Grundlagen begonnen sondern mit dem Wecken von Neugier.[882] Dabei gilt ‚**Theorie folgt Praxis**', d.h. nach kurzer Information werden die Methoden erprobt, ausgewertet und vertieft. Danach wird diskutiert, ob und wie die Methoden auf die verschiedenen Lehrkontexte in den einzelnen Fachkulturen übertragen werden können. Dies lässt auch interdisziplinäre Gemeinsamkeiten in Lehr-/Lernproblemen (Motivationsprobleme, Probleme der Informationsverarbeitung und Kommunikation) erkennen. Die zur Anwendung kommenden Methoden reichen von Simulationen, Teilnehmerinventar, Problemspeicher, Kurzvorträgen bis zu diversen Formen aktiven Lernens in Einzel-, Partner- und Gruppenarbeit sowie im Plenum.[883]

Brigitte Berendt hat ein **Phasenmodell** zur Durchführung von hochschuldidaktischen Werkstattseminaren entwickelt, das die Unterrichtspraxis der Teilnehmer mit relevanten Forschungs- und Arbeitsergebnissen und auch mit dem Erlernen oder Vertiefen praktischer didaktischer Fähigkeiten und Fertigkeiten zu verbinden vermag.[884]

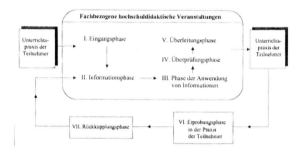

Abbildung 11: Konzept für Werkstattseminare (Phasenmodell)[885]

Wie aus Abbildung 11 ersichtlich, werden sieben Phasen durchlaufen: In der **Eingangsphase** werden Bedürfnisse, Probleme und Fortbildungsinteressen der Teilnehmer analysiert (Phase I), die dann als Basis für die Themenschwerpunkte und praktischen Übungen dienen. Ziel ist die Erarbeitung eines Problem- und Erwartungsinventars hinsichtlich der Fragestellungen: „Welche sind nach Ihren Erfahrungen die häufigsten Probleme im Hochschulunterricht?" Und „Für welche Probleme erwarten Sie Lösungsalternativen in diesem Seminar?" Diese Phase dient gleichzeitig einem ‚warming-up' der Gruppe, ein erster für angstfreies Gruppen- und Lernklima wichtiger Kontakt. Außerdem wird ein Veranstaltungsplan mit Zielen, Inhalten und Ablaufstruktur des Seminars erstellt. **Phase II informiert** über relevante

---
[882] Vgl. Webler 2003c, S. 173
[883] Vgl. Webler 2003c, S. 174
[884] Vgl. Berendt 2002a, S. 7
[885] Berendt 2003, S. 217

Forschungs- und Arbeitsergebnisse, die zur Lösung der genannten Probleme herangezogen werden können. Ggf. wird an diesem Punkt eine Übergangsphase zu ausgewählten Lehr- und Lernmethoden eingeschoben. In **Phase III** erarbeiten die Teilnehmer in Kleingruppen eigenständige **Lösungsvorschläge** für die von ihnen eingebrachten Probleme unter Anwendung der Informationen aus Phase II. In **Phase IV** werden die erarbeiteten Ergebnisse im Plenum zur **Diskussion** gestellt. In **Phase V** wird eine **Transferdiskussion** über die ggf. modifizierten Ergebnisse angestoßen. Die **Erprobung** der Lösungsvorschläge in der realen Unterrichtspraxis stellt **Phase VI** dar. Abschließend werden die **Ergebnisse** in einer Fortsetzungsveranstaltung **analysiert (Phase VII)**.[886] Als Lehr- und Lernformen kommen abwechselnd das Teilnehmer- und Probleminventar, Kurzvorträge, Einzel-, Partner-, Gruppenarbeit und Plenum zum Einsatz.[887]

Berendt führt an, dass sich dieses Phasenkonzept insbesondere zu den Themen ‚Fachbezogene Einführung in die Planung, Durchführung und Evaluation von Hochschulunterricht' sowie ‚Aktive, dialogische Lehr- und Lernformen' bewährt hat.[888]

Die Autorin warnt jedoch vor dem Trugschluss, das Phasenmodell könnte ein Allheilmittel sein: „Die Erarbeitung maßgeschneiderter Lösungen setzt eine sorgfältige Analyse des Einzelfalles voraus, eine Rezeptologie (Problem: Lösung) kann es angesichts der Komplexität von Hochschulunterricht nicht geben."[889]

Der Wunsch nach aktiver Beteiligung und die große Informationsdichte führen zu einem hohen Zeitaufwand.[890] Die Veranstaltungen können sowohl intra- als auch interdisziplinär konzipiert werden.[891] Werkstattseminare werden entweder von professionellen Hochschuldidaktikern moderiert oder als Peer-Teaching-Veranstaltung organisiert.[892]

Lehrhospitationen

Wissenserwerb allein hat jedoch selten Auswirkungen auf das alltägliche Handeln. Wurde die Umsetzung nicht ausreichend geübt und erscheinen die neuen Methoden daher zu schwierig und unvertraut, wird das neu erworbene Wissen nicht angewendet.[893] Übungen, Simulationen und Rollenspiele haben jedoch stets den Charakter von Laborsituationen, da sie nicht unter den Bedingungen der realen Lehrsituationen stattfinden. Ein größerer und nachhaltiger

---

[886] Vgl. Berendt 2002a, S. 2, 7 f.; 1980, S. 52 f.
[887] Vgl. Berendt 2003, S. 220
[888] Vgl. Berendt 2002a, S. 9. Ein Programmbeispiel findet sich im Anhang, vgl. Anlage 9
[889] Berendt 2002a, S. 3
[890] Vgl. Webler 2000, S. 237
[891] Vgl. Webler 2000, S. 237
[892] Vgl. Viebahn 2004, S. 218
[893] Vgl. Arnold 2000, S. 47

Lerneffekt wird erzielt, wenn die erworbenen Kenntnisse in der eigenen Lehrpraxis umgesetzt werden können.[894] Diese Funktion können Lehrhospitationen übernehmen und zwar sowohl die Hospitation durch einen hochschuldidaktischen Experten, die jedoch sehr zeit- und damit auch sehr kostenintensiv ist, als auch der kollegiale Veranstaltungsbesuch.[895] Neben dem **Transfer** neu erworbenen Wissens in den Praxisalltag sowie der **Reflexion** des Wissens und seiner Anwendung, bietet eine Lehrhospitation die Möglichkeit, **Neues auszuprobieren**.[896] Da Hochschullehrer selten offenes und auf genauer Beobachtung basierendes Feedback zum eigenen Lehrverhalten bekommen, gilt das **Feedback** des Hospitationspartners als Chance auf bestätigende oder korrigierende, in jedem Fall aber darauf, aufrichtige Rückmeldungen zu erhalten. Den Teilnehmern wird bewusst, über welche Kompetenzen sie bereits verfügen und an welchen gearbeitet bzw. welche entwickelt werden müssten.[897] Neben **konstruktiver Kritik**, die sich auf konkrete Beobachtungen bezieht und im Idealfall bereits mit Vorschlägen zu Handlungsalternativen verknüpft sein sollte, gilt es auch die **Stärken** der Lehrperson herauszuheben.[898] Daneben erhöht die Lehrhospitation die Handlungssicherheit durch Reflexion und gemeinsame Erarbeitung von Handlungsalternativen. Die Förderung der allgemeinen Reflexionsfähigkeit hat auch positiven Einfluss auf die Fähigkeit zur Praxisentwicklung.[899] Außerdem lernen Hochschullehrer, offen über ihre Lehre und die damit verbundenen Probleme zu sprechen und zu üben, mit Selbst- und Fremdwahrnehmung konstruktiv umzugehen.[900] Kollegiale Hospitation kann zu **beiderseitigen ‚Aha-Erlebnissen'** führen.[901] Außerdem bietet sich die Möglichkeit das eigene Netzwerk auch über die Fachgrenzen hinaus zu erweitern.[902] Lehrhospitationen durch Hochschuldidaktiker oder (Fach-)Kollegen werden vor dem Hintergrund einer **Leitfrage** durchgeführt, die nach dem Besuch entweder individuell zwischen Berater und Hochschullehrer oder in Form einer kooperativen Beratung, an der auch Fachkollegen und Studenten beteiligt werden können, diskutiert wird.[903] Bei einer kollegialen Hospitation bietet es sich an, den Teilnehmern dieser Weiterbildungsmaßnahme vorab einige Beobachtungsgesichtspunkte für Veranstaltungshospitationen nahe zu bringen.[904]

---

[894] Vgl. Stahr 2002, S. 15
[895] Vgl. Diez et al. 2002, S. 3 f.
[896] Vgl. Diez et al. 2002, S. 16
[897] Vgl. Wahl 1991, S. 221
[898] Vgl. Thumser, Kröber & Heger 2006, S. 75
[899] Vgl. Reiber 2002, S. 2
[900] Vgl. Diez et al. 2002, S. 9
[901] Vgl. Diez et al. 2002, S. 15
[902] Vgl. Diez et al. 2002, S. 16
[903] Vgl. Blümcke 2001, S. 8
[904] Vgl. Heger & Wesseler 1996, S. 134

Die Hospitation teilt sich in **drei Phasen**: **Vorbereitung, Veranstaltungsbesuch** und **Feedback**.[905] In einer ersten Vorbesprechung stehen Planung der Hospitationsstunde, organisatorische Absprachen sowie Festlegung der Schwerpunkte der bevorstehenden Beratung im Mittelpunkt. Danach findet die Hospitation statt.[906] Unmittelbar nach der Veranstaltung wird diese gemeinsam ausgewertet sowie Fremd- und Selbstwahrnehmung miteinander verglichen und reflektiert.[907] Der Lehrende lässt sein Lehrverhalten der Hospitation noch einmal Revue passieren. Wurde die Veranstaltung aufgezeichnet, bietet die Analyse des Videomitschnitts einen gemeinsamen Blick auf die Veranstaltung.[908] Das Feedback ist eine wichtige Hilfestellung für die Selbsteinschätzung und kann darüber hinaus zur Korrektur unbefriedigender Handlungsstrategien herangezogen werden. Insbesondere wenn mit neuen didaktischen Methoden experimentiert wird, kann eine Hospitation von großem Wert sein.[909]

Zur **Auswertung** können verschiedene **Interpretationstechniken** eingesetzt werden: Die **strukturale** (Aufbau und Dramaturgie), **kontextuelle** (vor dem Hintergrund der Universitäts- und Fachkultur), **komparative** (Vergleich mit anderen Lehr-Lern-Settings), **psychologische** (Einfühlung in Situation, Akteure und Interaktionswirkung) sowie **experimentelle Interpretation** (gedankliche Abwandlung einzelner Gestaltungsparameter).[910]

Dem Konzept der kollegialen Lehrhospitation liegt der **Ansatz der konstruktivistischen Lehr-Lern-Theorie** zugrunde.[911] Indem mal die Rolle des Hospitierten und mal die Rolle des Hospitierenden übernommen wird, werden unterschiedliche Perspektiven eingenommen und Aufgaben in unterschiedlichen Kontexten wahrgenommen. So bleiben die Inhalte nicht auf eine Situation fixiert, sondern können auf andere Problemstellungen übertragen werden.[912]

Die **Zusammensetzung** kollegialer Hospitationsgruppen erweist sich jedoch als zweischneidig. Interdisziplinäre Teams bieten den Einblick in andere Fächer, größere Offenheit und fakultätsübergreifende Kontakte.[913] Die verschiedenen ‚Denkstile' können ebenfalls von Vorteil sein.[914] Zwar kann der fachliche Inhalt der Lehrveranstaltung weniger gut beurteilt werden, dafür versetzt sich der Beobachter leichter in die Rolle des Lernenden und kann aus dieser

---

[905] Vgl. Kiehnle 2002, S. 12 f.
[906] Vgl. Thumser, Kröber & Heger 2006, S. 76 f.; Diez et.al. 2002, S. 5
[907] Vgl. Arnold 2001, S. 408
[908] Vgl. Diez et al. 2002, S. 6
[909] Vgl. Arnold 2001, S. 408
[910] Vgl. Reiber 2002, S. 9
[911] Reiber hingegen wählt als theoretisch-methodologischen Rahmen die qualitative Sozialforschung (teilnehmende Beobachtung) sowie die geisteswissenschaftliche Pädagogik (hermeneutische Interpretation). Vgl. Reiber 2002, S. 11
[912] Vgl. Gerstenmeier & Mandel 1995, S. 867
[913] Vgl. Diez et al. 2002, S. 5 ff.
[914] Vgl. Bromme 1988, S. 175 ff. zitiert nach Wahl 1991, S. 221

Perspektive Rückmeldungen geben.[915] Kiehnle geht allerdings davon aus, dass der Transfer der in einer Hospitation gewonnenen Erkenntnisse in die Praxis bei ähnlichen Lehrbedingungen der Partner erleichtert wird. Auch hebt sie die Bedeutung fachinterner Netzwerke hervor.[916]

Lehrportfolios

Ihren Ursprung haben Lehrportfolios im Kanada der siebziger und achtziger Jahre. Die Idee stammt aus der Künstlerszene: Architekten, Fotografen oder Designer müssen bei Wettbewerben stets eine Mappe mit ihren besten Arbeiten einreichen.[917] Ein Lehrportfolio ist eine **Dokumentation über die eigenen Lehrleistungen** und besteht jeweils aus einem zusammenfassenden Eingangstext und einer Reflexion über verfolgte Ziele. In der Forschung ist es ganz selbstverständlich über die erbrachten Leistungen ‚Buch zu führen', in der Lehre gab es jedoch weder Anerkennung noch Verfahren für derartige Dokumentationen. Mit Einführung der Lehrportfolios bietet sich nun die Gelegenheit, Lehrleistungen nachvollziehbar zu dokumentieren. Außerhalb Deutschlands haben Lehrportfolios bereits regen Anklang gefunden[918] und auch hierzulande wächst das Interesse.[919] Ein Lehrportfolio enthält typischerweise eine **berufsbiographische Kurzvorstellung**, die **Lehrphilosophie** (persönliche Grundhaltungen und Überzeugungen), **Lehrkonzept**, **Methoden** (Lehr-/Lernziele, Plan und Vorgehensweise), den **Lehransatz**, eine Liste der **bisherigen Lehrveranstaltungen**, **Perspektiven** für die Lehrtätigkeit (Vorstellungen und Wünsche für die eigene Zukunft und die Entwicklung der Fachkultur), **Evaluationsergebnisse** von Studierenden und Kollegen, **Empfehlungsschreiben** sowie gewonnene **Preise**.[920]

Die Erstellung eines Lehrportfolios, insbesondere des zusammenfassenden Eingangstextes, und deren kontinuierliche Fortschreibung löst regelmäßige Selbstreflexionsprozesse über die Lehre und damit auch über die eigenen Weiterbildungsprozesse aus. Um die erstmalige Aufstellung zu erleichtern, können Werkstattseminare zu diesem Thema angeboten werden, in denen kollegiale Austauschprozesse initiiert werden und die mit hochschuldidaktischen Vertiefungen angereichert sind.[921]

---

[915] Vgl. Wahl 1991, S. 222
[916] Vgl. Reiber 2002, S. 3; Stahr 2002, S. 15
[917] Vgl. Rüth 2006, S. 2
[918] Im Angelsächsischen Bereich bilden Lehrportfolios bereits feste Bestandteile bei Personalentscheidungen wie Berufungen, Beförderungen oder Tenure-Tracks. Vgl. Rüth 2006, S. 2
[919] Vgl. Webler 2000, S. 239 f.
[920] Vgl. Falkner 2006, S. 4; Auferkorte-Michaelis & Szczyrba 2006, S. 83 f. Eine ausführliche Darstellung bspw. von Lehrberichten an Bayerischen Universitäten findet sich in Sandfuchs & Stewart 2002
[921] Vgl. Webler 2000, S. 239 f.

‚Pädagogischer Doppeldecker'

Ergänzend oder bereits innerhalb der angesprochenen Maßnahmen bietet sich die Methode des sog. ‚pädagogischen Doppeldeckers' an. Hochschullehrer befinden sich in einer Weiterbildungsmaßnahme immer in einer **Doppelrolle**. Einerseits sind sie selbst Hochschul**lehrer**, andererseits sind sie in dieser Veranstaltung nicht die Lehrenden sondern befinden sich in der **Rolle der Lernenden** und fühlen sich akzeptiert oder abgelehnt, über- oder unterfordert, interessiert oder gelangweilt etc. Eine gezielte Reflexion des Erlebens in der Lernerrolle führt zu äußerst wirksamen Bewußtmachungsprozessen: Professoren können vergleichen, wie mit ihnen umgegangen wird und wie sie wiederum mit ihren Studierenden umgehen.[922] Danach werden diese Erfahrungen diskutiert und anschließend nach drei Gesichtspunkten systematisiert: **Wie** funktioniert die Methode, **wo** kann sie sinnvoll eingesetzt werden, wo wäre sie kontraproduktiv und **warum** wirkt die Methode so und nicht anders auf die Teilnehmer.[923] Die Trainer dieses Prinzips sind also lebende Modelle und die Teilnehmer lernen durch eigene Erfahrungen. Zudem ist in diesem Prinzip der Perspektivenwechsel enthalten.[924]

4.1.2. Supervision als Beratungsformat für Hochschullehrer

Größere Reflexionsprozesse als mit den eben dargestellten Maßnahmen können durch verschiedene Beratungsformate erzielt werden. Beratung bewegt sich zwischen den Polen einer **gezielten Beeinflussung** und direkten Lenkung einerseits und einer Selbststeuerung und **Hilfe zur Selbsthilfe** andererseits. Das Ziel liegt in der Problemlösung. „Das Beratungsgespräch kann definiert werden als eine besondere zwischenmenschliche Interaktionsform, die im Gegensatz zum Alltagsgespräch planvoll, fachkundig und methodisch geschult durchgeführt wird und die auf einer beidseitigen Verbindlichkeit, Verantwortung und auf einem arbeitsfördernden Vertrauensverhältnis beruht."[925] Die (kollegiale) Kommunikation bspw. über Lehrerfahrungen und didaktische Fragen wird als eine äußerst effektive Personalentwicklungsmaßnahme wahrgenommen.[926]

---

[922] Vgl. Wahl 1992a, S. 75 f.
[923] Vgl. Wahl 1992a, S. 79
[924] Vgl. Wahl 1992a, S. 80
[925] Pallasch, Reimers & Mutzeck 1996, S. 16
[926] Vgl. Arnold 2000, S. 43

Supervision

Es ist an dieser Stelle weder möglich noch im Einzelnen nötig, das Beratungsformat der Supervision in all seinen Einzelheiten darzustellen. Hierzu sei auf die Ergebnisse der außerhochschulischen Supervisionsforschung und Praxiserkundung verwiesen, die für die hochschuldidaktische Weiterbildung nutzbar gemacht werden können.[927]

Es existieren vielzählige, je nach Zielvorstellung, Arbeitsfeld und theoretischem Hintergrund **unterschiedliche Definitionen** von Supervision. Der Begriff leitet sich vom lateinischen supervidere, d.h. „von oben sehen, etwas aus der Distanz, von einem übergeordneten Standpunkt aus betrachten"[928] ab. Nach Hagemann und Rottmann ist Supervision „… die angeleitete Reflexion der beruflichen Tätigkeit auf freiwilliger Basis unter Einbeziehung persönlicher Anteile mit dem Ziel einer Kompetenzerweiterung."[929] Die Deutsche Gesellschaft für Supervision e.V. definiert Supervision als „…ein Beratungskonzept, das zur Sicherung und Verbesserung der Qualität beruflicher Arbeit eingesetzt wird. Sie bezieht sich dabei auf personale, interaktive und organisationale Faktoren."[930]

Supervision ist ein **beziehungsorientiertes Beratungsformat**, das im beruflichen Kontext die Selbstreflexion fördert sowie die Beziehung zu Kunden bzw. Klienten berücksichtigt[931] und die Möglichkeit bietet, ohne direkten Handlungsdruck des Berufsalltags, Erlebnisse am Arbeitsplatz aus einer gewissen Distanz zu bearbeiten.[932] Supervision soll Hilfe zur Selbsthilfe bei akuten Problemen geben, soziale Unterstützung bieten und zur Steigerung der professionellen Rationalität beitragen.[933] Es geht also nicht darum, Problemlösungen von Experten zu übernehmen, sondern eigene Reflexions- und Handlungskompetenzen zu stärken.[934] Supervision dient somit der **(Wieder-)Herstellung bzw. Stärkung der beruflichen Handlungskompetenz** und der konstruktiven Bewältigung und Veränderung der Alltagspraxis.[935] Dabei gilt es:

- „bestätigende, korrigierende oder alternative Sicht-, Denk-, und Handlungsstrategien zu entwickeln,
- bekannte Sachverhalte aus veränderter Perspektive zu sehen,
- die methodisch-didaktischen Fertigkeiten zu verbessern,

---

[927] So z.B. Wildt, Szczyrba & Wildt 2006; Brünker 2005; Pallasch 1996
[928] Mutzeck 2008, S. 38
[929] Hagemann & Rottmann 1999, S. 27
[930] DGSv 2008, S. 4
[931] Vgl. Buchinger 1999, S. 19
[932] Vgl. Mutzeck 2008, S. 39
[933] Vgl. Schlee 1996, S. 188
[934] Vgl. Arnold 1997, S. 97; Klinkhammer 2004, S. 63 f.
[935] Vgl. Arnold 1997, S. 105

- das berufliche Wissen um pädagogisch-psychologische Zusammenhänge zu erweitern,
- pädagogische und persönliche Zielvorstellungen, Perspektiven, Haltungen sowie das professionelle Handeln zu überprüfen und gegebenenfalls zu korrigieren,
- Friktionen zwischen pädagogischen Intentionen einerseits und konkretem Handeln in der Praxis andererseits aufzudecken und die Supervisandin zu einer kritischen Betrachtung ihrer Arbeitsweise im Sinne einer Zielsetzung anzuhalten,
- das Wissen um die eigenen Stärken und Grenzen durch systematische Selbstreflexion zu erweitern, Selbst- und Fremdwahrnehmung besser miteinander zu verbinden,
- konstruktive Arbeitsbeziehungen zu Schülerinnen, Kolleginnen und Eltern aufzubauen,
- mit der eigenen Rolle zu experimentieren und Verhaltensalternativen zu trainieren und auszuprobieren,
- neue persönliche Ressourcen zur Bewältigung alltäglicher beruflicher Anforderungen, wie auch besonderer psychischer Belastungen zu erschließen."[936]

Aus diesen Zielsetzungen lassen sich **drei Arbeitsebenen** ableiten. Bei der **methodisch-didaktischen Ebene** stehen akute Probleme aus dem aktuellen Unterricht im Mittelpunkt. In der **zielperspektivischen Ebene** werden die pädagogischen Ziele und Absichten dem tatsächlichen Praxishandeln gegenübergestellt, um Diskrepanzen zu erkennen. Eine eventuelle Revision der bisherigen pädagogischen Ziele soll schließlich zu neuen Perspektiven führen, die in veränderten Haltungen und Handlungen in der Praxis ihren Niederschlag finden. In der **persönlichkeitsorientierten Ebene** geht es um den unbewussten Einfluss der Persönlichkeitsstruktur auf das berufliche Handeln.[937]

Im Bereich der wissenschaftlichen Lehre lassen sich die **Themen**, die in Supervisionssitzungen bearbeitet werden, vier Bereichen zuordnen: dem **Umgang mit sich selbst, mit anderen, mit Gruppen** sowie **mit dem System Hochschule**.[938]

Außerdem dient Supervision der Verbesserung der Kommunikations- und Kooperationsfähigkeit von Einzelpersonen, Gruppen, Arbeitsteams und Organisationen, der Entwicklung von Konflikt- und Verhandlungsfähigkeit sowie der Erweiterung der Wahrnehmungsfähigkeit.[939]

Hinsichtlich der **theoretischen Fundierung** des Supervisionskonzeptes existiert keine allgemeine übergreifende Theorie, dennoch bemühen sich viele Autoren, ihre Konzepte theoretisch

---

[936] Pallasch et al. 1999 zitiert nach Hagemann & Rottmann 1999, S. 33 f.
[937] Eine vierte, institutionelle, Ebene bleibt unberücksichtigt. Dies wird damit begründet, dass unfruchtbare Diskussionen über hemmende Rahmenbedingungen vermieden werden sollen. Vgl. Hagemann & Rottmann 1999, S. 34 f.
[938] Vgl. Wildt 2003, S. 197
[939] DGSv o.J., S. 11 f.

zu verankern.[940] Auch birgt die Vielzahl der Beratungsangebote fast ebenso viele Methoden, wobei die meisten dem psychotherapeutischen Bereich entliehen sind.[941]

Das im Folgenden für die (Weiter-)Entwicklung der Lehrkompetenz von Hochschullehrern vorgeschlagene Supervisionskonzept basiert auf dem handlungstheoretischen Ansatz der **Psychologie des reflexiven Subjekts**. „Hierbei geht es um einen Psychologieentwurf der sich auf ein epistemologisches Menschenbild als Gegenstand bezieht. Nach diesem „Gegenstands"verständnis verhalten sich Menschen nicht mechanistisch in einem Reiz-Reaktions-Zusammenhang, sondern sie handeln als autonome Subjekte, die prinzipiell zur Rationalität, Reflexivität und Kommunikation befähigt sind. Nicht äußere Gegebenheiten steuern ihr Verhalten, sondern interne Vorstellungen von der Welt und der eigenen Person lenken das Handeln, das als absichtsvoll und zielorientiert begriffen wird. Diese handlungsleitenden Kognitionen werden als Subjektive Theorien konzipiert, welche … ihrem Benutzer helfen, Sachverhalte und Ereignisse zu beschreiben, zu erklären, vorherzusagen und zu gestalten."[942] Natürlich handelt der Mensch z.T. auch fremdbestimmt, in diesem Kontext geht es jedoch primär um Aspekte der Selbstbestimmtheit menschlichen Handelns.[943]

Supervision soll Hochschullehrer dazu befähigen, die eigenen Vorstellungen kritisch zu hinterfragen und ggf. zu verändern, sodass auch eine Anpassung der Handlungsweise erfolgen kann. Dabei wird davon ausgegangen, dass sich subjektive Theorien im Austausch mit anderen leichter verändern lassen, weil oftmals die Beschränkungen der eigenen Perspektive einer Veränderung im Wege stehen. Außenstehende können nicht selten viel freier über alternative Sicht- und Handlungsweisen nachdenken.[944]

Schlee unterscheidet **drei Modelle** der Veränderung subjektiver Theorien mit jeweils verschiedenen Reichweiten. Das erste, **kumulative Modell** geht davon aus, dass eine stetige Erhöhung des Wissensbestandes zu immer genaueren, differenzierteren und angemesseneren Theorien führt. Dieser Ansatz ist passend, wenn ineffektives Handeln durch mangelnde Kenntnisse ausgelöst wird. Auf Hochschullehrer übertragen entspricht dieser Ansatz der Strategie, ihnen ein möglichst breites Methodenrepertoire sowie dessen Einsatzmöglichkeiten zu vermitteln. Dies greift jedoch zu kurz, um die Lehrpraxis nachhaltig zu verändern. Das zwei-

---

[940] Eine ausführliche Darstellung der verschiedenen Ansätze die der Supervision zugrunde liegen können findet sich in Pallasch, Reimers & Mutzeck 1996. Die Frage, ob Supervision überhaupt einer solchen bedarf, wird kontrovers diskutiert. Pallasch jedenfalls betrachtet das Fehlen einer solchen nicht zwangsläufig als defizitär. Vgl. Pallasch, Reimers & Mutzeck 1996, S. 22 f.; Pallasch 1993, S. 51 ff.; Pro wären Eck 1990 oder Arnold 1997, Contra Weigand 1984
[941] z.B. systemischer Ansatz, Psychodramatischer Ansatz, Gruppendynamik, Psychoanalytischer Ansatz, Gestalt-Ansatz, Themenzentrierte Interaktion etc. Vgl. Klinkhammer 2006b, S. 90
[942] Schlee 1996, S. 189
[943] Vgl. Arnold 1997, S. 98
[944] Vgl. Arnold 1997, S. 103 f.

te, **revolutionäre** Modell beinhaltet einen Paradigmenwechsel, d.h. die bisherigen Kernannahmen von Theorien werden gegen neue ausgetauscht. Dies ist jedoch mit hohen persönlichen ‚Kosten', wie Erschütterung des Selbstbildes, nachhaltiger Verunsicherung oder negativer Beurteilung der eigenen Vergangenheit, verbunden und daher nur schwer zu erreichen. Beim letzten, sog. **evolutionären Modell** bleiben die Kernannahmen der Theorie erhalten, es ändern sich nur weniger weit reichende Vorstellungen, da Kernannahmen subjektiver Theorien zumeist mehrere Sichtweisen konkreter Situationen erlauben.[945] Im Folgenden wird daher letzterem Modell gefolgt.

Zu Beginn der Supervision legen Supervisor und Supervisand im Rahmen eines **Kontraktes** das zur Anwendung kommende ‚Setting' fest, also welche Form zur Anwendung kommt, welche Ziele mit der Supervision angestrebt werden und in welchem Arbeitsrahmen sich die Supervision vollzieht.[946] Außerdem dient der Kontraktprozess der Zielvereinbarung.[947]

In Bezug auf die **Arbeitsformen** wäre zunächst die kostenintensive **Einzelsupervision** zu nennen, die sich insbesondere zur Bearbeitung einer persönlich stark belastenden Thematik anbietet, der Supervisand dieser Beratungsform noch skeptisch gegenübersteht und Hemmungen verspürt, berufliche Probleme einer Gruppe mitzuteilen oder wenn das zu bearbeitende Thema einen sehr individuell geprägten längeren Prozess erfordert. Die auf teamspezifische Aspekte gerichtete **Teamsupervision** eignet sich zur Behandlung von Problemen der Zusammenarbeit wie Kommunikation, Arbeitsstile, Aufgabenverteilung oder Arbeitsklima. Des Weiteren existieren noch die **Leitungssupervision** (ähnlich zum Coaching), die **Gruppensupervision** mit der Sonderform der kollegialen Supervision, die **Organisationssupervision** mit Fokus auf Konflikten und Störungen in Organisationsabläufen oder -entwicklungen und die **Ausbildungssupervision**.[948]

Bezüglich der Moderation unterscheidet Welbers drei Arten: Bei der **hochschuldidaktischen Supervision** übernimmt die Moderation ein anerkannter Supervisor von außen, der durch Neutralität, Vermeidung von Betriebsblindheit und ggf. höherer Qualifikation auch den notwendigen Abstand einhalten kann. Dagegen stehen größere Kosten und die geringeren Kenntnisse über die Institution und der sich in dieser abspielenden organisationalen und zwischen-

---

[945] Vgl. Schlee 1996, S. 189
[946] Vgl. DGSv 2008, S. 13; DGSv o.J., S. 2. Dabei kann der zu schließende Vertrag in den formalen (Anzahl, Dauer und Turnus der Sitzungen etc.) und den psychologischen Kontrakt (Spielregeln für den Umgang miteinander, Erwartungen, Befürchtungen etc.) differenziert werden. Vgl. Klinkhammer 2004, S. 432 f. Analog hierzu unterscheidet Rauen den formalen Kontrakt, der ‚harte Faktoren' beinhaltet, und den psychologischen Kontrakt mit ‚weichen Faktoren'. Vgl. Rauen 2001, S. 1
[947] Vgl. Klinkhammer 2004, S. 434
[948] Vgl. Mutzeck 2008, S. 42 f.; Hagemann & Rottmann 1999, S. 30; Rappe-Giesecke unterscheidet hingegen, ob klienten-, kooperations- oder rollenbezogen gearbeitet wird. Vgl. Rappe-Giesecke 1999, S. 49. Hagemann und Rottmann schildern darüber hinaus noch ein Konzept der Selbst-Supervision, in welchem Supervisor und Supervisand in einer Person vereint sind. Vgl. Hagemann & Rottmann 1999, S. 30

menschlichen Prozesse. Problematisch könnte sich die Akzeptanz des externen Supervisors erweisen. Daher ist besonderes Augenmerk auf den zugrunde liegenden Kontrakt zu richten, wobei auch die Lehrenden direkte Kontraktpartner sein sollten. Bei der **moderierten Intervision** steht die Gruppe noch mehr im Vordergrund. D.h. einer der Lehrenden aus dem Fachbereich oder der Universität übernimmt die Moderation und ist daher auch mit den Arbeitsbedingungen der Teilnehmer vertraut. Da es sich beim Moderator um einen Kollegen handelt, dürfte das Akzeptanzproblem eigentlich nicht auftreten, dennoch sollte er über weitreichende Kommunikationskompetenzen verfügen, um akzeptiert zu werden, Vertrauen auf- und Zurückhaltung ihm gegenüber abzubauen. Daher erscheint es ratsam, dass er sich zuvor einer professionellen Schulung durch anerkannte Hochschuldidaktiker unterzieht. Schwierig gestaltet sich jedoch die diesem Posten innewohnende Mittlerfunktion, denn er darf weder zu wenig noch zu viel Abstand wahren. Diese Variante orientiert sich verstärkt auf formalisierte Verfahrensabläufe. In der dritten Variante wird auf eine professionelle Moderation verzichtet (**Peergroup-Supervision**). Hiervon rät Welbers jedoch ab. Selbst Gruppen mit hohem Professionalisierungsgrad bedürfen einer qualifizierten Moderation, um diese Professionalität nutzbar zu machen.[949]

Die bekanntesten Arbeitsmethoden sind Imaginationsübungen, Zukunftsexplorationen, Spiegeln, Rollentausch und -wechsel, Doppelgänger, Experimente und Hausaufgaben.[950]

Supervision verbindet **Instruktion mit Selbsterfahrung**. Wissen wird auf umgekehrtem Wege erlangt: Ausgangspunkt sind Probleme aus dem Lehralltag, erst anschließend werden Handlungsmaximen abgeleitet. Nicht das kognitive Verstehen steht im Vordergrund sondern vielmehr das Verstehen und die Verarbeitung des eigenen Erlebens. „In der Supervision wird das Erleben der Beteiligten, ihre Gefühle, ihre wechselseitigen Wahrnehmungen wieder lebendig und für die Betroffenen oft das erste Mal überhaupt wahrnehmbar."[951]

Der Beratungsprozess vollzieht sich in mehreren Sitzungen und über einen längeren Zeitraum.[952] Dabei ist der **Ablauf** der verschiedenen Supervisionskonzepte ähnlich.[953] Er umfasst regelmäßig den **Erstkontakt** und die **Kontraktschließung**, die **Problemdiagnose** mit gemeinsamer Erhebung des Ist-Zustands sowie die Zielerarbeitung, den **eigentlichen Supervisionsprozess**, in dem mithilfe von Fallarbeit, Institutionsanalyse (Rekonstruktion der institutionellen Rahmenbedingungen) und Selbstthematisierung (Selbstreflexion des Supervisions-

---

[949] Vgl. Mutzeck 2008, S. 40 f., S. 51 f.; Welbers 2003c, S. 317 f.
[950] Vertiefend vgl. Schreyögg 1992, S. 361
[951] Vgl. Rappe-Giesecke 1999, S. 38
[952] Vgl. DGSv o.J., S. 2
[953] Vgl. Thiel 2000, S. 193; Buer 2001a, S. 103 f.

systems) oder einer Kombination an den vereinbarten Zielen gearbeitet wird sowie die **abschließende Auswertung** und Rückkopplung mit Überprüfung der Zielerreichung.[954]
Der **eigentliche Supervisionsprozess** lässt sich in weitere drei Phasen untergliedern. Die **Orientierungsphase** dient der Darstellung des Problemfalles. In der **Differenzierungsphase** werden die aufgetretenen Diskrepanzen zwischen Selbst- und Fremdwahrnehmung besprochen. Abschließend werden in der **Umstrukturierungsphase** die Veränderungswünsche und deren Realisierung konkretisiert.[955] Dabei werden **fünf Lernbereiche** unterschieden: Selbstkenntnis, Theorie und berufliches Handeln, Kommunikation und Interaktion mit Adressaten, Mitarbeitern und innerhalb der Supervision, institutionelle Einbindung und gesellschaftlicher Bezug sowie Verselbstständigung und Transfer.[956]
Die Supervision kann, gleich welches Setting gewählt wurde, in verschiedenen **Kommunikationsmodi** erfolgen.[957]

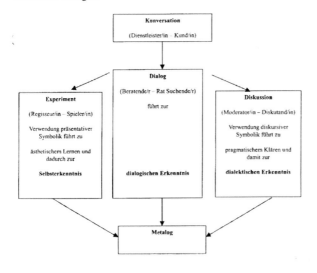

Abbildung 12: Die fünf Kommunikationsmodi in der Supervision[958]

Im **beginnenden Kommunikationsmodus** erfolgen die Begrüßung und die Besprechung von Organisatorischem. Der grundlegende Modus ist der des **Dialogs**. Angelehnt an das dialogische Prinzip Martin Bubers wird ein Arbeitsbündnis geschlossen und aufrechterhalten. Die beratende Person wahrt in persönlicher Hinsicht eine gewisse Distanz und gibt sich unver-

---
[954] Vgl. Rappe-Giesecke 1999, S. 55 ff.
[955] Vgl. John & Fallner 1980, S. 70 f.; Rappe-Giesecke 1999, S. 70 f.
[956] Vgl. John & Fallner 1980, S. 86
[957] Vgl. Buer 1999; 2001, 19
[958] Vgl. Szczyrba & Wildt 2002, S. 20

fälscht, empathisch und drängt sich nicht in den Vordergrund. Beim Modus des **Experiments** wird in Inszenierungsmethoden gewechselt, die eine experimentelle Selbstexploration ermöglichen. Regie führt der Berater, d.h. er schlägt Techniken vor, um den Lernprozess voranzubringen. Dazu zählt die Konkretisierung von Ideen und Impulsen der Rat suchenden Person, z.B. durch Symbolarbeit. Im **Modus der Diskussion** werden fachliche Unklarheiten beseitigt, wenn nach Abschluss von Beratung und Experiment fachlich begründete Aussagen zu treffen sind. Abschließend werden im **Modus des Metalog** die Sitzungsergebnisse, das Erlebte und Gehörte aus der Arbeit in dem vorgenannten Modi zusammengefasst.[959]

Als **Grundvoraussetzung** für das Gelingen der Beratungsleistung gilt die „…Motivation des Ratsuchenden zur Beratung (Freiwilligkeit und Bereitschaft zur Mitarbeit), dessen Wahl- und Entscheidungsfreiheit, die Methoden- und Gestaltungskompetenz des Beraters und die Kooperationsbereitschaft von Berater und Ratsuchendem."[960] Supervision im wissenschaftlichen Bereich erfordert vom Supervisor jedoch mehr als nur supervisorische Kompetenzen.[961] Vielmehr sollte der Supervisor über eine **besondere Feldkompetenz** verfügen, d.h. von ihm wird eine grundlegende Kenntnis der Besonderheiten eines Arbeitsfeldes erwartet.[962] Im Falle der Universität benötigt er wissenschafts- und hochschulspezifische Kenntnisse in dem zu beratenden Bereich, wie Hochschulkultur, übergreifende Stile, Standards, Werte, Konventionen und Überzeugungen. Dabei kann es Unterschiede zwischen den Fachbereichen und selbst zwischen einzelnen Lehrstühlen geben. Auch sollten Supervisoren mit den berufsrollenspezifischen Ambivalenzen, den komplexen Themen und den unterschiedlichen Ebenen umgehen können.[963] **Markante Besonderheiten** des Hochschulbereichs sind z.B. ‚Profilierungsdruck', ‚Einzelkämpfertum', besondere ‚Eitelkeiten', ‚Konkurrenz', ‚Habitus', von Wissenschaftlern usw.[964] Belardi spricht hier sogar von impliziten „Beratungsfallen im speziellen Milieu der Hochschulen."[965]

Verschiedene Autoren nutzen in ihren Konzepten das Unterstützungspotenzial von kollegialen Gruppen zur Bewältigung von Praxisproblemen.[966] Methodisch weisen die Konzepte allerdings zahlreiche Gemeinsamkeiten auf.[967]

---

[959] Vgl. Buber 1984; Buer 1999, S. 99
[960] Pallasch, Reimers & Mutzeck 1996, S. 16
[961] Vgl. Buer 2001b, S. 253. Eine detaillierte Ausführung zu den Kompetenzen eines Supervisors findet sich bei der DGSv o.J., S. 6
[962] Vgl. DGSv 2008, S. 10
[963] Vgl. Buer 2001b, S. 253; Klinkhammer 2006a, S. 37 f.
[964] Vgl. Klinkhammer 2004, S. 393 ff.
[965] Belardi 2000, S. 370
[966] kollegiale Supervision: Mutzeck 1989, Rotering-Steinberg 1990; kollegiale Unterstützungsgruppen: Schlee 1996; KOPING: Wahl 1991 oder peer coaching: Koballa et al. 1992; zur kollegialen Beratung s.u.
[967] Vgl. Arnold 1997, S. 104

Kollegiale Supervision

Die folgenden Ausführungen beziehen sich zwar primär auf die kollegiale Supervision, können aber mit dem gleichen Erfolg auf Tandemintervision oder KOPING-Gruppen (**Kommunikative Praxisbewältigung in Gruppen**) übertragen werden. Methodisch weisen sie ohnehin wenige Unterschiede auf. Die ebenfalls gängige Bezeichnung als Peergroup-Supervision verweist auf die **Gleichberechtigung aller Gruppenmitglieder** in kollegialen Beratungsformen.[968]

Kollegiale Supervision ist „…eine strukturierte Form des Austauschs unter Fachleuten."[969] Ausgangspunkt bilden konkrete berufliche Alltagsprobleme der Hochschullehrer. Das Ziel besteht darin, sich im Austausch mit anderen neue Sicht- und Handlungsmöglichkeiten zu erschließen, die sowohl den fachlichen Anforderungen der jeweiligen Situation als auch ihren persönlichen Voraussetzungen angemessen sind.[970]

In dem Sitzungsvorschlag von Arnold gibt es drei definierte Rollen (**Gastgeber, Moderator, ratsuchende Person**), die die Teilnehmer abwechselnd einnehmen.[971] Ein weiteres Gruppenmitglied übernimmt mit Unterstützung der restlichen Teilnehmer die Rolle des **Hauptsupervisors**.[972]

Der **Ablauf** kollegialer Beratungssitzungen folgt bei den meisten Konzepten folgendem Schema: Das methodische Vorgehen beginnt mit einer **Einstimmung**, in der von der Arbeitsin eine Beratungssituation übergegangen wird. Diese Phase dient dazu den erforderlichen Abstand zu gewinnen. Nach der Klärung organisatorischer Fragen werden zunächst mögliche Beiträge gesammelt und ein Anliegen zur Beratung ausgewählt. Es folgt die Festlegung des Moderators. Der sich anschließende **eigentliche Problembearbeitungsprozess** beinhaltet zumeist fünf bis acht Arbeitsschritte und beginnt mit einer knappen aber dennoch möglichst präzisen **Darstellung der konkreten Problemsituation**. Die sich anschließenden **Nachfragen** durch die Gruppenmitglieder sollten Verständnis- und keine Inhaltsfragen sein. Danach folgen die **Problemanalyse und Hypothesenbildung**, d.h. hier bemühen sich die Berater durch Stellungsbezug, Äußerung von Zustimmung oder Zweifel, die Perspektiven des Supervisanden zu erweitern. Die unterschiedlichen Perspektiven werden anhand verschiedener Methoden (Resonanzrunde, Perspektivenübernahme, freies Assoziieren) beleuchtet. Mit der **Formulierung der Schlüsselfrage** präzisiert der Protagonist nochmals sein Anliegen. Nun werden **alternative Handlungsmöglichkeiten** anhand unterschiedlicher Methoden (Brain-

---
[968] Vgl. Mutzeck 2008, S. 39 f.
[969] Arnold 1997, S. 96
[970] Vgl. Arnold 1997, S. 96
[971] Vgl. Arnold 1997, S. 97
[972] Vgl. Mutzeck 2008, S. 52

storming, Fishbowl, Szenariotechnik) entwickelt. Das letzte Wort liegt beim Supervisanden. Er erklärt, welche der Lösungsvorschläge ihm am hilfreichsten erscheinen. Dann werden Überlegungen zur **Umsetzung** der Handlungsalternative angestellt. Hierbei wird überlegt, welche inneren oder äußeren Hindernisse einem Transfer im Wege stehen könnten und wie sie zu überwinden sind. Abschließend kann noch ein kurzes **Rückmeldeblitzlicht** zum Supervisionsverlauf durchgeführt werden, bevor man die Sitzung **ausklingen** lässt und wieder von der Beratungs- in die Arbeitssituation übergeht.[973]

Da diese Form bereits eine hohe Kommunikations-, Kooperations- und fachliche Handlungskompetenz der gesamten Gruppe voraussetzt, sollte ihr eine **Informationsphase** mit einer Einführung in die Methoden kollegialer Beratung vorausgehen. Ratsam wäre sicherlich auch, die anfängliche Moderation von einem Hochschuldidaktiker durchführen zu lassen, bevor die Teilnehmer abwechselnd diese Funktion übernehmen.[974]

Mutzeck empfiehlt den Übergang von einer professionellen Gruppensupervision (nach einer anfänglichen Supervisionsfortbildung) zu einer Peer-Supervision, die als vierte Stufe einer Lernplanung angesehen werden kann.[975] Daher beschreibt er die Phasen der kollegialen Supervision auch in etwas anderer Weise: Am Anfang steht die **Gruppenbildungsphase**, in welcher der Fortbildner die Ziele, Möglichkeiten und Grenzen der kollegialen Supervision darstellt und die Teilnehmer Erwartungen und Befürchtungen aussprechen. Weiterhin werden die Arbeitsbedingungen abgesprochen. Es folgt eine **Fortbildungsphase**, in der ein adäquates Arbeitsklima geschaffen werden soll sowie die erforderlichen Handlungskompetenzen wie kooperative Gesprächsführung und Problemlösetechniken erarbeitet und geübt werden. Anschließend erfolgen ca. vier bis sechs **kollegiale Supervisionssitzungen mit einem externen Ausbildungssupervisor**, die auch als Lehr- und Anschauungsmedium dienen und nach deren Sitzungen jeweils eine Phase der Prozessanalyse durchgeführt wird. Abschließend findet die **Phase der kollegialen Supervision** statt, die nun selbstständig von den Teilnehmern durchgeführt wird. Der Supervisor nimmt nur noch gelegentlich an den Sitzungen teil.[976] Die in zwei-

---

[973] Vgl. Kröber & Thumser-Dauth 2002, S. 7 f.; Arnold 1997, S. 97, S. 108 ff.; Arnold 2001, S. 409; Ehinger & Henning 1994, S. 39 ff.; Wildt 2003, S. 196 f.; Mutzeck 1989, S. 181; Thiel 2000, S. 189 ff.; Tietze 2003, S. 62; Orthey & Rotering-Steinberg 2001, S. 398 ff.
[974] Vgl. Mutzeck 2008, S. 52; Thumser, Kröber & Heger 2006, S. 71. Diese Anleitung zur Supervision können z.B. hochschuldidaktische Zentren übernehmen. Nach der Einführungsphase arbeiten die Gruppen selbständig, so dass nur ein verhältnismäßig geringer Bedarf an hochschuldidaktisch besonders geschultem Personal besteht. Vgl. Arnold et al. 1997, S. 172
[975] Vgl. Mutzeck 2008, S. 52; Fengler, Sauer & Stawicki 2000, S. 175
[976] Vgl. Mutzeck 1989, S. 180 f.

bis dreiwöchigem Abstand stattfindenden Sitzungen sollten noch mindestens ein halbes Jahr fortgeführt werden.[977]

Hinsichtlich **Herkunft bzw. Gruppenzusammensetzung** der Supervisanden stammen die Mitglieder entweder aus derselben oder verschiedenen Einrichtungen. Arbeitsplatzhomogene Gruppen sind in Bezug auf die Problemklärung und -lösung sowie auf Transfer und Nachhaltigkeit vorteilhafter, bergen aber oft auch eine besondere Dynamik und Konfliktkonstellation, die seitens des Supervisors viel Professionalität und Erfahrung erfordert. Distanzierung und Anonymität sind in Gruppen, in denen die Supervisanden aus verschiedenen Einrichtungen kommen, sich meist noch nicht einmal kennen, eher gegeben.[978] Außerdem kann bei der interdisziplinären Supervision davon ausgegangen werden, dass sich die Teilnehmer ohne Furcht vor Sanktionen freier äußern und damit auch ein Stück mehr von sich Preis geben werden.[979]

Eine adäquate **Gruppengröße** ist bei fünf bis acht Teilnehmern gegeben. Größere Gruppen weisen Nachteile bei Vertrautheit, Arbeitsfähigkeit und Verbindlichkeit auf. Die Wartezeit ein eigenes Anliegen einzubringen verlängert sich. Auch die Motivation sinkt bei ungünstiger Mitgliederzahl und stark voneinander abweichenden Erwartungen. Ob ein (fortlaufender) Drop-out einem ‚Gesund-schrumpfen' gleichkommt, bleibt fraglich.[980]

Exemplarisch für **Themen** seien insbesondere Überlastungserscheinungen, Planung, Durchführung oder Auswertung von Lehrveranstaltungen sowie schwierige Interaktionen mit einzelnen Personen (Beratungs- oder Konfliktgespräche, Prüfungen) oder mit Gruppen (Seminare, Vorlesungen) genannt.[981]

Die **Voraussetzungen**, die vorliegen müssen, damit Kollegen bei Problemen angesprochen werden oder sich mit Kollegen über Lehrfragen auseinandergesetzt wird, sind Interesse der Lehrenden, gegenseitiges Vertrauen, Respekt und Wertschätzung sowie eine angst- und konkurrenzfreie, persönliche Atmosphäre ohne hierarchische Abhängigkeiten und zu engen Freundschaften.[982] Die Teilnahme sollte freiwillig sein, da eigene Arbeitsprobleme nur eingebracht werden, wenn der Ratsuchende selbst bereits einen Leidensdruck verspürt, eine ver-

---

[977] Vgl. Mutzeck 2008, S. 52 ff.. Darstellungen zu Arbeitsschritten, Ablauf und Elementen kollegialer Beratungsformate finden sich im Anhang, vgl. Anlagen 11-13
[978] Vgl. Mutzeck 2008, S. 41. Nach den Erfahrungen von Mürmann und Schulte sind interdisziplinäre und bzgl. der Lehrerfahrung gemischte Gruppen anspruchsvoll aber sehr produktiv. Einblicke in andere Fachkulturen, Nutzung langjähriger Erfahrungen bzw. neue und junge Anregungen und Perspektiven stellten sich als unerwarteter aber positiver Faktor heraus. Vgl. Mürmann & Schulte 2003, S. 137
[979] Vgl. Rappe-Giesecke 1999, S. 72
[980] Vgl. Mutzeck 2008, S. 44
[981] Vgl. Orthey & Rotering-Steinberg 2001, S. 401; Arnold 1997, S. 97, S. 108 ff.; Arnold 2001, S. 409; Ehinger & Henning 1994, S. 39 ff.; Wildt 2003, S. 196 f.; Mutzeck 1989, S. 181; Mutzeck 2008, S. 52; Thiel 2000, S. 189 ff.; Tietze 2003, S. 62; Thumser, Kröber & Heger 2006, S. 71.
[982] Vgl. Schaeper 1997, S. 213; Arnold 1997, S. 108 ff.; Tietze 2003, S. 223 ff.

trauensvolle Atmosphäre herrscht und er sich dadurch Hilfe verspricht.[983] Dies bedeutet auch, dass Ratschläge, Tipps, Anweisungen, Aufmunterungen oder Mitleidsbekundungen fehl am Platz sind.[984] Als weitere Interaktionsregeln gelten die Bereitschaft, sich mit eigenen Anliegen und Beratungsbeiträgen einzubringen sowie die Einhaltung von Gesprächsregeln, Terminen und sonstigen Vereinbarungen.[985]

Vorteilhaft ist die kollegiale Supervision aufgrund einer größeren Vielfalt von Zugangsweisen sowie sich ergänzende Fähigkeiten und Erfahrungen der Supervisoren bei Klärung, Lösung und Transfer.[986] Außerdem bietet kollegiale Beratung nicht nur dem Ratsuchenden Hilfestellung. Auch die zuschauenden und beratenden Kollegen lernen Arbeitsfelder, Konfliktkonstellationen, Sackgassen und Interventionen kennen, die ihnen für ihre Arbeit eine Hilfe sein kann.[987] Neben der Förderung von (Selbst)Reflexionsfähigkeiten werden kommunikative und interaktionelle Kompetenzen gefördert und es bieten sich Trainingsmöglichkeiten der eigenen Beratungskompetenz (Gesprächsführungskompetenz, gezieltes und erkundendes Fragen, Empathie, aktives Zuhören).[988] Des Weiteren ermöglicht die Orientierung an den Prinzipien erfolgreichen Problemlösens, wie die strikte Trennung von Problembeschreibung und Lösungsfindung, Ziel- und Lösungsorientierung oder die Berücksichtigung und Verknüpfung verschiedener Perspektiven bei der Lösungsentwicklung, die eigene Methodenkompetenz weiterzuentwickeln.[989] Außerdem ist kollegiale Supervision relativ schnell und einfach zu erlernen und wirkt sicherheitsstiftend. Auch bei schwierigen Sachverhalten lassen sich sachliche und persönliche Aspekte berücksichtigen.[990] Zudem können die Rahmenbedingungen relativ flexibel gestaltet werden. Schließlich ist diese Methode relativ zeit- und kostengünstig. Der Aufwand steht in einem vertretbaren Verhältnis zum erhofften Lernerfolg.[991] Außerdem kann hierdurch der Stellenwert der Lehre nachhaltig erhöht werden, die Identifikation mit dieser Aufgabe steigt und damit auch das Bedürfnis, Qualitätsansprüchen besser gerecht zu werden. Auch können kollegiale Supervisionsgruppen „...durch ihre Arbeit als eine Art Seismograph für ungünstige organisatorische Regelungen und ungenügende Absprachen wirksam werden."[992]

---

[983] Vgl. Fengler, Sauer & Stawicki 2000, S. 173 f.
[984] Vgl. Schlee 1996, S. 194
[985] Vgl. Thumser, Kröber & Heger 2006, S. 70
[986] Vgl. Mutzeck 2008, S. 45; Tietze 2003, S. 18; Wildt 2003, S. 204 f.; Hagemann & Rottmann 1999, S. 29
[987] Vgl. Fengler, Sauer & Stawicki 2000, S. 173 f.
[988] Vgl. Tietze 2003, S. 23
[989] Vgl. Tietze 2003, S. 24
[990] Vgl. Arnold 2000, S. 46
[991] Vgl. Fengler, Sauer & Stawicki 2000, S. 180 f.
[992] Arnold 2001, S. 410

Problematisch erweisen sich insbesondere ein zu hohes Anspruchsniveau sowie die weit verbreitete Ansicht, was nichts kostet, hätte auch keinen Wert. Auch die Gleichrangigkeit könnte sich als Klippe herausstellen, denn da kein Mitglied weisungsberechtigt ist, kann es schwierig sein, Organisatorisches zu klären und die Einhaltung von Terminen zu überwachen. Sind die Probleme größer als die vorhandenen Ressourcen, kann dies leicht zur Ansicht führen, die Annahme sei korrekt, dass was nichts koste, auch nichts wert sei.[993] Ebenfalls gegen die kollegiale Supervision spricht das enge Zeitbudget der Professoren. Auch wenn Interesse daran besteht, ist anzunehmen, dass die Teilnahmebereitschaft rapide abnimmt, sobald andere Aufgaben wichtiger werden.[994] Je nachdem welche Fehlentwicklung vorliegt, kann zu dessen Korrektur bspw. die Teilnahmemotivation überprüft werden (wird die Peer-Supervision wirklich noch benötigt?). Eine weitere Möglichkeit wäre die Ernennung eines Sitzungsleiters oder die Hinzuziehung eines externen Supervisors (insbesondere bei Teamproblemen).[995]

KOPING-Gruppen in Verbindung mit Praxistandems sind Elemente einer von Wahl entwickelten Methode der kollegialen Supervision. KOPING wird sowohl als kollegiale Supervisionsmethode zur Bearbeitung berufsspezifischer Problemstellungen als auch zur Unterstützung des Praxistransfers innerhalb beruflicher Weiterbildungsmaßnahmen eingesetzt.[996] Die kommunikative Praxisbewältigung in Gruppen hat drei Schwerpunkte: Die KOPING-Gruppe selbst, das Praxis-Tandem und die Einzelperson.[997] Der KOPING-Prozess vollzieht sich in **fünf Schritten**: Am Anfang steht die **Problemauswahl** (1) und die **gegenseitige Hospitation** der Tandem-Partner mit anschließendem Abgleich von Innen- und Außenperspektive von Problemsicht, Gedanken und Gefühlen (2).[998] Beim kommunikativen Problemlösen werden die Ergebnisse in die gesamte KOPING-Gruppe eingebracht, um das vollständige Expertenwissen und die Problemlösekompetenz aller Gruppenmitglieder nutzen zu können. Es folgt die Diskussion über die Übereinstimmung der Innen- und Außensichtperspektive, die Angemessenheit der theoretischen Voraussetzungen, des Handelns und der zukünftigen Ziele. Anschließend werden die **Problemursachen und Lösungsmöglichkeiten erörtert** (3). Es folgt die **Phase des vorgeplanten Agierens**. Die erarbeitete allgemeine Problemlösestrategie wird in eine konkrete Handlungsstrategie für den

---

[993] Vgl. Fengler, Sauer & Stawicki 2000, S. 180
[994] Vgl. Arnold 2001, S. 414
[995] Vgl. Fengler, Sauer & Stawicki 2000, S. 181 f.
[996] Vgl. Huber 2001, S. 420 f. Ausführlich hierzu Wahl 1992a, S. 82 ff.
[997] Vgl. Wahl 1992a, S. 82 f.
[998] Vgl. Huber 2001, S. 420

Akteur umgewandelt (4).[999] Letztendlich ist es entscheidend, dass die **neue Handlungsstrategie in der Praxis getestet** wird. Der Akteur erhält erneut von der beobachtenden Person ein Feedback, das wiederum in die Gruppe eingebracht wird, um bei Erfolg zur Stabilisierung beizutragen und bei ausbleibendem Erfolg nach veränderten Lösungen oder stützenden Maßnahmen zu suchen.[1000]

Perspektivenübernahme mittels Zielgruppenimagination

Gute Hochschullehre setzt die Fähigkeit zur Perspektivenübernahme voraus, d.h. sich in die Studierenden hineinzuversetzen und aus dem Verständnis der Lernenden heraus, sich und sein Handeln als Lehrender zu durchdenken und zu gestalten. Dabei geht es jedoch nicht darum die Erwartungen der Lernenden vollends zu erfüllen. Der Paradigmenwechsel ‚**Shift from Teaching to Learning**'[1001] erfordert die Anpassung der Hochschullehrerrolle im Lichte neuer Lernkonzepte. Der Wechsel von der Dozenten- zur Studierendenzentrierung geht damit über die reine Instruktion und Präsentation wissenschaftlichen Wissens hinaus und verlagert den Schwerpunkt der Lehrtätigkeit, d.h. fokussiert vermehrt die Förderung aktiven und selbstorganisierten Lernens. Das theoretisch und empirisch dem **Symbolischen Interaktionismus** entlehnten Konstrukt der **Perspektivenübernahme** setzt die Bereitschaft zum inneren Rollenwechsel voraus. Dabei werden keineswegs sichere Erkenntnisse über die Perspektive des anderen gewonnen, vielmehr kommt man zu mehr oder weniger begründeten Annahmen.[1002] Der Lehrende versetzt sich in die Rolle der Studierenden oder reflektiert, wie er selbst die Rolle des Lernenden erlebt hat. Die gedankliche Perspektivenübernahme kann anhand von vorgegebenen Fallstudien oder Szenarien durchgeführt werden, die typische Probleme des Lehrhandelns darstellen. In der nachträglichen Reflexion werden die tatsächlichen Erlebnisse in der Lernrolle und deren Bewertung verbalisiert. Hier kann bspw. aufgeführt werden, welche Eigenschaften an Lehrenden als besonders positiv oder negativ empfunden wurden.[1003] Perspektivenwechsel in Verbindung mit anschließendem Feedback ermöglichen so die **Bearbeitung von ‚blinden Flecken'** sowie den **Abgleich von Selbst- und Fremdbild**.[1004] Szczyrba und Wildt schlagen zur Förderung der Perspektivenübernahme Arrangements und **Techniken der interpersonalen Mehrperspektivität** vor, die aus Inszenierungsverfahren stammen und deren Funktion es ist, „…signifikante und interpersonal wirksame Interakti-

---

[999] Vgl. Leutner-Ramme 1997, S. 147 f.
[1000] Vgl. Leutner-Ramme 1997, S. 147 f.
[1001] Vgl. hierzu Welbers 2005
[1002] Vgl. Szczyrba & Wildt 2002, S. 2 f.
[1003] Vgl. Wahl 1992a, S. 75 f.
[1004] Vgl. Merkt 2002, S. 10 f.

onsmuster und Beziehungsdeutungen zu verlebendigen und gestaltbar bzw. veränderbar zu machen."[1005]

Die Anwendung der aus der Tabelle ersichtlichen Techniken ermöglicht die Verortung und Förderung der vorhandenen Kompetenzen zur Perspektivenübernahme. Dabei wird dieser fortschreitende Erkenntnisprozess den Teilnehmenden selbst gegenwärtig.[1006]

Technik	Perspektive	Innere oder methodisch vollzogene Bewegung
Rollenwechsel	Subjektiv	Person A wechselt in die Perspektive von Person B auf einen Gegenstand, Thema
Rollentausch	reziprok	Person A tauscht die Perspektive mit B und schaut auf sich selbst
Einnahme einer Beobachterposition	Gleichzeitig wechselseitig, systemimmanent	Person A nimmt eine außen stehende Position ein und betrachtet sich in der Interaktion mit B sowie die Beziehung zwischen sich und B
Einnahme einer Beobachterposition 2. Ordnung	Gesellschaftlich-symbolisch, systemübergreifend	Person A nimmt eine außen stehende Position ein und betrachtet sich in der Interaktion mit B als prinzipiell austauschbare Interaktionspartner/innen vor abstraktem Deutungshintergrund wie dem des Geschlechts, der Kultur, der Disziplin, der Religion o.ä.

Tabelle 3: Mehrperspektivitätstechniken[1007]

Methodisch lässt sich der ‚Shift from Teaching to Learning' mittels **Imagination** erreichen, d.h. der Vorstellung der Hochschullehrer darüber, wie Studierende beschaffen sind, was sie erwartet und welche Möglichkeiten adäquater Lernbedingungen bestehen.[1008] Durch die Einnahme der Studierendenperspektive mittels **Rollenwechsel** kann der Hochschullehrer deren Blick auf die Veranstaltung und deren Inhalte erfahren, was ihm dabei hilft, die Lehre besser auf die Bedürfnisse der Studierenden abzustimmen.[1009] Durch die Technik des **Rollentauschs** betrachtet sich der Hochschullehrer selbst aus der Perspektive der Studierenden. Sie ermöglicht es ihm, sich und sein professionelles Handeln besser zu verstehen und ggf. abzuändern.[1010]

Der **Ablauf** einer Inszenierung der Zielgruppenimagination wird von Szczyrba und Wildt in die Abschnitte Einstieg, Stabilisierung der eingenommenen Rolle, Objektivierung der eingenommenen Sicht und Einbindung in den weiteren Arbeitsprozess eingeteilt: Als **Einstieg** in eine Inszenierung der Zielgruppenimagination wird eine Veranstaltung aus dem Praxisalltag der Hochschullehrer ausgewählt. Dabei sollte auch überlegt werden, aus welchen Gründen gerade diese Veranstaltung ausgewählt wurde. Danach erfolgt der **Rollenwechsel**, d.h. die Professoren versetzen sich in die Studierenden dieser Veranstaltung. Im zweiten Schritt befragen sich die am Rollenwechsel teilnehmenden Professoren paarweise gegenseitig zu den

---

[1005] Szczyrba & Wildt 2002, S. 7 f.
[1006] Vgl. Szczyrba & Wildt 2002, S. 9
[1007] Szczyrba & Wildt 2002, S. 8
[1008] Vgl. Szczyrba & Wildt 2002, S. 10
[1009] Vgl. Szczyrba & Wildt 2002, S. 11
[1010] Vgl. Szczyrba & Wildt 2002, S. 12

Erfahrungen mit der Veranstaltung und der Zufriedenheit mit dem Professor. Der Hochschullehrer blickt mit den Augen des Studierenden auf seine Veranstaltung und sich selbst. Dadurch wird die **Perspektivenübernahme stabilisiert**. Immer noch in der Rolle der Studierenden werden die studentischen Erwartungen und Sichtweisen vor dem Plenum dargestellt. Dies **objektiviert** die neu gewonnene Sichtweise, sie wird veröffentlicht und damit anderen zugänglich gemacht. Nach der Rückkehr aus der Rolle wird das dort Erlebte betrachtet und damit auch verankert und über dessen **Verwendungsmöglichkeiten** diskutiert.[1011] Es ist auch möglich, diese Übung als virtuellen Prozess wie einem imaginären Theater auszuführen. Die Übungsschritte können am Schreibtisch Revue passiert werden und die thematische Vorbereitung ergänzen.[1012] Ebenso lässt sich die Inszenierung mit Gegenständen oder mit einer Person und einer Kombination aus Gegenständen durchführen.[1013]

Im Rahmen einer Supervision findet die Zielgruppenimagination im **experimentellen Modus** statt. Dieser ermöglicht es, innere Vorgänge erfassbar, bearbeitbar und veränderbar zu machen. Damit tritt der Ratsuchende aus der Realität der Gruppensituation heraus und betritt die Lernräume der ‚surplus reality'.[1014]

4.1.3. Neue Medien als Inhalt und Methode von Personalentwicklungsmaßnahmen

E-Learning und **Blended-Learning** Veranstaltungen bieten sich in erster Linie an um Medienkompetenz (weiter) zu entwickeln. Dabei kombiniert Blended-Learning bewährte Präsenzveranstaltungen mit den Potenzialen des mediengestützen Lernens unter Nutzung Neuer Medien, und ermöglicht so das Erlernen des Umgangs mit der Technik entlang der Nutzung der Medien. Die Teilnehmer werden teletutoriell sowie in semesterbegleitenden Treffen professionell betreut und beraten.[1015]

Neben Qualifizierungsangeboten, welche die **Neuen Medien selbst einsetzen**, haben sich weitere differenzierte und neuartige Formen der Kompetenzvermittlung herausgebildet. Hierzu gehören u.a. Projektberatung und individuelle **Beratung, informelle Weiterbildung** sowie **Multiplikatoren-Workshops** der Fachbereiche. Darüber hinaus können auch **mobile ‚Media-Education-Teams**' (eTeams)' und ‚e-competence-teams' sowie **Online-Selbstlernmaterialien** über eine zentrale Lernplattform zum Einsatz kommen und/oder die

---

[1011] Vgl. Szczyrba & Wildt 2002, S. 12 f.
[1012] Vgl. Szczyrba & Wildt 2002, S. 13
[1013] Ausführlich Szczyrba & Wildt 2002, S. 13 ff.
[1014] Vgl. Szczyrba & Wildt 2002, S. 18
[1015] Vgl. Sonntag, Schaper & Friebe 2005, S. 94; Bremer 2002, S. 130. Ausführlich zu CBT vgl. Scholz 2000, S. 527

Bildung von **kollegialen Netzwerken**[1016] gefördert werden. Es finden sich auch **modularisierte Angebote**.[1017] E-Learning Veranstaltungen nutzen Lernprogramme, E-books, Simulationen, Multimedia-Programme oder virtuelle Seminare und wenden dabei E-Moderation, die Einleitung von Gruppendiskussionen im Netz sowie die netzbasierte Betreuung von Gruppen (Foren) und Individuen (E-Mail) an.[1018]

Zurzeit dominieren beim E-Learning **zwei Lösungstechnologien**. Das sind zum einen Live-Trainings über das Internet, in denen die Lernenden und der Trainer **synchron** zu einem vereinbarten Zeitpunkt in einem virtuellen Klassenzimmer arbeiten. Und zum anderen ein **asynchroner** Ansatz, bei dem Trainingsinhalte so aufbereitet werden, dass sie als Selbstlern-Module durchgearbeitet werden. Dabei erfolgt, i.d.R. asynchron über E-Mail und Newsgroups, eine Betreuung durch Trainer und Experten. **Vorteilhaft** erscheint insbesondere die Zeit- und Ortsungebundenheit, die Anpassung an den individuellen Arbeitsrhythmus, das selbstgesteuerte Lerntempo und die Flexibilität dieser Maßnahme.[1019]

Albrecht stellt fest, dass sich jedoch nur einige Anbieter in Bezug auf Themenwahl und Methodik an einem **didaktischen Konzept** oder Modell orientieren, also bspw. die Zusammenfassung sinnvoller Themenkomplexe für die einzelnen Veranstaltungen oder die Aufteilung in Grundlagen- und Spezialkenntnisse. „Oft erscheint die Themenwahl und -anordnung beliebig..."[1020] Die Vielschichtigkeit des Weiterbildungsinhalts Neuer Medien führt zu Problemen bei der Strukturierung des Themenfeldes. Der Bereich Neuer Medien in der Lehre erscheint so facettenreich, dass ein für alle Lehrenden relevantes Weiterbildungsangebot nicht praktikabel bzw. erfolgversprechend erscheint.[1021]

Albrecht orientiert sich bei der Auswahl geeigneter Weiterbildungsformate an den **Dimensionen der E-Learningkompetenz**.[1022] Für den Themenbereich des ‚**Konzipierens, Planens und Bewertens** multimedialer Lehrmethoden' schlägt er konventionelle ein- bis zweitägige Präsenzworkshops mit einer maximalen Teilnehmerzahl von fünfzehn Personen vor. Andererseits sollte auf problemlösungsorientierte EDV-Schulungen zurückgegriffen werden, wenn es

---

[1016] Wie bspw. das vom HDZ mit Unterstützung des Landes NRW als Plattform für Dienstleistung in der hochschuldidaktischen Weiterbildung und Beratung entwickelte Internetportal ‚Hochschuldidaktik on-line' für hochschuldidaktische Fachinformation, Qualifizierung und Vernetzung. Vgl. Heiner, Schneckenberg & Wildt 2002/2003
[1017] Vgl. DINI 2004, S. 12 f. Beispiele hochschuldidaktischer Qualifizierungsansätze zum Einsatz neuer Medien in der Lehre an verschiedenen Hochschulen finden sich bei Bremer 2003, S. 336 ff. Eine weitere Analyse aktueller Weiterbildungsangebote auf die Weiterentwicklung von Medienkompetenz findet sich bei Albrecht 2003, S. 167 ff.
[1018] Vgl. Merkt & Schulmeister 2004, S. 117 ff.
[1019] Vgl. Jung 2003, S. 296; Krämer 2007, S. 55
[1020] Albrecht 2002, S. 146
[1021] Vgl. Albrecht 2002, S. 147
[1022] Albrecht teilt die übergeordnete E-Learningkompetenz in die drei Subkompetenzbereiche Basiskompetenzen; Konzipieren, Planen und Bewerten sowie Produktion digitalen Lehrmaterials. Vgl. Albrecht 2003, S. 204 f.

darum geht, Faktenwissen und Handhabungskompetenzen zur **Produktion digitalen Lehrmaterials** (Wie funktioniert das? Wie gehe ich vor?) zu vermitteln. Da jedoch zur Vermittlung des erforderlichen Basiswissens auch hier auf Instruktionsphasen nicht gänzlich verzichtet werden kann, wählt der Autor einen Methodenmix, in dem sich Instruktionsphasen mit Phasen aktiver Verarbeitung abwechseln. Am Ende der Veranstaltung könnte eine komplexere Transferaufgabe eingebaut werden, die es erfordert, Kenntnisse aus vorhergehenden Veranstaltungssequenzen einzubringen (Repetitionsphase). Zur Vermittlung multimedialer **Basisqualifikationen** bietet sich wiederum ein Methodenmix aus Workshop, EDV-Schulung und Fallbasiertem Lernen an, da es hier zwar um Handhabungskompetenzen geht, diese aber relativ leicht erlernbar sind und außerdem hochschuldidaktische Aspekte eine größere Rolle spielen (didaktisch angemessener Einsatz und die sich daraus ergebenden Konsequenzen).[1023]
Begleitend könnten bspw. in einer **Infothek** die wesentlichen Konzepte des E-Teaching, z.T. anhand von Erfahrungsberichten, erläutert und die wichtigsten Fachbegriffe erklärt werden. Der Informationssuchende bekäme einen Überblick über die verschiedenen Weiterbildungsangebote sowie über weitere Hintergrundressourcen, wie beispielsweise Literatur und Best-Practice-Beispielen. Auch kann die Möglichkeit geboten werden, Workshopergebnisse und begleitende Materialien abzurufen. Eine derartige Website würde die webbasierte Kommunikation und den Erfahrungsaustausch zwischen Lehrenden und Lernenden fördern. Zusätzlich können ihr Ideen und Konzepte rund um das Thema Hochschullehre entnommen werden. Auch ein Veranstaltungskalender, ein kommentiertes Literaturverzeichnis sowie eine umfangreiche Linksammlung zu hochschuldidaktischen Fragestellungen wären denkbar.[1024]
Das kommerzielle Qualifizierungsangebot der Teleakademie der Fachhochschule Furtwangen bietet bspw. ein zwölfwöchiges internetbasiertes **Tele-Tutor-Training** an, das die Teilnehmer mit den Besonderheiten der Betreuungssituation eines Tele-Tutors, dem Umgang und den Einsatzmöglichkeiten für synchrone und asynchrone Kommunikationstools vertraut macht und ihnen zeigt, wie virtuelle Arbeitsprozesse effektiv und effizient begleitet werden. Kernpunkt bilden methodisch-didaktische Kompetenzen in drei Inhaltsbereichen: Lernsituation Tele-Lernen, Tele-Tutorien – Medienkompetenz, Lernprozessbegleitung – Methodenkompetenz. Der Inhalt wird gleichzeitig zur Methode des Kurses. Der Fokus liegt dabei auf praxisbezogenen Gruppenaufgaben, die in virtuellen Lerngruppen von sechs bis acht Personen bearbeitet werden. Dabei wird auch der Umgang mit den Kommunikationswerkzeugen (E-Mail, Foren, Chat, Groupware usw.) geübt. Betreuungssituationen werden auf der Basis von Fallbeispielen und der Rollenübernahme des Tele-Tutors seitens der Teilnehmer simuliert. Ein

---
[1023] Vgl. Albrecht 2003, S. 220 ff.
[1024] Vgl. Albrecht 2004, S: 29 f ; Brinker 2002, S. 10 f.

qualifizierter und erfahrener Tele-Tutor begleitet und moderiert die Gruppenprozesse und dient als Vorbild.[1025]

Die Universität Konstanz bietet ein interdisziplinäres Projektseminar ‚Verbesserung der Lehre durch **Internet-gestützte Selbst-Evaluation** (ITSE)' an. Ausgangspunkt bildet die Annahme, dass die Lerneffektivität einer Veranstaltung durch Selbst-Evaluation der Lehre deutlich gesteigert werden kann. Das Seminar findet an drei Terminen (Einführung, Implementierung und Auswertung) statt. Der Kursleiter steht jedoch auch zwischenzeitlich für Beratung zur Verfügung. Der Leistungsnachweis erfolgt mittels einem Seminarprojekt, d.h. die Teilnehmer müssen zunächst einen elektronischen Evaluations-Fragebogen mit Datenbank-Anbindung entwickeln, ihr Projekt vorführen und abschließend ein Portfolio mit Projektdokumentation, Quellcode der erstellten Programme auf elektronischem Datenträger und Reflexion über die Frage „Was habe ich in dem Seminar gelernt?" erstellen.[1026]

Zusätzlich zu den vorgestellten Maßnahmen kann ein Begleitprogramm mit den verschiedensten Inhalten angeboten werden wie bspw. ein **didaktischer Stammtisch** zum kontinuierlichen - und auch interdisziplinären - informellen Austausch auch außerhalb der Weiterbildungsveranstaltungen. Ein **Info-Brief Weiterbildung**, informiert über Lehrqualität und Weiterbildungsprogramm, fachspezifische Lehr-, Bildungs- und Weiterbildungsinformationen und enthält begleitende Aufsätze zur Lehrkultur, den Modulen und den Projekten der wissenschaftlichen Weiterbildung.[1027] Analog kombinieren **Lehrmails** mit hochschuldidaktischen Inhalten Wissenserwerb mit Selbstreflexionsmöglichkeiten und sollen Kommunikationsprozesse zu Lehrfragen initiieren.[1028] Des Weiteren kann der Einsatz von Online-Elementen in der eigenen Lehre durch Kurse unterstützt und Online-Lehre-Teams beraten werden.[1029] Die Ausgabe von **Selbststudienmaterialien** dient der vertiefenden Ergänzung über hochschuldidaktische Arbeits- und Forschungsergebnisse.[1030] Darüber hinaus bieten sich Hochschuldidaktische Ringvorlesungen, Praxisgemeinschaften, Arbeitskreise, Praxisentwicklung und die Kooperation in Entwicklungsprojekten an, um die Lehrkompetenz (weiter) zu entwickeln. Gut strukturierte Anleitungen und Anregungen für verschiedenen Themenbereiche geben auch die Werkstatthefte ‚Besser Lehren' der TU Berlin.

[1025] Vgl. Dittler & Jechle 2004, S. 161 f.
[1026] Vgl. www.uni-konstanz.de/ag-moral/kurse/k-ITSE_block.htm Zugriff am 10.12.2008; mehr zum ITSE-Programm unter www.uni-konstanz.de/itse-projekt/itse_home.htm
[1027] Vgl. Rummler 2006, S. 18 f.
[1028] Ausführlich zu Lehrmails vgl. Lübeck & Soellner 2006, S. 2 ff.
[1029] Vgl. www2.tu-berlin.de/zek/wb/onlinelehre/index.html, Zugriff am 08.12.2008
[1030] Vgl. Berendt 1995, S. 48

Eine besonders nachhaltige Verbesserung der einzelnen Kompetenzen wird sicherlich durch eine **Kombination** der vorgestellten Maßnahmen erreicht. Viele Hochschuldidaktische Zentren kombinieren bereits einzelne Maßnahmen, um den Transfer in die Praxis zu sichern. Möglich sind auch **Lehr-Lern-Kontrakte**, in denen die zu erreichenden Ziele festgehalten werden, die die Teilnehmer per E-Mail erhalten.[1031] Ca. drei Monate nach Workshop-Ende finden dann Einzelgespräche statt, in denen sich die Teilnehmer zur Umsetzung ihrer Ziele sowie zu den Transfer unterstützenden Maßnahmen äußern.[1032]

Bspw. verknüpft das **Baden-Württemberg-Zertifikat für Hochschuldidaktik** zwei Präsenzveranstaltungen (Fit für die Lehre, Hochschuldidaktische Grundlagen 1 und 2), eine expertengestützte kollegiale Praxisberatung, eine Lehrveranstaltungsplanung mit anschließender – professionellen oder kollegialen – Hospitation der Durchführung sowie eine individuelle didaktische Reflexion und Dokumentation der Lehrleistungen durch die Teilnehmer.[1033]

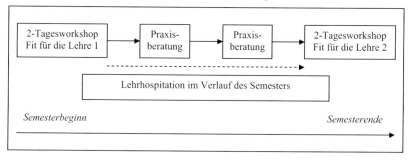

Abbildung 13: Ablauf des Moduls I[1034]

Die **erste Präsenzveranstaltung** knüpft an die heterogenen Lehrerfahrungen der Teilnehmer an und gibt einen hochschuldidaktischen Überblick. Erste Umsetzungsmöglichkeiten in die eigene Lehrpraxis werden thematisiert und angeregt. In der **Praxisphase** während des darauf folgenden Semesters sollen die erworbenen Kenntnisse erprobt und reflektiert werden. Expertengestützte **Gruppen- und Einzelberatungssequenzen** bieten die Möglichkeit, Fragen zu Lehrveranstaltungen, der Studienberatung oder Prüfungspraxis zu klären. Danach schließt sich die stark reflexiv ausgerichtete **zweite Präsenzveranstaltung** an, in der das vergangene Semester in Bezug auf die neuen Erfahrungen reflektiert werden soll. Sie dient der Weiterentwicklung der didaktisch-methodischen Impulse. Abschließend erfolgt eine schriftliche Reflexion, um den eigenen Lernprozess nachzuvollziehen, zu reflektieren und die Erfahrungen

---

[1031] Vgl. Flender 2003, S. 119
[1032] Vgl. Flender 2003, S. 119 f.
[1033] Vgl. Macke 2005, S. 148; Berendt 2002a, S. 25
[1034] Vgl. Diez et al. 2002, S. 3

in das kognitive System einzuordnen.[1035] Die **Lehrhospitation** dient der Umsetzung des in Workshop und Praxisberatung Gelernten in ihre eigene Lehrveranstaltung.[1036] Zur Unterstützung der Hospitationsphase wird ein vier Bausteine umfassendes **E-Learning Modul** mit den wichtigsten Informationen zur kollegialen Hospitation (insbes. Planungs- und Durchführungsphase) sowie verschiedenen Arbeitsmaterialien zur Verfügung gestellt. Die Bearbeitung dauert ca. fünfzehn Minuten.[1037]

4.2. Forschungsmanagement

Obwohl die fachliche Weiterbildung im Bereich der Forschungskompetenz bei den meisten Hochschullehrern fest etabliert ist, gibt es auch hier Möglichkeiten der Personalentwicklung, die Professoren bei ihrer Arbeit zu unterstützen.

4.2.1. Allgemeine Weiterbildungsmaßnahmen zur Vermittlung von Forschungskompetenz

Allgemeine Weiterbildungsmaßnahmen dienen i.d.R. der Aktualisierung und Erweiterung der Fachkompetenz, der Verbesserung der Rhetorik oder der Förderung (inter-)nationaler Netzwerkbildung. Es können jedoch auch Kreativitätstechniken erlernt werden, die für den eigentlichen Forschungsprozess förderlich erscheinen.

Konferenzen

Neben dem Literaturstudium und der eigentlichen Forschungsproduktion stellt wohl die Teilnahme an Konferenzen die gängigste Fortbildungsmaßnahme unter Wissenschaftlern dar. Darunter sind i.d.R. **vortragsbasierte (Fortbildungs-)Veranstaltungen** zu verstehen, die insbesondere die Fachkompetenz erweitern und die Netzwerkbildung unterstützen.[1038] Es lassen sich drei Arten unterscheiden:

- „**Lehrkonferenz**: Die Lehrkonferenz dient u.a. der Erweiterung bereits vorhandenen Wissens, der Durcharbeitung von Stoffgebieten und der Übung im folgerichtigen Denken. Der Konferenzleiter sollte ein Experte sein, der mit den Lernenden den Stoff in einem interaktiven Prozess in fragend-entwickelnder Form erarbeitet.
- **Problemlösungskonferenz**: Bei dieser Form der Konferenz haben die Teilnehmer selbständig Probleme zu bearbeiten. Die Teilnehmer sollten ein gewisses Maß an Sachkenntnis besitzen, damit der Stoff nicht zu oberflächlich behandelt wird.

[1035] Vgl. Kröber & Thumser-Dauth 2002, S. 3 f.
[1036] Vgl. Kröber & Thumser-Dauth 2002, S. 8
[1037] Vgl. Diez et al. 2002, S. 10
[1038] Vgl. Krämer 2007, S. 57

- **Ideenkonferenz**: Die Ideenkonferenz (Brainstorming) ist eine spezielle Form einer Gruppensitzung, in der kreative Leistungen erbracht werden sollen. Grundprinzipien sind das Aufgreifen und Weiterspinnen von Ideen nach bestimmten Regeln, um bisher nicht erkannte Lösungsmöglichkeiten eines Problems zutage zu fördern."[1039]

Die vorwiegend zur Anwendung kommenden Vorträge erlauben es, einer größeren Zuhörerschaft ein Wissensgebiet systematisch in begrenzter Zeit zu vermitteln. Allerdings bestimmt ausschließlich der Vortragende über den Ablauf und die Intensität, mit der die einzelnen Bildungsgegenstände behandelt werden. Dies beinhaltet die Gefahr hoher **Transferverluste** für die Zuhörer, da sie in eine rein passive Rolle gedrängt werden, in der die Gefahr einer schnellen Ermüdung gegeben ist und die Teilnehmer evtl. zeitweise abschalten und das Gehörte an sich vorbeiziehen lassen. Ein geschickter Medieneinsatz und die Gewährung von Zwischenfragen können die Nachteile des Vortrags abmildern. Zusätzlich kann am Ende des Vortrags eine Diskussion Gelegenheit geben, die vorgestellten Zusammenhänge, Auffassungen oder Thesen aufzuarbeiten. Um größere Themenkomplexe möglichst intensiv zu vermitteln, sollten Vorträge mit anderen aktiveren Lehrmethoden kombiniert werden.[1040] Doch Professoren übernehmen nicht nur die Rolle des passiven Zuhörers, meist sind die **Vortragenden ebenfalls Hochschullehrer**. Diese können dann durch einen eigenen Vortrag wiederum ihre Präsentationstechnik verbessern und erhalten durch Zwischenfragen oder in der anschließenden Diskussion Feedback zu ihren Forschungsergebnissen, welches bei ihnen Selbstreflexionsprozesse auslösen kann. Außerdem bietet sich hier die Gelegenheit, das in entsprechenden Workshops gelernte Wissen auszuprobieren.

Seminare und Workshops

Workshops zur Forschungskompetenz beschäftigen sich mit allgemeinen Informationen, den Schritten des Forschungsprozesses, Kritik, Evaluation und Anwendung von Forschungsmaterial. Ebenfalls werden die Ansätze von theoretischen Grundlagen bestimmter Methoden (z.B. qualitative, quantitative) vermittelt sowie die einzelnen Schritte des Forschungsprozesses geübt.[1041] Sinnvoll erscheinen auch Workshops zum Thema **Fundraising**, in der die Drittmittelakquise außerhalb der klassischen Förderinstitutionen bzw. Public-Private Partnerships im Vordergrund stehen. Hier kann gezeigt werden, wie der Kontakt zu Stiftungen und sonstigen Forschungsförderern hergestellt und daraus Forschungsprojekte, Veröffentlichungen oder wissenschaftliche Tagungen finanziert werden. Außerdem könnte eine Informationswerkstatt

---

[1039] Jung 2003, S. 287
[1040] Vgl. Berthel 1992b, S. 894; Mentzel 1989, S. 194
[1041] Vgl. Käppeli 1991, S. 106 f.

zu Presse- und Öffentlichkeitsarbeit sowie Wissenstransfer angeboten werden.[1042] Weitere Inhalte wären Tagungs- und Veranstaltungsorganisation, wissenschaftliches Schreiben, Publikationen oder Fremdsprachenkurse. Auch ethische Gesichtspunkte, Nachhaltigkeit und (Technik-)Folgenabschätzung sollten thematisiert werden.[1043]

Rhetoriktrainings beschäftigen sich mit dem Einsatz von Sprache (Sprachniveau, Redegeschwindigkeit, Pausen etc), nonverbaler Kommunikation (Mimik, Gestik, Bewegung im Raum) und dem geschickten Einsatz von Medien (Flipchart, Metaplan, Beamer, etc.).[1044] Sie dienen der Stärkung des Selbstbewusstseins und der Selbstsicherheit in Redesituationen, der Entwicklung des eigenen Stils, der Herausarbeitung individueller rhetorischer Stärken und Schwächen und ggf. konkreten Veränderungsvorschlägen sowie der Verdeutlichung des rhetorisch bedeutsamen Zusammenhangs von Ziel, Zeit und Zielgruppe eines Vortrags. Nach Abschluss des Seminars sollen die Teilnehmer in der Lage sein, einen Sachvortrag fundiert vorzubereiten, auszuarbeiten und durchzuführen. Inhaltlich umfasst das Seminar die Vortragsvorbereitung (Stoffsammlung und -auswahl), -ausarbeitung (Manuskriptgestaltung, Gliederung, Verständlichkeit) und -durchführung (Körpersprache, Sprechausdruck, Umgang mit Lampenfieber). Ein möglicher **Ablauf** gestaltet sich folgendermaßen: Nach einem ‚warming-up' folgen **Informationsblöcke** zu Sprechsituation und Stoffsammlung/-auswahl sowie zur Gliederung eines Sachvortrages. Danach schließen sich **Übungen** zu Manuskriptgestaltung und Vortragsverhalten (Sprechausdruck und Körpersprache) an. Außerdem werden Ursachen von Redeangst und Vorschläge zu ihrer Überwindung vorgestellt. Jeder Teilnehmer bereitet einen **Kurzvortrag** vor, den er hält und der gemeinsam mittels **Beobachtungsbogen und Videofeedback** analysiert wird. Abschließend sollte ein **Teilnehmerfeedback** eingeplant werden.[1045]

Nicht erst seit dem Wandel zu einer Wissensgesellschaft stellt effektives und effizientes **Wissensmanagement** einen entscheidenden Faktor erfolgreicher Forschung dar. Daher erscheint es nur plausibel, Wissenschaftlern Modelle und Methoden des Wissensmanagements nahe zu bringen, um sie im Forschungsprozess einzusetzen, bspw. in der Gestaltung von Wissenslandkarten zur Visualisierung und Strukturierung des eigenen Forschungsgebietes.

Inhaltlich umfassen Workshops zum Wissensmanagement bspw.:
- persönliches und projektbezogenes Wissensmanagement
- verschiedene Modelle des Wissensmanagements

[1042] Vgl. Mehrtens 2004, S. 54
[1043] Vgl. Rummler 2006, S. 8 f.
[1044] Vgl. Kanning 2005, S.
[1045] Vgl. Borchard 2002, S. 234. Der Ablauf gestaltet sich also analog zu den in Kapitel 4.1.1 geschilderten Workshops zur Weiterentwicklung der Lehrkompetenz.

- Wissensziele bestimmen, Wissen identifizieren und repräsentieren, Wissen kommunizieren und verteilen, Wissen produzieren, Wissen nutzen und Wissensziele evaluieren
- Methoden zur Explizierung und Kommunikation impliziten Wissens
- Methoden der Wissensstrukturierung durch Visualisierung und Hierarchisierung
- Infonautik (Informationen auswählen, bewerten und dokumentieren)
- Total Quality Management (TQM)

Zur Vermittlung der Inhalte bieten sich insbesondere Kurzvorträge, Gruppengespräche, Kleingruppenarbeit, Story Telling oder Mindmapping etc. an.[1046]

Open Space

Sollen Workshops mit einer **großen Gruppe** durchgeführt werden, stellt sich die Frage, wie jeder, der etwas zu sagen oder beizutragen hat, auch zu Wort kommen kann und alle Kenntnis von seinen Äußerungen erlangen. Die Ideen, Gedanken, Anliegen und Wünsche aller Mitglieder einer großen Gruppe zu bearbeiten und zu fokussieren kann mit der Open Space Methode erreicht werden, die gerade für große Gruppen Freiräume zum kreativen Arbeiten schafft. Eine Open Space Konferenz dauert i.d.R. ein bis drei Tage und umfasst Gruppengrößen von 20 bis 1.000 Personen. **Voraussetzung** ist die freiwillige Teilnahme und die frühzeitige Einladung der Teilnehmer. Um die Personen anzusprechen, die etwas zum Leitthema der Konferenz beizutragen haben, ist dieses ansprechend und positiv zu formulieren. Der **Veranstaltungsort** sollte einen großen Raum als Plenum (Marktplatz) bieten sowie mehrere kleinere für einen Workshop ausgestattete Räume, in denen die einzelnen Arbeitsgruppen von 12 bis 25 Personen die aufgeworfenen Themen bearbeiten können. Beim Open Space ist nur das **Leitthema** vorgegeben. Die Agenda, das ‚Bulletin Board', ist noch leer. Es stehen lediglich die Zeiten und Räume für die Workshops darauf, die Themen selbst werden von den Teilnehmern eingebracht. Bei der Durchführung ist es durchaus erwünscht, dass die Teilnehmer den Workshop wechseln (**Gesetz der zwei Füße**), wenn sie nichts mehr beizutragen haben oder der Meinung sind, hier nichts mehr zu lernen. Es wird davon ausgegangen, dass sie wie ‚**Hummeln'** Ideen weitertragen und Diskussionen befruchten. Sie können auch eine Pause einlegen und sich zurückziehen oder mit anderen ‚Herumwanderern' ein Gespräch beginnen (**Schmetterling**). Dies dient dem Erhalt des positiven Energieflusses, der Selbstverantwortung und Kreativität fördert.

Des Weiteren gelten folgende **Richtlinien**:

1. „Wer auch immer kommt, ist die richtige Person.

[1046] Vgl. http://www.fu-berlin.de/weiterbildung/weiterbildungsprogramm/wimi/wimi_programm/mb$wm_013-ws08_09.html, Zugriff am 10.12.2008

2. Was auch geschehen mag, ist das Einzige, was geschehen kann.
3. Wann immer es beginnt, ist die richtige Zeit.
4. Vorbei ist vorbei."[1047]

Diese Regeln ermöglichen, jeden in der Gruppe zu begrüßen, offen zu sein, für das, was passiert und dem zeitlichen Fluss freien Lauf zu lassen. Gesetz, Hummeln und Schmetterlinge, Richtlinien sowie die Bereitschaft, sich überraschen zu lassen, werden visualisiert und als große Plakate für alle sichtbar im Marktplatz aufgehängt. Der **Ablauf** gestaltet sich folgendermaßen: Zu Beginn versammeln sich alle Teilnehmer im Kreis im Marktplatz so, dass sie sich auf gleicher Ebene sehen können. Die Mitte wird frei gelassen. Es folgt die Begrüßung durch den Moderator, der das Leitthema erläutert und alle dazu auffordert, sich gegenseitig wahrzunehmen und sich anschließend zu überlegen, was sie zu der Konferenz beitragen wollen.

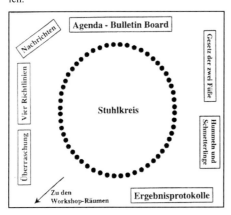

Abbildung 14: Darstellung eines Open Space Marktplatzes[1048]

Nach der **Einführung** stellen die Teilnehmer ihre Anliegen zu dem Leitthema der gesamten Gruppe vor, um auf Nachfragen direkt reagieren zu können. Dann werden Name und **Thema notiert** und an die Agenda zur gewünschten Uhrzeit und Ort gehängt. Damit wird die Agenda zum zentralen Informationspunkt für alle Teilnehmer. Die Initiatoren der einzelnen Workshops erstellen ein Ergebnisprotokoll, welches ebenfalls im Marktplatz aufgehängt wird. Alle Teilnehmer tragen sich nun bei den Themen ein, an denen sie mitarbeiten wollen. Pro Tag gibt es **drei bis vier Sessions**, die ca. 60 bis 90 Minuten lang dauern. Am Abend kommt die gesamte Gruppe noch mal für ca. eine Stunde zusammen, um Informationen auszutau-

---

[1047] Munzel 2003, S. 293
[1048] Vgl. Munzel 2003, S. 292

schen und **Ergebnisprotokolle** zu lesen. Die Ergebnisprotokolle werden zum Konferenzende in einem Dokumentationsband zusammengefasst, von dem jeder Teilnehmer eine Kopie erhält. Die Themen werden durch die Teilnehmer bewertet, um die wichtigsten herauszukristallisieren und an diesen für ein bis zwei Stunden erneut konzentriert zu arbeiten. Hier wird bspw. das **weitere Vorgehen** geplant oder die Basis für konkrete Projekte geschaffen. Abschließend erhält jeder Teilnehmer mittels ‚**Talking Stick**' die Gelegenheit, einen Kommentar zu Inhalten, Prozess oder persönlichen Eindruck abzugeben.

Open Space verbessert die Gruppenkommunikation und unterstützt Kreativität, Selbstverantwortung und -organisation. **Positive** Nebeneffekte bestehen in der informellen Netzwerkbildung und dem Lerntransfer durch Wissensmanagement.[1049] Allerdings lässt sich Open Space nicht für alle Themen einsetzen. **Negativ** sind auch die aufwendige Steuerung sowie das Risiko stark divergierender und vager Ergebnisse zu sehen.[1050]

Kreativitätstechniken

Auch für den unmittelbaren Forschungsprozess kann die Personalentwicklung Hochschullehrern Unterstützung bspw. in Form von **Einführungen in Kreativitätstechniken** bieten. Da Kreativität im Forschungsprozess unabdingbar ist, stellt sich die Frage, wie die erforderlichen kreativen Impulse gezielt und effizient durch Kreativitätstechniken eingebracht werden könnten.

Das Ideenfinden kann zum einen durch Förderung der Intuition oder durch systematisches Vorgehen methodisch unterstützt und zum anderen durch Abwandlung bekannter oder gedachter Lösungsansätze oder aus der Konfrontation mit problemfremden Wahrnehmungen generiert werden.[1051]

Bei der Förderung von Innovationsprozessen, verstanden als Abfolge kognitiver Teilschritte eine Problemlösung, lassen sich **vier Methodengruppen** unterscheiden: „(1) Analyse- und Prognosemethoden zur Analyse und Definition des Problems, (2) Kreativitätstechniken zur Findung möglichst vielfältiger und neuartiger Ideen, (3) Bewertungs- und Selektionsmethoden für die Bewertung und Auswahl der Ideen hinsichtlich ihrer Problemlösungsqualität und (4) Planungs- und Kontrolltechniken, um die erdachten Ideen entsprechend zielführend zu implementieren."[1052] Im Folgenden sollen **Methoden zur Kreativitätsförderung** herausgegriffen werden, deren Ziel es ist, das Potenzial eines Individuums oder einer Gruppe zur Hervorbringung von Ideen, Fakten, Alternativen und Lösungen zu steigern. Dabei stehen mehr

---

[1049] Vgl. Munzel 2003, S. 291 ff.
[1050] Vgl. Krämer 2007, S. 59
[1051] Vgl. Geschka 1986, S. 311 f.
[1052] Guldin 2006, S. 313

als hundert entsprechender Techniken zur Auswahl. Sie lassen sich anhand des **Prinzips der Ideenauslösung** und der **Vorgehensweise klassifizieren**:

Vorgehensweise	Prinzip der Ideenauslösung	
	Assoziation und Abwandlung	Kombinatorik
Intuitiv	Brainstorming[1053]	Metaplan-Technik
Systematisch-analytisch	Synektische Techniken[1054]	Morphologische Techniken[1055]

Tabelle 4: Klassifizierung von Kreativitätstechniken mit einem jeweils typischen Beispiel[1056]

In der Regel werden Methoden der Ideenfindung bzw. Kreativitätstechniken über **Seminare** vermittelt. Dabei können jedoch **Transferprobleme** entstehen, bspw. bei **nicht ausreichenden Übungsmöglichkeiten**, wodurch keine Sicherheit bzgl. der Anwendung entstehen kann. Im Zuge dessen können **methodische Unsicherheiten** den Mut nehmen, in eigener Verantwortung eine Ideenfindungssitzung einzuberufen. Auch bestehen ggf. **Befürchtungen**, die Kollegen lehnen das von Kreativitätstechniken geforderte ungewöhnliche Denkverhalten ab und stehen der Anwendung dieser Methoden grundsätzlich **misstrauisch** gegenüber.[1057] Die drei- bis fünftägigen Seminare sollen die Teilnehmer in die Lage versetzen, an Ideenfindungssitzungen mitzuwirken bzw. welche für eigene Probleme zu organisieren. Bzgl. der **fachlichen Herkunft** ist zwar eine interdisziplinäre Zusammensetzung anzustreben, 2-3 Teilnehmer sollten jedoch aus dem Bereich der Problematik kommen, um eine Kerngruppe für die Anwendung von Kreativitätstechniken im eigenen Arbeitsbereich sicherzustellen. **Einleitend** erfolgt eine **Auseinandersetzung** mit dem Phänomen **Kreativität**. Es werden wesentliche Einflussfaktoren auf kreatives Denken aufgezeigt und die Notwendigkeit zu Kreativität bei Erfindungsproblemen bekräftigt. Außerdem sollten die notwendigen Einstellungen und Verhaltensweisen von kreativem Problemlösen im Team bewusst gemacht werden. Das Seminar sollte sich zunächst auf die **Basistechniken** beschränken, mindestens aber die Methoden ‚Brainstorming', ‚Brainwriting', ‚Reizwortanalyse' und ‚Morphologischer Kasten' umfassen. Wichtig ist die teilnehmerorientierte Ausrichtung der praktischen Übung der Methoden. Auch sind **Anwendungsempfehlungen** für bestimmte Probleme zu geben und die Grundzüge wirksamen Moderatorenverhaltens aufzuzeigen. Die Trainer sollten Hinweise darauf geben, worauf bei der Organisation und Durchführung einer Problemlösungskonferenz zu achten ist. Auch sollten die Kreativitätstechniken in den Problemlösungsprozess eingeordnet und selbstverständlich auch auf deren Grenzen hingewiesen werden. Wichtig ist auch Transferblo-

---

[1053] Ausführlich s. Osborne 1963
[1054] Ausführlich s. Gordon 1961
[1055] Ausführlich s. Zwicky 1966
[1056] Vgl. Guldin 2006, S. 314. Hier findet sich auch eine ausführliche Beschreibung der Methoden.
[1057] Vgl. Schlicksupp 1989, S. 330

ckaden und Anwendungsschwierigkeiten zu diskutieren und prophylaktische Maßnahmen aufzuzeigen.[1058]

Um den **Transfer des Gelernten** zu gewährleisten, können die Erstanwendungen der Teilnehmer durch externe Trainer oder Mitarbeiter der Personalentwicklung begleitet werden. In der Lern- und Experimentierphase sollten Probleme bevorzugt werden, bei denen eine faire Lösungschance besteht. Da Kreativitätstechniken nur ein Baustein von Problemlösungsprozessen darstellen, erscheint es ratsam, diese Methoden als Teil eines **übergreifendes Fortbildungsangebot** über kooperative Problemlösungsprozesse anzubieten. Zusätzlich können dann Methoden und Strategien der Problemfindung bzw. Wahrnehmung von Innovationschancen, Zielfindung, Ideenbewertung und Entscheidungstraining vorgestellt und durch grundlegende Regeln der Zusammenarbeit inklusive Teamarbeitstechniken ergänzt werden.[1059]

Geschka schildert folgende **Barrieren**, die einer Anwendung von Kreativitätstechniken im Wege stehen: „Die Vorstellung, dass wissenschaftlich-kreatives Denken nach einer Technik und in einem straffen zeitlichen Rahmen erfolgt, stößt bei Wissenschaftlern auf Unverständnis und Widerspruch. Kreativitätstechniken sind heuristische Methoden (im Gegensatz zu deterministischen Methoden), d.h. sie erhöhen die Wahrscheinlichkeit, ein gestecktes Ziel zu erreichen. Sie können nicht den Anspruch erheben, immer zu besseren Ergebnissen hinzuführen als individuelles Nachdenken. Solche Methoden werden tendenziell als unwissenschaftlich abgetan. Die Tradition wissenschaftlichen Arbeitens liegt in deutschen Hochschulen beim Einzelnen und nicht beim Team. Es fehlen die einfachsten Hilfsmittel wie Flipcharts, Pinnwände u.ä., sowie der selbstständige Umgang mit diesen Mitteln. Kreativitätstechniken werden ausschließlich in Managementseminaren gelehrt. An den Hochschulen werden diese Techniken nicht so vermittelt, dass sie praktiziert werden können. Wer im wissenschaftlichen Bereich bleibt, hat also kaum die Möglichkeit, sie zu erlernen oder zu erleben."[1060]

Forschungszirkel

Auch die Entwicklung regelmäßiger Forschungszirkel, kann zur Weiterentwicklung von Fach-, Methoden- und Sozialkompetenz beitragen. Um die erlernten Kreativitätstechniken **zu erproben** oder Probleme der Forschungsprojekte, sei es methodischer, inhaltlicher oder auch finanzieller Art, mit Fachleuten und Kollegen auch unter interdisziplinären Aspekten **zu diskutieren**, können in Anlehnung an Qualitätszirkel Forschungszirkel gebildet werden. Diese

---

[1058] Vgl. Schlicksupp 1989, S. 331 f.
[1059] Vgl. Schlicksupp 1989, S. 332 f.
[1060] Geschka 1986, S. 323 f.

sollten anfänglich von externen Experten bzw. Moderatoren geleitet werden, bevor die Mitglieder selbst diese Rolle im Rotationsverfahren übernehmen.[1061]

Publication Group

Am Department of Education der Eastern Washington University gibt es eine sog. Publication Group, deren Mitglieder **gemeinsam forschen, schreiben** und **als Herausgeber fungieren**. Wichtige Voraussetzung ist die Bereitschaft, sich selbst einzubringen und mit der Gruppe zu identifizieren. Die Legitimität von Gruppenleistungen in Recherche und Artikelproduktion wird oft infrage gestellt. Das mag darin begründet sein, dass hier stark von der ‚festgeschriebenen Norm' von Forschung und Publikation abgewichen wird. Das Ideal sieht vor, dass ein Professor allein Daten sammelt, im privaten schreibt und publiziert, um eine breite Würdigung seiner Arbeit zu erhalten. Im Gegensatz dazu betont die Publication Group den Wert von Brainstorming, einer gemeinsamen Datensammlung und Gesprächen, kritischer Datenanalyse, geteilter Verantwortung und gemeinsamen Lob oder Tadel. Diese Methode birgt nicht nur eine hohe intrinsische Motivation in sich, sondern hilft außerdem, Daten zu eruieren. Zudem lässt sie Erkenntnisse aus verschiedenen Interessen und Philosophien zu. Die Teamdiversität führt zu regem Austausch von Informationen und Meinungen. Die ausgewählten Forschungsthemen sind vielfältig und die Teilnehmer verleihen jedem Thema einzigartige Einsichten aus ihrem Wissen und Spezialgebiet. Um eine optimale Produktivität zu erhalten, werden im Abstand von drei Wochen **Teammeetings** je nach Umstandserfordernis mit verschiedenen Themen abgehalten. In einem werden mittels Brainstorming neue Themen generiert, in einem anderen geht es um die Korrespondenz mit Herausgebern, wieder ein anderes enthält Vorträge für Konferenzen. Selbstverständlich steht am Beginn die Idee eines Einzelnen zur Diskussion. Doch diese wird von der Gruppe auf ‚Herz und Nieren' geprüft. Ist sie neu, innovativ, wer sind die Adressaten? Bei ‚grünem Licht' seitens der Kollegen werden einschlägige Recherchen und Dokumentationen für den Artikel angestellt. Die restlichen Gruppenmitglieder stehen immer für Diskussionen zur Verfügung. Ist der Artikel fertig, erhält jedes Mitglied eine Kopie, an der jeweils allein gearbeitet wird. Bei der nächsten Sitzung, werden zunächst allgemeine Kommentare gesammelt und dann das Manuskript Seite für Seite kritisch durchgenommen. Meistens sind zwei bis drei Sitzungen erforderlich. Bei jeder Sitzung gibt es drei definierte Rollen. Der **Leiter** ist verantwortlich für die Durchführung der Tagesordnungspunkte. Der **Autor** notiert die Antworten der Mitglieder und der **Protokollführer** hält zugewiesene Verantwortungen fest und fasst erreichte Entscheidungen zusam-

---

[1061] Vgl. Mittmann 1995, S. 51

men. Dabei werden die Rollen abwechselnd von den Mitgliedern übernommen. Wenn der Artikel bei einer Zeitschrift eingereicht wurde, hat er nicht nur den letzten Schliff erhalten, sondern es wurde jede Idee in der Gruppe durchdiskutiert und kritisch beurteilt. Diese hohe professionelle Leistung ist in gewissem Ausmaß für den Publikationserfolg von Publication Groups verantwortlich. Dieser stellt jedoch **nur ein Gewinn** der Gruppenmitgliedschaft dar. Sie hilft den Gruppenmitgliedern außerdem dabei, Themen zu identifizieren, die Relevanz haben. Darüber hinaus sind die Teilnehmer gezwungen, ihre ‚Lieblingsthemen' zur Diskussion zu stellen. Das Ergebnis ist i.d.R. eine durchdachtere und vielmehr zum Nachdenken anregende Analyse als sie ein einzelner hätte entwickeln können. Und die Ideen erscheinen nicht weniger gültig, weil sie offenen zur Diskussion gestellt wurden. Selbstverständlich bedarf es etwas Mut, sich neuen Ideen oder neuen Perspektiven alter Ideen zu öffnen und andere Mitglieder um Rat und Hilfe zu bitten, bevor die eigene Forschung vollständig abgeschlossen ist. Wichtig ist daher eine **unterstützende Atmosphäre** und die **Entwicklung professioneller Intimität**, welche einen freien Ideenaustausch erlaubt. Die Gruppe wächst daran, aus verschiedenen konfliktären Meinungen zusammenhängende Aussagen zu bilden. Letztendlich ist anzunehmen, dass der Wunsch gemeinsame Ziele zu erreichen, die evtl. bestehenden persönlichen und fachlichen Differenzen überdeckt und zu einem zusammenhängenden offenen und professionellen Fachbereich beiträgt.[1062]

4.2.2. Entwicklung und Management von Forschungsprojekten

Um Projektmanagementkompetenz auszubilden, hält die Personalentwicklung **zahlreiche Maßnahmen** bereit. Hier können zunächst Workshops, Seminare, Simulationen in Form von Planspielen oder der Bearbeitung von Fallbeispielen genannt werden. Darüber hinaus bieten sich für die Reflexion verschiedene Beratungsformate sowie Erfahrungsaustausch an. Bei Projektmanagementkompetenz bietet sich nicht zuletzt insbesondere das Learning by doing an ggf. unter zu Hilfenahme von just-in-time-Information. Bis zu einem gewissen Punkt ist es auch möglich, sich Projektmanagementkompetenz im Selbststudium allein oder in Gruppen anzueignen.[1063]

In Wirtschaftsorganisationen hat sich eine Art **Projektkarriere** entwickelt, die nach und nach für das Projektmanagement qualifiziert. Für die Position des **Junior-Projektspezialisten** werden die Grundlagen und Methodik des Projektmanagement erlernt sowie erste praktische Erfahrungen im Projektmanagement gesammelt (eigenverantwortliche Übernahme von klei-

---

[1062] Vgl. Goetter 1995, S. 89 ff.
[1063] Vgl. Keßler & Hönle 2002, S. 201 f. Damit werden nahezu alle Möglichkeiten aufgezeigt, die der Personalentwicklung zur Verfügung stehen.

neren Arbeitspaketen). Die Weiterqualifizierung zum **Projektspezialisten** erfolgt als Autodidakt, durch Teilnahme an Weiterbildungsveranstaltungen, Erfahrungsaustausch, Anleitung erfahrener Projektleiter oder durch Praxis. Die im Unternehmen gängige Form des Projektmanagements wird adaptiert und der Methodeneinsatz zunehmend sicherer. Zudem sollten Erfahrungen im Umgang mit Gremien, Partnern, Auftragnehmern und in der Früherkennung von Engpässen und in der Entwicklung geeigneter Lösungsstrategien gemacht werden. Wichtig ist darüber hinaus die Förderung der sozialen Kompetenz.[1064] Bis zu diesem Punkt kann man eine gewisse Analogie zur Qualifikation des wissenschaftlichen Nachwuchses im Hinblick auf Forschungsprojekte erkennen. Es finden sich vermehrt entsprechende Angebote für diese Zielgruppe. Doch eine Weiterbildung zum **Projektleiter**, dessen Rolle wohl am ehesten der Funktion eines Professors in Forschungsprojekten entspricht, findet in der Wissenschaft nicht statt bzw. erfolgt lediglich als Learning by doing in der Trial-and-Error-Methode. Bei einer Qualifikation zum Projektleiter sollten folgende Themengebiete im Mittelpunkt stehen: Gruppendynamik, Teamführung, Moderation, Reflexion im Team, Präsentation, Verhandlungskunst und Psychohygiene. Neben der größeren Erfahrung unterscheidet sich ein **Senior-Projektleiter** vom Projektleiter insbesondere durch die Fähigkeit zur Führung und zum Konfliktmanagement, Repräsentation, (technisch gestütztem) Informations- und Kommunikationsmanagement sowie interkulturelle Kompetenz. Hier bieten sich insbesondere Beratungsformate oder Praxisbegleitung an, die on-the-job erfolgen. Parallel erscheinen Trainings zweckmäßig, um die Grundlagen zu vertiefen. Die Entwicklung zum **Projektdirektor** umfasst dann Schwerpunktthemen wie Strategiekompetenz, Prozessmanagement, Medienkompetenz, Gestaltung von Macht und Einfluss sowie Unternehmertum.[1065] Die systematische Qualifikation zum Seniorprojektleiter oder zum Projektdirektor findet in der Wissenschaft ebenfalls nicht statt.

Am Beginn jeder Projektmanagementschulung sollte die **Sensibilisierung** für die Projektmanagementerfordernisse stehen.[1066]

Um **grundlegende Projektmanagementkenntnisse** zu erwerben, bieten sich Blockseminare oder wöchentliche Projektmanagement-Trainings mit oder ohne ‚Zieharmonikastruktur' (d.h. je nach den Bedürfnissen der Teilnehmer werden Inhalte gestrafft oder ausgedehnt bearbeitet) an, die Beobachtungs- oder Erkundungsaufträge ermöglichen, welche für die durchgenomme-

---

[1064] Vgl. Keßler & Hönle 2002, S. 210 ff.
[1065] Vgl. Keßler & Hönle 2002, S. 210 ff. Eine ähnliche Laufbahn beschreiben Schott & Ahlborn 2005, S. 179 f. (Projektkoordinator – Teilprojektleiter – Projektleiter – Programm-Manager – Projektdirektor)
[1066] Vgl. Daum 2003, S. 219

nen Inhalte in der Zeit zwischen den Workshops sensibilisieren und es ermöglichen, die Wahrnehmung auf bestimmte Inhalte und Prozesse zu fokussieren.[1067] Inhaltlich sollten die Qualifizierungsmaßnahmen so aufgebaut sein, dass anfangs erforderliches **Basiswissen** im Bereich des Projektmanagements erworben wird. Dieses umfasst schwerpunktmäßig die Instrumente und Methodik des Projektmanagements, Teambildung, Arbeitsmethoden und Software für das Projektmanagement. Dies kann gemeinsam mit anderen bspw. in Vorträgen oder Seminaren erfolgen. Darüber hinaus sind gewisse **Zusatzqualifizierungen** erforderlich, die bspw. die Möglichkeiten der Forschungsfinanzierung betreffen.[1068] Da jedoch auf die Probleme und Risiken bei der Anwendung der Methoden in der Wissensvermittlung lediglich hingewiesen, nicht aber die notwendige Erfahrung mit den Instrumenten in der konkreten Projektsituation vermittelt werden kann, sind **ergänzend Verhaltenstrainings** anzubieten, in denen Verhaltensweisen solange praktisch geübt und trainiert werden, bis sie in das alltägliche Verhaltensrepertoire des Teilnehmers integriert wurden.[1069] Ebenfalls erscheinen unterstützende Maßnahmen der **Persönlichkeitsentwicklung** von Vorteil. Von besonderer Bedeutung sind auch die Weiterentwicklung der Kommunikations- und Interaktionsfähigkeiten. Die zu entwickelnden **Spezialkenntnisse** betreffen bspw. rechtliche Grundlagen, länderspezifische Regelungen, Risiko- und Krisenmanagement oder Projektmarketing etc.[1070] Ebenfalls von großer Bedeutung ist die Wahrnehmung der Führungsverantwortung (Vertrauen schaffen, Rollenentwicklung, Interventionen, Kontrolle, Motivation, etc.). Die **Entwicklung von Führungskompetenz** ist umso besser möglich, je stärker die anderen Komponenten der Projektmanagementkompetenz ausgebildet sind. Hierfür eignen sich insbesondere Coaching oder Lerngruppen.[1071] Erfolgreiche Projektmanagement-Qualifikationsmaßnahmen verbinden folglich **methoden- und verhaltensorientierte Instrumente**.

[1067] Vgl. Schott & Ahlborn 2005, S. 186 ff.
[1068] Vgl. Keßler & Hönle 2002, S. 200
[1069] Vgl. Walger 1997, S. 304 f.
[1070] Vgl. Keßler & Hönle 2002, S. 200
[1071] Vgl. Keßler & Hönle 2002, S. 209

Abbildung 15: Projektmanagement-Schulung[1072]

Aber auch in den Verhaltenstrainings kann nur eingeübt werden, auf bestimmte Stimuli, die vorher definiert wurden, schnell und angemessen zu reagieren. Auf die konkrete Projektsituation mit ihren Unwägbarkeiten und Unerwartbarem kann ein solches Training nur bedingt vorbereiten, da es hierfür keine festen Verhaltensmuster gibt. Um persönlich Erfahrungen in einer konkreten Projektsituation zu machen, bedarf es eines **erfahrungsorientierten Lernkonzepts**.[1073] In einem solchen Lernprojekt sammeln die Teilnehmer persönliche Erfahrungen mit spezifischen Projektsituationen, die in einem moderierten Gespräch mit anderen reflektiert werden, um Orientierung für ihr Handeln in künftigen Projekten zu gewinnen.[1074] Dabei werden fachliche, methodische und soziale Aspekte der Projektarbeit behandelt und reflektiert. Weiterbildungsangebote sollten sich immer an der **Struktur von Projekten**, d.h. an den Phasen Projektentwicklung und Antragstellung, Projektplanung, Projektdurchführung sowie Präsentation, Transfer und Kontrolle, orientieren. Das erforderliche Basiswissen sollte problemnah in die Projektarbeitsgruppe eingebracht und vermittelt werden.[1075]

Auch Walger orientiert sich bei seinem Lernprojekt am Projektablauf und unterteilt es in **acht Phasen** (Vorbereitungsphase, Definitionsphase, vier Bearbeitungsphasen, Projektpräsentation und Reflexionsphase). In der **Vorbereitungsphase** erhalten die Teilnehmer Informationen über das Projekt und ihre Rolle darin sowie die Problemstellungen. Dabei sind die Informationen für jede Rolle verschieden, so dass Informationsasymmetrien entstehen. Nun haben die

---

[1072] Vgl. Platz 1984, S. 439
[1073] Vgl. Walger 1997, S. 304 f.
[1074] Vgl. Walger & Miethe 1996, S. 263 ff.
[1075] Vgl. Daum 2003, S. 218

Teilnehmer eine Woche Zeit, um sich in den Kontext einzuarbeiten und ihre Rolle vorzubereiten bis die **Definitionsphase** beginnt. In dieser werden erste Entscheidungen getroffen und das Projekt geplant. Danach wird das **Projektgeschehen simuliert** und die getroffenen Entscheidungen nach jeder Phase berücksichtigt. Nach Abschluss der Definitions- und jeder Bearbeitungsphase muss der aktuelle Projektstand präsentiert werden. Nach der vierten Bearbeitungsphase erfolgt eine **Endpräsentation**.[1076]

Um ein derartiges Personalentwicklungsprojekt so authentisch wie möglich zu gestalten, sollte es nach **spezifischen Projektbedingungen** ausgestaltet werden. Ein vorgegebenes Projektziel sowie großer Erfolgszwang rufen eine **starke Ergebnisorientierung** hervor. Darüber hinaus wird durch Befristung für jede Projektphase und für das Projekt insgesamt Zeitdruck geschaffen. Die **besondere Rolle der Projektleitung** findet bspw. durch künstlich hervorgerufene Informationsasymmetrien Berücksichtigung. Die Gruppe sollte (fiktiv) **interdisziplinär und interkulturell** zusammengesetzt sein. Das Bemühen um gemeinsame Lösungen fördert die Kommunikations-, Kooperations- und damit Anpassungsfähigkeit. Die Zusammenarbeit mit anderen ermöglicht Selbstreflexion sowie das Erkennen eigener Stärken und Schwächen. **Unterschiedliche Selbst- und Führungsverständnisse** können durch die Doppelbesetzung der Projektleitungsposition hervorgebracht werden. Des Weiteren sind große **wechselseitige Abhängigkeiten** zwischen Teilaufgaben zu schaffen, was auch die Notwendigkeit hervorruft, **funktionsfähige Kommunikationsstrukturen** aufzubauen. **Gruppendynamische Prozesse** werden ggf. durch das Hervorrufen von Konfliktpotenzial initiiert. Des Weiteren sollte der **Widerspruch** zur bestehenden Organisation simuliert werden. Denn die übernommene Rolle im Projekt und die Einordnung in die festgelegte Leitungsstruktur im Lernprojekt stellt für Hochschullehrer einen Widerspruch zu der ihr vertrauten Position in der Universität dar (Freiheit, Autonomie). Abschließend ist die **Bewältigung von Adhoc-Situationen**, zu nennen, für die keine gelernten Verhaltensmuster vorliegen.[1077]

Begleitend kann eine **Beobachtungsgruppe** gebildet werden, die ihre Wahrnehmungen, wie sich jedes Teammitglied in der Projektsituation bewegt hat, aus ihrer Perspektive schildert. Das bietet die Möglichkeit, Fremd- und Selbstbild abzugleichen und zu erörtern, wie problematische Verhaltensweisen geändert werden können.[1078]

Auch teletutoriell begleitendes **E-Learning** und **Blended-Learning** Konzepte sind geeignet, um Projektmanagementkompetenz zu erwerben (WBT, Projektsimulationen).[1079]

[1076] Vgl. Walger 1997, S. 308 ff.
[1077] Vgl. Walger 1997, S. 310 ff.; Berthel & Becker 2003, S. 354 f.
[1078] Vgl. Walger 1997, S. 313
[1079] Vgl. Feninger 2004, S. 28 f. Beispielsweise ist ein Qualifizierungskurs zum Projektmanagement als Onlinekurs unter der Webadresse http://tina.brelogic.de/ einzusehen und zu nutzen. Vgl. Nehlsen-Pein 2006, S. 390

Normalerweise übernimmt bei Personalentwicklungsprojekten der Projektleiter sowohl das Projektmanagement als auch die Projektbegleitung. Da aber zumeist Hochschullehrer selbst die Funktion des Projektleiters übernehmen und damit Zielgruppe der Personalentwicklungsmaßnahme sind, sollte neben dem Hochschullehrer, der für die inhaltlichen Projektziele verantwortlich ist, ein Trainer die Begleitung des **Personalentwicklungsprozesses** übernehmen.[1080]

Aufgrund des geringen Zeitbudgets, welches Professoren zur eigenen Weiterbildung zur Verfügung steht, bieten sich allerdings eher Training und Bewährung on-the-job in **konkreten Projekteinsätzen** an.[1081] Stallworthy und Kharbanda halten das Training on the job, obwohl es ein harter, teurer, zeitaufwendiger und von der trial and error Methode geprägter Weg ist, für den einzig zielführenden.[1082]

Um in realen Projektsituationen Möglichkeiten der Verbesserung der Projektmanagementkompetenz zu nutzen, bieten sich **verschiedene Beratungsformate** an. Wird ein Forschungsprojekt gleichzeitig als Personalentwicklungsprojekt festgelegt, sollten Weiterbildungsziel und inhaltliches Projektziel gleichwertig nebeneinander stehen. Voraussetzung für ein Personalentwicklungsprojekt ist die Definition und Messung qualitativer Entwicklungsziele. Eine beratende Begleitung schafft einen Rahmen für Reflexion und Feedback und betrachtet sowohl den gesamten Prozess als auch die Entwicklung der einzelnen Teilnehmer. Beispielsweise können Abweichungen von den geplanten Projektergebnissen mit allen Beteiligten aus einer anderen Perspektive heraus analysiert werden.[1083] Möglich sind sowohl Fach-, Methoden-, Projekt- und Prozessberatung als auch Coaching und Supervision. Die **Fachberatung** betrifft Expertenwissen (bspw. Recht, Personal, Technik etc.), welches ein bestimmtes Entscheidungsproblem erfordert. Allerdings sollten Forschungsprojekte bereits mit der erforderlichen Expertise ausgestattet sein. Bei der **Methodenberatung** geht es darum, eingefahrene Bahnen zu verlassen und neue evtl. effektivere Methoden für Entscheidungsprobleme zu wählen. Die **Projektberatung** umfasst Fragen zu Projektphasen, der Bildung von Arbeitspaketen, Terminüberwachung, Meilensteingestaltung sowie Fragen der Projektorganisation, der Weisungsrechte, des Qualitätsmanagements, des Projektmarketings etc. In der **Prozessberatung** geht es um die Art und Weise des Zusammenspiels der handelnden Personen, also um Rollenverständnisse, Spielregeln, Vertrauen, Verlässlichkeit und Verpflichtung, Zusammenarbeit, Konfliktbearbeitung, Reflexion, informeller Austausch, Motivation, Macht und Einflussnah-

---

[1080] Vgl. Erkelenz 2006, S. 456
[1081] Vgl. Arnold 1989, S. 77
[1082] Vgl. Stallworthy & Kharbanda 1983, S. 107
[1083] Vgl. Erkelenz 2006, S. 455

me. Coaching[1084] wiederum stellt die Person bzw. die Persönlichkeit des Projektleiters in den Mittelpunkt und behandelt Fragen der persönlichen Motivation, der Selbstorganisation, des Selbstkonzeptes und der Arbeitsorganisation. Anders steht bei der **Supervision** die Professionalität des Handelns und Methodeneinsatzes im Vordergrund. Der Projektleiter (Supervisand) wird durch den Supervisor beobachtet. Anschließend berichtet der Hochschullehrer, was er wie und warum tat und wie zufrieden er mit dem Ergebnis ist. Das geschilderte Selbstbild des Supervisanden wird mit dem Fremdbild des Supervisors verglichen. Der Supervisor stellt dem Hochschullehrer Hypothesen zur Verfügung und erarbeitet mit ihm ein besseres Verständnis dessen, was das Verhalten des Professors in der beobachteten Sequenz bestimmt hat. Es ist auch möglich, die Supervision über mehrere Projekte hinweg durchzuführen. In einer derartigen Langfristsupervision können die Muster besser erkannt und die Entwicklungsschwerpunkte der Qualifikation besser bearbeitet werden. Bei der Supervision als gesondertes Ereignis berichtet der Hochschullehrer dem Supervisor aus einem bestimmten Zeitabschnitt. Selbstverständlich kann der Supervisand auch hier Inhalt und Schwerpunkt der Auswertung bestimmen.[1085] Der Coach oder Supervisor muss neben der unter Kapitel 3.1.2 genannten wissenschaftlichen Feldkompetenz des Supervisors auch über grundlegende Kenntnisse des Forschungsfeldes und der Wissenschaftsdisziplin verfügen, in der sich das Projekt bewegt. Ferner sind grundlegende Kenntnisse der Forschungsmethoden nötig, die im Projekt zur Anwendung kommen sollen. Auch wenn in der Supervision keine direkte Forschungsberatung[1086] stattfinden kann, so muss der Supervisor doch um die Möglichkeiten und Grenzen des Forschungsprojekts wissen.[1087]

Supervision führt gerade bei großen **Drittmittelprojekten** mit Budgets im Umfang ein oder mehrerer Millionen regelmäßig zu einer Verbesserung der Arbeitsbeziehungen und Steigerung der Ergebnisse. Daher wird eine externe Evaluation, Projektbegleitung oder Projektsupervision immer öfter von den Geldgebern der Forschungsvorhaben verlangt. Weiterbeschäftigung und beruflicher Werdegang vieler Forscher hängt vom Gelingen des Projektes ab. Ungesicherte Arbeitsverhältnisse und personelle Fluktuation verstärken bei vielen Drittmittelprojekten schon vorhandene interne Kommunikations- und Kooperationsprobleme.[1088]

[1084] Näheres zum Thema Coaching vgl. Kap. 4.3.1
[1085] Vgl. Keßler & Hönle 2002, S. 215 ff., 289 f.
[1086] Gerade für die Forschungstätigkeit sind Supervision oder Coaching von besonderer Bedeutung. Der Kontakt mit einer Außenstehenden Person kann dem Wissenschaftler helfen, seine eigene Position, Perspektive, Rolle, Denk- und Handlungsweise zu klären, zu überprüfen oder zu revidieren. Vgl. Klinkhammer 2004, S. 437
[1087] Vgl. Buer 2001b, S. 253
[1088] Vgl. Belardi 2000, S. 364

4.2.3. Intra- und interkulturelle Zusammenarbeit

Um die für die Forschung zunehmend wichtiger werdenden interpersonalen Kompetenzen zu fördern, bieten sich arbeitsplatznahe Maßnahmen an, da interpersonale Kompetenz am Besten dort erworben wird, wo sie konkret gefordert ist.[1089] Insbesondere bei neu zusammengestellten Projektgruppen erscheint der Beginn mit einem **präventiven Teamentwicklungstraining** (‚start-up-meeting') sinnvoll, um die notwendigen Arbeitstechniken zu vermitteln und von Anfang an die Spielregeln für eine vertrauensvolle Zusammenarbeit zu klären.[1090] Ist diese Gruppe interdisziplinär oder -kulturell zusammengestellt, sollten darüber hinaus **Trainings zur interkulturellen Kompetenz** angeboten werden.

Teamentwicklung

Unter Teamentwicklung wird keine konkrete Maßnahme verstanden sondern vielmehr ein Oberbegriff verschiedenster Vorgehensweisen.[1091] Teamentwicklungstrainings zielen darauf ab, neu gebildete Teams so schnell wie möglich zu voller Leistungsfähigkeit zu bringen, bestehende Teams in ihrer Effizienz zu optimieren oder im Störfall deren Leistungskraft und -bereitschaft wieder herzustellen.[1092]

Comelli nennt **zwei Hauptauslöser** für Teamentwicklungsmaßnahmen:
- „Störungen in der Zusammenarbeit untereinander und/oder mit dem Vorgesetzten ... behindern die Effizienz.
- Mangelnde kommunikative Fähigkeiten und/oder Methodenkenntnisse bei den Teammitgliedern blockieren oder erschweren eine wirkungsvolle Zielerreichung."[1093]

Daher werden folgende **Ziele** mit einem Teamentwicklungstraining angestrebt:
- „Verbesserung der Kommunikation untereinander, ggfs. Erlernen von Kommunikationstechniken, die beziehungs-stabilisierend bzw. konfliktvermeidend sind (z.B. Feedback-Techniken, aktives Zuhören);
- Erlernen und Erwerb von Arbeitstechniken, die sich besonders für Teamarbeit eignen (z.B. Metaplantechnik);
- Erlernen von Systematiken und Vorgehensweisen für Teamarbeit (z.B. Problemlösetechnik);

[1089] Vgl. Schuler & Barthelme 1995, S. 113
[1090] Vgl. Comelli 1991, S. 296
[1091] Vgl. Comelli 2003, S 81. Ein umfangreicher Katalog von Maßnahmen, Anregungen und Hilfsmitteln zur Teamentwicklung findet sich bei Dyer 2007
[1092] Vgl. Comelli 1991, S. 297
[1093] Comelli 1991, S. 296

- Klärung der Gesamtzielsetzung(en) und Ableitung bzw. Vereinbarung entsprechender Teilzielen;
- Klärung der einzelnen Rollen bzw. des Rollenverständnisses im Team, ggfs. Abgleich bzw. „Aushandeln" gegenseitiger Rollenerwartungen;
- Vertiefung des Verständnisses für die ablaufenden Gruppenprozesse, d.h. für jene gruppendynamischen Ereignisse, die in jeder Gruppe vorkommen, in der Leute eng zusammenarbeiten;
- Entwickeln der Fähigkeit, gruppendynamische Prozesse wahrzunehmen und zu steuern;
- Klärung und Verbesserung der Beziehungen zwischen Beteiligten bzw. Teammitgliedern;
- Aufbau von Vertrauen zwischen den handelnden Personen und Stärkung der Bereitschaft, sich gegenseitig zuzuarbeiten und/oder zu stützen;
- Finden von effektiven Wegen, die im Team bestehenden Probleme auf der Sach- wie auf der Beziehungsebene zu bewältigen;
- Klärung und/oder Ausräumung von Konflikten innerhalb des Teams oder zwischen Gruppen;
- Entwicklung der Fähigkeit, Konflikte positiv (statt destruktiv) zu nutzen;
- Stärkung des Bewusstseins des gegenseitigen Aufeinander-angewiesen-seins;
- Definition des Selbstverständnisses des Teams und/oder Klärung der eigenen Team-Position im Umgang mit anderen;
- Verbesserung der Fähigkeit des Teams, mit anderen Arbeitsgruppen innerhalb der Organisation zusammenzuarbeiten."[1094]

Selbstverständlich behandelt ein Teamentwicklungstraining nicht alle genannten Ziele sondern konzentriert sich – je nach Problemlage – auf einige davon. Unabhängig von der einzelnen Ausgestaltung läuft ein Teamentwicklungsprozesses i.d.R. folgendermaßen ab:
- Kontaktphase und Kontrakt,
- Diagnosephase/Datensammlung,
- Durchführung des Teamentwicklungstrainings,
- Erfolgskontrolle.[1095]

Bei der **Kontaktaufnahme** werden zunächst zwischen dem Initiator der Maßnahme (Dekan, Präsident) sowie dem durchführenden Moderator (egal ob intern oder extern) Problemlage und Trainingsbedarf, Zielsetzung, Vorgehensweise, gegenseitige Erwartungen, Rollen, Spiel-

---
[1094] Comelli 2003, S. 80 f.
[1095] Comelli 1991, S. 298. Eine Darstellung der Phasen eines Teamentwicklungstrainings findet sich im Anhang, vgl. Anlage 14.

regeln und andere Rahmenbedingungen geklärt. Anschließend wendet sich der Moderator erstens an den/die Projektleiter (Hochschullehrer) und in einem zweiten Schritt an die Projektmitarbeiter (entweder auch Professoren oder das Forschungsteam des projektleitenden Professors), um mit ihm/ihnen die gleichen Punkte abzustimmen. Jeder Beteiligte verpflichtet sich dabei, den entsprechenden Input zu liefern sowie den Prozess offen, ehrlich und mit Engagement zu begehen. Des Weiteren wird Vertraulichkeit zugesichert und jedem das Recht eingeräumt, zu jeder Zeit bestimmte Vorgehensweisen oder Themen abzulehnen.[1096] Möglich wäre auch, die Vereinbarungen im Rahmen eines Vorseminars mit vollem Workshop-Charakter zu erarbeiten, welches auch schon über den Ablauf des geplanten Trainings informiert und eine erste Problembeschreibung anfertigt. In einer Art ‚warming-up' können sich Moderator und Projektleiter bzw. -mitarbeiter schon einmal gegenseitig kennenlernen und den Teilnehmern bietet sich die Möglichkeit einer ersten Kostprobe des Trainings und Erprobung der geplanten Zusammenarbeit.[1097]

Die Entwicklung konkreter Maßnahmen und Empfehlungen zur Optimierung der Teameffizienz setzt ein umfassendes und exaktes Verständnis der Problemlage voraus. Dies beinhaltet Informationen über den derzeitigen Ist- und den angestrebten Soll-Zustand, die möglichen Ursachen und die Entstehungsgeschichte eines bestehenden Problems, den Gruppenzustand bzgl. der Beziehungen zueinander, eine etwaige Vorgeschichte der Gruppe, Stärken und Schwächen sowie die Beherrschung bzw. Kenntnisse von Arbeits- und Teamtechniken.[1098] Doch auch für den Teamentwicklungsprozess, das experimentelle Lernen am eigenen Leib sind diagnostische Instrumente erforderlich, um den Lernprozess beobachten und auswerten zu können. Um die in der eigenen Projektgruppe ablaufenden Prozesse wahrzunehmen, sie richtig zu bewerten und entsprechende Handlungsalternativen abzuleiten, müssen die Projektbeteiligten selbst **diagnostische Fähigkeiten** entwickeln. Ein häufig zur Anwendung kommendes diagnostisches Verfahren ist die **Prozessanalyse**.[1099] Sie kann sowohl über eine kurze Gruppendiskussion als auch über einen ganzen Trainingstag und/oder das ganze Training angefertigt werden. Die Teilnehmer werden vom Trainer, der in seiner Rolle permanenter Prozessanalytiker ist, angeleitet, ihre eigenen Aktivitäten selbst zu untersuchen. Dies setzt jedoch die Fähigkeit zur Metakommunikation voraus, d.h. die Fähigkeit über die eigene Kommunikation zu kommunizieren und auf diese Weise sich selbst zum Gegenstand der Betrachtung zu machen. Da es i.d.R. nicht leicht fällt, von sich selbst Abstand zu nehmen, muss die Prozess-

---

[1096] Vgl. Comelli 1991, S. 299
[1097] Vgl. Comelli 1991, S. 301
[1098] Vgl. Comelli 1991, S. 302
[1099] Vgl. Comelli 1991, S. 304 f.

analyse geübt werden. Hierfür bieten sich insbesondere Videoaufzeichnungen der Gruppenaktivitäten an. Die Rückmeldungen im Rahmen der Prozessanalysen helfen, Fehler und Defizite im Sozialverhalten aufzudecken und bessere Verhaltensalternativen aufzuzeigen (und einzuüben). Prozessanalysen schärfen das Bewusstsein für Gruppenprozesse und dafür, Prozesse über (hör- und sichtbare Kommunikation) und unter der Oberfläche (Gefühle, Normendruck, Abhängigkeit, Einstellung und Beziehungen) zu unterscheiden, sie zu bewerten und natürlich daraus auch entsprechende Handlungskonsequenzen abzuleiten. Dazu braucht man insbesondere gruppenpsychologische Kenntnisse und Erfahrungen. Diese ergeben sich entweder im Training bei der Arbeit an konkreten Problemen und werden dann durch die Prozessanalyse bewusst gemacht oder sie werden mittels dafür angezeigter gruppendynamischer Übungen vermittelt.[1100] In einem ersten Schritt werden die Teammitglieder lernen, dass es solche Phänomene und Effekte gibt und wie man sie wahrnimmt. In einem zweiten Schritt lernen und üben sie dann, wie man damit umgeht. Beide beeinflussen das Klima und bestimmen die Dynamik der Situation.[1101] Des Weiteren bieten sich **Diagnosemethoden** der Erstellung eines Problemkatalogs, Spontanabfragen (bspw. über Erwartungen, Befürchtungen, Feedback-Abfragen, Blitzlicht, Stimmungsbarometer oder Kraftfeldanalyse), sensing meetings, Verhaltensbeobachtungen, critical incidents oder projektive Verfahren an.[1102] Um zu gewährleisten, dass alle Teilnehmer ihren Input geben können und größere Gruppen, Einzel- oder Gruppendiskussionen nicht zulassen, können vorbereitende Hausaufgaben aufgegeben werden, in denen die Teilnehmer zu ihrem Team und zur Teamarbeit Fragen beantworten. Selbstverständlich können die Antworten anonym abgegeben werden. Die Präsentation der Antworten bietet einen guten Einstieg in das Seminar.[1103]

Teamentwicklungstrainings folgen also in ihrem Aufbau der inneren Logik eines Problemlöseprozesses. Dabei werden **echte akute** oder auch **zukünftige Probleme** der täglichen Zusammenarbeit bearbeitet. Wissensvermittlung und Übungen hingegen beschränken sich auf das für den Lernprozess unbedingt Erforderliche.[1104] Notwendige Voraussetzung für den Erfolg einer Teamentwicklungsmaßnahme ist eine **kommunikative Grundfähigkeit** der Teilnehmer. Sie müssen sich trauen, ihre Meinung zu äußern und für diese einzustehen. Idealerweise erfolgten daher bereits entsprechende Schulungen vor dem Teamentwicklungsseminar.[1105]

[1100] Vgl. Comelli 1991, S. 314
[1101] Vgl. Sonntag 1996, S. 181; Comelli 1991, S. 304 f., 315
[1102] Vgl. Comelli 1991, S. 306 ff., 2003, S. 89 f.
[1103] Vgl. Comelli 2003, S. 90
[1104] Vgl. Comelli 2003, S. 91
[1105] Vgl. Comelli 2003, S. 83

Bzgl. des **Trainingsdesigns** kann in drei Feldern gearbeitet werden. Im Plenum, d.h. in der Gesamtgruppe, erfolgen grundsätzliche Abstimmungen und Diskussionen, gemeinsame Problemlösearbeit, Präsentation und Besprechung der Ergebnisse von Teilgruppen sowie die allgemeine Wissensvermittlung. Kleingruppen werden im Rahmen eines Problemlöseprozesses nach Bedarf gebildet. Sie arbeiten parallel, entweder an gleichen oder unterschiedlichen Teilaspekten (Stafetten-System) eines Problems oder sie stellen Untergruppen dar, die ihre jeweiligen Standpunkte oder Interessen herausarbeiten.[1106] In der Literatur findet sich hierzu ein umfangreiches Angebot an Übungen für die verschiedensten Lernziele.[1107]

I.d.R. werden zu Beginn eines Teamentwicklungstrainings Spielregeln für die Zusammenarbeit vereinbart, um gute Kommunikationsbedingungen zu schaffen. Man bedient sich dabei dem Konzept der **Themenzentrierten Interaktion** (TZI), dargestellt als die Eckpunkte eines gleichseitigen Dreiecks: „Eine optimale Zusammenarbeit in einer Gruppe oder in einem Team ist am ehesten dann möglich, wenn die Bedürfnisse und Interessen des einzelnen (ich) und der Gruppe (wir) gleichermaßen berücksichtigt werden und dabei das Ziel (Thema) nicht aus den Augen verloren wird."[1108] Wichtig ist, dass die Spielregeln nicht einfach vom Trainer vorgegeben werden, sondern vorgeschlagen, begründet und erläutert werden. Die wichtigsten Regeln bestehen in der Balance zwischen Ziel, Ich und Wir, dem Hier und Jetzt, der Verantwortlichkeit jedes Einzelnen für sich selbst, Ich- statt Man-, Wir- oder Es-Formulierungen, dem Vorrang von Störungen bzw. der Vermeidung von Seitengesprächen sowie der Vorgabe, dass zwar nicht alles gesagt werden sollte, was gedacht wird, wohl aber alles, was gesagt wird, der Wahrheit und der ehrlichen eigenen Meinung entspricht.[1109]

Der letzte Schritt in einer Teamentwicklung ist die **Evaluation** des initiierten Prozesses (Erfolgskontrolle). Diese kann im Rahmen eines Folgetreffens in einigem Abstand zur Entwicklungsmaßnahme durchgeführt werden.[1110] Hier kann festgestellt werden, was und wie viel von den Trainingsinhalten in die betriebliche Praxis transferiert wurde. Außerdem wird gemeinsam untersucht, was warum nicht umgesetzt wurde.[1111]

Prinzipiell ist es nicht entscheidend, ob die Teamentwicklungsmaßnahme von einem **internen oder externen Trainer** durchgeführt wird, es kommt vielmehr auf dessen Methodenkompetenzen an. Ein externer Moderator wird evtl. eher als ‚neutraler Dritter' gesehen und als Prozess-Spezialist akzeptiert. Dafür kennt ein interner Moderator die innerorganisatorischen Hin-

---

[1106] Vgl. Comelli 1991, S. 309
[1107] So z.B. bei Antons 1973 oder Küchler 1979
[1108] Comelli 1991, S. 312
[1109] Vgl. Comelli 1991, S. 313 f.
[1110] Vgl. Brinkmann 1999, S. 207
[1111] Vgl. Comelli 1991, S. 315

tergründe und hat einen schnelleren und intensiveren Zugang zu informellen Informationsquellen in der Organisation.[1112]

Wird die Teamentwicklungsmaßnahme als **Prozessberatung** durchgeführt, nimmt ein Berater, der sich bei Verdacht von auftretenden Störungen einschaltet, an einer gewöhnlichen Arbeitssitzung einer Gruppe teil. Das Thema wird gewechselt und es wird darüber gesprochen, was im Augenblick auf der Prozessebene der Gruppe geschieht. Unter Moderation des Beraters werden Störfaktoren der Zusammenarbeit durch den Austausch und die Analyse von Beobachtungen und Eindrücken aufbereitet. Am wirkungsvollsten bewältigt dies die Gruppe selbst, unter der Moderation des Beraters. Anschließend konfrontiert er die Gruppe mit seinen eigenen Beobachtungen. Entweder wird ein professioneller externer Berater eingeladen oder dieser bildet die Mitglieder darin aus, nach einiger Zeit rotierend selbst die Rolle des Prozessberaters zu übernehmen, die sich auf die Prozedere- und Beziehungsebene konzentrieren. Nach und nach wird es zur Gewohnheit, Prozessanalysen ohne Anstoß von Außen durchzuführen.[1113]

Problematisch ist die Erfahrung zu sehen, dass es für Hochschulen eher ungewöhnlich erscheint zur Teamentwicklung auf interne oder externe Unterstützung zurückzugreifen.[1114]

Interkulturelle und interdisziplinäre Trainings[1115]

Wenn es um die Auswahl und Planung von interkulturellen Weiterbildungsmaßnahmen geht, steht ein äußerst **umfangreiches Angebot** zur Verfügung. Es reicht von einfachen Verhaltenstipps im Checklistenformat bis hin zu komplexen Mikroanalysen, die weniger Orientierung stiften, als Verwirrung zu erzeugen. Obwohl die interkulturelle Trainingsforschung zeigt, dass interkulturelle Trainings Wirkungen auf kognitiver, affektiver und der Verhaltensebene haben können, fehlt nach wie vor eine grundlegende Theorie über interkulturelles Lernen.[1116]

Daher sollten auch interkulturelle Trainings der **konstruktivistischen Lerntheorie** folgend folgende Merkmale aufweisen:
- „Lernen an authentischen, relevanten interkulturellen Situationen der Lernenden;
- Multiple Perspektiven zur Differenzierung und Flexibilisierung der Wahrnehmung;
- Interkultureller Trainer nicht als „globaler Alleswisser", sondern als „exzellenter Lerner";

[1112] Vgl. Comelli 2003, S. 81
[1113] Vgl. Rosenkranz 1990, S. 217 f. zitiert nach Neuberger 1994, S. 205
[1114] Vgl. Grün & Röhrig 2006, S. 88
[1115] Wenn im Folgenden von interkulturellen Maßnahmen die Rede ist, können diese i.d.R. auch auf interdisziplinäre Kompetenzen angewendet werden.
[1116] Vgl. Kammhuber 2003, S. 26

- Gebrauch von Kulturdimensionen, Kulturstandards etc. als konzeptuelle Orientierungswerkzeuge mit Hinweis auf deren Konstruktionsprozess;
- Möglichkeit zur Gewinnung von Handlungssicherheit in interkulturellen Situationen."[1117]

Gegenstand interkultureller Personalentwicklungsmaßnahmen ist die Förderung und Entwicklung interkultureller Kompetenz durch interkulturelles Lernen.[1118] „Interkulturelles Lernen findet statt, wenn eine Person bereit ist, im Umgang mit Menschen einer anderen Kultur deren spezifisches Orientierungssystem der Wahrnehmung, des Denkens, Wertens und Handelns zu verstehen, es in das eigenkulturelle Orientierungssystem zu integrieren und auf ihr Denken und Handeln im fremdkulturellen Handlungsfeld anzuwenden. Interkulturelles Lernen bedingt neben dem Verstehen fremdkultureller Orientierungssysteme eine Reflexion des eigenkulturellen Orientierungssystems (Normen, Einstellungen, Überzeugungen und Werthaltungen). Interkulturelles Lernen provoziert das Gewahrwerden sowohl fremdkultureller Merkmale (fremde Kulturstandards) als auch das Bewusstwerden eigenkultureller Merkmale (eigene Kulturstandards)."[1119] Es geht also um eine **erhöhte Sensibilität** und um **mehr Verständnis für die eigene und fremde Kulturzugehörigkeit**. Maßnahmen der Personalentwicklung setzen daher insbesondere am Verständnis des Kommunikationsverhaltens der verschiedenen Kulturen an.[1120]

Idealergebnis interkultureller Zusammenarbeit ist **kulturelle Synergie**, die entsteht, wenn das Zusammenspiel der kulturell unterschiedlich ausgeprägten Elemente (Orientierungsmuster, Werte, Normen, Verhaltensweisen) mehr ergibt als die Summe ihrer Teile.[1121]

Als **Lernziele** interkultureller Weiterbildungsmaßnahmen können drei Arten identifiziert werden:

1. **Kognitive Lernziele**: Wissen und Kenntnisse über die fremde Kultur inklusive Landeskunde und praktisches, organisatorisches Wissen, Wissen über die eigene Kultur sowie Wissen über Prozesse in der interkulturellen Kommunikation.
2. **Affektive Lernziele**: Sensibilisierung für kulturelle Besonderheiten, Entwicklung von Interesse und Verständnis für andere Kulturen sowie einer positiven Einstellung gegenüber der fremden Kultur, Wertschätzung und Anpassungsvermögen.
3. **Verhaltensziele**: Aneignung von Verhaltensmustern wie kulturspezifische Problemlöse- und Entscheidungstechniken, flexibles, kulturadäquates (also für den Kulturraum angemessenes) Verhalten, Entdecken von Handlungsoptionen.[1122]

[1117] Kammhuber 2003, S. 29 f.
[1118] Vgl. Kammhuber & Müller 2007, S. 245; Podsiadlowski 2004, S. 50
[1119] Thomas 1993, S. 383
[1120] Vgl. Podsiadlowski 2004, S. 133; Brinkmann 1999, S. 247
[1121] Vgl. Podsiadlowski 2004, S. 52

Um diese Ziele zu erreichen, stehen der Personalentwicklung verschiedene Maßnahmen zur Verfügung, die sich zum einen in **didaktische** und **erfahrungsorientierte Methoden** unterscheiden lassen. Während erstere aufgrund der kognitiven Lernziele eher passive Lernprozesse ermöglichen (Informations- und verstehensorientierte Trainings), sprechen erfahrungsorientierte Methoden Emotionen und Verhalten an und bieten durch Erleben, Erfahren, Ausprobieren und Trainieren eine aktive Beteiligung der Teilnehmer.[1123]

Darüber hinaus können **kulturübergreifende** und **kulturspezielle Trainings** unterschieden werden. Erstere haben zum Ziel, eine generelle ‚self awareness' bzw. ‚cultural awareness' zu entwickeln und die Bedeutung von Kultur für das eigene und fremde Verhalten zu erkennen. Bei kulturspezifischen Trainings steht die Vermittlung spezieller Kenntnisse über einzelne Kulturen oder Kulturräume im Vordergrund (landeskundliche Informationen, Fachwissen, Sprache, verbale und non-verbale Kommunikationsformen, soziale Verhaltensregeln, Kooperation, Problemlösung, Entscheidungsfindung, Teamarbeit und Verhandlungsführung).[1124]

Kultur-	Didaktisch	Erfahrungsorientiert
Übergreifend	Vorträge Informationen, Fakten Diskussionen Schriftliche Unterlagen Programmierte Unterweisung Videos Gruppenarbeit Cultural Assimilators Traditionelle akademische Kurse	Kommunikationsübungen Spielsituationen Interaktionen im Hier und Jetzt Modelllernen Verhaltensbeobachtungen Experimentelles Lernen Workshop Selbsteinschätzungen Kulturübergreifende Simulationen Rollenspiele Barnga The Outside Experts BAFA BAFA Albatros-Übung Contrast-American Simulation Die vier synthetischen Kulturen
Spezifisch	Kulturspezifische Texte Film/Video Orientierungswissen Landeskunde und Sprachtraining Kritische Ereignisse Cultural Assimilators Fallstudien	Rollenspiele mit Zielkultur Bikultureller Kommunikationsworkshop Spezifische Simulationen Rollenspiele Feldsimulationen Geschäftssimulationen

Abbildung 16: Methoden interkultureller Trainings[1125]

[1122] Vgl. Podsiadlowski 2004, S. 53
[1123] Vgl. Podsiadlowski 2004, S. 138
[1124] Vgl. Podsiadlowski 2004, S. 134
[1125] Vgl. Podsiadlowski 2004, S. 139, 149; Gudykunst & Hammer 1983, S. 125 ff.

Andererseits lassen sich kulturübergreifende und -spezielle Trainings auch den folgenden **vier Schwerpunkten** zuordnen:

1. **Informationsorientierte Trainings: Kulturelles und interkulturelles Wissen**
   a.) Kulturübergreifend: Wissen über die Bedingungen interkultureller Kommunikation und allgemeine Verhaltensregeln
   b.) Kulturspezifisch: Vermittlung von grundlegenden Daten und Fakten über ein spezielles Land sowie praxisnahes Handlungswissen
2. **Kulturorientierte Trainings: Bewusstsein und Sensibilisierung**
   a.) Kulturübergreifend: Entwicklung eines generellen Verständnisses für kulturelle Ähnlichkeiten, Unterschiede und Einflussgrößen; Entdecken des Einflusses von Kultur auf Wahrnehmung und Wertvorstellungen
   b.) Kulturspezifisch: Bewusstmachen eigen- und fremdkultureller Vorstellungen, Wahrnehmung, Bewertungskriterien und Verhalten, Lernen über eigene und fremde Kulturstandards und Kulturdimensionen
3. **Interaktionsorientierte Trainings: Erleben und Verhalten**
   a.) Kulturübergreifend: Simulation schwieriger interkultureller Interaktionssituationen wie Verhandlungen zwischen Mitarbeiter und Vorgesetztem, Einbeziehen interkultureller, führungsbezogener und fachlicher Aspekte in Rollenspielen, Erwerb neuer und komplexer Verhaltensmuster über Modelllernen
   b.) Kulturspezifisch: Simulation kritischer Situationen in direktem Kontakt mit Vertretern fremder Kulturen, Einüben von Bewältigungsstrategien, Verwendung realitätsnaher, interkultureller Begegnungssituationen, Aneignung eines kulturadäquaten Verhaltens.
4. **Verstehensorientierte Trainings: Attributionen**
   a.) Kulturübergreifend: Vertraut machen mit kulturfremden Verhaltensweisen und Interpretationen, Verständnis für Unterschiede und kulturadäquate Erklärungen
   b.) Kulturspezifisch: Vermittlung von Erklärungs- und Begründungsmustern für fremdkulturelles Verhalten im Gastland, Konfrontation mit konflikthaften Interaktionssituationen, die nur kulturadäquat interpretiert werden können, wenn fremdkulturelle Begründungsmuster bekannt sind.

Tabelle 5: Schwerpunkte kultureller Trainings[1126]

Ähnlich ordnen Black und Mendenhall interkulturelle Schulungen je nach Trainingsaufwand und Mitarbeit der Teilnehmer den **informations-** (landeskundliche Informationen, Dokumentationen, Vorträge, Bücher), **verstehensorientierten** (Filme, Sprachunterricht, Cultural Assimilators, Sensibilitätstrainings) oder **experimentellen Methoden** (interaktives Sprachtraining, Rollenspiele, Ausflüge ins Feld, Simulationen) zu.[1127]

[1126] Brislin, Landis & Brandt 1983; Thomas 1999 beide zitiert nach Podsiadlowski 2004, S. 134 f.
[1127] Vgl. Podsiadlowski 2004, S. 139

Nach **Kolbs Lernzirkel** vollzieht sich der Entwicklungsprozess interkultureller Kompetenz in vier Phasen. Dabei kann das Training je nach Bedürfnis, Lernbereitschaft und Sicherheitsempfinden der Teilnehmer an jedem dieser Punkte im Kreis ansetzen.

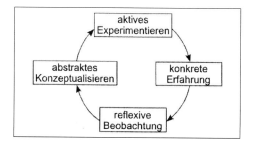

Abbildung 17: Kolbs Lernzirkel[1128]

Zu Beginn steht die **konkrete Erfahrung** der Teilnehmer im Vordergrund, d.h. das Bedürfnis, die eigene kulturelle Identität und interkulturelle Erfahrungen zu diskutieren. Hierfür eignen sich Namensspiel, Gruppendiskussionen und Methoden, sich den Einfluss von Kultur bewusst zu machen und eigene und fremde Kulturdimensionen kennen zu lernen. Das Arbeiten mit Fallbeispielen, kritischen Ereignissen und Cultural Assimilators bietet die Möglichkeit, Parallelen zu eigenen Erlebnissen zu ziehen und auf Basis konkreter Erfahrungen zu lernen. Die **Reflexive Beobachtung** eigenen und fremden Verhaltens innerhalb und außerhalb des Trainings, dieses zu überdenken und zu diskutieren, führt zu kulturellem und interkulturellem Wissen. Durch die Interaktionen mit Trainern und Teilnehmern, durch Filme und Rollenspiele werden kognitive Landkarten gebildet, die zeigen, worauf geachtet werden sollte und wie Informationen effizient zu nutzen sind. Im Rahmen der **abstrakten Konzeptionalisierung** werden Informationen ausgewählt, organisiert und interpretiert. Besonders durch die Nachbesprechung (Debriefing) der Gruppenübungen, das Feedback der Trainer und in Gruppendiskussionen wird implizites Wissen identifiziert und getestet. Ziel ist das Verstehen und die Entwicklung von allgemein gültigen Konzepten und explizitem Wissen. Über **aktives Experimentieren** in konkreten Interaktionen und Handlungen wie in Simulationen und Rollenspielen werden neue Verhaltensstrategien ausprobiert und alte Verhaltensmuster modifiziert. Schwerpunkt sind praktische Fertigkeiten und sichtbares Verhalten. Videoaufnahmen und die Reaktion der Interaktionspartner geben Rückmeldungen.[1129]

[1128] Podsiadlowski 2004, S. 137
[1129] Vgl. Hughes-Wiener 1977 zitiert nach Podsiadlowski 2004, S. 137. Ähnlich auch Brislin und Yoshida 1984, zitiert nach Podsiadlowski 2004, S. 140

Bei interkulturell zusammengesetzten Trainings ist insbesondere zu beachten, dass auch unsere **Weise zu lernen kulturspezifisch** ist. Daher ist bei der Konzeption und Durchführung die Kulturabhängigkeit von Lern- und Lehrprozessen zu berücksichtigen. Ebenso wichtig ist die Berücksichtigung, ob der gesamten Gruppe oder dem Einzelnen Feedback gegeben wird. Allgemein ist eine Unterscheidung zwischen Harmonie versus Konfrontation grundlegend für kulturspezifische Lehrstile.[1130]

Interkulturelle Trainings stellen **hohe Anforderungen an die Trainer**, die neben der fachlichen Qualifikation über soziale, interkulturelle und pädagogische Kompetenzen verfügen sollten. „Sie müssen offen sein für neue Ideen und Fragen und auf unvorgesehene Ereignisse eingestellt sein. Sie sollten Neugierde und Enthusiasmus für die interkulturelle Zusammenarbeit und deren Herausforderungen mitbringen. Die Fähigkeit, Situationen zu diagnostizieren, Hypothesen zu formulieren und zu testen sowie deren Wirkung und Effektivität zu überprüfen, ist wichtig, um Feedback geben und Interaktionen im Training aufbereiten zu können."[1131]

Im Folgenden werden einige besonders geeignete Instrumente etwas näher beleuchtet.

Contrast-Culture

Diese Methode geht auf Edward Stewart zurück und arbeitet mit **zwei Trainern**, einem fremdkulturellen und einem eigenkulturellen Trainer. Ersterer führt nun mit einem Teilnehmer ein **Rollenspiel** durch, in dem er sich seinem eigenen Kulturkreis entsprechend verhält. Idealerweise ist diese in den Werten und Dimensionen genau gegensätzlich der Kultur der Teilnehmer. Nach dem Rollenspiel erläutert der Trainer sein Verhalten und welches Verständnis hinter seinen Äußerungen stand. Dieses Training ermöglicht es, die von allen Teilnehmern, d.h. sowohl der Rollenspieler als auch der Beobachter, erlebten Irritationen, Ängste und Widerstände zu bearbeiten.[1132]

Eine moralische Umwertung von Werten kann von dem fremdkulturellen Trainer jedoch nur erreicht werden, wenn ihn die Teilnehmer auch damit konfrontieren, wo sie ihre Werte tangiert sehen. Hier zeigt der eigenkulturelle Trainer, dass es in Ordnung ist, Widerstände gegen bestimmte Inhalte der fremden Kultur zu haben. Er zeigt den Teilnehmern als **lebendes Modell**, wie er den Spagat zwischen den Werten der eigenen Kultur und denen der Zielkultur

---

[1130] Vgl. Podsiadlowski 2004, S. 139
[1131] Podsiadlowski 2004, S. 148
[1132] Vgl. Bittner 2003, S. 119 f.

bewältigt: ‚Live on stage' spielt sich vor den Augen aller Teilnehmer die interkulturelle Zusammenarbeit des Trainerteams ab.[1133]

Besonders wichtig bei einer Contrast-Culture-Fallstudie im Hochschulbereich ist, dass sich die Wissenschaftler mit ihr **identifizieren** können. Andernfalls verweigern sie das Rollenspiel mit der Begründung, sie selbst kämen nie in vergleichbare Situationen, weil sie sich schon im Vorfeld ganz anders verhalten würden. Der Autor einer Fallstudie, die in ein Contrast-Culture-Rollenspiel münden kann, benötigt also ein feines Gespür für die spezifische Zielgruppe der Professoren und deren normale Denk- und Vorgehensweise.[1134]

Intercultural Assimilator (ICA)[1135]

Im interkulturellen Kontakt werden oft Verhaltens- und Denkweisen falsch aufgefasst und gedeutet, was in der Regel zu Missverständnissen führt. Zur **Sensibilisierung des Wahrnehmungs- und Interpretationsvermögens** der Teilnehmer auf Verhaltensmuster fremder Kulturen wird der ICA eingesetzt, der digital oder in Textform gestaltet sein kann. Für die Entwicklung eines ICA bedarf es der Zusammenarbeit erfahrener Soziologen, Personen mit Auslandserfahrung und weiteren Experten, um das Programm den Anforderungen und Bedürfnissen der Hochschullehrer anzupassen. Die potentielle Gefahr der Verfestigung von Stereotypen und bestimmten Erwartungen droht dann, wenn der ICA nicht differenziert genug gestaltet ist. Sein Inhalt kann vielfältig gegliedert sein und kulturelle Rahmenbedingungen und Unterschiede oder objektive und subjektive Kulturausprägungen thematisieren. Dabei werden **kritische Situationen modelliert**, denen i.d.R. je vier Interpretationsvarianten zur Auswahl stehen, wovon wiederum jede Antwortmöglichkeit ein Feedback beinhaltet, dass verdeutlichen soll, warum Vertreter der anderen Kultur es vorziehen, ein bestimmtes Verhalten oder eine andere Denkweise zu haben. Daraus folgt, dass nur mit dem Wissen über jeweilige Kulturstandards eigene Erwartungshaltungen korrigiert werden können und so zwischen den Vertretern ungleicher Herkunft eine höhere Akzeptanz auf beiden Seiten und angepasstes Verhalten ermöglicht. Somit kann der ICA die kognitive und verhaltensbezogene Ebene der Teilnehmer über alle Lernstile hinweg steuern und korrigieren und ist je nach inhaltlicher Gestaltung für Vorbereitungen von Auslandsaufenthalten als auch zur innerbetrieblichen Verbesserungen des Arbeitsklimas in multikulturellen Gruppen einsetzbar.[1136]

[1133] Vgl. Bittner 2003, S. 121
[1134] Vgl. Bittner 2003, S. 122
[1135] Dieser Begriff wird teilweise oft auch als Intercultural Sensitizer (ICS) in der Fachliteratur bezeichnet. Vgl. Fowler & Blohm 2004, S. 67.
[1136] Vgl. Fowler & Blohm 2004, S. 67 ff.; Thomas, Hagemann & Stumpf 2003, S. 255 f.; Cushner & Landis 1996, S. 185 ff.

Simulationen und Rollenspiele

Der allgemeine Ablauf der wohl bekanntesten **Simulation ‚BaFá BaFá'**, die 1973 von Shirts entwickelt wurde, gestaltet sich folgendermaßen: Vor Spielbeginn werden zwei Gruppen gebildet, die jeweils eine eigenständige Kultur repräsentieren. Deren kulturelle Eigenschaften werden festgelegt und sind der anderen Gruppe unbekannt. Anschließend trennen sich die Teams räumlich und prägen sich die Vorgaben ein. Darauf folgend werden aus jeder Spielpartei Vertreter entsandt, um Informationen über die andere Gruppe zu erhalten. Die Vertreter kehren nach einer bestimmten Zeit wieder zur eigenen Gruppe zurück, um darüber zu berichten. Es werden neue Beobachter ausgewählt und das Spiel beginnt von vorn. Nachdem jeder Einzelne die jeweils andere Gruppe besucht hat, wird das Spiel abgebrochen und ausgewertet. Ziel dieser Verfahrensweise ist es, bei den Mitspielern Verständnis und Bewusstsein über kulturbedingte Unterschiede über Wertevorstellungen und Kommunikation zu erzeugen und die kritische Betrachtung der eigenen wie auch der anderen Kultur zu bewirken. Durch Reflexion in der Auswertungsphase kann jeder einzelne für sich in Erfahrung bringen, wie er oder sie mit Zustimmung und Ablehnung der eigenen Verhaltensweisen im fremden Umfeld umgehen kann. Die Dauer der BaFá BaFá Simulation beträgt etwa drei Stunden und kann zu Beginn, während oder am Ende der Veranstaltung eingesetzt werden, je nachdem welche Intention damit verfolgt wird.[1137]

Zu den kulturspezifischen aktiven Methoden gehören auch **Rollenspiele**, die dem Aufbau von Simulationen ähneln. Dabei hat die zu spielende Szene oder kritische Situation Realitätscharakter und sollte vom Trainer dem Zweck nach so gewählt sein, dass sie den ausgeübten Tätigkeiten von Professoren entsprechen. Denkbar wäre, eine Vertragsverhandlung über eine mögliche Forschungskooperation zwischen zwei oder mehreren Fachvertretern von Universitäten aus verschiedenen Ländern nachzustellen oder ein Streitgespräch über die Verteilung der Aufgabenpakete oder die zur Anwendung kommende Forschungsmethode zwischen Forschern mit unterschiedlicher Herkunft zu inszenieren. Dafür übernehmen zwei oder mehr Akteure bestimmte Rollen und stellen entweder eine Person aus dem eigenen Kulturkreis dar oder eine vorgegebene Figur mit anderer Herkunft. Dabei ist der Rollentausch eine gern praktizierte Variationstechnik, die es allen Trainierenden erlaubt, jede Rolle einmal zu spielen, um auch die andere Perspektive zu erleben. Im Spielverlauf eintretende Spannungen werden während dessen, spätestens am Ende, durch ein Feedback vom Trainer kommentiert, um allen Teilnehmern zu demonstrieren, welche Fähigkeiten und Kenntnisse zur Regulation des eigenen Verhaltens beitragen. Die Darsteller erfahren, was ihr Verhalten bestimmt, wie es vom

---

[1137] Vgl. Gudykunst, Guzley & Hammer 1996, S. 72; Fowler & Blohm 2004, S. 60 ff.

Gegenspieler wahrgenommen wird und welche Reaktion daraus resultieren kann. Für die künftige Vermeidung von Fehlverhalten in interkulturellen Handlungen, wird die Szene anschließend wiederholt. Die inaktiven Zuschauer lernen parallel, ob sie sich in dieser Situation anders oder ähnlich wie ihre Mitstreiter verhalten hätten. Rollenspiele eigenen sich dazu, vorhandene oder neu erlernte Fähigkeiten zu erproben, und durch den Perspektivenwechsel Empathie und Verständnis anderen Kulturen gegenüber zu entwickeln. Somit kann die individuelle Einstellung und damit das Verhalten reguliert werden. Allerdings können insbesondere bei älteren und erfahrenen Hochschullehrern Akzeptanzprobleme auftreten, weil hier eine natürliche Schamgrenze überschritten wird bzw. ein Gefühl des Ausgeliefertseins entstehen könnte.[1138]

Um auch International sicher aufzutreten, bietet der DAAD ein zweitägiges Seminar zum Thema ‚**wissenschaftliche Präsentationsfähigkeiten**' an, welches sich an Wissenschaftler richtet, die zwar Erfahrung mit der Präsentation ihrer Forschungsergebnisse auf nationalen nicht aber oder nur wenige auf internationalen Kongressen haben. Das Ziel besteht darin, den Teilnehmern mehr Sicherheit im Auftreten auf internationalen Konferenzen zu geben, um auch hier Präsentationen zu halten. Um sich etwaigen Rückfragen stellen zu können, werden auch englische Vokabeln in Bezug auf Präsentationen eingeübt. Außerdem werden die Teilnehmer in die ungeschriebenen Gesetze internationaler Kongresse eingeführt. Des Weiteren werden Aspekte der kulturellen Diversität in Forschungsartikeln aufgezeigt, die wichtig sind, um die Hürde der Annahme von Papern bei internationalen Konferenzen zu nehmen. Die Teilnehmer sind nach Abschluss des Seminars in der Lage, ihre Präsentation auf die Tagungsteilnehmer zuzuschneiden, Medien zur Visualisierung geschickt einzusetzen sowie ihre Informationen zu strukturieren und in verständlichem Englisch zu präsentieren und auf Fragen zu antworten. Die eingesetzten Methoden erfordern von den Teilnehmern mindestens drei englische Präsentationen vor der Gruppe vorzutragen. Unterstützend werden vom Trainer zu relevanten Themen Hand-outs verteilt. Diskussionsrunden geben Argumentationspraxis. Am Ende des ersten Tages erfolgt bei Bedarf eine kurze praktische Beratung über Small Talk in Konferenzen.[1139]

[1138] Vgl. Gudykunst, Guzley & Hammer 1996, S. 72; Fowler & Blohm 2004, S. 60 ff.
[1139] Vgl. www.daad.de, Stand 07.02.2007

Vorbereitung auf Auslandsaufenthalte

Um Hochschullehrer bei der Vorbereitung auf einen Auslandsaufenthalt zu unterstützen, bspw. aufgrund einer internationalen Tagung oder eines längeren Forschungsaufenthaltes während eines Freisemesters, bietet es sich an, folgende drei Gruppen von interkulturellem Training zu unterscheiden:
- **Informationsvermittlung** (Informationsansatz),
- **Empfindungsvermittlung** (affektiver Ansatz) und
- **Tiefenvermittlung** (vertiefender Ansatz).[1140]

Verständlicherweise steigt der Lerneffekt von der Informations- über die Empfindungs- bis zur Tiefenvermittlung an. Mit zunehmender Integration und Interaktion mit der Gastkultur sowie mit wachsender Aufenthaltsdauer steigt die zu empfehlende Intensität und Dauer des Trainings. Das Ausmaß der notwendigen Integration ist dabei abhängig von dem erforderlichen Niveau der Anpassungsfähigkeit an die fremde Kultur.[1141]

Folgende Abbildung veranschaulicht den Sachverhalt.

Abbildung 18: Entscheidungsmodell über Trainingsmaßnahmen zur Vorbereitung eines Auslandsaufenthalts[1142]

[1140] Vgl. Mendenhall, Dunbar & Oddou 1987 zitiert nach Scholz 2000, S. 535
[1141] Vgl. Scholz 2000, S. 536
[1142] Vgl. Scholz 2000, S. 536

Ergänzend ist hinzuzufügen, dass auch Coachings geeignet sind, um die interkulturelle Kompetenz zu steigern.[1143]

4.3. Managemententwicklung

Managementtrainings sollen universitären Führungskräften ihre immer komplexer werdenden Führungsfunktionen und die Wahrnehmung der administrativen Verantwortung erleichtern. Das Ziel besteht darin, Hochschullehrer zu befähigen und zu motivieren, die Instrumente im eigenen Führungsalltag gezielter einzusetzen und so die Wirksamkeit des Führungsverhaltens in typischen Führungssituationen zu steigern sowie die eigene Rolle im Führungsprozess kontinuierlich zu überdenken und ständig zu verbessern.[1144]

Die in Führungskräftetrainings behandelten Themen lassen sich nach **aufgabenorientierten** (Problemlösungs-, Entscheidungstechniken) und **beziehungsorientierten Inhalten** (Verbesserung der Sozialkompetenz) unterscheiden.[1145] Während letztere u.a. Teamwork, Kommunikation sowie Führung und Zusammenarbeit betreffen, wird bei den Managementfunktionen primär die Wissensvermittlung angesprochen. Hier können insbesondere Qualitätsmanagement, Problemlöse- bzw. Entscheidungstechniken sowie Finanzierung und Ressourcenmanagement genannt werden.[1146] Diese Inhalte entsprechen auch weitestgehend dem Bedarf, den universitäre Führungskräfte äußern.[1147]

Analog dazu sind Trainingsmethoden zu differenzieren, die mit **inhaltsorientierten** (Wissensvermittlung) und **prozessorientierten Techniken** (Einüben effizienter sozialer Verhaltensweisen) arbeiten.[1148]

Zur (Weiter-)Entwicklung der Managementkompetenz bieten sich **drei mögliche Zugänge** an: „(1) Vermittlung von Grundlagenkenntnissen und generellen Fähigkeiten (management education), (2) Instruktionen für spezifische Führungsaktivitäten, wie Zeitmanagement, Entscheidung, Delegation usw. aber auch Maßnahmen zur Persönlichkeitsentwicklung (management training), (3) Vermittlung neuer Erfahrungen bei der Bewältigung der täglichen Führungsaufgaben vor Ort (on the job training)."[1149]

[1143] Zu Coaching im interkulturellen Kontext vgl. Schenk 2006, S. 53 f.; Stengel & Debo 2006; Barmeyer 2002
[1144] Vgl. Thom & Tholen 2004, S. 369; Etzel et al. 1993, S. 33 f.
[1145] Vgl. Nork 1989, S. 24 f.
[1146] Vgl. Fisch & Fiala 1984, S. 195 f.; Jetter & Skrotzki 2000, S. 134; Rosenstiel 2003, S. 587; dbb 2002, S. 51; Long & Selent 2006, S. 224; Webler 2004, S. 72; Bauer, Heimerl & Weichsler 2006, S. 350; Fiegel-Kölblin 2004, S. 39; Kanning 2005, S. 70
[1147] Vgl. Thom & Tholen 2004, S. 375
[1148] Vgl. Nork 1989, S. 24 f.
[1149] Wexley und Baldwin 1986 zitiert nach Sonntag & Schaper 2006, S. 283

Training on the job	Training off the job	Training near the job
Gelenkter Erfahrungsaustausch Stellvertretung Übernahme von Projekten	Führungs- und Verhaltenstrainings Persönlichkeitsentwicklung (Gruppendynamik, Transaktionsanalyse, Sensitivitätstraining, etc.) Rollen- und Planspiele, Fallstudien Förderkreise und Erfahrungsaustauschgruppen Kongresse, Symposien, Vorträge Workshops und Seminare Action Learning	Supervision Coaching Mentoring Organisationsentwicklung

Tabelle 6: Maßnahmen des Führungskräftetrainings[1150]

Auch hier bietet sich der Einsatz eines **Methoden-Mix** an. Eine beste Methode gibt es nicht, nur eine für ein bestimmtes Ziel geeignetste Methode. Unterschiedliche Lehrziele erfordern unterschiedliche Lehrmethoden und einzelne Lehrmethoden weisen komparative Vorteile hinsichtlich der Lehrzielerreichung gegenüber anderen auf.[1151]

4.3.1. (Weiter-)Entwicklung der Personalführungskompetenz

Damit Professoren ihre Rolle als universitäre Führungskräfte akzeptieren und ausüben können, müssen sie ihre wissenschaftliche und didaktische Identität um die Identität als Führungskraft und Vorgesetzter mit Personalverantwortung einerseits und das Selbstverständnis als Mitglied (und Mitarbeiter) der Universität andererseits erweitern.[1152] Die (Weiter-) Entwicklung der Personalführungskompetenz geschieht also zunächst durch Maßnahmen, die dabei helfen, die eigene Führungsrolle anzunehmen und kontinuierlich zu reflektieren. Danach sollten sich Angebote anschließen, welche die Kenntnisse in Personalführung ergänzen und die Möglichkeit bieten, geeignete Verhaltensweisen zu erproben.[1153]

Coaching als Hilfsmittel zur Gestaltung der eigenen Führungsrolle

Für die Herrscher längst vergangener Epochen war es selbstverständlich, sich mit persönlichen Ratgebern zu umgeben, Personen ihres unbedingten Vertrauens, mit großem Wissen und Einblick in alle relevanten Belange des betreffenden Herrschaftsbereiches, die auch die Stärken und Schwächen des jeweiligen Herrschers genau kannten und zu berücksichtigen wussten. Während Vorstände und Konzernchefs mittlerweile durchaus Hilfestellung bei kompetenten und vertrauenswürdigen Ratgebern suchen, verkennen universitäre Führungskräfte zumeist noch, dass das **Annehmenkönnen von Ratschlägen** und konstruktiver Kritik kein Zei-

---

[1150] In Anlehnung an Meier & Schindler 1992, S. 520
[1151] Vgl. Nork 1989, S. 25 f.
[1152] Vgl. Scholz & Lauer 2006, S. 14 f.
[1153] Vgl. Hauser 1991, S. 210

chen von Schwäche ist, sondern im Gegenteil Ausdruck von Souveränität sein kann, zu der ja immer auch das Wissen um die eigenen Grenzen gehört.[1154] Wie Supervision ist auch der Coachingbegriff **nicht eindeutig definiert**. Fengler versteht Coaching als einen „Beratungsprozess, in dessen Mittelpunkt Klärung, Förderung und Vermittlung von Handlungskompetenz stehen."[1155] Schreyögg sieht Coaching als eine innovative Form der Personalentwicklung für Personen mit Managementfunktionen und als eine Dialogform, in der berufliche ‚Freuden und Leiden' erörtert werden.[1156] Ähnlich definiert die Deutsche Gesellschaft für Supervision Coaching als „…Beratung für Menschen mit anspruchsvollen Aufgaben und besonderen Funktionen in Unternehmen und Organisationen. Coaching dient der Stärkung und Stützung bei herausfordernden Entscheidungen in Konflikt und Krisensituationen oder bei der Mitgestaltung von Veränderungsprozessen in Unternehmen/Organisationen. Coaching bereitet Ratsuchende auf Kommendes vor oder reflektiert Erfahrungen. Beides dient der Qualifizierung, der persönlichen Sicherheit oder dem Aufzeigen von Wegen aus fordernden Situationen heraus."[1157] Rauen versteht unter Coaching „…eine Kombination aus individueller, unterstützender Problembewältigung und persönlicher Beratung auf Prozessebene für unterschiedliche berufliche und private Anliegen…"[1158] Beim Coaching geht es darum **neue Wege des Denkens und Handelns** zu ermöglichen.[1159] Dabei ist Coaching weder Verhaltenstraining noch Therapie.[1160] Wahrnehmungsblockaden sollen gelöst, unangemessene individuelle sowie organisatorische Verhaltensmuster und dysfunktionale Werte aufgedeckt werden.[1161] ‚Blinde Flecken' werden durch die vollständigere Selbstwahrnehmung leichter erkennbar.[1162] Die veränderte Sichtweise lässt neue Handlungsalternativen hervortreten.[1163] Coaching kann dabei sowohl **Prozess-** als auch **Expertenberatung** bieten, wobei erstere i.d.R. im Vordergrund steht. Während der Coach in der Expertenberatung Ratschläge zu einer konkreten Problemstellung (bspw. Besprechungsmanagement) gibt, liegt die Aufmerksamkeit des Coachs in der Prozessberatung nicht auf der Lösung eines

---

[1154] Vgl. Linneweh 2003, S. 162
[1155] Fengler 2002, S. 40
[1156] Vgl. Schreyögg 1998, S. 47
[1157] DGSv 2008, S. 10
[1158] Rauen 2002a, S. 68. Zudem wird kontrovers diskutiert ob es sich bei Coaching und Supervision um zwei verschiedene (so wie Szcyrba, Wildt & Wildt 2006) oder zwei identische Beratungsformen handelt (so wie Klinkhammer 2004, Offermanns & Steinhübel 2003, Doppler 1992, Fatzer 1990, Fengler 2002). Eine ausführliche Gegenüberstellung von Unterschieden und Gemeinsamkeiten bietet Rauen 2008. Andere Autoren sehen Coaching als der Supervision untergeordnet und vielmehr eines der vielfältigen Settings der Supervision. Vgl. Rappe-Giesecke 1999; Pühl 2000, S. 101 f.; Buer 1999
[1159] Vgl. Hauser 1991, S. 221
[1160] Vgl. Steuer 2001, S. 15; Hauser 1991, S. 212 f.; Rauen 2008, S. 2
[1161] Vgl. Loss & Rauen 2002, S. 129
[1162] Vgl. Hauser 1991, S. 212 f.
[1163] Vgl. Offermanns & Steinhübel 2003, S. 215 f.

aktuellen Problems, sondern darauf, den Gecoachten[1164] durch gezielte Fragen oder andere Interventionen dabei zu unterstützen, eigene Problemlösungen zu entwickeln (bspw. Umgang mit Stress). Schwerpunkt bildet also nicht der Inhalt sondern der Problemlösungsprozess.[1165] Das Ziel liegt in der Verbesserung der Selbstregulationsfähigkeiten des Gecoachten **(Hilfe zur Selbsthilfe)**, d.h. der Coach macht sich mit der Zeit überflüssig.[1166] Coaching ist daher definitiv auf einen begrenzten Zeitraum beschränkt.[1167] Außerdem unterstützt der Coach den Gecoachten dabei, die gemeinsam erarbeiteten Lösungsmöglichkeiten in der Praxis umzusetzen. Durch Umsetzungsvereinbarungen am Ende einer jeden Sitzung und regelmäßiges Nachhaken wird eine Verbindlichkeit hergestellt, die es erleichtern soll, alte Gewohnheiten umzustellen.[1168] Coaching ist nicht nur Krisenprävention, sondern auch -intervention.[1169]

Bezüglich der Art und Herkunft des Coachs und der Anzahl und Anliegen der Klienten lassen sich folgende vier Coachingvarianten unterscheiden:

(1) Coaching durch einen organisationsexternen Berater: Ein psychologisch geschulter Berater gibt Führungskräften als neutraler Außenstehender Feedback und Klärungshilfen. Der Vorteil liegt in der Unabhängigkeit und Diskretion, der hohen Themen- und Rollenflexibilität und dem leichteren Zugang zur Zielgruppe der Experten und damit den Hochschullehrern. Externe Berater können eher Vertraulichkeit und Intimität aufbauen als interne Coachs. Allerdings besteht nur ein begrenzter Direkteingriff auf Tagesverhalten.[1170] Diese Variante scheint auch für Professoren geeignet zu sein. Wie exponierte Manager erhalten auch sie nur selten oder gar keine realistischen Rückmeldungen über ihre Handlungsweise. Ein notwendiger offener Austausch mit anderen Personen ist oftmals kaum gegeben.[1171] Die Folge dieser Isolation, des Mangels an echtem Feedback und Gesprächsmöglichkeiten können Allmachtsvorstellungen, Einsamkeit, Leistungsverlust, Verhaltenseinschränkungen, Motivationsprobleme und (Selbst-)Wahrnehmungsverzerrungen sein, die in einem unrealistischen Selbstbild und Be-

---

[1164] Die Formulierung des Coachee ist bei der Zielgruppe der Hochschullehrer nicht ganz passend, erinnert sie doch eher an das Begriffspaar Mentor und Mentee i.S. eines Beziehungsgefälles. Coaching für Hochschullehrer erfolgt jedoch auf Augenhöhe unter ebenbürtigen Experten. Daher erscheint der Begriff Gecoachter oder Klient angemessener zu sein und wird daher auch im Folgenden verwendet. Anders verhält es sich, wenn der Hochschullehrer selbst die Coaching-Funktion für seine wissenschaftlichen Mitarbeiter übernimmt. Hier ist in der Tat eher von einem Metoren-Mentee-Verhältnis auszugehen. Das Beziehungsgefälle vom Doktorvater zum Promovenden ist unübersehbar.
[1165] Vgl. Offermanns & Steinhübel 2003, S. 218; Hauser 1991, S. 212 f.
[1166] Vgl. Rauen 2002a, S. 69
[1167] Vgl. Hauser 1991, S. 221
[1168] Vgl. Offermanns & Steinhübel 2003, S. 215 f.
[1169] Vgl. Rauen 2002a, S. 73
[1170] Vgl. Böning 2003, S. 287; Rauen 2002a, S. 74 f. Eine ausführliche Gegenüberstellung von Stärken und Schwächen des organisationsexternen Coaching bietet Rauen 2008, S. 27 f.
[1171] Vgl. Böning 2003, S. 287; Rauen 2002a, S. 72

triebsblindheit münden.[1172] Was ihnen fehlt, ist ein vertrauenswürdiger Gesprächspartner, der ihnen ohne Hintergedanken begegnet und auch mal offen die Meinung sagt.[1173] Doch selbst wenn sich urteilsfähige Gesprächspartner finden, wird deren Meinung kaum konstruktiv aufgenommen: Kritik wird oft als persönliche Beleidigung missverstanden, Lob als nicht ernst zu nehmende Schmeichelei abgetan. Dazu kommt die Angst, Schwächen einzugestehen oder das Gesicht zu verlieren.[1174]

(2) Coaching als entwicklungsorientiertes Führen durch den unmittelbaren Vorgesetzten: Diese Variante ist für Hochschullehrer kaum anwendbar schon allein aufgrund des Fehlens eines direkten Vorgesetzten. Der Dekan wird diese Aufgabe wohl kaum für alle Professoren seiner Fakultät übernehmen wollen (und können).[1175] Anders verhält es sich, wenn der Professor gegenüber seinen wissenschaftlichen Mitarbeitern die Rolle des Coachs übernimmt (s.u.).

(3) Coaching durch einen organisationsinternen psychologisch-therapeutisch ausgebildeten Coaching-Experten: Ein interner Coach ist zwar näher mit den internen Hochschulstrukturen und dem universitären Arbeitsumfeld vertraut und kann daher leichter konkrete und relevante Rückmeldung geben, es können sich dadurch jedoch auch Vertraulichkeits- und Rollenkonflikte ergeben. Denn anders als der externe Coach ist er kein Außenstehender, was die Neutralität beeinträchtigen könnte. Außerdem lohnt es sich erst einen derartigen Posten aufzubauen, wenn Coaching als Personalentwicklungsmaßnahme vollständig etabliert ist und eine entsprechende Nachfrage für die Auslastung des internen Coachs sorgt.[1176] Vorteilhaft sind die geringeren Kosten und die ausreichend zur Verfügung stehende Zeit eines hauptberuflichen internen Coachs. Außerdem vereinfacht ‚Insiderwissen' gerade im Hochschulbereich den Einstieg in ein Coaching, die Problemdiagnose und die Lösungsentwicklung.[1177]

(4) Gruppen-Coaching: Diese Variante ähnelt stark der Teamentwicklung. Sie eignet sich insbesondere für Gremien, Dekanate oder Präsidien. Sowohl System- als auch persönlichkeitsbedingte Störungen sind leichter feststellbar und Systeminformationen können einfacher umgesetzt werden. Allerdings können hier Setting-Probleme auftreten (Coaching ‚der' Gruppe oder Coaching ‚in der' Gruppe). Oftmals sind auch mehrere Coachs notwendig.[1178]

[1172] Vgl. Rauen 2002a, S. 72; 2008, S. 1
[1173] Vgl. Böning 2003, S. 287; Rauen 2002a, S. 72
[1174] Vgl. Rauen 2002a, S. 72
[1175] Vgl. Böning 2003, S. 287.
[1176] Vgl. Böning 2003, S. 287
[1177] Vgl. Rauen 2002a, S. 72
[1178] Vgl. Böning 2003, S. 287; Hauser 1991, S. 214

Der Personalentwicklung kommt bei dieser Maßnahme eher eine **Vermittlerrolle** zwischen internen Bedürfnissen und externen Beratungsangeboten zu. Idealerweise sind dafür Kenntnisse beider Welten vorhanden, denn Symptome und Erwartungen des Klienten sowie Informationen über den Coach und dessen Vorgehensweise müssen professionell kommuniziert und der Kontakt muss hergestellt werden.[1179]

Wie bei der Supervision wird auch beim Coaching sowohl ein formaler als auch ein psychologischer Kontrakt geschlossen. Die Inhalte entsprechen ebenfalls den Kontrakten für Supervisionen (Formale Rahmenbedingungen, Spielregeln, Erfolgskriterien).[1180]

Üblich sind 8-10 ein- bis mehrstündige Sitzungen. Sie reichen für eine Situationsklärung und es sollten auch erste Ergebnisse sichtbar werden.[1181]

Die folgende Abbildung veranschaulicht **Phasen**, **Ablauf** und **Inhalte** eines typischen Coachingprozesses.

Phase	Formaler Ablauf	Inhalte nach COACH-Modell (Rauen & Steinhübel, 2001)
Vorphase	Wahrnehmung des Coaching-Bedarfs: Erkennen des Wunsches nach individueller Unterstützung	Come together: Erster Kontakt und gegenseitiges Kennenlernen Techniken: z.B. Vorgespräche führen, Fragen stellen, Generalisierungen, Verzerrungen, Tilgungen klären, Auftragsklärung
	Kontaktaufnahme: Finden eines Coachs, Erstgespräch und Kennenlernen	
Hauptphase	Vertragsschluss: Formaler und psychologischer Vertrag	Orientation: Inhaltliche Orientierung Techniken: z.B. Vertragsarbeit, Gesprächstechniken, zirkuläre Fragen
	Klärung der Ausgangssituation: Bestimmung von Ist- und Soll-Zustand	Analysis: Untersuchung des Klientenanliegens und des Klientenumfelds Techniken: z.B. Testverfahren, Zusammenhänge analysieren, Selbstreflexion fördern
	Zielsetzung: Ziele und Lösungswege werden gemeinsam erarbeitet	
	Interventionen: Umsetzung der erarbeiteten Zielsetzungen	Change: Veränderungen durch Umgang und Methodik Techniken: z.B. Feedback geben, Rollenspiele, Konfrontationen wagen
Abschlussphase	Evaluation: Überprüfung der Zielerreichung	Harbour: Zielerreichung und Abschluss Techniken: Fragebogen, Abschlussgespräch, weiteren Umgang klären
	Abschluss: Die Abschluss-Sitzung: Das formale Ende des Coachings	

Abbildung 19: Schematische Abläufe eines Coaching-Prozesses[1182]

[1179] Zum genauen Ablauf dieser Vermittlung und Kontaktanbahnung vgl. Loss & Rauen 2002, S. 141
[1180] Vgl. Hauser 1991, S. 218 f.; Rauen 2002b., S. 238
[1181] Vgl. Hauser 1991, S. 219

Als Settings lassen sich analog zur Supervision Einzel-, Gruppen-, Team- und Interteam-Coaching unterscheiden. **Einzel-Coaching** ermöglicht externen Coachs Verhalten und Einstellung selbst hochrangiger Professoren on-the-job zu verändern. Gerade von Wissenschaftlern ist zu erwarten, dass sie über eine gesunde Neugier verfügen und interessiert sind, mehr über sich und ihr Verhalten zu lernen. Aus dem Forschungsbereich ist ihnen bekannt, dass Feedback eine unverzichtbare Informationsquelle in der Weiterentwicklung darstellt. Besonders wichtig beim Einzelcoaching ist die Gleichwertigkeit von Coach und Gecoachtem. Ein mögliches Beziehungsgefälle erschwert die gegenseitige Akzeptanz. Außerdem ist anzunehmen, dass Professoren keine Berater akzeptieren würden, deren Status bzw. Kompetenz nicht als mindestens gleichwertig empfunden werden.[1183]

Coaching-Anlässe ergeben sich insbesondere aus der einsamen Position der Zielpersonen, nämlich konkrete berufliche, persönliche oder strukturelle Konflikte bzw. die Gestaltung einer neu übernommenen Führungsrolle. Steht der Wissenschaftler als Führungskraft im Mittelpunkt des Coaching-Prozesses, geht es also um die Entwicklung eines eigenen Rollenverständnisses, das über die Verwaltung einer Position hinausgeht und den Führungsaspekt integriert und stärkt. Aber auch die Implementierung neuer Aufgabenfelder, Aufgabenbeschreibungen, Aufbau- und Ablaufstrukturen, Personalführung und Führungskommunikation werden angesprochen. Mittelpunkt der Beratung ist also die **Rollengestaltung** mit dem Ziel der Klärung, Veränderung und Erhöhung der Managementkompetenzen. Bei Gestaltung der Führungsrolle werden Positionierung und Verhalten als Hochschullehrer, strategische Positionierung in der Fakultät, Umgang mit Konkurrenz, Beziehung zu Kollegen oder Auftreten in der universitären Öffentlichkeit in der Rolle des Professors bearbeitet. Auch im Bereich der Selbstverwaltung werden Institutsleitung, Dekanats- und sogar das Präsidialamt nicht als Führungsposition wahrgenommen, sondern lediglich als Teil des ungeliebten Verwaltungsapparates, zu dessen Aufrechterhaltung man durch die Übernahme einer derartigen Rolle zwangsläufig beizutragen hat. Im Coaching kann geklärt werden, ob und wie man eine solche Position übernehmen will und kann als auch wie die strategische und taktische Ausgestaltung der Rolle aussehen soll. Man kann vorhandene Netzwerke und (in)formelle Strukturen sowie Kommunikationsstrategien überprüfen, eigene Zielvorstellungen abklären sowie die Rollenübernahme und -klarheit reflektieren, insbesondere die Frage des Führungscharakters dieser Rolle. Aufgrund der verschiedenen ggf. ambivalenten Erwartungen der Kollegen, der Aufgabenkomplexität und der festen Verankerung der Diskussions- und Entscheidungsfindungsrituale

---

[1182] Rauen 2008, S. 59. Eine Übersicht der im Coaching zur Anwendung kommenden Techniken sowie deren konzeptioneller Hintergrund und Wirkung findet sich im Anhang, vgl. Anlage 17
[1183] Vgl. Jung 2003, S. 545; Rauen 2002a, S. 82 f.

erscheint dies als schwierige Aufgabe und erfordert evtl. auch vielmehr ein Gruppen-Coaching mit allen Beteiligten.[1184]

Weitere Inhalte bilden die Verbesserung des Konfliktmanagements (Erkennen, Einleitung eines Lösungsprozesses, Bewältigung) sowie die richtige **Kommunikation**. Der universitäre Umgangston ist geprägt von wenig Wertschätzung, Kritikorientierung bis hin zu rüden und verletzenden Worten. In der Universität ist man sich der Wirkungen derartiger Kommunikation auf andere anscheinend wenig bewusst und macht sich auch keine Gedanken darüber. Hier bietet Coaching die Möglichkeit daraus resultierende Kränkungen und Ausgrenzungen abzumildern und eigenes Kommunikationsverhalten zu reflektieren. Nachhaltiger erscheint jedoch die Kultivierung eines wertschätzenderen respektvolleren Umgangs untereinander. Daher betonen die Coachs insbesondere die Bedeutung der Beziehungsebene der Kommunikation. Als Anregung aber auch als Korrektiv und Orientierungsgröße für das Handeln der Professoren werden die betrieblichen Praxiserfahrungen externer Coachs gesehen.[1185]

Aufgrund der Aufgabenvielfalt und des hohen Zeitdrucks, unter dem Professoren stehen, sind auch die Themen **Arbeits- und Zeitmanagement** von großer Bedeutung. Gerade hierfür eignet sich Coaching optimal, da es anders als allgemeine Zeitmanagement-Seminare auf die persönliche Situation des Gecoachten ausgelegt ist, persönliche Vorlieben und Abneigungen berücksichtigt werden und über die reine Wissensvermittlung von Zeitplanung hinausgehen. Der Coach entwickelt zusammen mit dem Gecoachten seine individuelle Zeitplantechnik.[1186]

Inhaltlich geht es darum, wie Prioritäten zu setzen sind, um Aufgabendelegation, Komplexitätsreduktion, Abbau von Zeitdruck und Arbeitsbelastung sowie Verbesserung der Planung.[1187] Ziel ist die Entwicklung eines personenorientierten Zeitmanagementkonzeptes, welches eine sinnvolle Verbindung der Bereiche zulässt.[1188] Ein weiteres Thema bildet die spezielle Überforderung von Hochschullehrern.[1189]

Hochschullehrer stehen oft unter großem Druck. Unter derartigen Bedingungen mag zwar intellektuell die Notwendigkeit einer Kompetenzentwicklung eingesehen werden, emotional wird jedoch kaum die Fähigkeit zum Lernen vorhanden sein. Die Lage stellt sich noch schlechter dar, wenn zu dem Druck Angst vor Veränderungen hinzukommt. In Coaching-Sitzungen kann eine Art ,**Insel**' geschaffen werden. In der möglichst entspannten und angstfreien Atmosphäre wird ein besseres Lernen ermöglicht, und es dürfen neue Verhaltensweisen

---

[1184] Vgl. Pühl 2000, S. 100 f.; Reinhardt, Kerbst & Dorando 2006, S. 63, 66
[1185] Vgl. Wolf & Draf 1999, S. 285 f.; Reinhardt, Kerbst & Dorando 2006, S. 63 ff.
[1186] Vgl. Klein 2002, S. 150
[1187] Vgl. Reinhardt, Kerbst & Dorando 2006, S. 63
[1188] Vgl. Welbers 1997, S. 100
[1189] Vgl. Reinhardt, Kerbst & Dorando 2006, S. 76

ausprobiert werden. Es gilt zu vermitteln, dass hektische Manöver selten dabei helfen, sich aus unangenehmen Situationen zu befreien. Der Beratungsprozess soll die Ruhe bringen, die nötig ist, um effektives Lernen und dauerhafte Ergebnisse zu ermöglichen.[1190]

Das Thema der **Work-Life-Balance** ist insbesondere für Professoren mit Familie von großem Interesse. Oftmals erfordert eine Berufung eine räumliche Trennung von der Familie. Um mit dem Spannungsfeld von Beruf und Familie umgehen zu können, kann eine Beratung äußerst hilfreich sein und Unterstützung bieten. Die ständige berufliche Mobilität erschwert es auch, neue soziale Kontakte zu knüpfen und bestehende zu pflegen. Das Kollegium bietet wenig Raum für persönliche offene Gespräche. Des Weiteren können auch Fragen bzgl. einer Berufung an eine andere Hochschule bearbeitet werden. Wird der Ruf angenommen oder bleibt man an der bisherigen Universität?[1191]

Etwas unerwartet erscheint die Erfahrung, dass Hemmnisse seitens der Hochschullehrer gegenüber der Personalentwicklung ihre Probleme offen anzusprechen nicht bestehen. Vielmehr sprechen Hochschullehrer in der ersten Coaching-Sitzung ausführlich vielerlei Probleme an, als hätten sie noch nie mit jemandem darüber geredet. Dies wurde in der Tat auch von den Professoren bestätigt, ist es doch ‚verpönt' über derartiges zu sprechen. Coaching kann also die wichtige Funktion übernehmen, den angestauten Druck zu verringern und sich einmal ohne Angst vor Sanktionen oder sonstigen Konsequenzen offen aussprechen und entlasten zu können.[1192]

Nun könnte man erwarten, dass diese Anliegen lange und komplizierte Coachingprozesse benötigen. Doch die außergewöhnliche Kompetenz der Wissenschaftler ermöglicht **kurze und hochwirksame, d.h. umsetzungsorientierte Beratungen**. Zur tieferen Begründung führen Reinhardt, Kerbst und Dorando an:

- „Das schnelle Verstehen unserer beraterischen Diagnostik ist für eine Wissenschaftlerin, die gewöhnt ist, sich in Wisssysteme einzuarbeiten, unproblematisch.
- Themenbereiche abzugrenzen und zu ordnen gehört zum wissenschaftlichen Alltag; das gilt zwar weniger für die Themenbereich die Rolle und die Person betreffend – aber das Prinzip konnte mit Unterstützung des Coachs leicht übertragen werden.
- Die Fähigkeit von Wissenschaftlerinnen, komplexe Vorgänge und Konstellationen in eindeutige und präzise Begrifflichkeiten zu fassen hat auch uns bereichert und das gegenseitige Verstehen erleichtert.

[1190] Vgl. Loss & Rauen 2002, S. 130
[1191] Vgl. Reinhardt, Kerbst & Dorando 2006, S. 63 ff.
[1192] Vgl. Reinhardt, Kerbst & Dorando 2006, S. 61, 75

- Die persönliche Disziplin und Konsequenz, als richtig und wesentlich Erkanntes auch umzusetzen und beizubehalten, könnte der wissenschaftlichen Sozialisation geschuldet sein, die solche Fähigkeiten fordert und schult.
- Und nicht zuletzt: Entgegen vieler Unkenrufe über Wissenschafter war die Bereitschaft zu lernen sehr ausgeprägt; und das betraf sowohl den kognitiven wie auch den Haltungs- und Verhaltensbereich. Die von uns beobachteten Lern- und Entwicklungsprozesse setzten nicht nur schnell sondern auch gründlich ein."[1193]

Voraussetzungen für einen erfolgreichen Coaching-Prozess sind Freiwilligkeit, persönliche Akzeptanz, Offenheit, Transparenz sowie Selbstmanagementfähigkeit und Veränderungsbereitschaft seitens der Professoren sowie Neutralität und Diskretion des Coachs.[1194] Wichtig erscheint außerdem, dass Coaching nicht als ‚Nachhilfe' für Leistungsschwache angesehen wird. Daher ist auch die Leistungsorientierung als ein Grundwert im Coaching anzusehen. Im Vordergrund steht natürlich auch die notwendige Kompetenz des Coachs. Bezüglich der Qualifizierung eines Coachs für den Hochschulbereich sollte er sowohl fundierte betriebswirtschaftliche als auch exzellente psychologische Kenntnisse besitzen und das universitäre Umfeld aus mehrjähriger eigener Erfahrung kennen. Auch sollte er selbst über mehrere Jahre gecoacht worden sein und seine Arbeit in regelmäßigen Sitzungen reflektieren.[1195]

Übernimmt der **Vorgesetzte die Coaching-Funktion** gegenüber seinen Mitarbeitern, ist darunter einerseits die Bekenntnis zu partnerschaftlicher Führung und zum persönlichen Engagement für die Förderung und Entwicklung der Mitarbeiter zu verstehen und andererseits die zielgerichtete Nutzung des Coachings als Instrument zur Mitarbeiterentwicklung.[1196] Bezogen auf Professoren würde dies bedeuten, dass sie ihren wissenschaftlichen Mitarbeitern als Promotionscoach zur Verfügung stehen und ihnen systematisch dabei helfen, ihre wissenschaftlichen Entwicklungsziele voranzutreiben und zu erreichen. Dazu sind jedoch Coaching-Skills erforderlich, die der Hochschullehrer ausbilden müsste.[1197] Hauser schlägt für die Strukturierung eines derartigen Trainings den ‚**Coaching-Pavillon**' vor.[1198] Fundament und damit unabdingbare Voraussetzung eines jeden Coaching-Prozesses ist das gegenseitige Vertrauen zwischen Coach und Coachee. Auch die positive Einstellung des Coachs zum Coachee sowie dessen Überzeugung, dass der Coachee das angestrebte Entwicklungsziel erreichen kann, sind

---

[1193] Reinhardt, Kerbst & Dorando 2006, S. 75 f. Dabei ist jedoch darauf hinzuweisen, dass sich die Berater auf Juniorprofessoren beschränkt haben, die aufgrund ihres Alters und der noch geringen Erfahrung evtl. zugänglicher für derartige Beratungsprozesse sind.
[1194] Vgl. Rauen 2008, S. 48 f.; Offermanns & Steinhübel 2003, S. 217
[1195] Vgl. Hauser 1991, S. 234
[1196] Vgl. Hauser 1991, S. 226 f.
[1197] Vgl. Hauser 1991, S. 228
[1198] Vgl. Anlage 15

grundlegende Bedingungen. Im nächsten Schritt werden die Grundfertigkeiten trainiert (aktives Zuhören, strukturiertes Beobachten und konstruktives Feedback). Anschließend werden die Hochschullehrer in den Coaching-Prozess eingeführt. Zur Orientierung erhalten sie folgende Struktur für das Coaching:
- „Phase 1: „Vorbereitung" – Situationsanalyse und Coaching-Angebot.
- Phase 2: „Planung" – Aushandeln des formalen und psychologischen Vertrags.
- Phase 3: „Beobachtung" – Übungen und Experimente in sogenannten „Schlüsselsituationen" werden vom Coach beobachtet.
- Phase 4: „Coaching-Gespräch" – der Coach schildert dem Coachee seine Eindrücke und erarbeitet mit ihm gemeinsam die nächsten Lernschritte.
- Phase 5: „Aktionsplan" – Definition des weiteren Vorgehens im Prozeß.

Die Phasen 3-5 können sich dabei im Verlauf eines Coaching-Prozesses mehrmals revolvierend wiederholen."[1199]

Führungskräftefeedback durch Befragung der Beschäftigten zum Führungsverhalten der Vorgesetzten

Feedback können Hochschullehrer von unterschiedlichen Personengruppen erhalten: von Dekanen und Hochschulleitungen, Kollegen, Mitarbeitern oder Studierenden. Geben alle genannten Personengruppen Rückmeldungen, handelt es sich um ein sog. **360-Grad-Feedback**.[1200] Aufgrund der (noch) fehlenden institutionellen Abwärtsbeurteilung, sind die verbleibenden Feedbackgeber für Hochschullehrer von besonderer Bedeutung. Zur Analyse des Führungsverhaltens sind insbesondere die **Rückmeldungen der Mitarbeiter-Gruppe** relevant, da sie das Vorgesetztenverhalten unmittelbar erfahren. Jedoch werden gerade die wissenschaftlichen Mitarbeiter, deren erfolgreiche Promotion oder Habilitation von der Unterstützung ihres Chefs abhängt, kaum aus ihrer Sicht problematisches Führungsverhalten offen ansprechen. Geeignet scheint daher nur ein anonymisiertes Vorgesetztenfeedback zu sein, um eine Möglichkeit zur Veränderung des Führungsverhaltens zu schaffen.[1201] Um eine standardisierte und anonyme Vorgehensweise zu ermöglichen, wird ein Führungskräftefeedback i.d.R. mittels Fragebogen erhoben. Das Ziel besteht darin, universitären Führungskräften durch **Gegenüberstellung von Selbst- und Fremdbild** eine genauere Einschätzung ihres Führungsverhaltens zu ermöglichen und intra-/interpersonale Weiterentwicklungsbedarfe zu ermitteln. Führungskräftefeedback kann bewirken, dass das bisherige Selbstbild als Führungskraft in Frage gestellt und die Bereitschaft geweckt wird, Verhaltensalternativen zu ent-

---

[1199] Hauser 1991, S. 230, 233
[1200] Vgl. Krell 2004, S. 482
[1201] Vgl. Krell 2004, S. 483

wickeln. So trägt es zur Verbesserung des Arbeitsklimas und der Vorgesetzten-Mitarbeiter-Beziehung bei und hilft eine Feedbackkultur in den Fachbereichen zu etablieren. Dennoch muss gerade dieses Instrument mit **Widerständen** rechnen. Führungskräfte fürchten evtl. einen Gesichtsverlust und Autoritätssenkung. Mitarbeiter fürchten einen Anonymitätsverlust. Unabdingbare Voraussetzung ist daher Freiwilligkeit, Transparenz über den Ablauf, Anonymität für die Mitarbeiter sowie Vertraulichkeit für die Führungskräfte.[1202]

Vor einer Veranstaltung zum Führungskräftefeedback sollte ein **Erstgespräch** mit der zu beurteilenden Führungskraft geführt und die Mitarbeiter informiert werden. Die Veranstaltung erfolgt in **drei Schritten**. Nach der **Einführung** in das Thema (Kommunikation und Feedback im Allgemeinen, Führungskräftefeedback im Speziellen) wird das **Feedback mittels Fragebogen** erhoben. Die Feedback-Nehmer beantworten zur gleichen Zeit die Selbstbild-Variante in einem separaten Raum. Anschließend präsentiert und bespricht der Moderator in einem Vier-Augen-Gespräch mit dem Professor die ausschließlich in statistischen Kennzahlen (Mittelwerte) dargestellten Ergebnisse. Die Führungskraft entscheidet, welche Ergebnisse der Gruppe präsentiert werden und welche Schwerpunktthemen im Gruppen-Feedback diskutiert werden sollen. Im Gruppen-Feedback-Gespräch findet eine komprimierte **Ergebnispräsentation** (Fremdbild versus Selbstbild) statt, und in moderierter Gruppendiskussion werden konkrete Handlungsschritte abgeleitet.[1203]

Gegen eine Vorgesetztenbeurteilung spricht, dass die Voraussetzung des partizipativen Führungsstils im wissenschaftlichen Bereich nicht gegeben ist. „Dort, wo nach Gutsherrenart geführt wird, ist zweifelhaft, ob die gewünschten Wirkungen tatsächlich erzielt werden können – vor allem, wenn keine Konsequenzen gezogen werden."[1204] Dennoch kann bei korrekter Ausgestaltung des Verfahrens ein Vorgesetztenfeedback zur Führungskräfteentwicklung und zur Verbesserung der Zusammenarbeit und Führung beitragen. Allerdings kommen hier eher große Institute in Betracht, um die Anonymität auch wirklich wahren zu können. Mit Blick auf die wissenschaftlichen Mitarbeiter wären dies z.B. Fragen nach der Unterstützung bei – vor allem selbstständigen – Publikationen und Tagungsbesuchen.[1205]

[1202] Vgl. Etzel et al. 1993, S. 34; Elvers 2006, S. 345 f.
[1203] Vgl. Elvers 2006, S. 347
[1204] Vgl. Krell 2004, S. 483
[1205] Vgl. Krell 2004, S. 483 f.

Verhaltensmodellierung zur (Weiter-)Entwicklung managementrelevanter Sozialkompetenz

Insbesondere zum Erwerb von sozialen Kompetenzen eigenen sich Trainingsprogramme zur Verhaltensmodellierung (behavior modeling).[1206] Dieser, auf der Theorie des sozialen Lernens von Bandura basierende Ansatz, dessen Wirksamkeit empirisch bestätigt wurde, geht davon aus, dass menschliches Verhalten überwiegend durch **Beobachtung an aktuellen oder symbolischen Modellen** gelernt wird.[1207] In Verhaltenstrainings werden durch **aktives Einstudieren** des gewünschten Verhaltens Kompetenzen (weiter-) entwickelt.[1208] Geht es also bspw. darum, einem Doktoranden Feedback zu seinem Dissertationsvorhaben zu geben, würde man nicht nur über das für diese Situation angemessene Verhalten reden (Wissensvermittlung), sondern das entsprechende Verhalten in Rollenspielen auch praktisch einüben. Im geschützten Raum des Trainings können eigene Schwierigkeiten offen angesprochen und in der relativ angstfreien Atmosphäre das Verhalten in Rollenspielen systematisch analysiert und verbessert werden. Die Methode der Verhaltensmodellierung ist zwar aufwändig aber auch sehr erfolgreich und eignet sich insbesondere, um die Arbeitsqualität und -quantität sowie die Kommunikation zu verbessern, Mitarbeiter zu motivieren, Anerkennung, Verstärkung und Hilfestellung zu geben, Kritik zu üben, Mitarbeiter zu beurteilen, Vertrauen und Respekt aufzubauen, mit emotionalen Problemen umzugehen, neue Mitarbeiter einzuarbeiten und Änderungsresistenz abzubauen.[1209]

Die **Ziele** des Behavior Modeling Training können auf drei Ebenen formuliert werden:
- „Das Wissen über sozial kompetentes Verhalten soll erhöht werden (Wissensebene).
- Die Wahrnehmungsfähigkeit hinsichtlich sozial kompetenten Verhaltens soll verbessert werden (Wahrnehmungsebene).
- Die Fähigkeit, in unterschiedlichen Situationen sozial kompetentes Verhalten zu zeigen, soll verbessert werden (Verhaltensebene)."[1210]

[1206] Vgl. Lammers 1998, S. 214
[1207] Vgl. Sonntag & Schaper 2006, S. 290 f.
[1208] Vgl. Kanning 2005, S. 73
[1209] Vgl. Kanning 2005, S. 73; Fisch & Fiala 1984, S. 200
[1210] Sonntag & Stegmaier 2006a, S. 294. Ein Praxisbeispiel zum Behavior Modeling findet sich in Sonntag & Stegmaier 2006a, S. 293 ff.

Folgende Abbildung veranschaulicht den **Ablauf** eines Behavior Modeling Trainings:

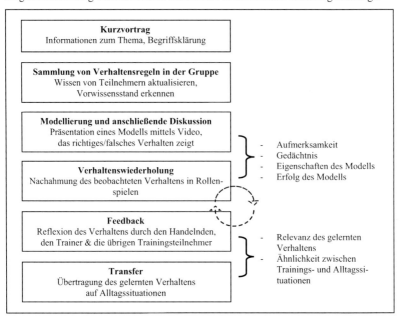

Abbildung 20: Prozess der Verhaltensmodellierung[1211]

Zu Beginn des Trainings wird in einem **Kurzvortrag** über das Thema informiert, um Begriffe zu klären und zum Thema hinzuführen. Im nächsten Schritt werden in der Gruppe sozial kompetente und inkompetente **Verhaltensweisen** zu dem jeweiligen Anforderungsbereich **gesammelt** und als Verhaltensregeln formuliert (symbolische Kodierung). Hierdurch können der Kenntnisstand der Teilnehmer ermittelt und das vorhandene Wissen aktiviert werden.[1212] Anschließend findet die **Filmpräsentation** mit positivem und negativem Modellverhalten statt. Das Verhalten des Modells wird mit den Trainingsteilnehmern diskutiert, mit den zuvor gesammelten Verhaltensregeln verglichen und eine idealtypische Lösung des Problems erarbeitet. Durch Beobachtung, Bewertung und symbolische Kodierung des Modellverhaltens in den Filmen soll die soziale Wahrnehmung gefördert werden. Im Prinzip ist der kognitive Lernprozess bereits an dieser Stelle abgeschlossen. Die Hochschullehrer wissen nun, welche Verhaltensweisen in welchen Situationen erfolgversprechend sind. Vorteilhaft für die Imitation des Verhaltens ist eine Ähnlichkeit zwischen erfolgreichem Modell und Hochschullehrer.

[1211] In Anlehnung an Kanning 2005, S. 76 und Sonntag & Stegmaier 2006a, S. 296. Näheres zu Ablauf und Durchführung von Verhaltensmodellierungen vgl. Goldstein & Sorcher 1974; Latham & Saari 1979; Holling 2000
[1212] Vgl. Sonntag & Stegmaier 2006a, S. 296

Durch Rollenspiele in multiplen Kontexten erproben die Teilnehmer die den Lernpunkten entsprechenden Verhaltensweisen aktiv. Die restlichen Teilnehmer fungieren als Beobachter, die in der Feedbackphase möglichst differenzierte Rückmeldungen über die beobachteten Verhaltensweisen geben können. Auch als Zuschauer lernen die Teilnehmer von den gerade aktiv agierenden Kollegen, die als weitere Modelle dienen. In der **Feedbackphase** geht es darum, ob der Protagonist das Modellverhalten richtig umgesetzt hat. Videoaufzeichnungen erleichtern das Feedback. Sind Verbesserungen erforderlich, wiederholt sich der Zyklus aus Rollenspiel und Feedback solange, bis ein zufriedenstellendes Verhalten erreicht wird. An die Feedbackphase schließt sich direkt die **Transferphase** an. Die Seminarteilnehmer versuchen nun, die einstudierten Verhaltensweisen im Berufsalltag umzusetzen. Dabei gilt, je größer die Ähnlichkeit zwischen Trainings- und Alltagssituation ist und je hilfreicher das neue Verhalten im Berufsalltag erscheint, desto leichter fällt den Teilnehmern der Transfer des gelernten Verhaltens.[1213]

Bspw. sieht eine Verhaltensmodellierung für die Aufgabe der **Durchführung von Doktorandenkolloquien** folgendermaßen aus: Zunächst wird ein prototypischer Verlauf eines Kolloquiums dargestellt. Dabei werden grundlegende Informationen über kommunikative Prozesse, Selbst- und Fremdwahrnehmung sowie die Prinzipien der Zielsetzungsmethode vermittelt. Der Kern betrifft jedoch eher den Umgang mit schwierigen Situationen, die in solchen Gesprächen auftreten können, bspw. wenn der Doktorand dem Professor Voreingenommenheit vorwirft und die konstruktive Kritik zur Gliederung nicht akzeptiert, wenn sich der Mitarbeiter tief betroffen über eine negative Bewertung seiner Gliederung einer Fortführung des Gesprächs verweigert, oder wenn er bei der Auswahl von Inhalten zu einem Kapitel beharrlich auf wenigen Inhalten besteht. Alle drei Situationen erfordern ein hohes Maß an Geschick, will der Professor das Gespräch zu einem für beide Seiten erfolgreichen Abschluss bringen. Der Teilnehmer soll mit dem Training für jede der drei Szenarien geeignete Fertigkeiten entwickeln.[1214]

Allerdings ist die Methode der Verhaltensmodellierung nicht gänzlich frei von **Kritik**. Die Wirksamkeit wird zwar nicht angezweifelt, jedoch besteht weder eine überlegene Kosten-Nutzen-Relation noch eine langfristige Einstellungsänderung oder Leistungssteigerung.[1215] Bedenklich ist außerdem, dass unter demselben Namen eine große Bandbreite verschieden durchgeführter Trainingsprogramme existiert.

[1213] Vgl. Kanning 2005, S. 75 ff.; Sonntag & Stegmaier 2006a, S. 296 f.
[1214] Kanning schildert das Beispiel eines Mitarbeitergesprächs, was jedoch sehr gut auf die Durchführung von Doktorandenkolloquien übertragen werden kann. Vgl. Kanning 2005, S. 75
[1215] Vgl. Russel, Wexley & Hunter 1984; Robertson 1990; Mayer & Russel 1987

Fisch und Fiala schlagen eine **Methodenkombination** zur nachhaltigen Verhaltensänderung vor, die aus einer zeitlich verteilten Schulung mit Verhaltensmodellierung und dazwischenliegenden Praxisphasen besteht, in denen versucht werden soll, das neu Gelernte anzuwenden.[1216] Im Anschluss an diese praktische Phase sollte speziell auf die Schwierigkeiten bei der Umsetzung des Gelernten eingegangen werden, die der Teilnehmer erlebt hat.[1217]

Verbesserung der Vorgesetzten-Mitarbeiter-Beziehung mittels Transaktionsanalyse

Da auch in Universitäten davon auszugehen ist, dass eine gute Kommunikation und Vorgesetzten-Mitarbeiter-Beziehung einen hohen Stellenwert einnimmt,[1218] kommt der vom Psychoanalytiker **Eric Berne** begründeten[1219] Transaktionsanalyse im Rahmen von Personalentwicklungsmaßnahmen von Professoren beträchtliche Bedeutung zu. Da sie im Gegensatz zu anderen Maßnahmen der Verhaltensänderung (bspw. Sensitivitätstraining) nicht mit Verunsicherungsstrategien arbeitet, scheint sie eher akzeptiert zu werden. In Wirtschafts- und Verwaltungsorganisationen wird sie bereits vergleichsweise erfolgreich eingesetzt. Das dürfte auch an der spielerischen Art liegen, in welcher man die Transaktionsanalyse vermitteln kann. Sind die Teilnehmer, wie bei Professoren eigentlich zu erwarten, auch an Selbsterkenntnis interessiert, fördert sie auch diesen Bereich.[1220]

Nach Berne findet Kommunikation und Interaktion immer auf **drei Ebenen** statt: Dem **Eltern-Ich**, dem **Erwachsenen-Ich** und dem **Kind-Ich**.[1221]

‚Doktorvater'		Nachwuchswissenschaftler
Eltern-Ich-Zustand Erwachsenen-Ich-Zustand Kind-Ich-Zustand	⇐⇒	Eltern-Ich-Zustand Erwachsenen-Ich-Zustand Kind-Ich-Zustand

Tabelle 7: Beziehung zwischen Nachwuchswissenschaftler und Doktorvater[1222]

„Die Ich-Zustände sind Bewußtseinszustände und die damit verbundenen Verhaltensmuster, die durch Wertvorstellungen und Normen, wertfrei verarbeitete Erfahrungen und Informationen sowie Gefühle ausgelöst werden."[1223] Dabei kann man sich aus jedem dieser Ich-Zustände verhalten.

- „Das **Eltern-Ich** beinhaltet ungeprüfte Normen, Ge- und Verbote, sowie Prinzipien und Maximen, die in der frühen Kindheit von Bezugspersonen übernommen wurden. Zu un-

---

[1216] Vgl. Fisch & Fiala 1984, S. 198
[1217] Vgl. Fisch & Fiala 1984, S. 200
[1218] Der Erfolg der Nachwuchswissenschaftler hängt entscheidend von der Qualität der Interaktionsbeziehung zwischen ihnen und ihrem Betreuer ab. Vgl. Duka 1990, S. 241
[1219] Vgl. Berne 2009
[1220] Vgl. Schanz 2000, S. 696
[1221] Vgl. Klinkhammer 2004, S. 461
[1222] In Anlehnung an Berne 1967
[1223] Rüttinger 1992, S. 18

terscheiden ist zwischen einer unterstützenden (Verständnis aufbringen und Geduld haben, Trost spenden usw.) und einer kritischen (Wertungen negativer Art, Bestrafungen, Zurechtweisungen usw.) Grundhaltung."[1224]

- „Das **Erwachsenen-Ich** ist auf die gegenwärtige Realität ... und das objektive Sammeln von Informationen gerichtet. Es ist anpassungsfähig und intelligent. Wie ein Computer überprüft es die gesammelten Daten, schätzt Wahrscheinlichkeiten und trifft sachliche Entscheidungen."[1225]
- „Das **Kindheits-Ich** umfaßt alle Impulse, die ein Kind von Natur aus hat. Es enthält die Aufzeichnungen seiner frühen Erfahrungen ..., seine Reaktionen darauf und die Grundanschauung über sich selbst und andere. Das Kind-Ich äußert sich in Verhaltensweisen, die Kinder gewöhnlich zeigen und die später, wenn auch z.T. verfeinert, auch beim Erwachsenen auftreten."[1226] Dabei unterscheidet man das natürliche Kind-Ich (unkontrolliert geäußerte Gefühle, Affekte und Impulse sowie Vitalität, Spaß am Leben, an der Arbeit), das angepaßte Kind-Ich (erwartungskonformes, unauffälliges Verhalten) und das intuitive Kind-Ich[1227] (Sitz des Einfühlungsvermögens, der Intuition, des schlagartigen Begreifens, eben intuitiv richtiges Erkennen).[1228]

Anhand sog. **Egogramme**, in denen die Ich-Zustände analysiert werden, aus denen geführt wird und in welchen die Mitarbeiter angesprochen werden, ließ sich folgendes feststellen: Führungskräfte kommunizieren zwar häufig im Erwachsenen-Ich, noch ausgeprägter ist jedoch das kritische Eltern-Ich. Die Mitarbeiter werden dabei in ihrem angepassten Kind-Ich angesprochen. Dies passt jedoch nicht mehr zum heutigen Führungsverständnis. Kommunikations- und beziehungsförderlich erscheinen vielmehr die Ich-Zustände des **Erwachsenen-Ichs**, des **unterstützenden Eltern-Ichs** und des **natürlichen Kind-Ichs**.[1229]

Mit Hilfe der Transaktionsanalyse soll den Kommunikationspartnern **bewusst** gemacht werden, auf welchem Ich-Niveau sie sich befinden, denn nur wenn beide dasselbe Niveau halten oder jeder das Niveau des anderen akzeptiert, kann eine gute Beziehung aufgebaut werden und es kommt zur Verständigung.[1230] Dabei werden zunächst die stattfindenden Transaktio-

---

[1224] Schanz 2000, S. 694
[1225] Rüttinger 1992, S. 21
[1226] Rüttinger 1992, S. 23
[1227] Rüttinger nennt dieses Kind-Ich auch der ‚kleine Professor', da auf diese Form Begriffe wie ‚Schlauberger' oder ‚Pfiffikus' sehr gut passen. Vgl. Rüttinger 1992, S. 24
[1228] Vgl. Rüttinger 1992, S. 23 f., Schanz 2000, S. 694
[1229] Vgl. Schanz 2000, S. 694; Rüttinger 1992, S. 25
[1230] Vgl. Faix & Laier 1991, S. 134 f.

nen beobachtet sowie das Gesprochene, die Mimik, die Gestik und die wechselseitigen Gefühle erfasst.[1231]

Bzgl. der **stattfindenden Transaktionen** (Vorgänge des verbalen und nonverbalen Austauschs zwischen zwei Personen)[1232] lassen sich folgende Grundformen unterscheiden:
- **Parallele Transaktionen**: Der Empfänger reagiert aus dem Ich-Zustand, in dem er angesprochen wurde und spricht beim Sender auch wieder den Ich-Zustand an, aus dem er angesprochen wurde. Dies schließt auch Transaktionen zwischen dem kritischen Eltern-Ich und dem angepassten Kind-Ich sowie dem unterstützenden Eltern-Ich und dem natürlichen Kind-Ich mit ein.[1233]
- **Überkreuz-Transaktionen**: Der Empfänger einer Transaktion reagiert aus einem anderen als von dem Sender angesprochenen Ich-Zustand heraus.[1234]
- **Verdeckte Transaktionen**: Hier stimmt das Gesagte nicht mit dem Gemeinten überein. Die Transaktion findet scheinbar auf einer sachlichen Ebene statt, gleichzeitig wird aber eine verdeckte Botschaft zu einem anderen Ich-Zustand gesendet.[1235]

Es stellt sich nun die Frage, welche Transaktionsmuster bspw. in Mitarbeitergesprächen eine konstruktive, konfliktfreie Gesprächsführung ermöglichen: **Parallele Transaktionen** sind dem Gesprächsverlauf, Informationsaustausch und einer sachlichen Argumentation förderlich, wenn das Erwachsenen-Ich gewählt wird. Eine gute Beziehung entsteht durch Transaktionen im Eltern- oder Kind-Ich, weil eine Atmosphäre der Übereinstimmung geschaffen wird.[1236] Bezüglich der **Überkreuz-Transaktionen**, sind alle Botschaften, die aus dem Erwachsenen-Ich kommen oder das Erwachsenen-Ich ansprechen dem weiteren Gesprächsverlauf förderlich.[1237] Wenn auf einen Angriff zunächst mit Bedauern über die Verärgerung des Gesprächspartners reagiert wird, kann dies zur Versachlichung beitragen.[1238] Ansonsten kann die Überkreuz-Transaktion aber auch zu Konflikten führen, da der erwartete Gesprächs-Verlauf unterbrochen wird.[1239] **Verdeckte Transaktionen** sind aufgrund der Verunsicherung oder Missverständnisse, die sie hervorrufen, möglichst zu vermeiden. Empfänger einer solchen Transaktion sollten den Sender fragen, wie er die Botschaft wirklich gemeint hat.[1240]

[1231] Vgl. Kitzmann & Zimmer 1982, S. 243
[1232] Vgl. Schanz 2000, S. 695
[1233] Vgl. Rüttinger 1992, S. 43 f.
[1234] Vgl. Schanz 2000, S. 695
[1235] Vgl. Rüttinger 1992, S. 45
[1236] Vgl. Rüttinger 1992, S. 48; Schanz 2000, S. 695
[1237] Vgl. Rüttinger 1992, S. 48
[1238] Vgl. Schanz 2000, S. 695
[1239] Vgl. Jung 2003, S. 528
[1240] Vgl. Rüttinger 1992, S. 49; Schanz 2000, S. 695

Gerade im wissenschaftlichen Bereich kommt dem Feedback des Professors, an seine Doktoranden beträchtliche Bedeutung zu. Obwohl Feedback als zentralster Aspekt der Sozialkompetenz gilt, wird gerade diese Aufgabe oftmals als unangenehm und zeitraubend empfunden.[1241] Die Transaktionsanalyse kann dazu beitragen das eigene Feedback-Verhalten zu überprüfen und (weiter-) zu entwickeln. Beispielhaft werden nachfolgend die **sechs möglichen Feedback-Reaktionen** des Hochschullehrers im Rahmen der Präsentation einer Dissertationsgliederung dargestellt:

1. **Gar kein Feedback**: Hierdurch verweigert der Vorgesetzte dem Mitarbeiter das wesentliche Grundbedürfnis nach Bestätigung.
2. **Bedingungslose negative Beachtung** („Ihre Gliederung taugt gar nichts."): Derartig vernichtende Bewertungen ohne jegliche Begründung können zu totaler Verunsicherung oder versteckter oder offener Rebellion des Mitarbeiters führen.
3. **Bedingt negative Beachtung** („Die Tiefengliederung hätte in überzeugender Weise vorgenommen werden sollen"): Hier ist die negative Beachtung an eine Bedingung geknüpft, die nicht erfüllt wurde. Dies ruft beim Mitarbeiter Verhaltensweisen hervor mit denen er beabsichtigt, gar kein Feedback zu erhalten, weil dies schon als positiv gewertet wird.
4. **Bedingungslose Anerkennung** („Ihre Gliederung gefällt mir gut."): sicherlich die überzeugendste Art des Feedbacks. Sie darf aber auch nicht überstrapaziert werden, aufgrund der Intransparenz der Leistungsbeurteilung.
5. **Bedingt positive Beachtung** („Ihre Gliederung finde ich gut, denn sie erfasst alles Wesentliche des Themas"): Die Anerkennung wird begründet, eine Bedingung wurde erfüllt.
6. **Auf der Basis bedingungsloser positiver Beachtung bedingte Anerkennung** („Ihre Gliederung finde ich sehr gut. Besonders gut gefallen hat mir, wie Sie die Grundlagen mit dem Hauptteil verknüpft haben"): Der Doktorand fühlt sich als Mensch akzeptiert, gleichzeitig erfährt er durch gezielte Anerkennung oder Kritik, was von ihm erwartet wird. Wichtig ist die Reihenfolge der verschiedenen Feedbackformen. Unbedingt positives Feedback schafft Vertrauen, sodass hierauf auch bedingt negatives Feedback folgen kann, denn der Mitarbeiter weiß, dass er auch bei einem Fehler nicht ‚fertiggemacht' wird.[1242]

Evtl. bietet es sich an, eine Transaktionsanalyse mit allen Beteiligten, also mit dem Professor und all seinen Mitarbeitern, durchzuführen. So lässt sich eine genauere Analyse des Kommunikationsverhaltens und der Vorgesetzten-Mitarbeiter-Beziehungen erreichen. Dies funktioniert jedoch nur, wenn die Maßnahme freiwillig erfolgt und eine angstfreie Atmosphäre (insbesondere für die vom Professor abhängig Beschäftigten) geschaffen wird.

[1241] Vgl. Scheitler 2005, S. 223
[1242] Vgl. Rüttinger 1992, S. 57 f.

4.3.2. Professionalisierung der Selbstverwaltungstätigkeiten

Bei der Professionalisierung der Selbstverwaltungstätigkeiten geht es in erster Linie darum, das erforderliche Know-how für das Management von Instituten, Fachbereichen oder einer ganzen Universität zu erwerben. Darüber hinaus kann die universitäre Personalentwicklung auch dabei helfen die Team- und Gremienarbeit zu verbessern. Nicht zuletzt unterstützen Qualitätszirkel und Arbeitskreise den Erfahrungsaustausch.

Workshops

Zur Unterstützung und Professionalisierung der Akteure an Hochschulen bietet das Centrum für Hochschulentwicklung (CHE) verschiedene Workshops an, die das ‚Handwerkszeug' für das Wissenschaftsmanagement vermitteln.[1243] Das CHE ermöglicht es den Universitäten so, sich externes Know-how zu sichern. In den Workshops erhalten die Teilnehmer einen **Überblick** über die aktuellen Entwicklungen des Workshopthemas (bspw. zum Thema Finanzmanagement: Mittelverteilung, Mittelbewirtschaftung und Finanzcontrolling). **Grundlegende Begriffe** werden erläutert und die **wichtigsten Gestaltungsoptionen** aufgezeigt. Bspw. werden die Bausteine des Finanzmanagements, d.h. Instrumente wie formelgebundene Mittelvergabe, Personalkostenbudgetierung und Zielvereinbarungen, dargestellt. Dabei wird mit Diskussionen, Fallbeispielen und Praxisberichten gearbeitet.[1244]

Ein weiterer Workshop versucht die Chancen aufzuzeigen, die sich den **Fachbereichen** aufgrund der veränderten Rahmenbedingungen bieten, aber auch die vorhandenen Risiken und Hindernisse zu benennen. Dabei gilt es auch, die Rollenerwartungen an Dekane und Fakultätsmanager zu klären und zu bewerten. Neben der Zielbildung und Strategieentwicklung auf Fachbereichsebene geht es vor allem darum, wie Veränderungsprozesse in Fachbereichen erfolgreich organisiert und durchgesetzt werden können. Schwerpunkte bilden kommunikative Aspekte und Techniken der Überzeugungsarbeit. Zur Anwendung kommen Referate mit Diskussionen, Gruppenarbeiten und Übungen an Fallbeispielen.[1245]

Im ‚**Fakultätsmanagement-Vertiefungsworkshop**' werden Fragen des Führungsverständnisses und des Führungsstils geklärt sowie Führungsinstrumente vorgestellt. Weitere Themen sind die Einführung von Globalbudgets, Forderungen nach stärkerer Profilbildung, die Fusion von Fachbereichen zu größeren Fakultäten oder auch die Entwicklung eines PR-Konzepts für den Fachbereich.[1246]

[1243] Vgl. Fedrowitz 2006, S. 32 f.
[1244] Vgl. CHE 2006, S. 4
[1245] Vgl. CHE 2006, S. 7, CHE 2009, S. 4
[1246] Vgl. CHE 2006, S. 9

Ein weiterer Workshop beschäftigt sich mit der **internen Kommunikation** in Hochschulen. Anhand von vertiefenden Inputs, unterschiedlichen Moderationsformaten und Trainingselementen erhalten die Teilnehmer die Möglichkeit, für Hochschulen typische Kommunikationsprozesse zu reflektieren und zu erproben. Inhaltlich werden u.a. Gremienkommunikation im Fachbereich, Gesprächs- und Verhandlungsführung, Kommunikation an den Schnittstellen Wissenschaft/Verwaltung, Moderation von Besprechungen und Sitzungen oder Kommunikation im Projekt behandelt. Im Workshop kommen Expertengespräche zum Einsatz und es wird die Möglichkeit geboten, eigene Fallbeispiele mit den Referenten und Teilnehmern zu diskutieren.[1247]

Weitere Themen betreffen die Besteuerung von Hochschulen, den Aufbau und die Auditierung von Qualitätsmanagementsystemen, Studentenmarketing, Change Management.[1248] Die Workshops sind auf die **Teilnehmerinteressen**, die im Vorfeld abgefragt werden, abgestimmt. Die **gemischte Zusammensetzung** von Wissenschaftlern und Verwaltungsangestellten hat den positiven Effekt, dass die Wissenschaftler mit Verwaltern und umgekehrt aus anderen Hochschulen oft Problemkreise ansprechen, die sie an der eigenen Hochschule mit den Betreffenden nicht thematisieren.[1249]

Um die insbesondere bei Veränderungsprozessen auftretenden **Konfliktsituationen** zu bewältigen, eignen sich Workshops zu diesem Thema. Die Teilnehmer sollen dazu befähigt werden, Konflikte zu erkennen und nachhaltige, tragfähige Konfliktlösungen zu erarbeiten, die eine erfolgreiche weiterführende Zusammenarbeit ermöglichen. Da beim Konfliktmanagement die Einstellung zu Konflikten eine maßgebliche Rolle spielt, sollte diese im Training reflektiert werden. Darüber hinaus spielt die Erschütterung der Auffassung, der Kompromiss sei die Ideallösung bei Konflikten, eine sehr zentrale Rolle. Für die Teilnehmer wird die Erarbeitung eines Konsenses und seine Abgrenzung gegenüber dem Kompromiss erfahrbar gemacht. Neben weiteren für Konfliktsituationen wichtige Themen, wie bspw. Deeskalation, Konfliktanalyse etc., setzen sich die Teilnehmer im Training auch mit den Grundlagen der Kommunikation auseinander und erlernen zielführende Gesprächstechniken, die sie auch in schwierigen Kommunikationssituationen wie etwa Konflikten einsetzen können.

Bei der Durchführung des Workshops gilt es in einem ersten Schritt, die Teilnehmer mit den Grundlagen der Kommunikation und solchen Kommunikationstechniken, die für schwierige Kommunikationssituationen sinnvoll sind, vertraut zu machen. Anschließend erfolgt die Ein-

---

[1247] Vgl. CHE 2008, S. 7
[1248] Vgl. CHE Hochschulkurs http://www.hochschulkurs.de
[1249] Vgl. Fedrowitz 2006, S. 41

führung in das Thema ‚Konflikt' und die Teilnehmer erlernen Konflikte unter Anwendung spezifischer Kommunikationstechniken effektiv zu lösen. Ein derartiges Training sollte sich am **verhaltensorientierten Ansatz** orientieren und mit verschiedenen kognitiven Elementen kombiniert werden. Die Lerninhalte werden gemeinsam mit den Teilnehmern erarbeitet und später anhand von Anwendungsbeispielen erprobt. Dabei spielt auch die Reflexion eigener Erfahrungen eine bedeutende Rolle. Zur Vertiefung der Inhalte dienen Verhaltensübungen wie Rollenspiele oder andere praktische Übungen, in denen Verhaltens(-alternativen) ausprobiert werden können. Bei Bedarf kann ein Follow-up-Termin angeboten werden, bei dem Anwendungsfälle aus der Praxis diskutiert und einzelne Themenaspekte weiter vertieft werden können. Ergänzend können Handouts zu den besprochenen Themenstellungen verteilt werden. Das Training sollte **multimodal/multimethodal** aufgebaut sein, d.h. verschiedene Vermittlungsmethoden wechseln sich ab, und die Teilnehmer werden auf verschiedenen (Verarbeitungs-)Kanälen angesprochen. Dabei wird der theoretische Input nicht anhand von Vorträgen vermittelt, sondern die Teilnehmer erarbeiten die Inhalte über gezielte Diskussionen im Plenum, über Brainstorming, Erfahrungsaustausch oder gezielte praktische Übungen selbst. Die Trainer unterstützen lediglich bei der Herausarbeitung der zugrunde liegenden theoretischen Modelle bzw. bei deren Illustration oder Ergänzung. Dabei sollte auf ein hohes Maß an Visualisierung geachtet werden (z.B. Metaplanwand, Flipchart, Beamer).[1250]

Im Rahmen von Workshops zum Konfliktmanagement kann auch die gerade für Professoren interessante Form des **Verhandlungstrainings** angeboten werden. Die Kunst des erfolgreichen Verhandelns, als fruchtbarer Interessenausgleich, liegt in der Vermeidung von offenen Konflikten. An die Stelle von Eskalationsstrategien, Vorurteilen, gegenseitiger Abwertung, Unterstellungen, Ignoranz u.Ä. treten der Austausch von sachlichen Argumenten und ein aktives Bemühen um Interessenausgleich. Ziel ist eine sog. Win-Win-Situation, also eine Konfliktlösung, aus der möglichst alle Beteiligten als Sieger hervorgehen können. Zumindest sollten sie aber ihre Interessen soweit verwirklicht haben, dass beide Seiten mit dem Ergebnis leben können und somit nicht schon in der Konfliktlösung die Keimzelle für einen neuen Konflikt reift.[1251] Voraussetzung für den Erfolg eines Konflikttrainings ist ein hoher Grad an persönlicher Veränderungsbereitschaft, d.h. die eigenen Einstellungen zu Konflikten zu reflektieren und alternative Verhaltensstrategien zu erproben.

[1250] Vgl. Werpers 2007, S. 203 ff.
[1251] Vgl. Kanning 2005, S. 70 f.

Denkbar sind auch Workshops zum Thema **Fundraising**, in denen verschiedene Ansätze vorgestellt und diskutiert werden. Fundraiser aus dem Ausland, wo dieses Finanzierungsmodell schon eine längere Tradition hat (wie bspw. in den USA und Großbritannien) könnten ihre Erfahrungen einbringen. Themen könnten sein, der Strategieentwicklungsprozess vor dem Hintergrund interner Kulturen und Kompetenzen, die Aktivierung von Stakeholdern, Einbindung von Alumni sowie die Arbeit mit externen Beratern.[1252]

Auch die internationale Dimension sollte zum Themenspektrum von Seminaren gemacht werden. Dabei geht es einerseits um die Anforderungen der Internationalisierung an eine Institution und andererseits um die strategische Zusammenarbeit mit EU-Institutionen und anderen europäischen Organisationen.[1253]

Action Learning

Um Führungskräften der ersten und zweiten Leitungsebene einer Universität bei der Bewältigung ihrer zunehmend komplexer werdenden Aufgaben zu unterstützen und ihnen Lernimpulse zu geben, bietet sich das von Reginald Revans begründete Modell des Action Learning an, wo „…Lernen an der konkreten Fragestellung stattfindet und damit hinsichtlich Umfang und Zeitpunkt das gelernt wird, was tatsächlich benötigt wird, und zwar nicht theoretisch, sondern durch reflektiertes Handeln…"[1254] Action Learning fußt auf der Idee, „…durch gemeinsame Reflexion und gegenseitige Impulse über das Handeln sowie dessen Grundannahmen und Konsequenzen zu lernen."[1255] Charakteristika von Action Learning sind also ein **aktuelles schwer zu lösendes Managementproblem** sowie das ‚**Von-und-miteinander-Lernen**'. Durch die gemeinsame Reflexion über das Problem lernen die Teilnehmer voneinander und über sich selbst. Eine **interdisziplinäre Zusammensetzung** wird hier bewusst als befruchtendes Element eingesetzt.[1256]

Revans stellt in seinem Modell das ‚(In-)Fragestellen' in den Vordergrund. Seiner Meinung nach wird in den meisten Management Developments die Rolle des programmierten Wissens (P) überbewertet. Lösungen aus der Vergangenheit werden kultiviert, das für ihn wichtige Fragestellen (Q) wird hintenangestellt. Er stellt daher die Lerngleichung auf: **Lernen = P + Q**. Lernen (L = Learning) erfordert nach Revans Expertenwissen

---

[1252] Vgl. ZWM 2006, S. 22
[1253] Vgl. ZWM 2006, S. 24
[1254] Kolmerer 2005, S. 146
[1255] Kolmerer 2005, S. 147
[1256] Vgl. Kolmerer 2005, S. 147

(P = Programmed Knowledge) und Fragenstellen (Q = Questioning Insight). Wesentlich ist das Stellen von kritischen Fragen aus unterschiedlichen Perspektiven.[1257]

Idealerweise wird der Lernprozess von einem **Coach** begleitet, der auf verschiedenen Ebenen interveniert und als Feedback-Geber und Experte für Reflexionsprozesse und -methoden dient. Neben seinen inhaltlichen Lernimpulsen fördert er auch den Prozess durch sein eigenes Rollenmodell, bietet Reflexionshilfen an und achtet auf die Tiefe und Gründlichkeit der gemeinsamen Reflexion.[1258] Durch das intensive und permanente Feedback verschaffen sich die Teilnehmer den notwendigen Spiegel, um blinde Flecken, Widersprüche zwischen Reden und Tun sowie unbewusste Muster transparent werden zu lassen.[1259]

Neben dem Coach als Lernbegleiter gibt es beim Action Learning noch die Rollen des **Auftraggebers oder Klienten** (dieser ist als Problemeigentümer lebhaft an einer Problemlösung interessiert, setzt dafür Mittel ein und vereinbart mit dem Teilnehmer einen Auftrag)[1260], des **Förderers** (ein Mentor oder Coach, der den Professor bei der Projektdurchführung unterstützt, diese Funktion kann im wissenschaftlichen Bereich vernachlässigt werden), des **Tutors**, der von außen oder aus der Organisation Fachbeiträge einbringt und des **Programmträgers oder Sponsors** (ein Mitglied der obersten Universitätsleitung, der über die notwendige Positionsmacht verfügt, um ein offizielles Action-Learning zu ermöglichen, Präsident, Rektor).[1261]

Die mit dem aktuell zu lösenden Problem zusammenhängenden **Managementaktivitäten** können in fünf Schritte aufgeteilt werden, die jeweils mehr oder weniger bewusst durchlaufen werden:

1. „Beobachtung und Sammlung von Informationen über den Handlungsbedarf (= Vorbereitung)
2. Formulierung von Theorien auf Grund dieser Informationen (= Diagnose)
3. Entwurf und Durchführung von Handlungsplänen zum Testen der Theorien (= Planung)
4. Vergleichen der tatsächlichen Ergebnisse mit den vorhergesagten Ergebnissen (= Durchführung)
5. Verwerfen, Modifizierung oder Bestätigung der Theorie auf Grund der Ergebnisse (= Überprüfung)"[1262]

[1257] Vgl. Donnenberg 1999, S. 82
[1258] Vgl. Kolmerer 2005, S. 149
[1259] Vgl. Kolmerer 2005, S. 153
[1260] Die Rollen Sponsor und Client können im Einzelfall durchaus von einer Person wahrgenommen werden.
[1261] Vgl. Donnenberg 1999, S. 53 f.; Kolmerer 2005, S. 149 f.; Hauser 2006, S. 45
[1262] Kolmerer 2005, S. 150 f.

An diesen Phasen orientiert sich Action-Learning und lässt den Lernenden mit Unterstützung seiner Lernpartner den Prozess intensiv reflektieren.[1263] Voraussetzung ist, dass die Teilnehmer selbst die Verantwortung für ihren Lernprozess übernehmen.[1264]

Der **Ablauf** eines Action-Learnings gestaltet sich folgendermaßen: Zunächst werden die Teilnehmer in einem **Kick-off-Workshop** in das Prinzip und den Verlauf des Programms eingeführt. Es werden Lerngruppen gebildet, die mit der Projektarbeit beginnen. Die Teilnehmer werden mit ersten Reflexionswerkzeugen vertraut gemacht und klären mit dem Lernbegleiter die Form der Zusammenarbeit. Anschließend beginnt das eigentliche Programm. Die **Teilnehmer verfolgen ihre Projekte** und treffen sich in regelmäßigen Abständen in ihren **Lerngruppen**, um sich gegenseitig über die zwischenzeitlichen Fortschritte und aufgetretenen Schwierigkeiten auszutauschen. Hier stehen die Hindernisse und Probleme sowie die Suche nach möglichen Herangehensweisen im Vordergrund. Die Lerngruppenmitglieder unterstützen sich bei der Suche nach Lösungen durch (hilfreiches) Fragen und stellen ihre eigenen Erfahrungen zur Verfügung. Der **Coach begleitet** und unterstützt diesen Reflexionsprozess durch Prozessmoderation, Tools, Feedback und seine inhaltlichen Lernimpulse. Durch zusätzlichen Input relevanter Inhalte wird die **Wissensvermittlung** systematisch integriert. Zusätzlich zu den regelmäßigen Lerngruppentreffen werden den Teilnehmern bei Bedarf relevante Inhalte (bspw. systemisches Projektmanagement) vermittelt (integrierte Wissensvermittlung). Abschließend erfolgt eine **Präsentation** der Projektergebnisse vor den Auftraggebern, Förderern und Programmverantwortlichen. Zusätzlich findet ein **Review-Workshop** statt, in dem die Projektarbeit und der individuelle und kollektive Lernprozess reflektiert werden.[1265]

Sensitivitätstraining

Zur Unterstützung des Wandels der Professoren von ‚Einzelkämpfer-Naturen' zu kooperationswilligen und -fähigen Mitarbeitern, kann das Sensitivitätstraining dienen, welches auf der Erkenntnis beruht, dass ohne inhaltlich differenziertes **Feedback** über die eigenen Handlungsweisen keine Fortschritte bezüglich der Bewältigung von Problemsituationen möglich sind. Beim Sensitivitätstraining spielen die Probanden deshalb in **Laborsituationen der Realität** entlehnte Handlungsweisen durch, die dann mit inhaltlichem Feedback analysiert werden. Das Sensitivitätstraining ist eine Lernmethode, die primär **Erfahrungen vermitteln** will, die die Teilnehmer in verschiedenen Begegnungssituationen selbst sammeln. Aufgabe des Trainers ist es, die **Konfliktkapazität** der Teilnehmer anzusteuern: Das Training soll die

---

[1263] Vgl. Kolmerer 2005, S. 152
[1264] Vgl. Kolmerer 2005, S. 153
[1265] Vgl. Kolmerer 2005, S. 155 f.

Teilnehmer in die Lage versetzen, die eigenen Verhaltensweisen so zu ändern, dass Sicherheit beim Umgang mit Konfliktsituationen erlangt wird, die eine vorher unbekannte Situationsbewältigung erlaubt. Das inhaltliche Feedback erlaubt den Teilnehmern, emotionale Auswirkungen eigenen und fremden Interaktionsverhaltens zu reflektieren. Dabei wird auf diejenigen Erfahrungen abgezielt, mit denen Einstellungen beeinflusst und Fähigkeiten des Lernens aus Interaktionen und über zwischenmenschliche Beziehungen entwickelt werden. Diese Einstellungen und Lerninhalte sollen die folgenden Komponenten menschlichen Zusammenlebens und -arbeitens betreffen. Damit sind gleichzeitig die **Ziele** des Sensitivitätstrainings angesprochen:

- „Selbsterkenntnis,
- Fähigkeit zur Diagnose der Persönlichkeit und des Verhaltens von anderen Individuen, von Gruppen, von Organisationen,
- Fähigkeit, die Diagnosen der eigenen Person durch andere hinzunehmen,
- Verständnis für zwischenmenschliche Beziehungen in Gruppen,
- Kennenlernen von Bedingungen, die Gruppenarbeit fördern bzw. hemmen."[1266]

Damit sind genau jene Fähigkeiten angesprochen, die ein Instituts, Fachbereichs- oder Universitätsleiter besitzen sollte, um professionell agieren zu können. Gleiches gilt für die Mitarbeit in der akademischen Selbstverwaltung.

Teamcoaching

Selbstverständlich kann die in Kapitel 4.2.3 vorgestellte Teamentwicklung bei der Bildung von Projektgruppen auch für Institute, Dekanate, Präsidien, Gremien und Ausschüsse gewinnbringend eingesetzt werden. Dabei liegt der Fokus bei Teamcoaching im Selbstverwaltungsbereich auf Krisen und Konflikten im Team, Standortbestimmung und Weiterentwicklung, Leitbildentwicklung und Rollenklärung.[1267]

Als **Indikatoren für Krisen** bei länger bestehenden Teams, die evtl. an Kraft verloren oder in Routine erstickt sind, gelten „…ineffektive Besprechungen, unzureichende Kommunikation untereinander oder zwischen Mitarbeitern und Vorgesetzten, Häufung von Mißverständnissen und Kommunikationsstörungen, ungenügende Einbeziehung der Mitarbeiter in Entscheidungsprozesse, schwindende Identifikation mit den Zielen, Mangel an Engagement bei den Teammitgliedern, Resignation, Leistungsabfall in der Gruppe, Bilden einer „Notgemeinschaft" der Mitarbeiter gegen den Chef u.a.m."[1268] Da in universitären Teams zumeist sämtli-

---
[1266] Berthel & Becker 2003, S. 366 f.
[1267] Vgl. Klinkhammer 2006b, S. 90
[1268] Comelli 1991, S. 296

che der angesprochenen Krisensymptome anzutreffen sind, scheint ein Teamentwicklungstraining erfolgversprechend.

Als on-the-job Maßnahme können organisationale Zusammenhänge erkannt und berücksichtigt werden. Allerdings steht ein gecoachtes Team durch die externen und internen Erwartungen unter erhöhtem Erfolgsdruck. Dadurch entstehende Blockaden sollten im Coaching aufgearbeitet werden.[1269]

Auch im Teamcoaching steht die Förderung bzw. der Erhalt der Selbststeuerungsfähigkeit im Vordergrund. Der Coach konzentriert sich wie beim Einzelsetting auf die **Problemursachen**. Als Analytiker und Prozessberater bei Teamsitzungen leitet er das Team an, Probleme rechtzeitig zu erkennen und zu beheben, sodass es seine Aufgaben eigenständig lösen kann. **Voraussetzung** ist, dass alle Teammitglieder den Coach und seine Methoden akzeptieren. Eine Teamberatung verlangt dem Coach umfangreiches methodisches Können auf einem hohen Niveau ab. Als vorteilhaft erweisen sich die verschiedenen Sichtweisen des Teams, die in die Aufgabenerfüllung einfließen.[1270]

Dabei können **fallbezogene** (konkrete Arbeit mit Klienten bzw. Adressaten, Patienten oder Kunden), **gruppendynamisch-selbsterfahrungsbezogene** (Bearbeitung der Interaktionsdynamik innerhalb der Arbeitsgruppen, ihre latenten und offenen Konflikte, Konkurrenzen und Rollenzuschreibungen) und **institutionsbezogene** (Fokus liegt auf Aufgabenbezug, Hierarchien, Machtverteilungen und institutionellen Rollen) Formen unterschieden werden, wobei auch Mischformen möglich sind.[1271]

Je nach Lernziel kommen zwei verschiedene **Settings** in Betracht:

1. „Der Supervisor kommt als zunächst stummer Beobachter von außen in eine normale Teamsitzung und analysiert und reflektiert im Anschluss daran zusammen mit den Teammitgliedern die vorangegangene Sitzung.
2. Supervisor und Team kommen zusammen und arbeiten an geschildertem Material, wobei die aktuelle Interaktionsdynamik ebenfalls Gegenstand der Reflexion ist."[1272]

Vor einer Fallberatung müssen die Beziehungen in der Arbeitsgruppe geklärt sein, damit es nicht zur Austragung gruppen- und interaktionsdynamischer Aspekte auf der Inhaltsebene kommt.[1273]

Nach ersten **Vorgesprächen** erfolgt die **Klärung der Einflussbereiche**, d.h. die Ziele und Möglichkeiten werden abgesteckt. Danach sind die **Formalia** zu regeln (Zeitrahmen, Spielre-

---

[1269] Vgl. Rauen 2008, S. 41 f.
[1270] Vgl. Rauen 2002a, S. 86 f.; Kersting & Krapohl 2000, S. 64
[1271] Vgl. Kersting & Krapohl 2000, S. 60
[1272] Kersting & Krapohl 2000, S. 63
[1273] Vgl. Kersting & Krapohl 2000, S. 63

geln). Nun werden **Leitsätze** bzw. Anforderungen aus den Zielen, Werten und weiteren Einflussbereichen erarbeitet und **Übungs- und/oder Praxissituationen** zum Vergleich der Anforderungen mit den gezeigten Verhaltensweisen gestaltet. Anschließend gibt es von verschiedenen Seiten (Coach, Teilnehmer) **Feedback** für die Teilnehmer. Des Weiteren ist über **begleitende Maßnahmen** nachzudenken (bspw. Einzelgespräche, weitere Gruppenübungen, Bearbeitung von Gruppenproblemen und -konflikten etc.). Ebenfalls gilt es, die Selbstverantwortung zu fördern (ggf. durch den Übergang in ein kollegiales Coaching). Wichtig ist auch ein **Erfahrungsaustausch** zwischen den Coaching-Veranstaltungen mit den Kollegen zu initiieren. Mittels Videobändern, Feedbackbögen, Mitarbeiter- bzw. Zielgruppenbefragungen wird der Erfolg bewertet. Auch nach Abschluss des Coaching sollte noch eine Betreuung möglich sein (persönlich oder telefonisch).[1274]

Auch im Bereich der Führungskräfteentwicklung eignet sich **kollegiale Supervision** bzw. kollegiales Coaching. Das Setting und der Ablauf entsprechen dabei dem in Kap. 4.1.2 vorgestellten Konzept zur Verbesserung der Lehrkompetenz. In der kollegialen Gruppe finden universitäre Führungskräfte einen Raum, in dem sie sich von Personen gleicher Hierarchiestufe vertrauensvoll und nachhaltig bei Schlüsselthemen des Führungsalltages begleiten und unterstützen lassen können. Kollegiales Coaching dient auch dazu, Coaching als Instrument der Mitarbeiterführung zu erlernen und die eigene Beratungs- und Teamkompetenz zu vertiefen.[1275]

Bspw. haben sich die Universitäten Bochum, Dortmund und Witten-Herdecke der Herausforderung gestellt und universitätsübergreifende kollegiale Beratungsgruppen von Führungskräften ins Leben gerufen.[1276]

Erfahrungsaustauschgruppen

Möglich erscheint auch ein **Arbeitskreis von Dekanen**, die in regelmäßigen Treffen Informationen zu aktuellen Themen und Vorhaben (Lehrveranstaltungsbefragungen, Fakultätsberichtswesen) austauschen und diskutieren. Es können auch Fachkräfte der Verwaltung und des Rektorats oder ehemalige Fachbereichs- oder Universitätsleiter hinzugezogen werden.[1277] Die Veranstaltungen werden von der Personalentwicklung selbst moderiert oder sie organisiert je nach Thema einen fachkundigen Referenten und sorgt für die organisatorische Abwicklung. Mögliche **Themen** betreffen bspw. das Hochschulmarketing, rechtliche Aspekte oder neue

---

[1274] Vgl. Rückle 2002, S. 166 ff.
[1275] Vgl. Reinhardt 2006, S. 30
[1276] Vgl. Reinhardt 2006, S. 20 ff.; Reinhardt et al. 2006, S. 16 ff.
[1277] Vgl. Oechsler & Rigbers 2003, S. 160

Herausforderungen angesichts der zunehmenden Internationalisierung. Des Weiteren kann die Personalentwicklung zu fakultätsrelevanten Themenstellungen (interessante Tagungen, Seminare und Informationen) präzise informieren.[1278]

Eine besondere Form der Erfahrungsaustauschgruppe sind die aus dem industriellen Bereich stammenden **Qualitätszirkel**.[1279] Qualitätszirkel bieten ein Kommunikationsforum und haben integrierende und kompetenzsichernde Funktionen.[1280]

Es handelt sich hierbei um **dauerhaft** angelegte und sich **regelmäßig** treffende Gruppen von Mitarbeitern, die Arbeitsproblematiken besprechen, **gemeinsam nach Lösungen** suchen und die erarbeiteten Vorschläge in der Praxis umzusetzen versuchen. Gelingt dies jedoch nicht, wird das Engagement der Beteiligten schnell erlöschen. Qualitätszirkel beruhen auf der Annahme, „dass die Mitarbeiter zum einen die Problemstellungen ihres Arbeitsbereichs selbst am besten kennen und einschätzen können und zum anderen ein großes Problemlösungs- und Kreativitätspotenzial haben, wenn eine Gruppe gemeinsame Ziele verfolgt."[1281]

Der Moderationszyklus findet in folgenden Phasen statt. Zum **Einstieg** sollte zuallererst Orientierung gegeben werden. D.h. die Teilnehmer werden begrüßt, die Themen der Einladung visualisiert, weitere Themenwünsche abgefragt und über Methode, Zeitplan und Ziele des Arbeitstreffens abgestimmt. Anschließend werden die **Themen gesammelt** (Themenspeicher erstellen), **ausgewählt** und **bearbeitet**. Es folgt die **Planung** eines neuen Termins sowie die Erstellung des Maßnahmenplans und Protokolls. Zum **Abschluss** erfolgen eine Reflexion des Arbeitsprozesses sowie die Verabschiedung.[1282]

Qualitätszirkel an der Hochschule können an verschiedenen Ebenen ansetzen: Auf der **Sachebene** dienen sie der Verbesserung von Forschung, Lehre, Management und Arbeitsprozessen, fördern das Entstehen kommunikativer Strukturen und Netzwerke innerhalb der Fakultät/Lehrstühle und sind zugleich Element der Nachhaltigkeit. Auf der **überfachlichen Ebene** können die Zusammenarbeit, das Arbeitsklima und die interdisziplinäre Kommunikation verbessert sowie das Übertragen bisher entwickelter und erprobter Innovationen auf andere Lehrstühle gefördert werden. Zuletzt können sie auch der **Persönlichkeitsentwicklung** dienen, indem die Arbeitsmethodik, Techniken der Problemlösung und Ideenfindung, Team- und Kritikfähigkeit gefördert werden.[1283]

[1278] Vgl. Schulze 2005, S. 83
[1279] Vgl. Mentzel 1989, S. 201
[1280] Vgl. Golle 2003b, S. 307
[1281] Golle & Hellermann 2000, S. 5; Krämer 2007, S. 60
[1282] Vgl. Golle & Hellermann 2000, S. 10 f.
[1283] Vgl. Golle & Hellermann 2000, S. 7 f.

Die **Organisation und Moderation** derartiger Qualitätszirkel fördert ebenfalls die berufliche Handlungskompetenz bspw. in den Bereichen Zeitplanung, Präsentation und Visualisierung von Arbeitsschritten und Ergebnissen, Strukturierung von Problemlösungs- und Kreativitätsprozessen, Techniken der Gesprächsführung, Gestaltung von Kooperationen und Teamwork, Kritikfähigkeit und Rhetorik.[1284]

Stellvertretung

Als Qualifizierungsmaßnahme für kommende Führungstätigkeiten ist ebenfalls das Amt des stellvertretenden Institutsleiters, Prodekans oder Vizepräsidenten zu sehen. Durch die **aktive Beteiligung des Stellvertreters**, bspw. in Form von Beratungstätigkeiten und Entscheidungsvorbereitung wird zusätzlich der Hauptamtsträger entlastet. Um Aufgaben in seinem Namen auszuführen oder ihn adäquat zu vertreten, muss der Stellvertreter über den Aufgabenbereich des Amtsinhabers voll informiert sein. Diese Entwicklungsmaßnahme kann analog zur Assistenz der Geschäftsführung, Nachfolgeplanung, oder Einsatz von Stellvertretern in Wirtschaftsorganisationen gesehen werden.[1285]

Gremienarbeit

In Wirtschaftsorganisationen zählt die Mitarbeit in spezifischen Unternehmensgremien selbst als Personalentwicklungsmaßnahme. Dies könnte für Wissenschaftsorganisationen, deren Entscheidungen vielfach von Gremien und Ausschüssen getroffen werden, nutzbar gemacht werden. Die möglichen positiven Effekte der Zusammenkünfte sollten systematisch ausgeschöpft werden. Durch Konfrontation der eigenen Erfahrungen, Ideen, Denk- und Handlungsweisen mit denen anderer, kann neuartiges, zumindest aber andersartiges Problemlösungsverhalten entwickelt sowie Feedback über das eigene Verhalten und dessen Zweckmäßigkeit erlangt werden. Zusätzlich können interpersonale Fähigkeiten aus- und weitergebildet werden.[1286]

Ganzheitliches Modell nach Fisch

Fisch schlägt für die Qualifizierung von Professoren zur Ausübung von universitären Leitungspositionen ein dreistufiges Modell vor, das in seminaristischer Form oder durch Kurzvorlesungen Wissensvermittlung und Selbsterfahrung kombiniert. Zuerst ist die **Führung einer kleineren Arbeitseinheit** zu erlernen (Arbeitsgruppen- oder Institutsführung). Hier gilt es den noch unerfahrenen Führungskräften Hilfe zur Selbstentwicklung zu geben und ihnen

---

[1284] Vgl. Golle & Hellermann 2000, S. 8
[1285] Vgl. Berthel 1992b, Sp. 893
[1286] Vgl. Hungenberg 1990, S. 204 f.

bspw. Wissen zu Teambildung, Zielsetzung, Mitarbeitermotivation, zum Umgang mit Konflikten oder zur Organisationsstruktur der eigenen Universität an die Hand zu geben. Kurz vor der Übernahme einer Position in der **mittleren Führungsebene** oder in der Anfangsphase sind die Professoren in ein Förderprogramm aufzunehmen, in dem sie bspw. lernen aus der Person heraus zu führen, für ihre persönliche Weiterentwicklung und die aller Mitarbeiter des Fachbereiches zu sorgen, die nachgeordneten Professoren bei deren Führungsaufgaben zu unterstützen, sich über die Aufgaben der nächsthöheren Führungsebene zu informieren sowie ein Bewusstsein dafür zu entwickeln, dass sie nicht nur für ihre eigene Entwicklung, sondern von nun an auch für die Universität als Ganzes Sorge zu tragen haben. Durch den Übergang zur letzten Stufe des Qualifizierungsprogramms, also zur **Leitungsebene** (Präsident, Rektor), werden laut Fisch die Ebenen der verwaltenden Managementaufgaben verlassen und die wirkliche Führungsebene erreicht. Hier werden Ziele gesetzt und verändert, handlungsleitende Vorstellungen für die Wissenschaftsorganisation entwickelt und ihre Außenrepräsentanz und interorganisationale Zusammenarbeit gestaltet.[1287] Sicherlich sind für die Erfüllung dieser, die gesamte Wissenschaftsorganisation betreffenden Aufgaben weitreichende Führungsqualitäten gefragt, jedoch ist anzumerken, dass auch auf der untersten Führungsebene (Arbeitsgruppen- oder Institutsführung) nicht nur verwaltende Führungsqualitäten erforderlich sind. Wie von Fisch selbst angesprochen, sind auch hier schon facettenreiche Kompetenzen in der Personalführung gefragt. Und um die auf der obersten Leitungsebene getroffenen Zielentscheidungen auf die unterste Ebene herunterzubrechen und mit den jeweiligen Mitarbeitern zu verwirklichen, bedarf es wohl weit mehr als administrativer Fähigkeiten.

[1287] Vgl. Fisch 2002, S. 678 ff.

5. Voraussetzungen einer erfolgreichen Implementierung

Wichtigster aber zugleich auch schwierigster und langwierigster Schritt der Implementierung eines Personalentwicklungskonzepts für Hochschullehrer besteht in der **Einstellungsänderung** der Professoren zu ihren Aufgaben und ihrem Rollenverständnis. Lehre und Management müssen als umfangreiche und wichtige Bestandteile der Profession des Hochschullehrers akzeptiert, ins Selbstverständnis aufgenommen und entsprechende professionelle Konsequenzen daraus gezogen werden. Die hierzu durchaus vorliegenden theoretischen, empirischen und praktischen Ansätze dürfen nicht weiter ignoriert werden.[1288]

Um den langfristigen Erfolg einer Personalentwicklung zu gewährleisten, reicht es jedoch nicht aus, lediglich auf der **Ebene des einzelnen Hochschullehrers** bzw. der Zielgruppe von Wissenschaftlern anzusetzen. Auch den **universitären Rahmenbedingungen** ist besondere Beachtung zu schenken, d.h. ein weiterer notwendiger Ansatzpunkt liegt auf der Handlungsebene der einzelnen Hochschule,[1289] welcher im Folgenden etwas näher betrachtet werden soll. Die für die Personalentwicklung entscheidenden Aspekte betreffen zunächst ein mögliches **Anreizsystem**, welches die Teilnahmebereitschaft an Weiterbildungsmaßnahmen erhöht. Darüber hinaus werden **Bedingungen** eines Personalentwicklungskonzeptes angesprochen, die idealerweise erfüllt werden sollten. Der dritte Aspekt betrifft die **organisationale Verankerung** des Konzepts. Dabei ist zu bedenken, dass ein universitäres Personalentwicklungskonzept nicht nur strukturell verortet und an der (soweit vorhandenen) Strategie der Hochschule orientiert sein sollte, sondern auch die vorherrschenden kulturellen Gegebenheiten berücksichtigt werden. Langfristig besteht das Ziel in einer **Kulturveränderung** in die Richtung, dass es kein Zeichen und Eingeständnis von Schwäche oder ein Hinweis auf Defizite darstellt, wenn Professoren Personalentwicklungsangebote wahrnehmen, sondern vielmehr als Ausdruck der eigenen Professionalität verstanden wird. Personalentwicklungsmaßnahmen dürfen daher nicht als ‚Nachhilfeveranstaltungen' konzipiert werden, sondern als Möglichkeit der Anpassung an sich verändernde Herausforderungen. Eine derartige Weiterbildungs- bzw. Lernkultur vermag es dann auch ggf. zusammen mit einem gewissen Außendruck bislang Weiterbildungsabstinente und Inhaber hoher akademischer Positionen zu erfassen.[1290]

[1288] Vgl. Fuhr & Westermann 1981, S. 44 f.
[1289] Vgl. Pellert 1995c, S. 127
[1290] Vgl. Reinhardt, Kerbst & Dorando 2006, S. 58; Scheitler 2005, S. 59; Pellert et al. 1999, S. 249; Laske & Meister-Scheytt 2004, S. 35

5.1. Mögliche Anreizgestaltung zur Erhöhung der Teilnahmebereitschaft

Der Bedarf und das Interesse an Kompetenzentwicklung mögen noch so erwünscht sein, müssen jedoch bei vielen Hochschullehrern erst bewusst gemacht oder geweckt werden. Selbst wenn ihrerseits Bedarf besteht, ist dies nicht zwangsläufig mit Teilnahmebereitschaft gleichzusetzen. Das Personalentwicklungsmarketing muss sich auf diese Ambivalenz einstellen und Aufklärungsarbeit leisten.[1291] Werden keine Anreize gesetzt, an Personalentwicklungsmaßnahmen teilzunehmen und bleibt der Nutzen unklar, besteht die Gefahr, dass ein derartiges Angebot ins Leere läuft.

Ob Personalentwicklung eine Anreizwirkung entfaltet kommt in entscheidungsanalytischer Perspektive (**Erwartungs-Wert-Theorie**) auf die Erwartung des Lehrenden an,

- **durch die Teilnahme seine Kompetenzen zu erweitern**, wobei in diese Beurteilung sowohl die persönliche Selbstwirksamkeit wie die Einschätzung der Qualität des Personalentwicklungsangebots mit eingehen, sowie
- **durch die Steigerung** der Forschungs-, Lehr- und Managementkompetenz unter den gegebenen Rahmenbedingungen **die Leistung** in diesen Bereichen **verbessern** zu können und inwieweit das auch in der Hochschule **Anerkennung** findet.[1292]

Der letzte Punkt verweist eindeutig auf die Notwendigkeit einer **Aufwertung des Prestiges von Lehr- und Managementtätigkeiten**. Die Erhöhung der Motivation, etwas für die eigene Kompetenzerweiterung in den Bereichen Lehre und Management zu tun, kann nur über die Honorierung des Engagements in diesen beiden Feldern erreicht werden.[1293] Strittig ist allerdings, wie die Bedeutung der Lehr- und Managementtätigkeiten gesteigert werden kann. Eine Möglichkeit wäre es, **Weiterbildung obligatorisch** zu machen, in der Hoffnung, dass anfänglich widerwillig Teilnehmende im Laufe der Zeit ‚Feuer fangen' und die Notwendigkeit und den Nutzen einer Weiterbildung erkennen.[1294] Dies scheint jedoch im Widerspruch zur Wissenschaftsfreiheit und der hohen individuellen Autonomie von Professoren zu stehen. Eine andere Strategie setzt darauf, hohe Lehr- und Managementleistungen mit **Gratifikationen** zu belohnen und niedriges Engagement durch den Entzug von Mitteln zu ‚bestrafen'.[1295] Dies könnte durch die Berücksichtigung von Lehr- und Managementqualifikationen in Berufungs- und Bleibeverhandlungen, die bevorzugte Zuteilung von Sachmitteln an erfolgreiche Hochschullehrer in allen Bereichen, Gewährung von Freisemestern, Preise für herausragende Lehr- und Managementleistungen, Einführung von Lehrevaluationen und Vorgesetztenbeurteilung

---
[1291] Vgl. Klinkhammer 2004, S. 408
[1292] Vgl. Viebahn 2004, S. 220 f.
[1293] Vgl. Arnold 2000, S. 45
[1294] Vgl. Webler 1993, S. 123
[1295] Vgl. Huber 1993, S. 103 ff.

sowie Lehr- und Managementberichten erfolgen.[1296] Insbesondere Angebote, die einen Ausgleich für die zusätzliche Arbeitsbelastung schaffen (Gewährung zusätzlicher Hilfskraftstunden, teilweise Reduzierung des Lehrdeputats), erscheinen wirkungsvoll. Diese kommen jenen zu Gute, die sich nachweislich an Qualifikationsaktivitäten beteiligen. „Da Aktivitäten, über die Mittel eingeworben werden können, bei Wissenschaftlern hohes Ansehen genießen, wäre dies ein Weg, das Engagement in Lehre und Management aufzuwerten."[1297] Kommen Studiengebühren sowie finanzielle Mittel aus Effizienzsteigerungen der betreffenden Universität, dem Fachbereich oder dem Institut bzw. Lehrstuhl zu Gute, könnte die Motivation zur Eigeninitiative und zu unternehmerischen Denken und Handeln und damit die Motivation zur Kompetenzsteigerung in diesen Bereichen beträchtlich gesteigert werden, da eine direkte Verantwortung für die Gestaltung des Leistungsangebots sowie die Erschließung der dafür benötigten Ressourcen geschaffen wird.[1298]

Insbesondere zur Übernahme von **Selbstverwaltungsämtern** werden Professoren vermutlich nur bereit sein, wenn sich die Verantwortung ‚lohnt'. Dies könnte durch eine lukrative Besoldung und ggf. zusätzliche Mitarbeiterstellen erreicht werden. Außerdem sollte die Besoldung an die Qualität der Aufgabenerfüllung gekoppelt werden. Es ist allerdings darauf zu achten, dass es sich um deutliche Gehaltsunterschiede zur regulären Besoldung handelt. Trotz Einführung der leistungsorientierten W-Besoldung ist der Gestaltungsspielraum immer noch gering und lässt es nur ansatzweise zu, Engagement in Lehre und Management gebührend zu belohnen.[1299] Sind die monetären Anreize jedoch zu niedrig, kann die beabsichtigte Wirkung schnell ins Gegenteil verkehrt werden, denn Geld kann auch eine **beleidigende Wirkung** haben: Wer einen anderen mit der direkten Gabe kleinen Geldes zu lenken versucht, wie bspw. bei dem Versuch, einem Professor durch die zusätzliche Vergütung von 200 Euro dazu zu bewegen, ein Dekanatsamt zu übernehmen, zeigt diesem eher seine Geringschätzung.[1300] Zudem bergen niedrige Zulagen nur geringen Anreizcharakter, da Professoren durch Gutachten, Beratungsprojekte o.ä. deutlich mehr Geld hinzu verdienen können.[1301]

Eine leistungsorientierte Professorenbesoldung wirft jedoch auch Probleme auf. Werden nur wenige Handlungen belohnt, kann es zu **Dysfunktionalitäten** kommen. Ist die Übernahme des Dekanatsamtes mit Zulagen verbunden, ist zu fragen, warum nicht auch Gremienmit-

---

[1296] Vgl. Webler & Otto 1991, S. 18. Es ist jedoch daran zu erinnern, dass Wissenschaftler i.d.R. ein hohes Maß an intrinsischer Motivation aufweisen. Externe Anreizsysteme müssen so gestaltet sein, dass sie die intrinsische Motivation nicht verdrängen sondern unterstützen. Vgl. WR 2006, S. 82
[1297] Arnold 2000, S. 45
[1298] Amrhein 1998, S. 131 f.
[1299] Vgl. HRK 1995, S. 28 f.; Amrhein 1998, S. 130; Balve 2005, S. 11
[1300] Vgl. Schüren 2000, S. 232 ff.
[1301] Vgl. Amrhein 1998, S. 130

gliedschaften eine Belohnung verdienen. Werden jedoch für die Indikatorbildung sämtliche Aufgaben herangezogen, wird die Anreizwirkung obsolet, weil dann jegliche Tätigkeit belohnt wird. Selbstverständlich könnten die quantitativen Faktoren um qualitative Faktoren ergänzt werden. Hier sind jedoch hohe Transaktionskosten in Rechnung zu stellen. Außerdem legen bislang die Bewerteten die Indikatoren selbst fest, nach denen sie beurteilt werden. Dies kann mikropolitische Verteilungskämpfe schüren.[1302] Auch negative Sanktionen können ihre Wirkung verfehlen und dazu führen, dass die Energien der Betroffenen weniger für Leistungsverbesserungen als vielmehr für die Entwicklung von Strategien zur Abwehr der Sanktionen eingesetzt werden.[1303]

Im Rahmen der **Personalführungskompetenz** sollten Professoren, denen es gelingt, den wissenschaftlichen Nachwuchs zu fördern, indem sie Promovierende in mittelfristigen Verträgen beschäftigen, deren zeitgerechte Promotion aktiv unterstützen und sie anschließend in den Wissenschaftsbetrieb innerhalb oder außerhalb der eigenen Universität vermitteln, auch mit Zusatzmitteln für den eigenen institutionellen Zuständigkeitsbereich belohnt werden. Im Gegenzug sollten aber auch negative Konsequenzen gezogen werden, wenn die Betreuung des wissenschaftlichen Nachwuchses nicht als Führungsaufgabe wahrgenommen und nur unzulänglich erfüllt wird, indem die zugesagten Personal- und Finanzmittel bei nächster Gelegenheit in Frage gestellt werden. Indizien hierfür wären lange Promotions- und Habilitationsdauern, Kurzzeitverträge, hohe Fluktuation oder Abbrecherquoten.[1304] Dies würde auch dazu beitragen, dass die ‚Kosten' eines Fehlschlags nicht mehr nur allein der wissenschaftliche Nachwuchs zu tragen hätte.[1305]

Zur (Weiter-)Entwicklung der erforderlichen Kompetenzen wird es zudem nur kommen, wenn neben Forschung auch Lehr- und Managementaufgaben in den **Karrierekriterien** Berücksichtigung finden. Bislang vernachlässigte Themenfelder werden ernster genommen werden müssen.[1306] Daher muss die Anerkennung der Bedeutung von Vermittlungs- und Organisationsleistungen und der damit verbundenen Weiterbildungs- und Qualifizierungsanstrengungen auch Eingang in die **Berufungs- und Bleibeverhandlungen** finden,[1307] indem in den Berufungskriterien pädagogische und Managementqualifikationen denselben Rang wie wissenschaftliche Befähigungen erhalten. Die pädagogische Eignung ist zwar bereits in § 44

[1302] Vgl. Wilkesmann 2004, S. 262 f.
[1303] Vgl. Huber, 1993, S. 118
[1304] Vgl. Kuhne 2004, S. 35 f. Selbstverständlich können hierfür auch andere Gründe vorliegen, wie bspw. fehlende Motivation seitens der Doktoranden etc.
[1305] Vgl. Backes-Gellner & Zanders 1989, S. 281
[1306] Vgl. Pellert 2004c, S. 350
[1307] Vgl. Pellert 1995a, S. 61

HRG enthalten, spielt aber derzeit bei Berufungsverfahren noch eine untergeordnete Rolle. Außerdem könnte darüber nachgedacht werden, auch die Eignung zur Mitarbeit in den Selbstverwaltungsgremien und zur Instituts- und Mitarbeiterführung in den Paragraphen mit aufzunehmen.[1308] „Wenn nicht die Leistungen im Lehr- und Managementbereich kontinuierlich in die karriererelevante Leistungsbeurteilung einbezogen werden, dann wird die Professionalisierung Utopie bleiben."[1309] Der AHD schlägt für den Nachweis der Lehrqualifikation bspw. die Einreichung einer Liste gehaltener Lehrveranstaltungen und selbstverfasster Lehrbücher, Evaluationsergebnisse aus eigenen Veranstaltungen, Teilnahme an didaktischer Aus- und Fortbildung, gewonnene Lehrpreise und Lehrdokumentationen vor.[1310] Eine intra- und interuniversitäre Zertifizierung der Fortbildungsveranstaltungen[1311] könnte helfen, bei Berufungsentscheidungen die Personalentwicklungshistorie der Kandidaten offen zu legen und so vorhandene Kompetenzen und Weiterbildungsbereitschaft einzuschätzen. Vorstellbar wäre weiterhin, dass sich die Bewerber eines Berufungsverfahrens nach einem Fachvortrag auch einer kritischen Diskussion über ihr didaktisches Konzept stellen müssen.

In einem zweiten Schritt muss der **individuelle Nutzen** von Personalentwicklung für den Professor herausgestellt werden. Für viele Professoren erscheinen Weiterbildungsmaßnahmen als ‚nutzlose Aktivität', die keine Verbesserung im beruflichen Status, in finanzieller Hinsicht etc. nach sich ziehen. Die Verwertung von Lernaktivitäten bleibt vielfach fragwürdig und unsicher, solange sich die Reputation ausschließlich aus fachlichen Erfolgen ergibt.[1312] Daher müssen Hochschullehrern bereits vor einer konkreten Kompetenzentwicklungsmaßnahme deren Hintergründe, Ziele aber insbesondere deren Nutzen deutlich gemacht werden. Durch das Erkennen eines persönlichen Nutzens kann eine intrinsische Motivation zur Teilnahme erreicht werden. Wichtig ist, den Zusammenhang zwischen Erfolg am Arbeitsplatz und dem Nutzen der Kompetenzentwicklungsmaßnahme transparent zu machen.[1313]
Dazu empfiehlt es sich bspw., die **Evaluationen** der bereits durchgeführten Maßnahmen zu **veröffentlichen**. Erfahrungsberichte der Teilnehmer können dazu beitragen, das negative Image von Personalentwicklung bei einigen Teilen der Professorenschaft zumindest in Ansät-

---

[1308] Vgl. Brunner-Schwaiger & Salzgeber 2004, S. 347
[1309] Pellert 2006, S. 25
[1310] Vgl. AHD 1992, S. 240
[1311] So bspw. das Ziel der Universität Innsbruck, welche auch die Entwicklung eines intrauniversitären Rahmenzertifikats, „…welches verschiedene Fortbildungsbausteine (Basis-Seminar, Workshop, Intervisionsgruppe, Lehr- und Lernberatung, Besuch von fakultätsspezifischen Fort- und Weiterbildungen, Durchführung von didaktischen Projekten, Qualifizierung im Bereich der neuen Medien) beinhaltet." Brunner-Schwaiger & Salzgeber 2004, S. 347
[1312] Vgl. Conradi 1983, S. 94
[1313] Vgl. Scheitler 2005, S. 211

zen zu korrigieren, indem sie zeigen, dass die Teilnehmer zumeist erneut eine solche Maßnahme mitmachen würden, weil sie einen Nutzen daraus gezogen haben.[1314]

Als Fazit bleibt festzuhalten, dass freiwillige und als erfolgreich empfundene Personalentwicklungsmaßnahmen am erfolgversprechendsten erscheinen.[1315] Mit der Freiwilligkeit der Maßnahmen ist aber auch verbunden, dass das Lernangebot eine gewisse Attraktivität aufweisen muss, damit es von den Lernenden angenommen wird.[1316] Die Kunst besteht also darin, das Personalentwicklungsangebot transparent zu machen und den individuellen Nutzen herauszustellen, nicht aber zwingend einzufordern.[1317]

5.2. Gestaltungsprinzipien

Nach Mittmann sollten Personalentwicklungskonzepte die Merkmale **Transparenz, Partizipation** und **Synergie** aufweisen, um eine hohe Teilnahmebereitschaft zu erreichen: „Es muss für alle Beteiligten ersichtlich sein, welche Ziele verfolgt werden und welche Absichten hinter einzelnen Schritten der Planung und Umsetzung stehen. Hierzu zählen auch die Information über Ergebnisse einzelner Phasen… Es soll eine umfassende Beteiligung möglichst vieler Hochschulmitglieder während Planung und Umsetzung ermöglicht werden… Vorhandene Kompetenzen der Hochschulmitglieder sollten genutzt werden."[1318]

Diesen Überlegungen folgend und unter Einbezug der Merkmale konstruktivistischer Lernprozesse (Anwendungsorientierung, Flexibilität, interaktionales Lernen und multiple Kontexte und Perspektiven) sollten sich die Personalentwicklungsveranstaltungen an folgenden Gestaltungsprinzipien orientieren.

Am wichtigsten erscheint bei der Entwicklung eines Personalentwicklungskonzept für Hochschullehrer, dessen **Nutzen sichtbar zu machen**. Dazu ist dieser im Hinblick auf die persönliche Kompetenzsteigerung und der damit verbundenen Vorteile aus der Perspektive der Hochschullehrer herauszuarbeiten und deutlich zu kommunizieren. Die Maßnahmen sollten daher als individuelle Hilfestellung präsentiert werden. Der Sinn einer Teilnahme an Personalentwicklungsmaßnahmen muss in jedem einzelnen Fall neu nachzuvollziehen sein, andernfalls ist grundsätzlich von ihrer Ablehnung auszugehen.[1319] **Explizite Darstellung der Maßnahme:** Im Hinblick auf die Bezeichnung und Beschreibung der einzelnen Weiterbildungs-

---

[1314] Vgl. Pötschke 2004, S. 98 f.
[1315] Vgl. Arnold et al. 1997, S. 168; 1998, S. 151
[1316] Vgl. Harder 2003, S. 34
[1317] Vgl. Erne 2001, S. 181
[1318] Vgl. Mittmann 1995, S. 20
[1319] Vgl. Flender 2004, S. 22; Balder 2000, S. 15

maßnahmen scheint es folglich wesentlich darauf anzukommen, anwendungsorientierte Veranstaltungsthemen zu finden, d.h. dass konkrete Verwendungs- bzw. Anwendungskontexte genannt werden und der Nutzen deutlich gemacht wird.[1320] Des Weiteren ist auf eine angemessene Beschreibung der zu erwerbenden Kompetenzen zu achten. Insbesondere dürfen die Veranstaltungsbeschreibungen keine übertriebenen Versprechungen enthalten und keine unrealistischen Erwartungen wecken. Darüber hinaus sollte der Charakter der Veranstaltung möglichst präzise, d.h. konkret, praxisnah und allgemeinverständlich, formuliert werden. Die methodischen Arrangements bzw. der Veranstaltungsablauf sowie die relevanten Rahmenbedingungen sollten möglichst anschaulich beschrieben werden. Wichtig ist auch die Zielgruppendefinition.[1321] Hochschullehrer sollten direkt angesprochen und deutlich als Zielgruppe hervorgehoben werden, die sich von den anderen Hochschulmitgliedern abhebt. Darüber hinaus sollten Weiterbildungsmaßnahmen in absehbarer Zeit und in spürbarer Weise nützlich sein, d.h. wenn möglich, direkte und sofort umsetz- bzw. einsetzbare Aspekte enthalten. Die Einstellung zur Personalentwicklung erscheint umso positiver und die Weiterbildungsmotivation umso ausgeprägter, je eher bisherige Erfolgserlebnisse mit Lernen und Weiterbildung zu verzeichnen sind. Hochschullehrer haben für Weiterbildungsmaßnahmen wenig Zeit bzw. sind ggf. weniger bereit, hierauf viel Zeit zu verwenden und fordern eher noch größere Effizienz von der Arbeit in dieser ‚geopferten' Zeit als von ihrer sonstigen Arbeit.[1322]

Noch sind die Möglichkeiten einer Personalentwicklung zu wenig bekannt. Daher sollten sämtliche Hochschulmitglieder über Existenz, Aufbau und Funktionsweise der Personalentwicklung **informiert** werden.[1323]

Die **Personalentwicklung** sollte nicht nur darauf vertrauen, dass sich Hochschullehrer von selbst zufällig die passenden Angebote heraussuchen, sondern die **Weiterbildungsaktivitäten** der Hochschullehrer **begleiten**. Denkbar wäre bspw. ein Veranstaltungskalender, der alle Weiterbildungsangebote enthält, sodass sich Interessierte schnell und einfach einen Überblick verschaffen können.[1324] Dieser könnte auch mittels eines Personalentwicklungs-Newsletter verteilt werden.

Die **Heinrich-Heine-Universität Düsseldorf** verwendet bzgl. der Veranstaltungswerbung ein dreistufiges Konzept. Erstens stellen Prospekte die Veranstaltungen im Überblick vor, zweitens werden für jede Veranstaltung Plakate ausgehängt und eine gesonderte und inhaltlich differenzierte Ausschreibung einige Wochen vor Veranstaltungsbeginn versandt und verteilt,

---

[1320] Vgl. Albrecht 2003, S. 196
[1321] Vgl. Albrecht 2003, S. 228 f.
[1322] Vgl. Conradi 1983, S. 94; Portele 1995, S. 248; Huber 1976, S. 377
[1323] Vgl. Webler 2008, S. 12
[1324] Vgl. Hagedorn 2004, S. 226

und drittens wird in Gremien und anderen Veranstaltungen sowie durch Mundpropaganda Reklame gemacht.[1325]

Wertschätzung und Würdigung der Leistung: Im Zusammenhang mit der Kontaktaufnahme ist es sinnvoll, die Aufgabenkomplexität der Hochschullehrer zu betonen, die bisherigen Leistungen zu würdigen und dem Professor die Wertschätzung seines bereits vorhandenen Wissens und Könnens entgegenzubringen, welches auf fachkulturellen und lebenspraktischen Erfahrungen beruht und zu einem individuellen Forschungs-, Lehr- und Managementstil weiterentwickelt werden soll.[1326]

Da die Berücksichtigung eigener Themen und Interessen als wesentliches Element von Lernprozessen gilt,[1327] sollten im **Vorfeld die Interessen der Teilnehmer** an der Veranstaltung geklärt werden. Wenn möglich sind sie **in die Planung mit einzubeziehen** und zu einer möglichst aktiven Beteiligung an der Gestaltung bzw. Durchführung der Veranstaltung zu motivieren.[1328] Die Basis für die Auswahl von Themen und den dazugehörigen Personalentwicklungsmaßnahmen sollten sowohl die Bedürfnisse der Hochschullehrer als auch der Universität bilden.[1329]

Die Berücksichtigung der individuellen Teilnehmerbedürfnisse bedeutet auch, dass die **Hochschullehrer** jene Weiterbildungsangebote **auswählen** können, die zeitlich und inhaltlich ihren Bedürfnissen am nächsten kommen. Die Platzierung in der vorlesungsfreien Zeit hilft, zeitlichen Druck aus den Perioden mit Lehrveranstaltungen zu nehmen.[1330]

Ein Personalentwicklungsprogramm für Professoren ist nur dann erfolgversprechend, wenn es die **Individualität** und **persönliche Reife** der zu fördernden Hochschullehrer **berücksichtigt**. Von besonderer Bedeutung sind Förderinstrumente, welche die vorhandenen Erfolgsfaktoren des Professors integrieren und über das Aufzeigen von persönlichen Entwicklungspotenzialen vor dem Hintergrund definierter Standards und Best-Practice-Erfahrungen am Entwicklungsstand jedes einzelnen Hochschullehrers ansetzen.

Vorgelagerte Maßnahme sollte folglich eine **systematische Adressatenanalyse** über Lernmotivation, Vorkenntnisse und individuelles Lernverhalten der Hochschullehrer sein. Lässt die Adressatenanalyse vermuten, dass die Teilnehmer der Personalentwicklungsmaßnahme überwiegend ablehnend gegenüberstehen, dann muss vor der eigentlichen Veranstaltung eine motivationsfördernde Sequenz und eine die Wichtigkeit der Maßnahme hervorhebende Einfüh-

---

[1325] Vgl. Welbers 1997, S. 92
[1326] Vgl. Macke, Kaiser & Brendel 2003, S. 29 f.
[1327] Vgl. Merkt 2002, S. 10 f.
[1328] Vgl. Huber 2003, S. 101
[1329] Vgl. Arnold 2000, S. 47; Berendt 1995, S. 45
[1330] Vgl. Künzel 2005, S. 139

rungsveranstaltungen stattfinden, um die ablehnende Haltung zu beseitigen.[1331] So können auch den fachspezifischen unterschiedlichen Ansprüchen an Personalentwicklung Rechnung getragen werden.[1332]

Von besonderer Bedeutung erscheint darüber hinaus, die Implementierung des Personalentwicklungskonzepts kontinuierlich auf der Basis von Befragungen der Hochschullehrer zu evaluieren. Wichtig ist auch das **Informationskonzept**, das die Chancen des Vorhabens aufzeigt und mögliche Schwierigkeiten offen ansprechen sollte. Das Ziel dieser Informationspolitik ist es, die Befürchtungen der Professoren im Vorfeld zu entkräften.[1333] Wenn es geschafft wird, durch die Personalentwicklung das Prestige der Universität in den Augen der Hochschullehrer zu erhöhen, kann Personalentwicklung auch zur Identifikation dieser Mitarbeitergruppe mit der Hochschule beitragen.[1334]

Des Weiteren ist eine räumliche und zeitliche Nähe zu den sonstigen Aktivitäten der Hochschullehrer zu empfehlen, um einen engen gegenseitigen Bezug von Lern- und Praxissituation herzustellen, welche die Realisierung bzw. Durchsetzung erarbeiteter Lösungen unterstützt. Auf der anderen Seite erleichtert ein außerhalb des Universitätsortes angesiedeltes Seminar, das ‚Heraustreten aus den alltäglichen Zusammenhängen'. Problematisch erweist sich hier jedoch der Transfer des Gelernten.[1335]

Darüber hinaus ist darauf zu achten, sowohl das interne Potenzial und das kollegiale Prinzip der Hochschule als auch externe Professionalität zu nutzen. Des Weiteren sollte ein differenziertes Angebot geschaffen werden, das sowohl grundlegende wie stärker differenzierte Themen behandelt. Auch sind Hochschullehrer miteinander ins Gespräch zu bringen und der Aufbau kollegialer Netzwerke zu fördern und nicht zuletzt das Zeitbudget der Maßnahmen für die Teilnehmer als machbar und wünschenswert erscheinen zu lassen[1336]

Aus den bisherigen Ausführungen wird deutlich, dass das Weiterbildungsangebot kein ‚design for all'-Ansatz sein darf, sondern es sollte vielmehr hinsichtlich des fachlichen Kontextes, der Art der zu vermittelnden Kompetenzen, der Vorkenntnisse der Teilnehmer, der Personalentwicklungsträger und den entsprechenden zur Anwendung kommenden Instrumenten und Formen der Kompetenzentwicklung differenzieren.[1337]

[1331] Vgl. Becker 2005, S. 133
[1332] Vgl. Bremer 2002, S. 133
[1333] Vgl. Breisig & Kahlen 2000, S. 225
[1334] Vgl. Webler 2008, S. 13
[1335] Vgl. Huber 1976, S. 382 f.
[1336] Vgl. Welbers 1997, S. 90 f.
[1337] Vgl. DINI 2004, S. 11

Von besonderer Bedeutung ist, dass die Hochschullehrer zu keiner Zeit das Gefühl haben, in ihrer Souveränität, Autonomie oder Kompetenz beschnitten oder gar angezweifelt zu werden. Die Botschaft sollte lauten: „Sie sind sehr wichtig für den Erfolg der Universität und die PE hat ein exklusives Angebot für Sie."[1338]

Um eine möglichst hohe Akzeptanz für das Programm zu schaffen, müssen Hochschullehrer von Anfang an in den Prozess der Gestaltung eines Personalentwicklungssystems mit einbezogen werden.[1339]

Letztlich erscheint insbesondere ein individualisiertes Personalentwicklungsprogramm[1340] erfolgversprechend zu sein, bei dem die Hochschullehrer je nach Entwicklungsbedürfnissen und zur Verfügung stehenden Zeit diejenige Veranstaltung auswählen können, die ihnen nach Art, Inhalt und Aufbau am Besten zusagt.

[1338] Reinhardt, Kerbst & Dorando 2006, S. 60
[1339] Vgl. North & Reinhardt 2005, S. 134
[1340] Ausführlich zum Individualisierungskonzept vgl. Schanz 2004

Folgende Abbildung veranschaulicht das Konzept:

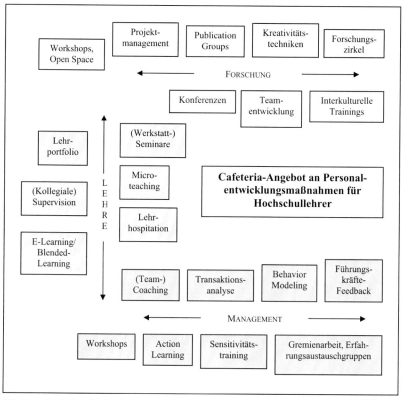

Abbildung 21: Cafeteria-Angebot an Personalentwicklungsmaßnahmen für Hochschullehrer[1341]

Dabei ist anzunehmen, dass es sich bei der Implementierung eines Personalentwicklungskonzepts für Hochschullehrer um einen umfassenden und langwierigen Prozess handelt. Daher scheint ein schrittweises, inkrementales Vorgehen angebracht. Konkret bedeutet dies, dass mit der Etablierung von Pilotprojekten in einem überschaubaren Bereich begonnen werden sollte, in einem späteren Schritt eine Anpassung und Optimierung stattfindet und das Konzept auf weitere Bereiche ausgedehnt werden kann.[1342] Als Einstieg bietet sich ein Aufhänger zu einem Thema, in dem sich viele wieder finden und der keinen Hinweis auf ein besonderes Defizit beinhaltet (Bspw. Zeitmanagement).[1343] Ein weiterer Ansatzpunkt kann ein ausgewählter

---

[1341] Eigene Darstellung
[1342] Vgl. Schanz 2004, S. 193; North & Reinhardt 2005, S. 132
[1343] Vgl. Reinhardt, Kerbst & Dorando 2006, S. 60

Kreis von Professoren sein.[1344] Bspw. könnte zunächst die Zielgruppe der Neuberufenen herausgegriffen werden, da man hier noch relativ unverfänglich einen Entwicklungsbedarf unterstellen kann und von einer höheren Teilnahmebereitschaft auszugehen ist.[1345] Die Personalentwicklungsangebote an Neuberufene können hier möglicherweise schneller eine positive Wirksamkeit entfalten, da diese Adressaten leichter erreicht werden als Alteingesessene, sie gelten als motivierter und können diese Idee durch ihre Mobilität weiter tragen.[1346]

5.3. Einrichtung einer zentralen Stelle für Personalentwicklung

Am Beginn des Aufbaus eines Personalentwicklungskonzeptes werden zumeist Angebote externer Anbieter eingekauft. Nach einiger Zeit sollte jedoch eine interne zentrale Stelle für Personalentwicklung mit Koordinations-, Service- und Beratungsfunktionen eingerichtet werden.[1347] Dabei empfiehlt es sich, die Kompetenzentwicklung in ein langfristiges Gesamtkonzept zur Personalentwicklung einzubinden, die Verantwortung dafür auf der Ebene der Hochschulleitung zu verankern und die vorhanden **Ressourcen** der Serviceeinrichtungen (Bibliothek, Rechenzentrum, Medienzentrum, Hochschuldidaktisches Zentrum etc.) **zu bündeln.**[1348] Zusätzlich sollte ein offen kommuniziertes Leitbild der Personalentwicklung geschaffen und die unter 5.1 genannten institutionellen Anreize gesetzt werden.[1349]
Erfahrungen zeigen, dass die Akzeptanz für hochschuldidaktische Fortbildung und Beratung besonders groß ist, wenn die entsprechende Einrichtung dem **Wissenschaftsbereich** zugeordnet ist: Personalentwickler werden so als Kollegen mit Expertenwissen wahrgenommen.[1350]
Idealerweise wird die Personalentwicklung **in das Gesamtsystem** des Personalmanagements mit eingebettet, sodass viele Abstimmungsnotwendigkeiten mit anderen Teilbereichen (Personalplanung, Organisationsentwicklung, Strategie) bestehen.[1351]
Die **Universität Wien** strebt Personalentwicklung über drei Instanzen an: Die erste bildet ein Steuerungskreis Personalentwicklung für Strategie und Leitbild, die zweite ist ein Vizerektor für Personal, Personal- und Organisationsentwicklung und die dritte stellt die Bildung einer Stabsstelle für Personalentwicklung dar.[1352] Letzteres wurde auch schon an einigen deutschen Universitäten eingerichtet.[1353]

[1344] Vgl. Schanz 2004, S. 193
[1345] Vgl. Schindler 1986, S. 168; Reinhardt, Kerbst & Dorandeo 2006, S. 60
[1346] Vgl. Webler 2008, S. 13
[1347] Vgl. Pellert & Widmann 2008, S. 140
[1348] Vgl. DINI 2004, S. 6
[1349] Vgl. Pellert et al. 1999, S. 244 f.
[1350] Vgl. Berendt 1995, S. 56
[1351] Vgl. Mittmann 1995, S. 8
[1352] Vgl. Iber 2000
[1353] So bspw. an der RUB vgl. Zundja & Mayer 2000, S. 61

Die Verantwortlichen für universitäre Personalentwicklung benötigen eine entsprechende Qualifikation. Noch fehlt es auch hier an geeigneten Weiterbildungsangeboten.[1354]

Es könnte sich jedoch als kurzsichtig erweisen, Ansätze auf der individuellen und universitären Ebene als ausreichend zu empfinden.

Von äußerster Wichtigkeit erscheint es außerdem, etwas gegen die **strukturelle Unterfinanzierung** des deutschen Hochschulsystems zu tun. Berechnungen der HRK zufolge, beträgt das strukturelle Defizit an deutschen Hochschulen zwischen 2007 und 2020 durchschnittlich 2,3 Mrd. Euro jährlich. Im internationalen Vergleich liegt Deutschland mit seinen Bildungsausgaben weit zurück. Nach einer Studie von Eurochambres, wird das sog. Lissabon-Ziel, spätestens im Jahr 2010 mindestens 3% des BIP für Ausgaben in Forschung und Entwicklung (FuE) aufzuwenden, von Deutschland nicht erreicht werden. Zurzeit werden lediglich 2,54 % für FuE aufgewandt. Trotz steigender Studierendenzahlen im Zeitraum von 1996-2006 sind im gleichen Zeitraum ca. 1.500 Professorenstellen an Deutschlands Universitäten gestrichen worden.[1355]

Damit Hochschullehrern überhaupt zeitlich die Möglichkeit gegeben wird, an Personalentwicklungsmaßnahmen teilzunehmen, muss die **Betreuungsrelation** (z.Zt. bei 1:52-60) deutlich verbessert werden. Dies kann nur mit erheblich mehr finanziellen Mitteln für den tertiären Bildungssektor erreicht werden.

[1354] Vgl. Reinhardt 2004, S. 11
[1355] LHG 2008, S. 1 f.

6. Schlussbetrachtung

Die Zielsetzung der vorliegenden Arbeit bestand darin, basierend auf einer Analyse der für das Berufsbild des Hochschullehrers erforderlich scheinenden Kompetenzen, ein Personalentwicklungsangebot zusammenzustellen, welches geeignet erscheint, den umfangreichen Anforderungen der drei primären Tätigkeitsbereiche Forschung, Lehre und Management gerecht zu werden.

Dazu wurde nach einem kurzen historischen Abriss und der Darstellung der verschiedenen Hochschularten, die Universität als **Expertenorganisation** charakterisiert. Es wurde aufgezeigt, dass sich Hochschulen insbesondere durch lose interne Koordinationsstrukturen, geringe Integrationskraft, schwache Kontrollmechanismen sowie durch die besondere Bedeutung und hohe individuelle Autonomie der in ihr tätigen Experten auszeichnen. Zudem wurde überlegt, ob sich die Universität angesichts der zunehmend dynamischeren Umwelt auf dem Weg von einer Profibürokratie hin zu einer **Adhokratie** befindet. Schließlich wurde besonderes Augenmerk auf die der Universität obliegenden Aufgaben gerichtet.[1356]

Im zweiten Teil dieses Kapitels galt es dann, die Zielgruppe der vorliegenden Arbeit näher zu betrachten. Dazu wurde zunächst der Werdegang zur Universitätsprofessur näher beleuchtet. Aus der Betrachtung der universitären Aufgaben ließen sich anschließend die drei primären **Tätigkeitsbereiche Forschung, Lehre und Management** von Hochschullehrern ableiten.[1357] Zudem wurde die Komplexität der vielfältigen Rollenanforderungen deutlich gemacht. Hier stellte sich heraus, dass die veränderten Rahmenbedingungen des universitären Umfelds erhebliche Auswirkungen auf die Aufgabenerfüllung von Hochschullehrern haben. Um den Beruf des Universitätsprofessors vollständig abzubilden, wurde ergänzend auf die Beschäftigungsbedingungen sowie Arbeitszufriedenheit und Motivation eingegangen. Hier konnte gezeigt werden, dass Hochschullehrer insbesondere unter **erheblichem Zeitdruck** bei der Ausübung ihrer Aufgaben stehen und vorwiegend **intrinsisch motiviert** sind, was auch die hohe Arbeitszufriedenheit erklärt.[1358]

Die Darstellung der umfangreichen Tätigkeiten bildete den Ausgangspunkt für die Analyse der Kompetenzen, die für das heutige Berufsbild des Universitätsprofessors erforderlich erscheinen. Dabei wurde nicht der klassischen Einteilung in die vier Dimensionen beruflicher Handlungskompetenz gefolgt, sondern die **Kompetenzen den Aufgabengebieten zugeordnet**. Die Einordnung erwies sich jedoch als nicht unproblematisch, da sich einige Dimensio-

---

[1356] Vgl. Kap. 2.1
[1357] Wobei die Aufgabe der Förderung des wissenschaftlichen Nachwuchses dem Tätigkeitsbereich des Managements zugeordnet wurde.
[1358] Vgl. Kap. 2.2

nen mehreren Kompetenzen zuordnen ließen. Für jeden der drei Aufgabenbereiche Forschung, Lehre und Management konnten entsprechende Kompetenzen herausgearbeitet werden, deren Vollendung zwar stets eine Utopie bleiben mag, der taoistischen Aussage folgend ‚**Der Weg ist das Ziel**', aber dennoch erstrebenswert erscheint.[1359]
Personalentwicklung von Hochschullehrern ist ein Themengebiet, welches in der Wissenschaft zwar aufgrund der hohen Bedeutung der Professoren für die Ergebnisse von Universitäten offensichtlich einen hohen Stellenwert haben müsste, faktisch jedoch eher nachrangig in der angewandten Wissenschaft behandelt wird.[1360] So wurde im weiteren Verlauf des Kapitels aufgezeigt, dass wenn Hochschulen im Zentrum des Forschungsinteresses stehen, bisher vor allem der wissenschaftliche Nachwuchs oder die Dozenten allgemein im Mittelpunkt standen. Wenig Aufmerksamkeit wurde hingegen den Professoren gewidmet. Die daraufhin erfolgte **Untersuchung des Status Quo** universitärer Personalentwicklung ergab, dass zwar durchaus Aktivitäten auf diesem Gebiet zu verzeichnen sind, zurzeit jedoch noch vorwiegend Insellösungen aus dem Bereich der Hochschuldidaktik vorherrschen.[1361]
Des Weiteren kristallisierte sich heraus, dass der Bedarf an Weiterbildung sicherlich nicht bei der Berufung auf eine Professur endet, dieser jedoch nicht immer in notwendigem Maße wahrgenommen und artikuliert wird. Für die beschriebene **fehlende Teilnahmebereitschaft** konnten zahlreiche Erklärungsansätze ausfindig gemacht werden. Als **Gründe** wurden zum einen das die Forschung überbewertende Karrieresystem, fehlende Sanktionsmöglichkeiten schlechter Aufgabenerfüllung, vorherrschende dysfunktionale Meinungen und Ansichten, ein verzerrtes Selbstbild seitens der Hochschullehrer sowie die Fächerorientierung statt Corporate Identity identifiziert, zum anderen resultieren sie aus dem Selbstverständnis der Weiterbildung selbst, die sich gerade im Wissenschaftsbereich noch immer überwiegend als Qualifizierungsangebot bzw. Möglichkeit der Kompensation von Defiziten versteht. Erschwerend kommt hinzu, dass die Komplexität des Anforderungsprofils für Professoren keine einfachen Lösungswege zulässt.[1362]
Obwohl die Hindernisse, die einer Personalentwicklung für Professoren entgegenstehen sicher nicht von der Hand zu weisen sind, müssen die an Hochschulen gestellten Herausforderungen der Globalisierung, steigenden Studierendenzahlen bei gleichzeitig größerer Konkurrenz um Studierende und knapper werdende finanzielle Mittel, Forderung nach größerer Leistungstransparenz sowie der daraus resultierenden Übertragung vermehrter Autonomie bewältigt

---

[1359] Vgl. Kap. 3.1.2
[1360] Vgl. Schramm & Zeitlhöfler 2004, S. 83
[1361] Vgl. Kap. 3.2.1
[1362] Vgl. Kap. 3.2.2

werden. Eine Organisation, die lange als nachgeordnete Dienststelle Personal lediglich verwaltet hat, muss nun Personal ‚managen'. Folglich konnte in Kapitel 3.2.3 die **Notwendigkeit einer Kompetenzentwicklung** für die einzelnen Aufgaben herausgearbeitet werden.[1363] Nach der Darstellung allgemeiner Grundlagen der Personalentwicklung wurden in Kapitel 3.3 die konstruktivistische Lerntheorie, das sog. Double-loop-learning sowie Lewins Dreiphasenprozess der Organisationsentwicklung oder analog Wahls Konzept des Handelns unter Druck als Basis der mikrodidaktischen Ausgestaltung der Personalentwicklungsmaßnahmen vorgestellt. Lernprozesse scheinen nur erfolgversprechend, wenn im Rahmen von Weiterbildungsveranstaltungen alle drei Phasen, d.h. ‚**Reflektieren**', ‚**Erleben**', ‚**Erproben**', ermöglicht werden. Qualifizierungsmaßnahmen sollten also über den reinen Wissenserwerb hinausgehen, d.h. auch Selbstreflexionsmöglichkeiten bieten und soziale Kontakte Fördern. Übungsmöglichkeiten und Feedback erleichtern darüber hinaus den Transfer des Gelernten.[1364]

Unter Berücksichtigung der Besonderheiten der Zielgruppe, des herausgearbeiteten Kompetenzprofils und unter Einbeziehung der in Kapitel 3.3 aufgeführten Gestaltungsprinzipien, folgte ein **Überblick ausgewählter Maßnahmen** der Personalentwicklung, die geeignet erscheinen, das gewünschte Kompetenzprofil zu vervollständigen. Für jeden Tätigkeitsbereich wurden ausgehend von den hierfür benötigten Kompetenzen Möglichkeiten der Personalentwicklung aufgezeigt, um diese (weiter) zu entwickeln.[1365]

Für die (Weiter-)Entwicklung der **Lehrkompetenz** wurden zunächst verschiedene **hochschuldidaktische Weiterbildungsmaßnahmen** vorgestellt. Hier bieten sich eher passive Lernformen wie Vorträge u.a. zur Wissensvermittlung und einen Überblick hochschuldidaktischer Erkenntnisse zu liefern, an. Workshops und (Werkstatt-)Seminare weisen den Teilnehmern eine aktive Rolle zu. Neben der Wissensvermittlung kann hier das Gelernte auch erprobt werden. Reflexion wird insbesondere mittels Mikroteaching, Hospitationen und Lehrportfolios ermöglicht.[1366]

Größere Reflexionsprozesse werden mit **Supervision** initiiert. Dabei bietet sich sowohl Einzelsupervision als auch kollegiale Beratung an, wobei Letzterer eine professionelle Gruppensupervision vorausgehen sollte. Hier ist insbesondere auf die sorgfältige Auswahl kompetenter Supervisoren zu achten.[1367]

Der technische Wandel ermöglicht sowohl im Bereich der Personalentwicklung als auch für die eigenen Veranstaltungen der Hochschullehrer, die Anreicherung mit **Neuen Medien**. Um

---
[1363] Vgl. Kapitel 3.2.3
[1364] Vgl. Kapitel 3.3
[1365] Vgl. Kap. 4
[1366] Vgl. Kap. 4.1.1
[1367] Vgl. Kap. 4.1.2

den Umgang mit ihnen zu erlernen, kann die in Kapitel 4.1.1 vorgestellte Methode des pädagogischen Doppeldeckers angewandt werden. Folglich wurden Möglichkeiten des E-Learning und Blended-Learning dargestellt, um die Medienkompetenz zu vervollständigen.[1368]

Auch wenn die Relevanz von Weiterbildungsveranstaltungen zu Themengebieten der **Forschung** nicht unbedingt gleich offensichtlich ist, kann die Personalentwicklung Unterstützung bei der Anpassung an die sich verändernden Forschungsbedingungen bieten. Hierzu wurden einleitend **allgemeine Maßnahmen** wie Konferenzen, Workshops, Kreativitätstechniken, Forschungszirkel und Publication Groups dargestellt.[1369]

Da Forschung, gleich welcher Art, i.d.R. als Projekt organisiert wird, galt es im weiteren Verlauf dieses Kapitels, Möglichkeiten zum Erwerb von **Projektmanagement-** und **-leitungskompetenz** aufzuzeigen. Das knappe Zeitbudget von Professoren lässt dabei insbesondere die Organisation eines realen Forschungsprojekts als Personalentwicklungsprojekt sowie verschiedene Beratungsformate erfolgversprechend erscheinen.[1370]

Schließlich vollzieht sich Forschung in vielen Disziplinen bereits lange nicht mehr in ‚Isolation'. Daher wurde abschließend das Augenmerk auf Maßnahmen zur Verbesserung der **interdisziplinären** und **interkulturellen Zusammenarbeit** gerichtet. Hier wurden die präventive Teamentwicklung sowie verschiedenen interkulturelle Trainings als geeignet befunden.[1371]

Im Hinblick auf die **Managemententwicklung** ist daran zu erinnern, dass ein Hauptproblem bei der Aufgabenerfüllung darin besteht, dass sich Hochschullehrer selten als Führungskräfte wahrnehmen. Daher standen im Rahmen der (Weiter-)Entwicklung der Personalführungskompetenz auch Instrumente der Reflexion im Vordergrund. Coaching, Führungskräftefeedback, Behavior Modeling und Transaktionsanalyse können bei der notwendigen **Rollengestaltung** Hilfestellung geben.[1372]

Dahingegen beziehen sich die Maßnahmen zur Leitungskompetenz eher auf **Wissensvermittlung** und **kooperative Zusammenarbeit**. Während sich für Erstere primär Workshops anbieten, werden für Letztere verschiedene Veranstaltungen von Action Learning über Sensitivitätstraining, Teamcoaching und Erfahrungsaustauschgruppen bis zur Stellvertretung und Gremienarbeit vorgestellt. Den Abschluss bildete ein ganzheitliches Modell nach Fisch.[1373]

Abschließend bleibt festzuhalten, dass es viele Möglichkeiten gibt, die Kompetenzen von Professoren den veränderten Anforderungen anzupassen und weiterzuentwickeln. Die Trennung

---

[1368] Vgl. Kap. 4.1.3
[1369] Vgl. Kap. 4.2.1
[1370] Vgl. Kap. 4.2.2
[1371] Vgl. Kap. 4.2.3
[1372] Vgl. Kap. 4.3.1
[1373] Vgl. Kap. 4.3.2

der verschiedenen Maßnahmen ist in gewisser Weise künstlich. Erfolgreiche Maßnahmen stellen eine Mischform dar, die eine Verzahnung der Handlungsausrichtungen ‚Reflektieren, Erleben und Erproben' ermöglicht.

Universitäten können vom Ausland und von der Wirtschaft lernen, dabei geht es jedoch nicht darum, deren Modelle ungeprüft zu kopieren. Hochschullehrer als Experten sind nicht zufällig, sondern mit Ziel und Absicht relativ frei und selbständig operierend, an wissenschaftlichen Fachdisziplinen orientiert und mit nicht fixierten und komplexen Aufgabenstellungen betraut. Genau diese spezifischen Attribute verlangen nach **spezifisch gestalteten Angeboten der Personalentwicklung**, die sich von der Personalentwicklung in Organisationen unterscheiden, in denen mehr oder weniger weisungsabhängige Angestellte Beiträge zur Erfüllung von Organisationszielen leisten.[1374]

Leistung hängt jedoch nicht nur von der Leistungsfähigkeit sondern auch von der **Leistungsbereitschaft** ab. Daher erscheint es äußerst wichtig, Professoren dafür zu sensibilisieren und zu motivieren, Erfahrungen zu überprüfen und die eigene Handlungskompetenz weiterzuentwickeln, um vertrauten sowie neuartigen Aufgaben und Anforderungen gewachsen zu sein.[1375] Die (Weiter-)Entwicklung von Kompetenzen und die Kommunikation über Fragen der Forschung, Lehre oder des Managements sollten selbstverständlich werden.

Sollen Professoren weiterhin die Aufgaben Forschung, Lehre und Management in ‚Personalunion' ausführen, müssen sich auch alle drei Aufgabengebiete gleichrangig in den **Karrierekriterien** widerspiegeln. Darüber hinaus sind durch quantitative und qualitative Leistungsbewertungen **Anreize** zu setzen, die dazu motivieren sollen, sich auf allen Gebieten weiterzubilden. Zusätzlich sollten mittels geeigneter Instrumente die nötigen **zeitlichen Freiräume** hierfür geschaffen werden.[1376]

Darüber hinaus wurden diesen Überlegungen folgend und unter Berücksichtigung der Merkmale konstruktivistischer Lernprozesse verschiedene **Gestaltungsprinzipien** aufgeführt, ohne die Personalentwicklung für Professoren wenig erfolgversprechend erscheint. Dabei konnten eine klare Information über die Maßnahmen, Nutzentransparenz sowie systematische Adressatenanalyse und Bedarfsermittlung als maßgeblich für die Teilnahmebereitschaft identifiziert werden. Als Fazit ist festzuhalten, dass ein **individualisiertes Personalentwicklungskonzept** auf hohem Niveau für Professoren angemessen erscheint, in dem sich die Hochschullehrer gleich einem Buffet, analog zu Cafeteria-Modellen im Rahmen von Anreizsystemen, diejeni-

---
[1374] Vgl. Erne 2001, S. 185
[1375] Vgl. Frieling, Fölsch & Schäfer 2005, S. 373
[1376] Vgl. Kap. 5.1

gen Personalentwicklungsangebote auswählen dürfen, die ihren jetzigen zeitlichen und kompetenzspezifischen Bedürfnissen nach Art, Inhalt und Methode am Besten entsprechen.[1377] Um ein derartiges Angebot bereitzustellen, erscheint langfristig die Einrichtung einer **zentralen Stelle für Personalentwicklung** sinnvoll.[1378]

Die Erfolgsaussichten eines Personalentwicklungsangebots für Hochschullehrer werden maßgeblich davon bestimmt, inwieweit es gelingt an die bestehende Kultur und Tradition der Universität anzuknüpfen, die Individualität der Professoren und die Verschiedenartigkeit der Disziplinen zu berücksichtigen und die bereits etablierten Ressourcen, Verfahren und Instrumente nicht zu ersetzen, sondern vielmehr die Potenziale der Hochschule zu nutzen und durch weitere geeignete Maßnahmen zu ergänzen und in einen überschaubaren sinnvollen Zusammenhang zu bringen.

Ein geeigneter Ansatzpunkt wäre daher die Etablierung von **Einführungsveranstaltungen für Neuberufene**, die dadurch gleich mit der Weiterbildungskultur ‚in Kontakt' kommen und Unterstützung zur Eingewöhnung am neuen Lehr- und Forschungsplatz erhalten.

Entscheidend wird es daher für die Zukunft sein, wie diese Konzepte ausgestaltet werden und wie viel Mut sowohl die Universitäten als auch insbesondere deren Professoren beweisen, Bestehendes, Bekanntes und Bewährtes neu zu interpretieren.[1379]

Zentraler Grundgedanke, der bei allen Detailproblemen berücksichtigt werden sollte, ist, dass die Personalentwicklung von Hochschullehrern ‚**die Kunst Experten weiterzuentwickeln**' bedeutet.[1380]

Trotz der vielschichtigen Barrieren, die einer Personalentwicklung für Hochschullehrer entgegenstehen mögen, zeigen verschiedene nationale und internationale Beispiele, dass Schulungen auf hohem Niveau für Professoren sehr **erfolgreich sein** können.[1381]

Die Universität trägt als „knowledge-generating organization"[1382] zur Weiterentwicklung der Wissenschaften bei, indem sie neues Wissen generiert, altes Wissen bewahrt und dennoch kritisch hinterfragt. Die gewonnenen Erkenntnisse werden an jüngere wie ältere, in Vollzeit wie berufsbegleitend, im Kontakt- oder Fernstudium über nationale Grenzen hinweg vermittelt.[1383] Dieses Wissen sollte auch auf die eigene Organisation und der in ihr tätigen Leistungsträger Anwendung finden. Die **Bereitstellung, Koordination und Vermittlung eines**

[1377] Vgl. Kap. 5.2
[1378] Vgl. Kap. 5.3
[1379] Vgl. Schmidt 2007b, S. 6 f.
[1380] So der etwas abgewandelte Titel von Pellert et al. 1999
[1381] Vgl. Rittgerott 2006, S. 5
[1382] Mintzberg, 1979, S. 375
[1383] Vgl. Pellert 1995a, S. 41; Landfried 2001, S. 3

umfangreichen Personalentwicklungsangebots insbesondere auch für Hochschullehrer würde diesen Kreis schließen und durch die Nutzung des Potenzials der eigenen Ressourcen unter Integration externen Know-hows im Bereich der Personalentwicklung den Wandel von einer Lehrenden zu einer Lernenden Organisation initiieren.

Wenn die Forderung nach mehr Qualität in Forschung und Lehre und nach Professionalisierung der Selbstverwaltung gestellt wird, muss auch **der Weg dahin aufgezeigt** und ermöglicht werden.

„While in the past, resistance to change created inertia in the system, that has been overcome and staff development is now steaming ahead and being given budgets to fuel it. Staff have become used to an environment of constant change, they are better able to cope with it and welcome the support that staff development can offer them in doing so."[1384]

Dennoch ist die Implementierung von Personalentwicklung von Professoren eine Reise auf unübersichtlichem Gelände, mit vielen Unwägbarkeiten, Hindernissen, aber auch neuen Möglichkeiten und überraschenden Perspektiven.

[1384] Fullerton 1995, S. 81

ANHANG

ANLAGENVERZEICHNIS

Anlage 1: Grundstruktur des Bildungswesens in der Bundesrepublik Deutschland .. XVI
Anlage 2: Matrixorganisation XVII
Anlage 3: Werdegang zur Universitätsprofessur XVIII
Anlage 4: Übersicht verschiedener Studien zu ‚Kriterien guter Lehre' XIX
Anlage 5: Umfrage zum universitären Personalentwicklungsangebot für Professoren XXII
Anlage 6: Umfrage zum universitären Personalentwicklungsangebot für Professoren – Teil II XXIV
Anlage 7: Didaktisches Mobile XXVIII
Anlage 8: Methoden in der Aus- und Weiterbildung XXIX
Anlage 9: Programmablauf des Werkstattseminars „Vom Lehren zum aktiven Lernen - Forschungsorientierter Beitrag zur Praxis effektiver Hochschullehre der FU Berlin XXX
Anlage 10: Lehrmethoden-Mix und Lernprozess XXXI
Anlage 11: Arbeitsschritte kollegialen Coachings XXXII
Anlage 12: Der Ablauf der kollegialen Beratung XXXIII
Anlage 13: Elemente der kollegialen Supervision XXXIV
Anlage 14: Phasen eines Teamentwicklungstrainings XXXV
Anlage 15: Der Coaching-Pavillion XXXVI
Anlage 16: Regeln für die Durchführung von Qualitätszirkeln XXXVII
Anlage 17: Übersicht der im Coaching zur Anwendung kommenden Techniken sowie deren konzeptioneller Hintergrund und Wirkung XXXVIII

Anlage 1: Grundstruktur des Bildungswesens in der Bundesrepublik Deutschland

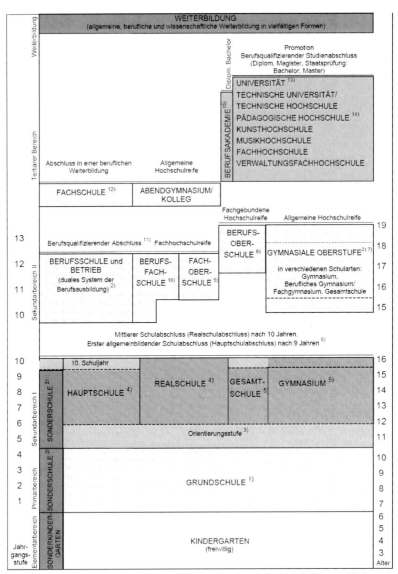

Quelle: Sekretariat der Ständigen Konferenz der Kultusminister der Länder in der Bundesrepublik Deutschland, Dokumentations- und Bildungsinformationsdienst, Stand 2009, online unter http://www.kmk.org/fileadmin/doc/Dokumentation/Bildungswesen_pdfs/dt-2009.pdf

Anlage 2: Matrixorganisation

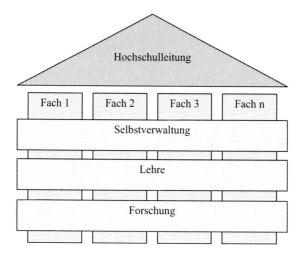

Eigene Darstellung

Anlage 3: Werdegang zur Universitätsprofessur

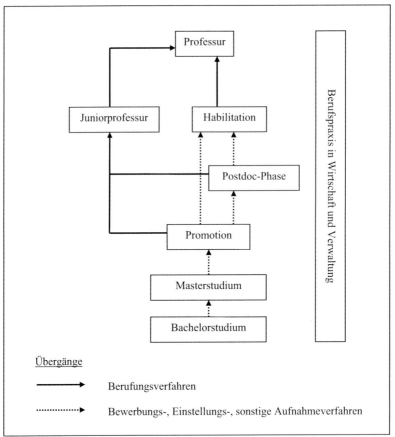

Eigene Darstellung

Anlage 4: Übersicht verschiedener Studien zu ‚Kriterien guter Lehre'

Autor/en	Zielgruppe der Befragung	Kriterien guter Hochschullehre
Rindermann 1999, S. 136	• Professoren • Mittelbaudozenten • Studierenden	• Didaktische Fähigkeiten (Strukturierung oder adäquater Themenauswahl und Anforderungsanpassung) • Persönlichkeitsmerkmale (Freundlichkeit) • soziale Verhaltensweisen (Kooperativität und Motivierung) gutes Dozentenhandeln
Feldmann, 1976, S. 246 ff. in Rindermann 1999, S. 138	Studierende	„Characteristics of ideal and best college teachers": • Stimulation von Interesse • Klarheit und Verständlichkeit • Fachkompetenz • Vorbereitung und Organisation • Enthusiasmus
Braskamp, Ory und Pieper 1981 in Rindermann 1999, S. 139	Studierende	• Lehrkompetenz • Wissen • Person des Dozenten • Klima/Interaktion • Hilfsbereitschaft • Inhalt • Materialien • Literaturhinweise
Spiel 1998 in Rindermann 1999, S. 139	Studierende	• fachliche Qualifikation • Persönlichkeit des Lehrveranstaltungsleiters • Didaktik und Organisation • Inhalt des Kurses • organisatorische Rahmenbedingungen
Spiel, Wolf, Popper 2002, S. 31 f.	Dozenten	• Fachkompetenz • Didaktische Fähigkeiten • Klare Struktur der Lehrveranstaltungen • Engagement des Dozenten • Einbeziehung von Studierenden • Schaffung eines positiven Klimas • Aktualität des Stoffes • Bereitstellung von Lehrmaterial (Bücher, Folien, Skripte etc.) • Praktische Relevanz des Themas
Henninger und Balk 1997 in Rindermann 1999, S. 139	Studenten	• Verständlichkeit • Lebendigkeit • Struktur • Stoffmenge • Tempo • mediale Unterstützung • Verhalten der Studierenden • Häufigkeit von Beispielen
Westermann et al 1998 in Rindermann 1999, S. 139	Studierende	• Schwieriges verständlich und mit Beispielen erläutern • lebendige und strukturierte Gestaltung der Veranstaltung • gute Vorbereitung • legt Wert darauf, dass Studierende im Kurs etwas lernen können • soziale Interaktion
Rindermann 1996 in Rindermann 1999, S. 139	Studenten	• Lehrverhalten • Studentisches Verhalten • Persönlichkeit des Dozenten • Anforderungen • Sozialaspekte

		• Nutzen der Veranstaltung • Rahmenbedingungen
Rindermann 1996 in Rindermann 1999, S. 140	Studenten	• Strukturierung • Klares und anregendes Lehrverhalten • Fachliche und pädagogische Kompetenz • Verständlichkeit • Themainteressantheit • Wissensvermittlung • Zeit für Diskussionen • Eingehen auf Fragen
Rindermann 1996 in Rindermann 1999, S. 140	Dozenten	• Fachliche, didaktische und soziale Kompetenz • Freundlichkeit • Offenheit • Praxisbezug
Rindermann und Amelang 1994 in Rindermann 1999, S. 140	k.a.	• Struktur • Lehrkompetenz • Dozentenengagement • Lernen
Hornke 1997, S. 115	k.a.	• Interaktion: pädagogisch-methodisches Geschick, Achtung des Studenten, besonders intensives Eingehen auf Kenntnisse und Bedürfnisse, hohes Fachwissen, Fachdiskussion • Persönlichkeit: Humor, Gerechtigkeit, anregender Meinungsstreit • Weltwissen: geistig-kulturell orientiert und wendig, politischer Standpunkt, aktive Diskussion politischer Themen
Webler 1991, S. 247 f.	Studenten	• Interesseweckende Lehre • Fähigkeit, Nachdenken und Diskussion zu fördern • Interesse und Fähigkeit zu originellen Fragestellungen • Sehr reflektiert; nachhaltig beeindruckend, weil gedanklich anregend und motivierend • Der/Die Lehrende wirft interessante, herausfordernde Fragen auf und ermutigt unabhängiges Denken • Er/Sie führte anregende Idee/Vorschläge zum Gegenstand ein • Sie/Er bietet zahlreiche intellektuelle Herausforderungen/neue Sichtweisen • Er/Sie hat mein Denken stimuliert • Sie/Er weckt studentische Kreativität • Er/Sie motiviert Studierende zu höchsten Leistungen • Sie/Er stimuliert Studierende zu hoher intellektueller Anstrengung.
Schiek 1988, S. 215 ff.	Studierende	• Anregung, Förderung • Vorbild-Funktion • Ermutigung, Denkanstöße, Anregungen • ein gutes vertrauensvolles Klima • Ermutigung bei gleichzeitiger Forderung • angstfreie Prüfung (d.h. Vermittlung eines Sicherheitsgefühls, Hilfe, den Faden nicht zu verlieren, ausströmen von Ruhe und Sicherheit, Ermutigung/Einfühlsamkeit/Angstfreiheit) • Ehrlichkeit • Einfühlungsvermögen/Verständnis/Sensibilität • Engagement • konsequente Handlungsweise • Freiraum lassend • Verbindlichkeit i.S.v. Verlässlichkeit
Frank 1991, S. 68	Studierende	• Fachkompetenz • er hat Spaß daran, etwas zu vermitteln

		<ul><li>gute Vorbereitung</li><li>er geht davon aus, dass die StudentInnen etwas können</li><li>Ermutigend</li><li>er interessiert sich für die StudentInnen</li><li>er schaut nicht auf sie herab</li><li>nimmt sein Publikum ernst</li><li>→ Haltung/Einstellung der Hochschullehrer zu ihren StudentInnen</li></ul>

Umfrage zum universitären Personalentwicklungsangebot für Professoren

Bitte beantworten Sie zunächst folgende Fragen zu den Qualifikationsanforderungen von Professorinnen/Professoren.

1. Haben sich Ihrer Ansicht nach in den letzten 50 Jahren die Qualifikationsanforderungen von Professorinnen/Professoren verändert?

   ○ Ja
   ○ Nein ⇒ **Weiter mit Frage 4**

2. Wenn ja, inwiefern?

3. Und was sind Ihrer Meinung nach die Ursachen des gewandelten Qualifikationsbedarfs?

Hinweise zum Ausfüllen des Fragebogens

Ich freue mich sehr über Ihre Bereitschaft, an dieser Befragung zum Personalentwicklungsangebot für Hochschullehrer teilzunehmen.

Bitte beantworten Sie die einzelnen Fragen so ehrlich wie möglich. Selbstverständlich erfolgt die Auswertung der Daten in vollkommen anonymisierter Form, so dass keinerlei Rückschlüsse auf einzelne Personen, Abteilungen oder Universitäten möglich sind.

Bitte beachten Sie, dass sich diese Umfrage **ausschließlich auf ein Personalentwicklungsangebot für Professorinnen und Professoren** bezieht (auch keine Juniorprofessorinnen und -professoren).

4. Sind Professorinnen/Professoren Ihrer Ansicht nach ausreichend auf ihre Tätigkeiten in Forschung, Lehre und Selbstverwaltung vorbereitet?

   ○ Ja ⇒ **Weiter mit Frage 6**
   ○ Nein

5. Wenn nicht, welchen Anforderungen genügt die Qualifikation zur Professorin/zum Professor Ihrer Meinung nach nicht?

Es folgen nun Fragen zum Vorhandensein von Personalentwicklungsmaßnahmen in Ihrer Universität/Hochschule.

6. Bietet Ihre Universität/Hochschule Maßnahmen der Personalentwicklung für Professorinnen/Professoren an?

   ○ Ja, seit
   ○ Nein, aber geplant für
   ○ Nein ⇒ **Weiter mit Frage 8**

7. Wenn Ihre Universität/Hochschule Maßnahmen plant oder bereits anbietet, welchen Bereich betreffen die Maßnahmen? (Mehrfachnennungen möglich)

   ☐ Eingliederungsprogramm für neu berufene Professorinnen/Professoren
   ☐ Lehre (z.B. neue Medien, Lehrmethoden etc.)
   ☐ Forschung (z.B. Einwerbung von Drittmitteln, Projektmanagement etc.)
   ☐ Führung (z.B. Institutsführung, Personalführung etc.)
   ☐ Selbstverwaltung (z.B. Fakultätsmanagement, Sitzungsmanagement etc.)

8. Wenn Sie Frage 6 mit 'nein' beantwortet haben, warum nicht? (Mehrfachnennungen möglich) ⇒ **sonst weiter mit Frage 9**

   ☐ kein Bedarf
   ☐ zu hohe Kosten
   ☐ keine Zeit
   ☐ keine Unterstützung durch die Universitätsleitung
   ☐ keine Kenntnisse der Personalentwicklungsmöglichkeiten für Professoren/Professorinnen
   ☐ zu wenig Personal für die Durchführung
   ☐ sonstige Gründe, und zwar:

9. Nutzt Ihre Universität/Hochschule Angebote eines Hochschuldidaktischen Zentrums?

   ○ Ja
   ○ Nein
   ○ Weiß ich nicht

10. Nehmen Professorinnen/Professoren Ihrer Universität/Hochschule Angebote

XXII

externer Anbieter (bspw. CHE) in Anspruch?

○ Ja
○ Nein
○ Weiß ich nicht

Bitte beantworten Sie jetzt noch folgende Fragen zur Durchführung von Personalentwicklungsmaßnahmen für Professorinnen/Professoren.

11. Was unterscheidet Ihrer Meinung nach die Personalentwicklung von Professorinnen/Professoren von der Personalentwicklung anderer Zielgruppen?

12. Was steht Ihrer Ansicht nach einer Personalentwicklung von Professorinnen/Professoren im Wege? (Mehrfachnennungen möglich)

☐ Mangelnde Inanspruchnahme
☐ Akzeptanz und Engagement der Universitätsleitung
☐ Einbeziehung der betroffenen Professorinnen/Professoren in die Gestaltung und Implementierung der Personalentwicklung
☐ Angst vor Veränderungen, Machtverlust
☐ Bequemlichkeit
☐ kein l'art pour l'art ⇒ Nutzen sichtbar machen
☐ Zeitfaktor
☐ Information/Kommunikation
☐ Klarheit
☐ Organisationskultur
☐ Standing interner Berater (Akzeptanz des Personalentwicklers und deren Einstellung)
☐ gar nichts

13. Aus welchen Gründen nehmen Ihrer Meinung nach Professorinnen/Professoren

- teil?

- nicht teil?

Abschließend noch einige Angaben zu Ihrer Person.

14. Ihr Name:

15. Ihre Telefonnummer (für Rückfragen):

16. Ihre Emailadresse (für Rückfragen):

17. Name der Universität/Hochschule:

18. Ihre Funktion in der Universität/Hochschule:

[Absenden]   [Eingaben löschen]

Georg-August-Universität Göttingen - Professur für Organisation und Unternehmensführung - Dipl.-Kffr. Yvonne Lips (vormals Brüggemann) - Yvonne.Lips@wiwi.uni-goettingen.de - Februar 2009

Umfrage zum universitären Personalentwicklungsangebot für Professoren - Teil II

Vorbereitung der Personalentwicklungsmaßnahmen.

1. Wird der Personalentwicklungsbedarf ermittelt und wenn ja wie?
   - ○ Ja, mittels _____
   - ○ Nein

2. Aus welchem Anlass werden Personalentwicklungsmaßnahmen durchgeführt? (Mehrfachnennungen möglich)
   - ☐ Beseitigung vorhandener Defizite
   - ☐ Anpassung an fachliche/technische Neuerungen
   - ☐ Vorbereitung auf neue Aufgaben (z.B. Übernahme des Dekanamtes)
   - ☐ Produktivitätssteigerung
   - ☐ Persönlichkeitsförderung
   - ☐ Belohnung
   - ☐ Sonstiges, und zwar: _____

Hinweise zum Ausfüllen des Fragebogens

Ich freue mich sehr über Ihre Bereitschaft, auch am zweiten Teil meiner Befragung zum Personalentwicklungsangebot für Hochschullehrer teilzunehmen.

Bitte beantworten Sie die einzelnen Fragen so ehrlich wie möglich. Selbstverständlich erfolgt die Auswertung der Daten in vollkommen anonymisierter Form, so dass keinerlei Rückschlüsse auf einzelne Personen, Abteilungen oder Universitäten möglich sind.

Bitte beachten Sie, dass sich diese Umfrage **ausschließlich auf ein Personalentwicklungsangebot für Professorinnen und Professoren** bezieht (auch keine Juniorprofessorinnen und -professoren).

3. Wer initiiert die Maßnahmen? (Mehrfachnennungen möglich)
   - ☐ eigene Initiative der Professorin/des Professors
   - ☐ Vorschlag des Dekans (bspw. auf Basis eines Mitarbeitergesprächs)
   - ☐ Sonstige, und zwar: _____

4. Wie erfolgt die Bekanntmachung der Personalentwicklungsmaßnahmen bzw. wie werden die potenziellen Teilnehmer/Teilnehmerinnen angesprochen?

   _____

5. Werden Professorinnen/Professoren an Ihrer Universität/Hochschule zur Teilnahme an Personalentwicklungsmaßnahmen motiviert und wenn ja wie?
   - ○ Ja, durch _____
   - ○ Nein

Durchführung der Personalentwicklungsmaßnahmen.

6. Gibt es an Ihrer Universität/Hochschule ein Einführungsprogramm für neue Professorinnen/Professoren?
   - ○ Ja, seit _____
   - ○ Nein, aber geplant für _____
   - ○ Nein ⇒ **Weiter mit Frage 8**

7. Wenn ja, welche Maßnahmen aus dem Bereich des Training-into-the-job werden durchgeführt? (Mehrfachnennungen möglich)
   - ☐ Mentorenprogramm
   - ☐ Patensystem
   - ☐ Schulungen mit folgendem Inhalt: _____
   - ☐ Sonstiges, und zwar: _____

8. Welche anderen Personalentwicklungsinstrumente kommen bei Professorinnen/Professoren in Ihrer Universität/Hochschule zur Anwendung? (Mehrfachnennungen möglich)
   - ☐ Blended-Learning Veranstaltungen
   - ☐ Coaching (Einzel- oder Gruppencoaching)
   - ☐ E-Learning (inkl. Online-Seminare)
   - ☐ Fallstudien
   - ☐ Führungszirkel, Erfahrungsaustausch
   - ☐ Kollegiale Beratung
   - ☐ Lehrhospitationen
   - ☐ Lehrportfolio

- Mentoring
- Planspiele
- Präsenz-Seminare
- Projektgruppenarbeit
- Rollenspiele
- Supervision
- Vorträge
- Workshops
- Sonstige, und zwar:

9. Welche der unter 8 genannten Instrumente würden Sie gern auch in Ihrer Universität einsetzen?

10. Welche Themenbereiche sind Inhalt der Entwicklungsmaßnahmen?

- Arbeitstechniken
- Arbeits- und Umweltschutz
- Drittmittelaquisation
- EDV
- Entscheidungsfindung
- Fakultätsmanagement
- Fremdsprachen
- Fundraising
- Gesprächsführung
- Gesundheitsmanagement
- Gleichstellung
- Haushaltswesen
- Hochschuldidaktik
- Hochschulmanagement
- Institutsleitung
- Interkulturelle Kompetenz
- Kommunikation
- Konfliktmanagement
- Koordination
- Kreativitätsförderung
- Lehrorganisation
- Methodik
- Motivation
- Personalführung
- Präsentationstechniken
- Problemlösungsstrategien
- Projektmanagement
- Prüfungen
- Rechts- und Verwaltungsfragen
- Selbstmanagement
- Sitzungsmanagement (Vor- und Nachbereitung, Moderation und Durchführung)
- Soft Skills
- Studienberatung
- Teamfähigkeit
- weitere Sozialkompetenzen
- Wissenschaftsethik
- Zeitmanagement
- Sonstiges, und zwar:

11. Mit wem kooperieren Sie in der Umsetzung von Personalentwicklungsmaßnahmen? (Mehrfachnennungen möglich)

- Universitätsleitung
- Fachbereiche
- Weiterbildungszentrum (z.B. Sprachlehrzentrum) der Universität
- Gleichstellungsbeauftragte(r)
- Personalrat
- Externe Experten
- Sonstige, und zwar

12. Werden die von Ihnen angebotenen Personalentwicklungsmaßnahmen

   ○ intern durchgeführt ⇒ **Weiter mit Frage 15**
   ○ an externe Weiterbildungsträger übertragen
   ○ oder beides?

13. Wenn Sie das Angebot externer Anbieter nutzen, wie erfolgt deren Auswahl?

14. Wenn Sie das Angebot externer Anbieter nutzen, wie bewerten Sie deren Veranstaltungen?

   ○ sehr gut
   ○ gut
   ○ weniger gut
   ○ schlecht

15. Wo finden die von Ihnen angebotenen Maßnahmen statt?

   ☐ in den Räumen der Hochschule
   ☐ in den Räumen der externen Anbieter
   ☐ in Schulungszentren
   ☐ in Tagungs-/Konferenzräumen von Hotels
   ☐ Sonstiges, und zwar

Nachbereitung von Personalentwicklungsmaßnahmen.

16. Erfolgt die Personalentwicklung als "loses Angebot" oder hat es irgendwelche Auswirkungen für die Professorinnen und Professoren, wenn sie nicht an Personalentwicklungsmaßnahmen teilnehmen?

   ☐ keine Auswirkungen
   ☐ Verankerung von Personalentwicklungsmaßnahmen bereits in den Berufungsverhandlungen
   ☐ Kopplung der Teilnahme an Personalentwicklungsmaßnahmen an die leistungsorientierte Mittelvergabe
   ☐ andere Auswirkungen, und zwar

17. Wird eine Evaluation der Bildungsmaßnahmen durchgeführt?

   ○ Ja
   ○ Nein ⇒ **Weiter mit Frage 20**

18. Wenn ja, wie wird der Erfolg einer Personalentwicklungsmaßnahme gemessen? (Mehrfachnennungen möglich)

   ☐ Standardisierter Test nach der Veranstaltung
   ☐ Evaluation durch die Professorin/den Professor
   ☐ Einschätzung durch den Seminarleiter
   ☐ Beurteilung durch den Dekan/Peers
   ☐ Einschätzung eines geschulten Beobachters, der während der Maßnahme anwesend ist
   ☐ Sonstiges, und zwar

19. Gibt es eine fortlaufende (EDV-gestützte) Dokumentation der erfolgten Bildungsmaßnahmen?

   ○ Ja, in Form von:

   ○ Nein

Statistische Angaben.

20. An wievielen Maßnahmen nehmen die Professorinnen/Professoren durchschnittlich jährlich teil?

- ○ Professorinnen/Professoren
- ○ kann ich nicht sagen

21. Welchen zeitlichen Umfang nehmen die einzelnen Maßnahmen ein?

- ○ 1 Tag
- ○ bis zu 3 Tagen
- ○ bis zu einer Woche
- ○ mehr als eine Woche
- ○ kommt auf die jeweilige Maßnahme an
- ○ kann ich nicht sagen

22. Wie viele Professorinnen und Professoren nahmen 2007 und 2008 an Weiterbildungen teil? (Angaben in Prozent)

- ○ 0-19%
- ○ 20-39%
- ○ 40-59%
- ○ 60-79%
- ○ 80-100%
- ○ kann ich nicht sagen

23. Gibt es alters-, fachbereichs- oder geschlechterspezifische Unterschiede in der Inanspruchnahme von Personalentwicklungsmaßnahmen und wenn ja, worin sehen Sie diese begründet?

Altersunterschiede:
- ○ Ja, weil:

- ○ Nein

Unterschiede in den Disziplinen:
- ○ Ja, weil:

- ○ Nein

geschlechterspezifische Unterschiede:
- ○ Ja, weil:

- ○ Nein

24. Andere Aspekte, die noch nicht angesprochen wurden?

Abschließend noch einige Angaben zu Ihrer Person.

25. Ihr Name:

26. Ihre Telefonnummer (für Rückfragen):

27. Ihre Emailadresse (für Rückfragen):

28. Name der Universität/Hochschule:

29. Ihre Funktion in der Universität/Hochschule:

Vielen Dank für Ihre erneute Teilnahme!

Absenden | Eingaben löschen

Georg-August-Universität Göttingen - Professur für Organisation und Unternehmensführung - Dipl.-Kffr. Yvonne Lips (vormals Brüggemann) - Yvonne.Lips@wiwi.uni-goettingen.de - Mai 2009

Anlage 7: Didaktisches Mobile

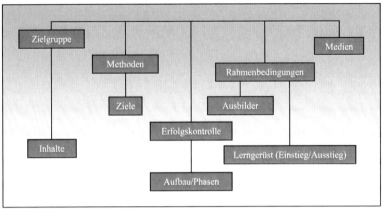

Quelle: Puorger 2005, S. 37

Anlage 8: Methoden in der Aus- und Weiterbildung

Lehrmethode	Kurzbeschreibung	Einsatz empfehlenswert	Vorteile	Nachteile	Anforderungen an Trainer	Anforderungen an Teilnehmer	Häufige Fehler	Richtzeit in Min.
Vortrag	Rede anhand vorbereiteten Manuskripts	für Einführung und Überblick bei neuem Thema	viel Stoff in kurzer Zeit	geringer Behaltensgrad, keine TN-Aktivierung	hohe intellektuelle Konzentration	hohe intellektuelle Konzentration	Selbstdarstellg. des Vortragenden zu Lasten der TN-Bedürfnisse	10-45
Lehrgespräch	gemeinsame, gezielte Stofferarbeitung durch strukturierte Fragen und Information	für Vermittlung von Wissen und Einsichten	Aktivierung und Einbeziehung der TN, hoher Behaltensgrad	großer Zeitverbrauch	souveräne Stoffbeherrschung und Verhaltenssicherheit	Akzeptierung des Trainers als Autorität zum Thema	zu laxes oder autoritäres Trainerverhalten erzeugt Lust- bzw. Disziplinlosigkeit u. Verlust d. Zielorientierung	30-45
Gelenkte Diskussion	Meinungsaustausch gleichberechtigter Gesprächspartner unter Leitung eines Moderators	Auswertung von Gruppenarbeit	gute Lernkontrolle, schnelle Transparenz der TN-Profile	Gefahr von Leerlauf und Einzelprofilierung	„engagierte Neutralität"	Offenheit, diszipliniertes Verhalten	Abgleiten in Plauderei, Streitgespräch, Lehrgespräch	10-20
Einzelarbeit	Stofferarbeitung bzw. Lernüberprüfung anhand vorgegebener schriftlicher Fragestellungen	für Einstieg, Motivation und Kontrolle	Einbeziehung aller TN, hoher Behaltensgrad	Gefahr der „Schulatmosphäre"	behutsame Motivation	Akzeptierung von schriftlicher Abfrage und Kontrolle	zu lange und zu häufig eingesetzte Fragen	10-15
Gruppenarbeit	Untergruppen bearbeiten arbeitsteilig oder arbeitsgleich ein Thema in eigener Regie und präsentieren die Ergebnisse dem Plenum	für Förderung kooperativen Verhaltens und selbständiger Problemlösung	Aktivierung der TN, Motivierung zu Selbständigkeit	großer Zeitverbrauch, Gefahr von Leerlauf	klare Zielvorgabe	gegenseitige Akzeptierung, offenes, faires Verhalten	Stoffvorgabe zu umfangreich, Auswertung unsachgemäß	30-60
Debatte	2 Parteien diskutieren kontroverses Thema vor dem anderen Plenumspublikum	zur Auflockerung bei trockenem, stockendem oder konfliktbeladenem Thema	Aktivierung der Debattierenden, Verdeutlichung von unterschiedlichen Standpunkten	Nichtdebattierende passiv. Emotionalisierung	klare Themen- und Regelvorgabe	offenes, faires Verhalten	Rolle der Nichtdebattierenden bleibt unklar, Ziel bleibt unklar oder wird verfehlt	30-45
Fallstudie	anhand eines beschriebenen Praxisfalles sollen dessen Einflußgrößen in ihrer Abhängigkeit u. Bedeutung erkannt und eine Problemlösung erarbeitet werden	zur Vertiefung von Wissen und zur Lernkontrolle	Aktivierung durch Praxisnähe	hoher Vorbereitungsaufwand	sorgfältiges Herstellen einer realen Situation, behutsame Motivierung	große Flexibilität und Identifikationsbereitschaft	umfangreiche Fallbeschreibung, nicht an Lernzielen orientiert	–
Rollenspiel	Die TN stellen das Verhalten anderer Personen in einer vorgegebenen Situation vor Beobachtern dar	für Simulation von – Mitarbeitergesprächen – Verkaufsgesprächen – Konfliktsituationen	schnelles Verhaltenslernen möglich, auch Beobachter werden aktiviert	Gefahr der Ineffizienz durch Realitätsferne	sorgfältiges Herstellen einer realen Situation, behutsame Motivierung	Hineindenken in Gegenposition erforderlich	Realitätsferne, Überforderung Ungeübter	30-45
Planspiel	anhand eines Modells treffen eine oder mehrere Spielergruppen Entscheidungen und verarbeiten deren Auswirkungen zu weiteren Entscheidungen	für Simulation von – Entscheidungs- und – Konfliktsituationen	Aktivierung der TN, Wissenserwerb und Verhaltenslernen	hoher Zeitverbrauch, aufwendige Vorbereitung	sorgfältige Vorbereitung	hohe Flexibilität und Identifikationsbereitschaft	reine Sandkastenspiele	–
Teamteaching	Mehrere Trainer treten gemeinsam und gleichzeitig auf	für Themen, die gemeinsame Behandlung und unterschiedliches Fachwissen erfordern	Abwechslung für Trainer und TN	hoher Planungsaufwand und manpower-Bedarf für Trainer	intensive Vorbereitung, kooperatives Verhalten, ähnliches Niveau	Akzeptierung unterschiedlicher Trainerstile	unzureichende Vorabstimmung und ungleiche Wellenlänge führen zu TN-Verwirrung	30-45

Quelle: Conradi 1983, S. 100

Anlage 9: Programmablauf des Werkstattseminars „Vom Lehren zum aktiven Lernen - Forschungsorientierter Beitrag zur Praxis effektiver Hochschullehre der FU Berlin

Programmablauf

(Das endgültige Programm wird entsprechend den Teilnehmerbedürfnissen variiert.)

1. Tag
1. Einführung, Vorstellung (Teilnehmerinventar)
2. Hauptprobleme der Lehre in den Veranstaltungen der Teilnehmenden (Probleminventar)
3. Merkmale „guter Lehre" in den Fächern der Teilnehmenden, bezogen auf verschiedene Lehrveranstaltungstypen
4. Vortrag: Ergebnisse studentischer Lernforschung und ihre Umsetzung in „effektive" und „gute Lehre"
5. Vorstellung und Diskussion von Thesen
6. Vorstellung und Diskussion eines fachbezogenen Unterrichtsentwurfs für teilnehmerzentrierte Lehre mit aktiven Lernformen

2. Tag
7. Analyse der Unterrichtspraxis der Teilnehmenden im Hinblick auf teilnehmerzentrierte Lehre / aktive Lernformen
8. Übungen zur Erweiterung des Methodeninventars der Teilnehmenden für wünschenswerte Innovationen
9. Identifikation von innovationsfördernden und –hemmenden personellen und sachlichen Rahmenbedingungen
10. Wahlweise Erarbeitung von Innovationen für die Unterrichtspraxis der Teilnehmenden auf der Ebene des Curriculums/auf der Ebene einzelner Lehrveranstaltungen oder Unterrichtseinheiten/auf der Ebene einzelner Sitzungen
11. Vorstellung und Diskussion der Ergebnisse
12. Transferdiskussion
13. Teilnehmerzentrierte Evaluation von Hochschullehre am Beispiel des hochschuldidaktischen Werkstattseminars

Quelle: Berendt 2003, S. 219

Anlage 10: Lehrmethoden-Mix und Lernprozess

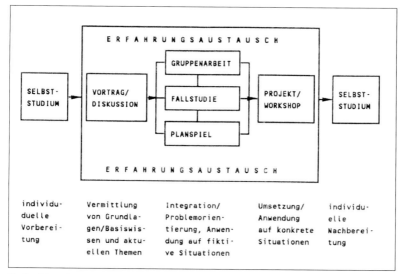

Quelle: Schwuchow 1992, S. 275

Anlage 11: Arbeitsschritte kollegialen Coachings

	Fallgeber	Beratergruppe	Min
1.	**Rollenklärung** o Fallgeber, Moderator, Beratergruppe **Falldarstellung und Nachfragen** o der Fallgeber stellt die Situation dar und formuliert die Fragestellung für die Kollegiale Beratung o die Beratungsgruppe hört erst einmal ohne Kommentare zu, bis sie den Eindruck hat, dass der Fallgeber die Situation ausreichend dargestellt hat o der Fallgeber beantwortet die Fragen, gibt Information, macht evtl. Skizzen zur Verdeutlichung o danach gibt es Nachfragen und Verständnisfragen durch die Beratungsgruppe (keine versteckten Lösungsvorschläge!) o der Moderator achtet auf Einhaltung der Spielregeln und Zeit		10
2.	**Ideensammlung „Worum geht es?"** o Gemeinsames Brainstorming aller Beteiligten (keine Diskussion, keine Bewertung) o Moderator visualisiert die Ergebnisse		10
3.	Fallgeber hört zu, darf nichts dazu sagen	**Handlungsideen-Sammlung** „An der Stelle des Fallgebers würde ich ... tun."	5
4.	Was ist klarer geworden? Wo sehe ich Handlungsmöglichkeiten?	Beratungsgruppe hört zu	5
5.	Was werde ich tun? Einzelarbeit	Was vermuten wir, was er tun oder nicht tun wird?	5
6.	Austausch über die in Phase 5 erarbeiteten Ergebnisse		5
7.	**Gemeinsamer Rückblick / (Keine Wiederaufnahme des Falls!)** o „Was ist mir bewusst geworden?" o „Was hat mir die gemeinsame Arbeit gebracht?" o „Wie haben wir zusammengearbeitet?"		5
			45

Quelle: Reinhardt 2006, S. 31

Anlage 12: Der Ablauf der kollegialen Beratung

Kurzübersicht über die sechs Phasen der Kollegialen Beratung

Phase	Was passiert?	Was ist das Ergebnis?	Wer trägt was dazu bei?
Casting	Die Rollen werden besetzt: Moderator, Fallerzähler, Berater.	Fallerzähler, Moderator und Berater nehmen ihre Rollen ein.	Teilnehmer benennen ihre Anliegen, Moderator und Fallerzähler werden ausgewählt.
Spontanerzählung	Der Fallerzähler schildert die Situation, die ihn beschäftigt.	Alle Teilnehmer haben den Fall weitgehend verstanden.	Der Fallerzähler berichtet und wird dabei vom Moderator begleitet.
Schlüsselfrage	Der Fallerzähler benennt seine Schlüsselfrage.	Alle Teilnehmer haben die Schlüsselfrage des Fallerzählers verstanden.	Der Fallerzähler formuliert eine Schlüsselfrage und wird dabei vom Moderator unterstützt.
Methodenwahl	Eine Methode aus dem Methodenpool wird gewählt.	Die Methode zur Bearbeitung der Schlüsselfrage steht fest.	Der Moderator leitet die Auswahl an, Fallerzähler und Berater machen Vorschläge.
Beratung	Die Methode findet ihre Anwendung, die Berater äußern ihre Ideen.	Der Fallerzähler hat Ideen und Anregungen gemäß der Methode erhalten.	Die Berater beraten im Stil der gewählten Methode, ein Sekretär schreibt mit.
Abschluss	Der Fallerzähler resümiert das Gehörte und nimmt abschließend Stellung.	Die Kollegiale Beratung ist abgeschlossen.	Der Fallerzähler zieht Bilanz und bedankt sich.

Quelle: Tietze 2003, S. 114

Anlage 13: Elemente der kollegialen Supervision

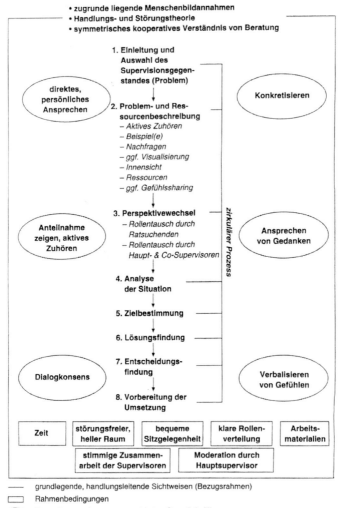

Abb. 9: Elemente der Kollegialen Supervision (nach Mutzeck 2005a)

Quelle: Mutzeck 2008, S. 49

XXXIV

Anlage 14: Phasen eines Teamentwicklungstrainings

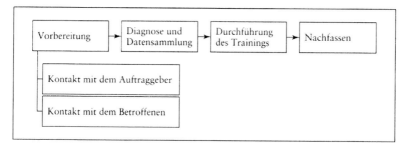

Quelle: Comelli 1993 in Sonntag 1996, S. 178

Anlage 15: Der Coaching-Pavillion

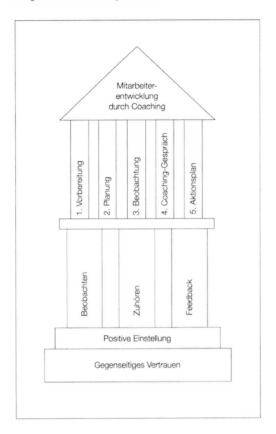

Quelle: Hauser 1991, S. 231

Anlage 16: Regeln für die Durchführung von Qualitätszirkeln

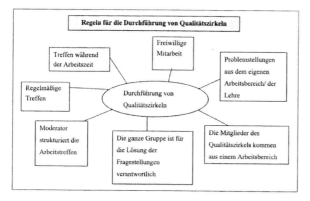

Quelle: Golle & Hellermann 2000, S. 26

Anlage 17: Übersicht der im Coaching zur Anwendung kommenden Techniken sowie deren konzeptioneller Hintergrund und Wirkung

Technik	Hintergrund	Effekte
Fragen	Gesprächspsychotherapie, Hypnotherapie	Fokussierung auf den Gecoachten; Aufbau von Arbeitsbeziehung; Sammeln von Informationen; Förderung von Situationsanalyse und Selbstreflexion
Generalisierungen, Verzerrungen, Tilgungen klären	Rational-Emotive-Therapie	Präzisierung der Anliegen des Gecoachten; Identifikation von Erlebens- und Bewertungsmustern; Erarbeitung von Grundlagen für die spätere Zielsetzung
Rekonstruktion	Systemische Therapien	Erkennen von Zusammenhängen; Veränderung und Erweiterung der Deutungsmuster des Gecoachten (erst danach ist eine sinnvolle Zielfestlegung möglich)
Testverfahren	Nicht spezifisch zuzuordnen	Strukturierte Erfassung der Merkmale des Gecoachten, was eine schnelle und reliable Einschätzung ermöglichen kann
Pacing und Leading	Hypnotherapie, Neurolinguistisches Programmieren	Einstieg in ungezwungene, aber zielgerichtete Gesprächsführung; Beziehungsaufbau und Prozessbegleitung des Gecoachten
Gesprächstechniken	Gesprächspsycho-, Hypno-, Gestalttherapie	Beziehungsaufbau und -gestaltung, Grundlage der meisten Interventionen im Coaching
Verhaltensmuster durchbrechen	Verhaltenstherapie	Aufbau neuer Verhaltens- und Erlebensmuster; Überwindung von Verhaltensgrenzen
Entlastungen schaffen (Cooling down)	Nicht spezifisch zuzuordnen	Abbau und Analyse emotionaler Betroffenheit; situative Verbesserung des Selbstmanagements in starken Belastungsmomenten
Selbstreflexion fördern	Logotherapie, Analytische Therapien	Verbesserung von (Selbst-)Wahrnehmung, Verantwortung und Bewusstsein
Feedback geben	Nicht spezifisch zuzuordnen	Rückmeldung von (bisher nicht bewusstem) Verhalten; Aufbau von fundierter Selbstwahrnehmung und -bewertung
Konfrontationen wagen	Gestalttherapie, provokante Therapien	Verdeutlichung (bisher unbewusster und) stark tendenziöser bzw. eingeschränkter Wahrnehmungs-, Bewertungs- und Verhaltensmuster
Zusammenhänge analysieren	Analytische Therapien	Deutung bisher unverstandener bzw. unbemerkter Zusammenhänge

Rollenspiele	Psychodrama, Gestalttherapie	Verdeutlichen (unbewusster) Rollenzuweisungen von und an den Gecoachten
Zielsetzungs- und Ordnungsprozesse fördern	Nicht spezifisch zuzuordnen	Hilfestellung bei Orientierung und Prioritätenfestlegung; Sicherung der Umsetzung von festgelegten Zielen; Förderung des Selbstmanagements
Verhalten und Fähigkeiten trainieren	Verhaltenstherapie, Training	Aufbau von (meist situationsspezifischer) Handlungskompetenz (z.B. Führungskompetenz) und Überwindung von Handlungsunsicherheit
„Hausaufgaben"	Gestalttherapie	Geben dem Gecoachten die Möglichkeit zur Vor- und Nachbereitung von Aufgaben und Zielen. Die Ergebnisse von Hausaufgaben sind für den Coach ein Hinweis auf die Wirkung seiner Maßnahmen

Quelle: Rauen 2008, S. 72, 88 f.

LITERATURVERZEICHNIS

Adriaenssens, L.; de Prins, P.; Vloeberghs, D. (2006); Work Experience, Work Stress and HRM at the University, in: Management-Revue, Nr. 17, 3/2006, S. 344-363

AHD (1992); Lehre aufwerten - Berufungsverfahren reformieren, in: Das Hochschulwesen, 5/1992, 40. Jg., S. 240-244

Albrecht, R. (2002); Kompetenzentwicklungsstrategien für Hochschulen - Was Lehrende wirklich wissen müssen..., in: Bachmann, G.; Haefeli, O.; Kindt, M. (Hrsg.): Campus 2002: Die virtuelle Hochschule in der Konsolidierungsphase, Münster, 2002, S. 143-157

Albrecht, R. (2003); E-Learning in Hochschulen. Die Implementierung von E-Learning an Präsenzhochschulen aus Hochschuldidaktischer Perspektive, Dissertation, Berlin, 2003

Albrecht, R. (2004); E-Teaching-Kompetenz aus hochschuldidaktischer Perspektive. Die systematische Förderung von E-Teaching-Kompetenzen durch Hochschulentwicklung und Hochschuldidaktik., in: Bett, K.; Wedekind, J.; Zentel, P. (Hrsg.): Medienkompetenz für die Hochschullehre, Münster, 2004, S. 15-32

Alewell, K. (1993); Autonomie mit Augenmaß, Hannover, 1993

Alewell, K. (1995); Gestaltung der Hochschulorganisation, in: Wolff, K.D. (Hrgs.): Qualitätskonzepte einer Universität, München, 1995, S. 85-96

Altvater, P. (2007); Organisationsberatung im Hochschulbereich - Einige Überlegungen zum Beratungsverständnis und zu Handlungsproblemen in Veränderungsprozessen, in: Altvater, P.; Bauer, Y.; Gilch, H. (Hrsg.): Organisationsentwicklung in Hochschulen. HIS: Forum Hochschule, Hannover, 2007, S. 11-24

Amrhein, D. (1998); Die Universität als Dienstleistungsunternehmen. Innovative Organisationsstrukturen und Motivationskonzepte, Dissertation, Wiesbaden, 1998

Antons, K. (1973); Praxis der Gruppendynamik, Göttingen, 1973

Anweiler, O. (1996); Deutschland, in: Anweiler, O. et al.: Bildungssysteme in Europa : Entwicklung und Struktur des Bildungswesens in zehn Ländern, Deutschland, England, Frankreich, Italien, Niederlande, Polen, Russland, Schweden, Spanien, Türkei, 4. Aufl. Weinheim et al., 1996, S. 31-56

Anz, C. (2004); "Beschäftigungsfähigkeit" - Vereinbarkeit oder Konflikt mit Wissenschaftsorientierung?, in: Benz, W.; Kohler, J.; Landfried, K. (Hrsg.): Handbuch Qualität in Studium und Lehre: Evaluation nutzen - Akkreditierung sichern - Profil schärfen, Berlin, 2004, D 2.1

Apenburg, E.; Jurecka, P.; Tausendfreund, R. (1977); Studium und Lehre aus der Sicht von Lehrenden und Lernenden. Bericht über Befragungen an Studierenden und Hochschullehrenden in acht ausgewählten Fächern an der Universität des Saarlandes, Saarbrücken, 1977

Arbeitsgruppe Bildungsbericht am Max-Planck-Institut für Bildungsforschung (1997); Das Bildungswesen in der Bundesrepublik Deutschland: Strukturen und Entwicklungen im Überblick, Reinbek bei Hamburg, 1997

Arnold, D. (1989); Projektmanagement im internationalen Großanlagenbau und Konsequenzen für die Aus- und Weiterbildung von Führungskräften, in: Coenenberg, A.G. (Hrsg.): Betriebliche Aus- und Weiterbildung von Führungskräften: notwendige Investitionen in das Humankapital, Düsseldorf, 1989, S. 55-78

Arnold, E. (1997); Das ist ja hier der reinste Luxus. Kollegiale Supervision als Praxisbegleitung in der Hochschullehre, in: Arnold, E. et al. (Hrsg.): Lehren Lernen. Ergebnisse aus einem Projekt zur hochschuldidaktischen Qualifizierung des akademischen Mittelbaus, Münster, 1997, S. 93-128

Arnold, E. (2000); Ein Konzept zur Hochschuldidaktischen Weiterqualifikation von Assistentinnen und Assistenten, Konzepte und Tools für das Training der Zukunft, Weinheim, 2000

Arnold, E. (2001); Kollegiale Supervision - ein Instrument der Qualitätsentwicklung für die Hochschullehre?, in: Gruppendynamik und Organisationsberatung, 4/2001, 32. Jg., S. 403-418

Arnold, E. et al. (1997); Gemeinsam arbeiten, selbstbestimmt lernen. Entwurf eines Konzepts für die hochschuldidaktische Weiterqualifizierung von Assistentinnen und Assistenten, in: Arnold, E. et al. (Hrsg.): Lehren Lernen. Ergebnisse aus einem Projekt zur hochschuldidaktischen Qualifizierung des akademischen Mittelbaus, Münster, 1997, S. 157-178

Arnold, E. et al. (1998); Selbstbestimmt lehren lernen, in: Das Hochschulwesen, 3/1998, 46. Jg., S. 147-152

Arnold, R.; Krämer-Stürzl, A. (1996); Berufs- und Arbeitspädagogik. Leitfaden in Produktions- und Dienstleistungsberufen, 1. Aufl., Berlin, 1996

Auer, M.; Laske, S. (2003); Personalpolitik an Universitäten - Bestandsaufnahme und kritische Analyse, in: Von Eckardstein, D.; Ridder, H.-G. (Hrsg.): Personalmanagement als Gestaltungsaufgabe in Non-Profit und Public Management, 1. Aufl., München und Mering, 2003, S. 181-201

Auferkorte-Michaelis, N.; Metz-Göckel, S. (2004); "Spieglein, Spieglein in der Hand" - Innerinstitutionelle Forschung über eine Hochschule, in: Das Hochschulwesen, 3/2004, 52. Jg., S. 82-88

Auferkorte-Michaelis, N.; Szczyrba, B. (2006); Das Lehrportfolio als Reflexionsinstrument zur Professionalisierung der Lehre, in: Wildt, J.; Szczyrba, B.; Wildt, B. (Hrsg.): Consulting. Coaching. Supervision. Eine Einführung in Formate und Verfahren Hochschuldidaktischer Beratung, Bielefeld, 2006, S. 81-91

Backes-Gellner, U.; Zanders, E. (1989); Lehre und Forschung als Verbundproduktion. Data-Evelopment-Analysen und organisationsökonomische Interpretationen der Realität in wirtschaftswissenschaftlichen Fachbereichen, in: Zeitschrift für Betriebswirtschaft, 3/1989, 59. Jg., S. 271-290

Bahro, H.; Becker, W. (1979); Bildung und Erziehung, Wissenschaft und Forschung in der Bundesrepublik Deutschland, Bern, 1979

Baier, S. (2006); Universitäre Personalarbeit im Umbruch. Eine Analyse aus dem Blickwinkel der organisationalen Praxis, in: Welte, H.; Auer, M. (Hrsg.): Management von Universitäten. Zwischen Tradition und (Post-)Moderne, 2. Aufl., München, Mering, 2006, S. 295-306

Balder, C. (2000); Zwischen Flexibilität und Anspruch auf Sinn: Überlegungen zu Strategien langfristiger Sicherung des Humankapitals, in: Harteis, C.; Heid, H.; Kraft, S. (Hrsg.): Kompendium Weiterbildung. Aspekte und Perspektiven betrieblicher Personal- und Organisationsentwicklung, Opladen, 2000, S. 13-18

BAK (1968); Kreuznacher Hochschulkonzept, Bonn, 1968

Balve, J. (2005); Neue Kraft der Mitte; Dekane sollen stärker werden - und bleiben doch schwach, Süddeutsche Zeitung, 27.06.2005, S. 11

Bammé, A.; Kotzmann, E. (1991); Wissenschaftspublizistik als didaktische Aufgabe, in: Pellert, A.; Bammé, A. (Hrsg.): Vernetzung und Widerspruch: zur Neuorganisation von Wissenschaft, München, Wien, 1991, S. 435-452

Bargel, T. (2001); Studentische Urteile zur Lehr- und Studienqualität. Erwartungen, Erfahrungen und Probleme, Konstanz, 2001

Barmeyer, C.I. (2002); Interkulturelles Coaching, in: Rauen, C. (Hrsg.): Handbuch Coaching, 2. Aufl., Göttingen et al., 2002, S. 199-231

Battaglia, S. (2003); Hochschuldidaktische Weiterbildungs- und Beratungsangebote in Deutschland: eine Übersicht, o.O., 2003

Bauer, U.; Heimerl, P.; Weichsler, M. (2006); Universitäre Personal- / Kompetenzentwicklung am Beispiel der Technischen Universität Graz, Graz, 2006

BDA (2003); Weiterbildung durch Hochschulen, Berlin, 2003

Bea, F.X.; Scheurer, S.; Hesselmann, S. (2008); Projektmanagement, Stuttgart, 2008

Becker, F.G.; Tölle, M. (2001); Personalentwicklung für Nachwuchswissenschaftler an der Universität Bielefeld. Eine explorative Studie zur Erhebung des Ist-Zustands und zur Begründung von Gestaltungsvorschlägen, Diskussionspapier 479b der Fakultät für Wirtschaftswissenschaften, Bielefeld, 2001

Becker, M. (2004); Personalentwicklung, in: Gaugler, E.; Oechsler, W.A.; Weber, W. (Hrsg.): Handwörterbuch des Personalwesens, Stuttgart, 2004, Sp. 1500-1512

Becker, M. (2005); Systematische Personalentwicklung - Planung, Steuerung und Kontrolle im Funktionszyklus, Stuttgart, 2005

Beckmeier, C.; Kluge, N.; Neusel, A. (1988): Implementations- und Entscheidungsprozesse im Hochschulwesen, in: Gorzka, G.; Heipcke, K.; Teichler, U. (Hrsg.): Hochschule - Beruf - Gesellschaft. Ergebnisse der Forschung zum Funktionswandel der Hochschulen, Frankfurt am Main, New York, 1988, S. 337-368

Belardi, N. (2000); Entwicklungsberatung für den Hochschulbereich, in: Pühl, H. (Hrsg.): Supervision und Organisationsentwicklung, 2. Aufl., Berlin, 2000, S. 359-376

Ben-David, J. (1977); Centers of Learning, New York et al., 1977

Berendt, B. (1980); Hochschuldidaktische Aus- und Fortbildung für Lehrende im Baukastensystem – Veranstaltungsmodelle, Strukturelemente, Hochschuldidaktische Materialien, Heft 78, Berlin 1980

Berendt, B. (1995); 18 Jahre Arbeitsstelle Hochschuldidaktische Fortbildung und Beratung an der Freien Universität Berlin - Konzept, Aktivitäten, Perspektiven, in: Pellert, A.: Universitäre Personalentwicklung; Zeitschrift für Hochschuldidaktik. Beiträge zu Studium, Wissenschaft und Beruf, Wien, 1/1995, 19. Jg., S. 38-61

Berendt, B. (2002a); Werkstattseminare - Vom Umgang mit kritischen Unterrichtssituationen, in: Berendt, B.; Voss, H.P.; Wildt, J. (Hrsg.): Neues Handbuch Hochschullehre, Stuttgart, 2002, L 1.1

Berendt, B. (2002b); Acacemic Staff Development (ASD) als Bestandteil von Qualitätssicherung und -entwicklung. Zum aktuellen Stand hochschuldidaktischer Aus- und Weiterbildung, in: Berendt, B.; Voss, H.P.; Wildt, J. (Hrsg.): Neues Handbuch Hochschullehre, Stuttgart, 2002, L 2.1

Berendt, B. (2003); Werkstattseminar "Vom Lehren zum aktiven Lernen - Forschungsorientierter Beitrag zur Praxis effektiver Hochschullehre, in: Welbers, U. (Hrsg.): Hochschuldidaktische Aus- und Weiterbildung. Grundlagen - Handlungsformen - Kooperationen, Bielefeld, 2003, S. 211-220

Bergerhoff, G. (1981); Professor/Professorin an wissenschaftlichen Hochschulen, Blätter zur Berufskunde, Bd. 3, Bielefeld, 1981

Berghoff, S. (2002); Das CHE-Forschungsranking, in: Checkup, 2/2002, o.Jg., S. 1-3

Bergmann, B. (2001); Berufliche Kompetenzentwicklung, in: Silbereisen, R.K.; Reitzle, M. (Hrsg.): Psychologie 2000. Bericht über den 42. Kongreß der Deutschen Gesellschaft für Psychologie in Jena 2000, Lengerich, 2001, S. 530-540

Berne, E. (1967); Spiele der Erwachsenen: Psychologie der menschlichen Beziehungen, Reinbek bei Hamburg, 1967

Berne, E. (2009); Spiele der Erwachsenen, 10. Aufl., Reinbek bei Hamburg, 2009

Berning, E. (2002); Juniorprofessuren, in: Studer, T. (Hrsg.): Erfolgreiche Leitung von Forschungsinstituten, Hochschulen und Stiftungen, Hamburg, 2002, S. 1-23

Berning, E.; Harnier, L. von; Hofmann, Y. (2001); Das Habilitationswesen an den Universitäten in Bayern. Praxis und Perspektiven, München, 2001

Berthel, J. (1992a); Führungskräfte-Qualifikationen - Teil 1, in: Zeitschrift für Organisation, 4/1992, 61. Jg., S. 206-211

Berthel, J. (1992b); Fort- und Weiterbildung, in: Gaugler, E.; Weber, W. (Hrsg.): Handwörterbuch des Personalwesens, 2. Aufl., Stuttgart, 1992, S. 883-898

Berthel, J.; Becker, F.G. (2003); Personalmanagement, 7. Aufl., Stuttgart, 2003

Bittner, A. (2003); Interkulturelles Training: Mehr Schein als Sein, in: Hofmann, L.M.; Regnet, E. (Hrsg.): Innovative Weiterbildungskonzepte, Göttingen et al., 2003, S. 113-123

Blümcke, K. (2001): Formate hochschuldidaktischer Angebote, in: Journal Hochschuldidaktik, 2/2001, 12. Jg., S. 5-9

Blümcke, J.; Encke, B.; Wildt, K. (Hrsg.) (2003); Professionalisierung der Hochschuldidaktik: ein Beitrag zur Personalentwicklung an Hochschulen, Bielefeld, 2003

BMBF (2006); Berufsbildungsbericht 2006, Bonn, Berlin, 2006

Bode C. et al. (1997); Fachhochschulen in Deutschland, München et al., 1997

Boettcher, W.; Meer, D. (2000); "Ich hab nur ne ganz kurze Frage" - Umgang mit knappen Ressourcen: Sprechstundengespräche an der Hochschule, Neuwied et al., 2000

Bolsenkötter, H. (1976); Ökonomie der Hochschule. Eine betriebswirtschaftliche Untersuchung, Baden-Baden, 1976

Böning, U. (2003); Coaching für Manager, in: v. Rosenstiel, L.; Regnet. E.; Domsch, M.E. (Hrsg.): Führung von Mitarbeitern. Handbuch für erfolgreiches Personalmangement, 5. Aufl., Stuttgart, 2003, S. 281-291

Bönkost, K.J. (1998); Das Bremer IMUNHO-Projekt. Innovationsinitiative mulitmediale und netzbasierte Hochschullehre, 1998

Bönkost, K.-J. (2004), Das Bremer IMUNHO-Projekt. Innovationsinitiative mulitmediale und netzbasierte Hochschullehre, in: Bett, K.; Wedekind, J.; Zentel (Hrsg.): Medienkompetenz für die Hochschullehre, Münster, 2004, S. 249-274

Borchard, C. (2002); Bausteinprogramm WindH-Weiterbildung in der Hochschullehre. Bilanz und Perspektiven, in: Neumann, K.; Osterloh, J. (Hrsg.): Gute Lehre in der Vielfalt der Disziplinen. Hochschuldidaktik an der Technischen Universität Braunschweig, Weinheim, Basel, 2002, S. 209-242

Brackhane, R. (1986); Berufliche Weiterbildung, in: Sarges, W.; Fricke, R. (Hrsg.): Psychologie für die Erwachsenenbildung - Weiterbildung: ein Handbuch in Grundbegriffen, Göttingen, Toronto, Zürich, 1986, S. 108-112

Branahl, U. (1981); Einleitung, in: Branahl, U. (Hrsg.): Didaktik für Hochschullehrer. Notwendigkeit, Stellenwert, Beispiele, Hamburg, 1981, S. 1-6

Brandt, T.-J.; Spinath, B.; Plass, D. (2001); Forschung erfolgreich vermarkten, in: Das Hochschulwesen, 3/2001, 49. Jg., S. 75-80

Braun, D. (2001); Regulierungsmodelle und Machtstrukturen an Universitäten, in: Stölbing, E.; Schimank, U.: Die Krise der Universitäten, Wiesbaden, 2001, S. 243-264

Breisig, T.; Kahlen, H.-J. (2000); Personalentwicklung an Hochschulen, in: Hanft, A. (Hrsg.): Hochschulen managen? Zur Reformierbarkeit der Hochschulen nach Managementprinzipien, Neuwied, Kriftel, Berlin, 2000, S. 213-232

Bremer, C. (2002); Qualifizierung zum eProf? Medienkompetenz für Hochschullehrende und Qualifizierungsstrategien an Hochschulen, in: Bachmann, G.; Haefeli, O.; Kindt, M. (Hrsg.): Campus 2002: Die virtuelle Hochschule in der Konsolidierungsphase, Münster, 2002, S. 123-136

Bremer, C. (2003); Hochschullehre und Neue Medien - Medienkompetenz und Qualifizierungsstrategien für Hochschullehrende, in: Welbers, U. (Hrsg.): Hochschuldidaktische Aus- und Weiterbildung. Grundlagen - Handlungsformen - Kooperationen, Bielefeld, 2003, S. 323-346

Bremer, C. (2004); Medienkompetenz von Hochschullehrenden im Kontext von Mediengestaltung und dem Erstellungsprozess netzgestützter Lehre, in: Bett, K.; Wedekind, J.; Zentel, P. (Hrsg.): Medienkompetenz für die Hochschullehre, Münster, 2004, S. 197-214

Brendel, S.; Eggensberger, P.; Glathe, A. (2006); Das Kompetenzprofil von HochschullehrerInnen: Eine Analyse des Bedarfs aus Sicht von Lehrenden und Veranstaltenden, in: Zeitschrift für Hochschulentwicklung, 2/2006, 1. Jg., S. 1-29

Brenzikofer, B. (2002); Reputation von Professoren. Implikationen für das Human Resource Management von Universitäten, Dissertation, München, Mering, 2002

Briede, U.; Gerhardt, A.; Mues, C. (2004); Die Situation der Doktoranden in Deutschland. Ergebnisse der Befragung, in: DUZ, 2004, 60. Jg., S. 13-22

Briedis, K.; Minks, K.-H. (2004); Zwischen Hochschule und Arbeitsmarkt. Eine Befragung der Hochschulabsolventinnen und Hochschulabsolventen des Prüfungsjahres 2001, 1. Aufl., o.O., 2004

Briese, V.; Rüffert, P. (1986); Staat und Hochschule, in: Neusel, A.; Teichler, U. (Hrsg.): Hochschulentwicklung seit den 60er Jahren. Kontinuität – Umbrüche – Dynamik, Weinheim et al., 1986, S. 21-64

Brinker, T. (2002); Einarbeitung neuberufener Professorinnen und Professoren: Das Bielefelder Modell, in: Berendt, B. (Hrsg.): Neues Handbuch Hochschullehre, Stuttgart, 2002, L 1.4

Brinkmann, R.D. (1999); Techniken der Personalentwicklung: Trainings- und Seminarmethoden, Heidelberg, 1999

Brislin, R.W.; Landis, D.; Brandt, M.E. (1983); Conceptualizations of intercultural behavior and training, in: Brislin, R.W.; Landis, D. (Hrsg.): Handbook of Intercultural Training, Bd. 1, New York, 1983, S. 1-35

Brislin, R.W.; Yoshida, T. (1994); Intercultural communication training: An introduction, Thousands Oaks, 1994

Brockhaus (2001); Psychologie. Fühlen, Denken und Verhalten verstehen, Mannheim, Leipzig, 2001

Brockhoff, K. (1993); Die Betriebswirtschaft bald ohne Nachwuchs in Deutschland? Ergebnisse einer Sondertagung der Hochschullehrer, in: Frankfurter Allgemeine Zeitung, Nr. 252, 29.12.1993

Brockhoff, K. (2003); Management privater Hochschulen in Deutschland, in: ZfB Ergänzungsheft, 3/2003, 73. Jg., S. 1-23

Brodbeck, R.; Maaß, I. (2004); Managementqualifikationen als kritischer Erfolgsfaktor der Engagements einer Private Equity Gesellschaft, in: Heyse, V.; Erpenbeck, J.; Max, H. (Hrsg.): Kompetenzen erkennen, bilanzieren und entwickeln, Münster, 2004, S. 45-55

Bromme, R. et al. (2006); Die Erziehenden und Lehrenden, in: Krapp, A.; Weidemann, B. (Hrsg.): Pädagogische Psychologie, Weinheim, Basel, 2006, S. 269-356

Bruch, R. vom (1999); Langsamer Abschied von Humboldt? Etappen deutscher Universitätsgeschichte 1810-1945, in: Ash, M.G. (Hrsg.): Mythos Humboldt. Vergangenheit und Zukunft der deutschen Universitäten, Wien, Köln, Weimar, 1999, S. 29-57

Brückel, F. et al. (2000); Mündliche Hochschulprüfungen. Vorbereiten - Durchführen - Bewerten - Beraten, Arbeitsgruppe Hochschuldidaktische Weiterbildung an der Albert-Ludwigs-Universität Freiburg i. Br.: Besser Lehren. Praxisorientierte Anregungen und Hilfen für Lehrende in Hochschule und Weiterbildung, Heft 10, Weinheim, 2000

Brünker, J. (2005); Beratung und Supervision: Fragen, Themen und Effekte, Dissertation, Köln, 2005

Brunner-Schwaiger, A.; Salzgeber, G. (2004); Qualität in der Lehre ist kein Zufall, in: Laske, S.; Scheytt, T.; Meister-Scheytt C. (Hrsg.): Personalentwicklung und universitärer Wandel. Programm - Aufgaben - Gestaltung, 1. Aufl., München, Mering, 2004, S. 331-354

Buber, M. (1984); Elemente des Zwischenmenschlichen, Buber, M. (Hrsg.): Das dialogische Prinzip, Heidelberg, 1984, S. 269-298

Buch, F. et al. (2004); Zwei Jahre Juniorprofessur. Analysen und Empfehlungen, o.O., 2004

Buchinger, K. (1999); Die Zukunft der Supervision – Die Zukunft der Arbeit: Aspekte eines neuen „Berufs", 1. Aufl., Heidelberg 1999

Bückel, F. et al. (2000); Mündliche Hochschulprüfungen. Vorbereiten - Durchführen - Bewerten - Beraten, in: Arbeitsgruppe Hochschuldidaktische Weiterbildung an der Albert-Ludwigs-Universität Freiburg i. Br.: Besser Lehren. Praxisorientierte Anregungen und Hilfen für Lehrende in Hochschule und Weiterbildung, Heft 10 Weinheim, 2000

Bülow, M. (1980); Ein Hochschullehrerseminar zum Thema "Prüfungen", in: Huber, L. (Hrsg.): Hochschuldidaktische Fortbildung für Hochschullehrer. Aufgaben und Erfahrungen, Hamburg, 1980, S. 168-180

Buer, F. (1999), Lehrbuch der Supervision. Der pragmatisch-psychodramatische Weg zur Qualitätsverbesserung professionellen Handelns. Schriften aus der Deutschen Gesellschaft für Supervision e.V., Münster, 1999

Buer, F. (2001a); Methoden in der Supervision - psychodramatisch angereichert, in: Buer, F. (Hrsg.): Praxis der Psychodramatischen Supervision. Ein Handbuch, Opladen, 2001, S. 103-128

Buer, F. (2001b); Supervision mit PromovendInnen. Mit Stellungnahmen von Birgit Szczyrba und Katharina Klaudy, in: Buer, F. (Hrsg.): Praxis der Psychodramatischen Supervision. Ein Handbuch, Opladen, 2001, S. 245-259

Buer, F. (2001c); Einführung in die Psychodramatische Supervision, in: Buer, F. (Hrsg.): Praxis der Psychodramatischen Supervision. Ein Handbuch, Opladen, 2001, S. 9-28

Bundesministerium für Bildung und Forschung (1965); Bundesbericht Forschung I, Bonn, 1965

Bunk, G.P. (1994); Kompetenzvermittlung in der beruflichen Aus- und Weiterbildung in Deutschland, in: Europäische Zeitschrift für Berufsbildung, 60. Jg., 1/1994, S. 9-15

Bunk, G.P.; Kaiser, M.; Zedler, R. (1991); Schlüsselqualifikationen - Intention, Modifikation und Realisation in der beruflichen Aus- und Weiterbildung, in: Mitteilungen aus der Arbeitsmarkt- und Berufsforschung, 1991/2, 24. Jg., S. 365-374

Busse, C. et al. (1992); Im Schweinezyklus - Der studentische Massenandrang schädigt die Reputation der deutschen Ökonomen und bringt sie international ins Hintertreffen, in: Wirtschaftswoche Nr. 6, 31.01.1992

Cerych, L. et al. (1981); Gesamthochschule - Erfahrungen, Hemmnisse, Zielwandel, Frankfurt am Main et al., 1981

Chantelau, F. (2004); Hochschuldienstrecht, in: Hanft, A. (Hrsg.): Grundbegriffe des Hochschulmanagements, 2. Aufl., Bielefeld, 2004, S. 159-166

CHE (2006); Hochschulkurs. Fortbildung für das Wissenschaftsmanagement, Gütersloh, Wintersemester 2006/2007

CHE (2008); Hochschulkurs. Fortbildung für das Wissenschaftsmanagement, Gütersloh, Wintersemester 2008/2009

CHE (2009); Hochschulkurs. Fortbildung für das Wissenschaftsmanagement, Gütersloh, Wintersemester 2009/2010

Chorafas, D.N. (1963); Die Aufgaben der Forschung in der modernen Unternehmung, München, 1963

Chur, D. (2006); (Aus-) Bildungsqualität durch Schlüsselkompetenzen - zur Konkretisierung eines integrativen Bildungsverständnisses, in: Colin, N., Latard, J. & Umlauf, A. (Hrsg.): Germanistik - eine europäische Wissenschaft?: der Bologna-Prozess als Herausforderung, München, 2006

Clark, B. (1983); The Higher Education System. Academic Organization in Cross-national Perspective, Berkeley, 1983

Clark, B. (1995); Places of inquiry. Research and advanced education in modern universities, Berkeley, CA. 1995

Clark, B.R. (1998); Creating Entrepreneurial Universities. Organizational Pathways of Transformation, New York, 1998

Clement, U.; Clement, U. (2000); Interkulturelle Trainings, Personalmanagement in Europa, Göttingen, 2000

Comelli, G. (1991); Qualifikation für Gruppenarbeit: Teamentwicklungstraining, in: von Rosenstiel, L.; Regnet, E.; Domsch, M. (Hrsg.): Führung von Mitarbeitern. Handbuch für erfolgreiches Personalmanagement, Stuttgart, 1991, S. 295-316

Comelli, G. (2003); Teamentwicklung - Training von "family groups", in: Hofmann, L.M.; Regnet, E. (Hrsg.): Innovative Weiterbildungskonzepte, Göttingen et al., 2003, S. 77-100

Conradi, W. (1983); Personalentwicklung, Stuttgart, 1983

Conrady, K.O. (1993); Die Bezeichnung Hochschullehrer führt in die Irre - Auch ein Kapitel zur Lage in den Universitäten: Über die Didaktik und die Effizienz, in: Frankfurter Rundschau, Nr. 87, 15.04.1993

Csanyi, G.; Schilling, M. (1990); Modellversuch zur didaktischen Fortbildung von Hochschullehrern, in: Lenz, W.; Brunner, C. (Hrsg.): Universitäre Lernkultur. Lehrerbildung, Hochschullehrerfortbildung, Weiterbildung, Wien, Köln, Bohlau, 1990, S. 187-191

Cushner, K.; Landis, D. (1996); The Intercultural Sensitizer, in: Landis, D.; Bhagat, R.S. (Hrsg.): Handbook of Intercultural Training, 2. Aufl., London, New Dheli, 1996

Dahrendorf, R. (1965); Bildung ist Bürgerrecht, Hamburg, 1965

Dahrendorf, R. (1975); Industrielle Fertigkeiten und soziale Schichtung, in: Fürstenberg, F. (Hrsg.): Industriesoziologie III, Darmstadt, Neuwied, 1975, S. 19-48

Dall, O. (1974); Entwicklung einer Zeitstudienmethode zur Erfassung der Tätigkeitsstruktur von wissenschaftlichem Personal an Hochschuleinrichtungen, in: DUZ, 2/1974, 30. Jg., S. 50-54

Danwitz, F. von (2004); "Medien in der Hochschullehre" Eine Analyse der Beratungs- und Qualifizierungsbedarfe zur Förderung des Einsatzes digitaler Medien in der Hochschullehre an der Universität Duisburg-Essen am Campus Duisburg, 2004

Daum, W. (2003); Projektmanagement - überflüssige Bürokratie und störendes Kontrollinstrument oder hilfreiches Mittel zur effektiven Arbeit in Projekten?, in: Wildt, J.; Encke, B.; Blümcke, K. (Hrsg.): Professionalisierung der Hochschuldidaktik. Ein Beitrag zur Personalentwicklung an Hochschulen, Bielefeld, 2003, S. 211-222

Daxner, M. (1996); Ist die Uni noch zu retten?, Reinbek bei Hamburg,1996

Daxner, M. (1999); Das neue Berufsbild: Leistung und soziale Sicherung, in: Müller-Böling, D.; Sager, K.: Personalreform für die Wissenschaft. Dienstrecht, Vergütungsstrukturen, Qualifizierungswege, Gütersloh, 1999, S. 71-82

dbb Beamtenbund und Tarifunion (Hrsg.) (2002); Personalentwicklung, Online: http://www.dbb.de/dbb-beamtenbund-2006/dbb-pdf/Personalentwicklung.pdf, Stand: Juli 2002

Debus, F. (1996); Der Dekan der Zukunft - ein Manager? Eine Betrachtung der aktuellen Diskussion, in: Forschung und Lehre, 9/1996, 3. Jg., S. 466-467

Defila, R.; Di Giulio, A.; Scheuermann, M. (2006); Forschungsverbundmanagement. Handbuch für die Gestaltung inter- und transdisziplinärer Projekte, Zürich, 2006

Defila, R.; Di Giulio, A.; Scheuermann, M. (2008); Management von Forschungsverbünden - Möglichkeiten der Professionalisierung und Unterstützung. Standpunkte, 1. Aufl., Weinheim 2008

Detmer, H. (2004); Das Recht der Universitätsprofessoren, in: Hartmer, M.; Detmer, H. (Hrsg.): Hochschulrecht. Ein Handbuch für die Praxis, Heidelberg, 2004, S. 47-123

Detmer, H.; Preißler, U. (2005); Die 'neue' Professorenbesoldung, in: Forschung und Lehre, 5/2005, 12. Jg., S. 256-258

Deutsche Gesellschaft für Supervision e.V. (DGSv) (o.J.); Supervision - professionelle Beratung zur Qualitätssicherung am Arbeitsplatz, Köln, o.J.

De Weert, E. (1997); Organisationsformen des Hochschulsystems im internationalen Vergleich, in: Hoebink, H. (Hrsg.): Perspektiven für die Universität 2000. Reformbestrebungen der Hochschulen um mehr Effizienz, Neuwied, 1997, S. 179-194

DGSv (Hrsg.) (2008), Supervision. Ein Beitrag zur Qualifizierung beruflicher Arbeit, 6. Aufl., Köln, 2008

DHV (1998); Leitsätze zum Beruf des Universitätsprofessors. Eine Resolution des Deutschen Hochschulverbandes, in: Forschung und Lehre, 7/1998, 5. Jg., S. 351-352

DHV (2006); Presseinformation Nr. 06/2006

DHV (2007); Resolution des 57. Hochschulverbandtages 2007: W-Besoldung muss fortentwickelt werden, o.O., März 2007

DHV-Newsletter (2006); Professorenvotum: Ja zu Studiengebühren, Nein zur W-Besoldung, Nr.18 vom 28.11.2006

DHV-Newsletter (2006); W-Besoldung bleibt Nachteil im internationalen Wettbewerb um Spitzenkräfte, Nr. 16 vom 11.09.2006

DHV-Newsletter (2007); Geisteswissenschaften verlieren in zehn Jahren 663 Professuren, 12/2007

Diepenbrock, W. (2007); Breit gefächerte Erwartungen, in: Forschung und Lehre, 10/2007, 14. Jg., S. 606-608

Diez, A. et al. (2002); Bessere Lehre durch kollegiale Hospitation - ein neuer Weg in der hochschuldidaktischen Weiterbildung, in: Berendt, B. (Hrsg.): Neues Handbuch Hochschullehre. Lehren und Lernen effizient gestalten, Stuttgart et al., 2002, L 3.1

DINI, Deutsche Initiative für Netzwerkinformation e.V., Arbeitsgruppe "E-Kompetenzen" (2004); "E-Kompetenzen" für Forschung und Lehre. Neue Qualifikationen für Hochschullehrende, Göttingen, 2004

Dittler, U.; Jechle, T. (2004); tele-Tutor-Training: Erfahrungen aus der Qualifizierung von Tele-Tutoren, in: Bett, K.; Wedekind, J.; Zentel (Hrsg.): Medienkompetenz für die Hochschullehre, Münster 2004, S. 153-195

Donnenberg, O. (1999); Action Learning taucht auf, in: Donnenberg, O. (Hrsg.): Action Learning. Ein Handbuch, Stuttgart, 1999, S. 44-87

Doppler, K. (1992); Coaching. Mode und Notwendigkeit. Was und wie ein Coach wirklich sein sollte, in: Gablers Magazin, 4/1992, 6. Jg., S. 36-40

Dose, C. (2004); Rahmenbedingungen der Personalentwicklung an Hochschulen, in: HIS Kurzinformation Bau und Technik B2/2004: Personalkonzepte und -modelle als Bestandteil der Hochschulentwicklung. Schwerpunkt: Universitäten, Hannover, 2004, S. 41-46

Duka, B. (1990); Biographiekonzept und wissenschaftlicher Werdegang. Narrative Interviews mit befristet Beschäftigten und aus dem Hochschuldienst ausgeschiedenen Wissenschaftlerinnen und Wissenschaftlern, Dissertation, Dortmund, 1990

Dyer, W.G. et al. (2007); Team building: proven strategies for improving team performance, 4. Aufl., San Francisco, 2007

Eck, C.D. (1990); Elemente einer Rahmentheorie der Beratung und Supervision anthropologischer und lebensweltlicher Referenzen, in: Fatzer, G.; Eck, C.D. (Hrsg.): Supervision und Beratung. Ein Handbuch, Köln, 1990, S. 17-52

Eckardstein, D. von (2003); Leistungsvergütung für Professoren: Möglichkeiten und Probleme der Umsetzung auf Fachbereichsebene, in: ZfB, Zeitschrift für Betriebswirtschaft, 3/2003, 73. Jg., S. 97-116

Eckstein, B. (1972); Hochschuldidaktik und gesamtgesellschaftliche Konflikte, Frankfurt am Main, 1972

Eckstein, B. (1975); Zur Sozialisation der Hochschullehrer, in: Bargel, T. et al. (Hrsg.): Sozialisation in der Hochschule. Beiträge für eine Auseinandersetzung zwischen Hochschuldidaktik und Sozialisationsforschung (Blickpunkt Hochschuldidaktik 37), Hamburg, 1975, S. 167-174

Edinsel, K. (1994); Soziale Kompetenz und Berufserfolg, Dissertation, Berlin, 1994

Ehinger, W.; Hennig, C. (1994); Praxis der Lehrersupervision. Leitfaden für Lehrergruppen mit und ohne Supervisor, Weinheim, Basel, 1994

Einsiedler, H.E.; Müller, H. (1991); Führung von Führungskräften, in: von Rosenstiel, L.; Regnet, E.; Domsch, M. (Hrsg.): Führung von Mitarbeitern. Handbuch für erfolgreiches Personalmanagement, Stuttgart, 1991, S. 218-229

Einsiedler, W. (1986); Didaktik, in: Sarges, W.; Fricke, R. (Hrsg.): Psychologie für die Erwachsenenbildung/Weiterbildung, Göttingen, 1986, S. 164-170

Ellwein, T. (1997); Die deutsche Universität - Vom Mittelalter bis zur Gegenwart, Wiesbaden, 1997

Elvers, B. (2006); Führungskulturen an der Universität: Feedbackinstrumente als Schlüssel zur Personalentwicklung, in: Organisationsberatung - Supervision - Coaching, 4/2006, 13. Jg., S. 343-354

Enders, J. (1996); Die wissenschaftlichen Mitarbeiter: Ausbildung, Beschäftigung und Karriere der Nachwuchswissenschaftler und Mittelbauangehörigen an den Universitäten, Frankfurt am Main, New York, 1996

Enders, J. (1997); Berufspraxis und Praxisbezug der Hochschullehrer in den Sozialwissenschaften, in: Sozialwissenschaften und Berufspraxis, 1/1997, 20. Jg., S. 51-64

Enders, J. (1998); Berufsbild der Hochschullehrer, in: Teichler, U.; Daniel, H.-D.; Enders, J. (Hrsg.): Brennpunkt Hochschule. Neuere Analysen zu Hochschule, Beruf und Gesellschaft, Frankfurt am Main, New York, 1998, S. 55-78

Enders, J. (2004); Von der Ordinarienuniversität zum kognitiven Dienstleister: Die Veränderung der Rahmenbedingungen wissenschaftlicher Arbeit an den Hochschulen, in: Gützkow, F.; Quaißer, G. (Hrsg.): Hochschule gestalten. Denkanstöße aus Hochschulpolitik und Hochschulforschung, Bielefeld, 2004, S. 53-68

Enders, J.; Bornmann, L. (2001); Karriere mit Doktortitel?: Ausbildung, Berufsverlauf und Berufserfolg von Promovierten, Frankfurt am Main, 2001

Enders, J.; Magubushaka, A.-M. (2005); Wissenschaft und Karriere, Kassel, 2005

Enders, J.; Schimank, U. (2001); Faule Professoren und vergreiste Nachwuchswissenschaftler?, in: Stölting, E.; Schimank, U.: Die Krise der Universitäten, Wiesbaden, 2001, S. 159-178

Enders, J.; Teichler, U. (1995); Der Hochschullehrerberuf im internationalen Vergleich. Ergebnisse einer Befragung über die wissenschaftliche Profession in 13 Ländern, Bonn, 1995

Enders, J.; Teichler, U. (1995); Das überraschende Selbstbild des Hochschullehrerberufs, in: Enders, J.; Teichler, U. (Hrsg.): Der Hochschullehrerberuf. Aktuelle Studien und ihre Hochschulpolitische Diskussion, Neuwied et al., 1995, S. 13-32

Enders, J.; Teichler, U. (1995); Berufsbild der Lehrenden und Forschenden an Hochschulen: Ergebnisse einer Befragung des wissenschaftlichen Personals an westdeutschen Hochschulen, Bonn, 1995

Engels, M. (2004); Eine Annäherung an die Universität aus organisationstheoretischer Sicht, in: Die Hochschule. Journal für Wissenschaft und Bildung, 1/2004, 13. Jg., S. 12-29

Ennes, J.; Rappe, C.; Zwick, T. (2005); Entwicklung von Führungskompetenz im gewerblichen Bereich, in: Speck, P. (Hrsg.): Employability - Herausforderungen für die strategische Personalentwicklung. Konzepte für eine flexible, innovationsorientierte Arbeitswelt von morgen, 2. Aufl. Wiesbaden, 2005, S. 169-190

Epping, V. (2007); Der Dekan. Vom "Primus inter pares" zum "CEO", in: Forschung und Lehre, 8/2007, 14. Jg., S. 456-457

Erkelenz, B. (2006); Projektgruppe und Task Force Group, in: Bröckermann, R.; Müller-Vorbrüggen, M. (Hrsg.): Handbuch Personalentwicklung. Die Praxis der Personalbildung, Personalförderung und Arbeitsstrukturierung, Stuttgart, 2006, S. 449-462

Erne, R. (2001); Sind Hochschullehrer manageable? - Bauformen eines Personalmanagements von Hochschullehrern, in: Cordes, J.; Roland, F.; Westermann, G. (Hrsg.): Hochschulmanagement: Betriebswirtschaftliche Aspekte der Hochschulsteuerung, Wiesbaden, 2001, S. 163-187

Erpenbeck, J.; Heyse, V. (1996); Berufliche Weiterbildung und berufliche Kompetenzentwicklung, in: QUEM (Hrsg.): Kompetenzentwicklung '96. Strukturwandel und Trends in der betrieblichen Weiterbildung, Münster et al., 1996,S. 15-152

Erpenbeck, J.; Heyse, V. (1999); Die Kompetenzbiographie: Strategien der Kompetenzentwicklung durch selbstorganisiertes Lernen und multimediale Kommunikation. 1. Aufl., Münster 1999

Erpenbeck, J.; Heyse, V. (2007); Die Kompetenzbiographie. Wege der Kompetenzentwicklung, 2. Aufl., Münster et al., 2007

Erpenbeck, J.; Rosenstiel, L. von (2003); Einführung, in: Erpenbeck, J.; Rosenstiel, L. von (Hrsg.): Handbuch Kompetenzmessung. Erkennen, verstehen und bewerten von Kompetenzen in der betrieblichen, pädagogischen und psychologischen Praxis, Stuttgart, 2003, S. IX-XXXVII

Etzel, G. et al. (1993); Führungsverhaltenstraining in Intervallen und Lerntransfer: Erprobung eines neuen Konzepts, in: Zeitschrift für Arbeits- und Organisationspsychologie, 1/1993, 37. Jg., S. 33-37

Euler, D. (2004); Einfach, aber nicht leicht - Kompetenzentwicklung im Rahmen der Implementierung von E-Learning an Hochschulen, in: Bett, K.; Wedekind, J.; Zentel (Hrsg.): Medienkompetenz für die Hochschullehre, Münster, 2004, S. 55-72

Faix, W.G.; Laier, A. (1991); Soziale Kompetenz. Das Potential zum unternehmerischen und persönlichen Erfolg, Wiesbaden, 1991

Falkner, S.R. (2006); Nicht zu viel, nicht zu wenig, in: DUZ Werkstatt, 3/2006, o.Jg., S. 4

Fatzer, G. (1990); Phasendynamik und Zielsetzung der Supervision und Organisationsberatung, in: Fatzer, G.; Eck, C.D. (Hrsg.): Supervision und Beratung, Köln,1990

Fedrowitz, J. (2006); Möglichkeiten der Professionalisierung durch hochschulübergreifende Qualifizierungsangebote, in: Hubrath, M.; Jantzen, F.; Mehrtens, M. (Hrsg.): Personalentwicklung in der Wissenschaft. Aktuelle Prozesse, Rahmenbedingungen und Perspektiven, Bielefeld, 2006, S. 31-42

Fengler, J. (2002); Coaching: Definition, Prinzipien, Qualifikationen, illustriert anhand einer Fall-Vignette, in: Gruppendynamik und Organisationsberatung, 2002, 36. Jg., S. 37-60

Fengler, J.; Sauer, S.; Stawicki, C. (2000); Peer-Group-Supervision, in: Pühl, H. (Hrsg.): Handbuch der Supervision 2, 2. Aufl., Berlin, 2000, S. 172-183

Feninger, G. (2004); Kompetenzorientierte Qualifizierung als Teil eines unternehmensweiten HR-Managements. Erfahrungen in der industriellen Praxis, in: Heyse, V.; Erpenbeck, J.; Max, H. (Hrsg.): Kompetenzen erkennen, bilanzieren und entwickeln, Münster, 2004, S. 25-31

Fiebiger, N. (1988); Personalpolitik als Teil der Hochschulpolitik, in: Beiträge zur Hochschulforschung, 3/1988, 10. Jg., S. 179-194

Fiegel-Kölblin, I. (2004); Maßnahmen der Personalentwicklung an einem Fraunhofer-Institut, in: HIS. Personalkonzepte und -modelle als Bestandteil der Hochschulentwicklung. Schwerpunkt: Universitäten, B 2/2004, S. 35-40

Finkenstaedt, T. (1995); Zweiundsiebzig Prozent. Anmerkungen zu "Der Hochschullehrerberuf im internationalen Vergleich, in: Enders, J.; Teichler, U.: Der Hochschullehrerberuf. Aktuelle Studien und ihre hochschulpolitische Diskussion, Neuwied, 1995, S. 41-50

Fisch, R. (2002); Neue Führungsqualitäten für Leitungspositionen, nicht nur in der Administration, in: Eberle, C.-E. (Hrsg.): Der Wandel des Staates vor den Herausforderungen der Gegenwart: Festschrift für Winfried Brohm zum 70. Geburtstag, München, 2002, S. 673-682

Fisch, R.; Fiala, S. (1984); Wie erfolgreich ist Führungstraining. Eine Bilanz neuester Literatur, in: Die Betriebswirtschaft, 2/1984, 44. Jg., S. 193-203

Fischer, R.; Weber, K. (2001); Homo Academicus oder Human Capital?: Evaluationsdiskurs und Evaluationspraxis an den Schweizer Hochschulen, Zürich, 2001

Fischer-Bluhm, K.; Zemener, S. (2003); Internationalisierung der Hochschulen, in: Kehm, B.M. (Hrsg): Die Hochschule. Journal für Wissenschaft und Bildung, 2/2003, 12. Jg., S. 109-126

Flämig, C. (1979); Organisation der Forschung - Grundbedingung für eine leistungsfähige Forschung an den wissenschaftlichen Hochschulen?, in: Die Rolle der Forschung in wissenschaftlichen Hochschulen. Wissenschaftsrecht. Wissenschaftsverwaltung. Wissenschaftsförderung. Sonderheft (Beiheft 7), Tübingen, März 1979, S. 43-62

Flaschendräger, W. (1981); Kaiser, Korps und Kapital. Akademische Bildungsstätten im Dienst von Monarchie und Imperialismus, in: Steiger, G.; Flaschendräger, W. (Hrsg.): Magister und Scholaren, Professoren und Studenten. Geschichte deutscher Universitäten und Hochschulen im Überblick, Leipzig, Jena, Berlin, 1981, S. 117-144

Flender, J. (2003); E-Mail-unterstützter Lerntransfer: Ergebnisse aus der empirischen Begleitung der Aus- und Fortbildung der Lehrkompetenz, in: Das Hochschulwesen, 3/2003, 51. Jg., S. 118-122

Flender, J. (2004); Optimierung ja - Weiterbildung nein? Zur Motivation von Lehrenden, ihre Lehre zu verbessern, in: Das Hochschulwesen, 1/2004, 52. Jg., S. 19-24

Flitner, H. (1989); Finanzierung der Hochschulen/ Budgetierung, in: Karpen, U. (Hrsg.): Hochschulfinanzierung in der BRD, Baden-Baden, 1989, S. 145-184

Florack, A.; Messner, C. (2006); Führungsstrategien und Personalentwicklung in der Hochschule, in: Zeitschrift für Hochschulentwicklung, 1/ 2006, 1. Jg., S. 1-15

Föhr, H. (1999); Herausforderungen, Hindernisse und Chancen der Personalpolitik im DB-Konzern, in: Müller-Böling, D.; Sager, K. (Hrsg.): Personalreform für die Wissenschaft: Dienstrecht - Vergütungsstrukturen - Qualifizierungswege, Gütersloh, 1999, S. 83-98

Fowler, S.M.; Blohm, J.M. (2004); An Analysis of Methods for Intercultural Training, in: Landis, D.; Bennet, J.M.; Bennet, M.J. (Hrsg.): Handbook of Intercultural Training, Thousand Oaks, 2004, S. 37-84

Frackmann, E.; de Weert, E. (1993); Hochschulpolitik in der Bundesrepublik Deutschland, in: Goedegebuure, L. (Hrsg.): Hochschulpolitik im internationalen Vergleich, Gütersloh, 1993, S. 69-104

Frank, A. (1991); Wodurch ist der Hochschullehrer/die Hochschullehrerin wichtig für das studentische Lernen?, in: Webler, W.-D.; Otto, H.-U. (Hrsg.): Der Ort der Lehre in der Hochschule. Lehrleistungen, Prestige und Hochschulwettbewerb, Weinheim, 1991, S. 61-74

Franke, M. (1999); Hochschule als lernende Organisation: zweidimensionaler Wandel am Beispiel einer Universität, Hamburg, 1999

Frei, F.; Duell, W.L.; Baitsch, C. (1984); Arbeit und Kompetenzentwicklung. Theoretische Konzepte zur Psychologie arbeitsimmanenter Qualifizierung, Bern, Stuttgart, Wien, 1984

Frey, A.; Balzer, L. (2005); Der Beurteilungsbogen smk: Ein Messverfahren für die Diagnose von sozialen und methodischen Fähigkeitskonzepten, in: Frey, A.; Jäger, R.S.; Renold, U. (Hrsg.): Kompetenzdiagnostik. Theorien und Methoden zur Erfassung und Bewertung von beruflichen Kompetenzen, Landau, 2005, S. 31-56

Frieling, E.; Fölsch, T.; Schäfer, E. (2005); Berücksichtigung der Altersstruktur der Bevölkerung in der Arbeitswelt von morgen, in: Speck, P. (Hrsg.): Employability - Herausforderungen für die strategische Personalentwicklung. Konzepte für eine flexible, innovationsorientierte Arbeitswelt von morgen, 2. Aufl., Wiesbaden, 2005, S. 365-380

Frieling, E.; Sonntag, K. (1999); Lehrbuch Arbeitspsychologie, 2. Aufl., Bern et al., 1999

Führ, C. (1997); Deutsches Bildungswesen seit 1945. Grundzüge und Probleme, Neuwied et al., 1997

Fuhr, R.; Westermann, R. (1981); Von der Hochschulreform vergessen: Die Lehrfunktionen, in: Udo (Hrsg.): Didaktik für Hochschullehrer, Hamburg, 1981, S. 7-58

Fullerton, H. (1995); A Profile of Staff Development at University of Plymouth, in: Pellert, A.: Universitäre Personalentwicklung; Zeitschrift für Hochschuldidaktik, 1/1995, 19. Jg., S. 78-84

Gaugler, E. (1986); Zur Vermittlung von Schlüsselqualifikationen, in: Gaugler, E. (Hrsg.): Betriebliche Weiterbildung als Führungsaufgabe, Wiesbaden, 1986

Gaugler, E. (1989); Hochschulen, in: Chmielewicz, K.; Eichhorn, P. (Hrsg.): Handwörterbuch der Öffentlichen Betriebswirtschaft, Stuttgart, 1989, S. 581-595

Gaugler, E. (1994); Der Wandel der betriebswirtschaftlichen Universitätsausbildung im Zuge der Internationalisierung der Wirtschaft, in: Albach, H.; Mertens, P. (Hrsg.): Hochschuldidaktik und Hochschulökonomie. ZfB Ergänzungsheft, 2/1994, S. 3-14

Gaugler, E. (1996a); Die Besetzung von Universitätsprofessuren, in: dvs-Informationen, 3/1996, 11. Jg., S. 42-50

Gaugler, E. (1996b); Die Besetzung von Universitätsprofessuren, in: Das Hochschulwesen, 2/1996, 44. Jg., S. 115-120

Gerstenmaier, J.; Mandl, H. (1995); Wissenserwerb unter konstruktivistischer Perspektive, in: Zeitschrift für Pädagogik, 6/1995, 41 Jg., S. 867-888

Geschka, H. (1986); Anwendung von Kreativitätstechniken in der Forschung, in: Fisch, R.; Daniel, H.-D. (Hrsg.): Messung und Förderung von Forschungsleistung, Konstanz, 1986, 309-325

Gessler, M. (2006); Das Kompetenzmodell, in: Bröckermann, R. (Hrsg.): Handbuch Personalentwicklung: die Praxis der Personalbildung, Personalförderung und Arbeitsstrukturierung, Stuttgart, 2006, S. 23-41

Glotz, P. (1996); Im Kern verrottet? Fünf vor Zwölf an Deutschlands Universitäten, Stuttgart, 1996

Goertz, A. (2001); Entgeltflexibilisierung im öffentlichen Dienst - Leistungssteigerung und Leistungsanreiz in Verwaltung und Wissenschaft, Aachen, 2001

Goetter, W.G.J. (1995); Using Collaborative Research, Writing and Editing Groups to Engender Faculty Development, in: Pellert, A.: Universitäre Personalentwicklung, Zeitschrift für Hochschuldidaktik, 1/1995, 19. Jg., S. 89-95

Goldstein, A.P.; Sorcher, M. (1974); Changing supervisor behavior, New York et al., 1974

Golle, K.; Hellermann, K. (2000); Qualitätszirkel als Instrument zur Verstetigung von Studienreformprozessen, in: Berendt, B. (Hrsg.): Handbuch Hochschullehre, Stuttgart, 2000, D 3.8

Golle, K. (2003a); Stiefkind Sprechstunde. Sprechstunden effektiver gestalten/Ergebnisse einer empirischen Studie, in: Forschung und Lehre, 2/2003, 10. Jg., S. 5-8

Golle, K. (2003b); Hochschuldidaktische Weiterbildung: Studienreformprozesse verstetigen, in: Welbers, U. (Hrsg.): Hochschuldidaktische Aus- und Weiterbildung. Grundlagen - Handlungsformen - Kooperationen, Bielefeld, 2003, S. 301-310

Gordon, W.I.J. (1961); Synctectics - Development of Creative Capacity, London, 1961

Görlitz, P.; Rodewald, F.; Schmidt, M. (1978); Ansprüche an Studenten werden selbst nicht realisiert, Mit Studenten, Kollegen und Widersprüchen umgehen, Bensheim, 1978

Graeßner, G. (1996); Akademische Lehre - Trainingsfeld für Schlüsselqualifikationen, in: Kürten, L.; Lemmens, M.: Nachwuchs der Forschung. Situationen eines Berufsweges: Entscheidungen, Entsagungen, Erfolge?, Stuttgart et al., 1996, S. 83-90

Grigat, F. (1991); Das Berufsbild des Universitätslehrers, Forum-Reihe des Deutschen Hochschulverbandes, Heft 55, Bonn, 1991

Grigat, F. (2002); Studium und Wissenschaft um der Karriere willen?, in: Forschung und Lehre, 5/2002, 9. Jg., S. 247-249

Grigat, F. (2007a); Führungsstark, kommunikativ und visionär. Ansichten amerikanischer Hochschulpräsidenten über ihren Beruf, Geld, Gott und die Welt, in: Forschung und Lehre, 1/2007, 13. Jg., S. 20-21

Grigat, F. (2007b); Was Hochschulpräsidenten und -rektoren denken, in: Forschung und Lehre, 11/2007, 13. Jg., S. 1-5

Grob, U.; Maag Merki, K. (2001); Überfachliche Kompetenzen. Theoretische Grundlegung und empirische Erprobung eines Indikatorensystems, Dissertation, Bern, 2001

Grossmann, R.; Pellert, A.; Gotwald, V. (1997); Krankenhaus, Schule, Universität: Charakteristika und Optimierungspotentiale, in: Grossmann, R.: Besser Billiger Mehr. Zur Reform der Expertenorganisation Krankenhaus, Schule, Universität, Wien, New York, 1997, S. 24-35

Gruber, J. (1998); Weiterbildung an der Universität. Eine empirische Studie, Innsbruck 1998

Grubitzsch, S. (2004); Organisations- und Fachbereichsstrukturen, in: Hanft, A. (Hrsg.): Grundbegriffe des Hochschulmanagements, Neuwied, 2004, S. 336-341

Grubitzsch, S. (2006); Wieviel Management braucht eine Hochschule?, in: Pellert, A. (Hrsg.): Einführung in das Hochschulmanagement und Wissenschaftsmanagement. Ein Leitfaden für Theorie und Praxis, Bonn, 2006, S. 119-120

Grübler, B. (2005); Frischer Wind an der LMU München, in: DUZ Spezial: Kluge Köpfe frische Ideen, 2005, S. 15-17

Grün, J.; Röhrig, P. (2006); "Ich würde es immer an ein Sachthema binden" Teamentwicklung in der Verwaltung, in: Reinhardt, C.; Dorando, M.; Kerbst, R. (Hrsg.): Coaching und Beratung an Hochschulen, Bielefeld, 2006, S. 84-99

Grunwald, W. (1995); Aufgaben und Schlüsselqualifikationen von Managern, in: Sarges, W. (Hrsg.): Managementdiagnostik, 2. Aufl., Göttingen et al., 1995, S. 194-206

Gudykunst, W.B.; Guzley, R.M.; Hammer, M.R. (1996); Designing Intercultural Training, in: Landis, D.; Bhagat, R.S. (Hrsg.): Handbook of Intercultural Training, 2. Aufl., Thousand Oaks et al., 1996, S. 61-80

Gudykunst, W.B.; Hammer, M.R. (1983); Basic Training Design: Approaches to Intercultural Training, in: Landis, D.; Brislin, R.W. (Hrsg.): Handbook of Intercultural Training, Bd. 1, New York, Oxford, Toronto 1983, S. 118-154

Guldin, A. (2006); Förderung von Innovationen, in: Schuler, H. (Hrsg.): Lehrbuch der Personalpsychologie, 2. Aufl., Göttingen, 2006, S. 306-329

Häberle, D.A.; Schubö, W. (1996); Ringkampf Forschung - Worauf muss man/frau gefaßt sein?, in: Kürten, L.; Lemmens, M. (Hrsg.): Nachwuchs der Forschung. Situationen eines Berufsweges: Entscheidungen, Entsagungen, Erfolge?, Stuttgart et al., 1996, S. 37-50

Haefner, K. (1998); Ein neues Modell? Der Universitätsprofessor des 21. Jahrhunderts, in: Forschung und Lehre, 7/1998, 5. Jg., S. 343-344

Hagedorn, T. (2004); Trainingskurs Medieneinsatz im Hochschulunterricht: Beschreibung und Evaluation, in: Ehlert, H.; Welbers, U. (Hrsg.): Qualitätssicherung und Studienreform, 1. Aufl., Düsseldorf, 2004, S. 215-227

Hagemann, M, Rottmann, C. (1999); Selbst-Supervision für Lehrende: Konzept und Praxisleitfaden zur Selbstorganisation beruflicher Reflexion, Weinheim, München, 1999

Hahn, W. (1993); Soziale Kompetenz im Kooperativen Personal- und Bildungsmanagement, Dissertation, Bonn, 1993

Hahn, K. (2004); Die Internationalisierung der deutschen Hochschulen. Kontext, Kernprozesse, Konzepte und Strategien, 1. Aufl., Wiesbaden, 2004

Hall, A. (2007); Tätigkeiten und berufliche Anforderungen in wissensintensiven Berufen, Bonn, 2007

Hammerl, M. (2002); Neu auf dem Lehrstuhl. Hochschullehrer/innen als Führungskräfte, in: Organisationsberatung - Supervision - Coaching, 3/2002, 9. Jg., S. 217-227

Hanft, A. (2003); Plädoyer für ein institutionengemäßes Managementsystem, in: Lüthje, J.; Nickel, S. (Hrsg.): Universitätsentwicklung. Strategien, Erfahrungen, Reflexionen, Frankfurt am Main et al., 2003, S. 151-161

Hanft, A. (2004); Personalentwicklung als Hochschulentwicklung, in: Laske, S.; Scheytt, T.; Meister-Scheytt, C. (Hrsg.): Personalentwicklung und universitärer Wandel. Programm - Aufgaben - Gestaltung, München, 2004, S. 119-138

Harder, P. (2003); Hochschuldidaktische Qualifikation durch den "Master of Higher Education" der Universität Hamburg, in: Das Hochschulwesen, 1/2003, 51. Jg., S. 32-36

Hartmann, E. (1984); Hochschulmanagement, Berlin et al., 1984

Hartmer, M. (2002); Dienstrechtsreform und frühes Leid. Verfahrensstand, Auswirkungen und "lost generation", in: Forschung und Lehre, 2/2002, 9. Jg., S. 83-89

Hartmer, M. (2004); Das Binnenrecht der Hochschule, in: Hartmer, M.; Detmer, H. (Hrsg.): Hochschulrecht. Ein Handbuch für die Praxis, Heidelberg, 2004, S. 167-204

Hartmer, M. (2008); Forschen und lehren statt verwalten. Ergebnisse einer Umfrage zur Arbeitszeit, in: Forschung und Lehre, 2/2008, 15. Jg., S. 92-93

Hartung, M.J. (2004); Rabenväter. Schlechte Noten für Deutschlands Professoren - viele Doktoranden klagen über mangelhafte Betreuung, in: Die Zeit, 30.09.2004, Nr. 41, online unter: http://zeus.zeit.de/text/2004/41/C-doktoranden

Hasler, J. (1993); Die deutsche Universität im 21. Jahrhundert, in: Stifterverband für die deutsche Wissenschaft (Hrsg.): Wozu Universitäten - Universitäten wohin?, Essen, 1993, S. 48-55

Hauser, B. (2006); Action Learning im Management Development. Eine vergleichende Analyse von Action-Learning-Programmen zur Entwicklung von Führungskräften in drei verschiedenen Unternehmen, Dissertation, München, Mering, 2006

Hauser, E. (1991); Coaching: Führung für Geist und Seele, in: Feix, W.E. (Hrsg.): Personal 2000: Visionen und Strategien erfolgreicher Personalarbeit, Frankfurt am Main, 1991, S. 207-236

Heger, M.; Wesseler, M. (1996); Qualität der Lehre: Fortbildung der Fortbilder - Tagungsreihe der AHD, in: Das Hochschulwesen, 2/1996, 44. Jg., S. 133-134

Heiber, H. (1983); Messung von Forschungsleistungen der Hochschulen, Baden-Baden, 1983

Heinen, E.; Dietel, B. (1991); Kostenrechnung, in: Heinen, E. (Hrsg.): Industriebetriebslehre: Entscheidungen im Industriebetrieb, 9. Aufl., Wiesbaden, 1991, S. 1157-1313

Heiner, M.; Schneckenberk, D.; Wildt, J. (2002); Hochschuldidaktik on-line: Ein Internetportal für hochschuldidaktische Fachinformation, Qualifizierung und Vernetzung, in: Journal Hochschuldidaktik, 2/2002, 13. Jg., S. 21-26

Heintel, P. (1986); Modellbildung in der Fachdidaktik: eine philosophisch-wissenschaftstheoretische Untersuchung, 2. Aufl., Wien, 1986

Heisig, P.; Finke, I. (2003); Wissensmanagement-Kompetenz-Check, in: Erpenbeck, J.; Rosenstiel, L. von: Handbuch Kompetenzmessung: Erkennen, Verstehen und Bewerten von Kompetenzen in der betrieblichen, pädagogischen und psychologischen Praxis, Stuttgart, 2003, S. 488-504

Hener, Y. (2004); Hochschulrat, in: Hanft, A. (Hrsg.): Grundbegriffe des Hochschulmanagements, 2. Aufl., Bielefeld, 2004, S. 171-177

Herbert, U. (2007); Auch die Lehre soll sich lohnen. Bislang zählt für einen deutschen Professor nur die Forschung. Das soll sich ändern, in: Die Zeit, 1.2.2007, S. 39

Herrmann, U. (2000); Bildung durch Wissenschaft?, in: Pädagogische Rundschau, 5/2000, 54. Jg., S. 487-506

Hersey, P.; Blanchard, K.H.; Johnson, D.E. (1996); Management of Organizational Behavior. Utilizing Human Resources, 7. Aufl., Prentice Hall, 1996

Heyse, V. (2003); Selbstorganisiertes Lernen, in: Rosenstiel, L. von; Regnet, E.; Domsch, M. (Hrsg.): Führung von Mitarbeitern. Handbuch für erfolgreiches Personalmanagement, 5. Aufl., Stuttgart, 2003, S. 573-592

Heyse, V.; Erpenbeck, J. (2004); Kompetenztraining. 64 Informations- und Trainingsprogramme, Stuttgart, 2004

Hödl, E.; Zegelin, W. (1999); Hochschulreform und Hochschulmanagement, Marburg, 1999

Höfer, B. (2005); Management von Forschungseinrichtungen: Strategische Planung und Entwicklung des Personals am Beispiel des Deutschen Zentrums für Luft- und Raumfahrt e.V., in: Fisch, R.; Koch, S. (Hrsg.): Human Resources in Hochschule und Forschung, Bonn, 2005, S. 153-163

Hoffmann, W. (1999); Den Muff aus den Talaren, in: Die Zeit, Nr. 36, 02.09.1999, S. 19

Hofman, L.M. (2000); Führungskräfte in Europa. Empirische Analyse zukünftiger Anforderungen, 1. Aufl., Wiesbaden, 2000

Holling, H. (2000); Verhaltensmodellierung für die Durchführung von Mitarbeitergesprächen, in: Kleinmann, M. (Hrsg.): Potenzialfeststellung und Personalentwicklung, Göttingen, 2000, S. 237-249

Hornke, L. (1997); Personalprofil Professor, in: Hoebink, H. (Hrsg.): Perspektiven für die Universität 2000. Reformbemühungen der Hochschulen um mehr Effizienz, Neuwied et al., 1997, S. 111-124

HRK (1992); Konzept zur Entwicklung der Hochschulen in Deutschland, Bonn, 1992

HRK (1993); Zur Forschung in den Hochschulen, Bonn, 1993

HRK (1995); Auf dem Weg zur gläsernen Fachhochschule, Bonn, 1995

HRK (1996); Organisationsstrukturen von Fachhochschulen, Bonn, 1996

HRK (1997); Profilelemente von Universitäten und Fachhochschulen, Bonn, 1997

Huber, A.A. (2001); Koping-Gruppen und Praxistandems als Elemente kollegialer Supervision, in: Gruppendynamik und Organisationsberatung, 4/2001, 32. Jg., S. 419-431

Huber, B. (2003); Gestaltungsspielräume der Hochschulen in der Nachwuchsförderung, in: Beiträge zur Hochschulforschung, 2/2003, 25. Jg., S. 90-97

Huber, E. (2003); Hochschulen im Zeitalter der Globalisierung, in: Beiträge zur Hochschulforschung, 2/2003, 25. Jg., S. 98-105

Huber, L. (1976); Zur hochschuldidaktischen Fortbildung von Hochschullehrern, in: Neue Sammlung, 1/1976, o.Jg., S. 367-387

Huber, L. (1983); Hochschuldidaktik als Theorie der Bildung und Ausbildung, in: Huber, L.: Ausbildung und Sozialisation in der Hochschule, Enzyklopädie der Erziehungswissenschaft, Bd. 10, Stuttgart, 1983, S. 114-140

Huber, L. (1990a); Lehren und Lernen - Studenten und Hochschullehrer, in: Gorzka, G.; Messter, R.; Oehler, C. (Hrsg.): Wozu noch Bildung? Beiträge zu einem unerledigten Thema der Hochschulforschung, Kassel, 1990, S. 69-98

Huber, L. (1990b); Wissenschaftliches Personal an den Hochschulen in der Bundesrepublik Deutschland, in: Anweiler, O. et al. (Hrsg.): Vergleich von Bildung und Erziehung in der Bundesrepublik Deutschland und in der Deutschen Demokratischen Republik, Köln, 1990, S. 474-477

Huber, L. (1993); Förderung der Lehre an den Universitäten: Wie und durch wen?, in: Neusel, A.; Teichler, U.; Winkler, H. (Hrsg.): Hochschule. Staat. Politik. Christoph Oehler zum 65. Geburtstag, Frankfurt am Main et al., 1993, S. 103-126

Huber, L. (1995); Gegenüber von Lehre und Forschung, in: Enders, J.; Teichler, U.: Der Hochschullehrerberuf. Aktuelle Studien und ihre hochschulpolitische Diskussion, Kriftel, Berlin, Neuwied, 1995, S. 51-58

Huber, L.; Frank, A. (1991); Bemerkungen zum Wandel des Rollenverständnisses von Hochschullehrern, in: Webler, W.-D.; Otto, H.-U. (Hrsg.): Der Ort der Lehre in der Hochschule. Lehrleistungen, Prestige und Hochschulwettbewerb, Weinheim 1991, S. 143-160

Huber, L.; Portele, G. (1983); Die Hochschullehrer, in: Huber, L.: Ausbildung und Sozialisation in der Hochschule, Enzyklopädie der Erziehungswissenschaft, Bd. 10, Stuttgart, 1983, S. 193-218

Hubrath, M. (2006); Kompetenzfelder in der Wissenschaft, in: Hubrath, M.; Jantzen, F.; Mehrtens, M. (Hrsg.): Personalentwicklung in der Wissenschaft. Aktuelle Prozesse, Rahmenbedingungen und Perspektiven, Bielefeld, 2006, S. 43-54

Hubrath, M.; Jantzen, F.; Mehrtens, M. (2006); Einleitung der Herausgeber, in: Hubrath, M.; Jantzen, F.; Mehrtens, M. (Hrsg.): Personalentwicklung in der Wissenschaft. Aktuelle Prozesse, Rahmenbedingungen und Perspektiven, Bielefeld, 2006, S. 7-11

Hüfner, K. (1986); Hochschulkonjunktur und Flaute: Bildungspolitik in der Bundesrepublik Deutschland 1967-1980, Stuttgart, 1986

Hughes-Wiener, G. (1977); The "learning how to learn" approach to cross-cultural orientation, in: International Journal of Intercultural Relations, 1/1977, o.Jg., S. 485-505

Humboldt, W. von (1964/1809); Der Königsberger und der Litauische Schulplan, in: Ballauff, T. et al. (Hrsg.): Bildung des Menschen in Schule und Universität, Heidelberg, 1964 (Orig. 1809), S. 11-29

Humboldt, W. von (1956); Über die innere und äußere Organisation der Höheren wissenschaftlichen Anstalten in Berlin, in: Anrich, E. (Hrsg.): Die Idee der deutschen Universität. Die fünf Grundschriften aus der Zeit ihrer Neubegründung durch klassischen Idealismus und romantischen Realismus, Darmstadt, 1956, S. 375-386

Hungenberg, H. (1990); Planung eines Führungskräfteentwicklungssystems. Eine konzeptionelle Untersuchung der Gestaltung des Führungskräfteentwicklungssystems einer Unternehmung auf system- und entscheidungsorientierter Grundlage, Dissertation, Gießen, 1990

Iber, K. (2000); Das Projekt Personalentwicklung an der Universität Wien, in: Altricher, H.; Kloimwieder, T.; Stöbich, T. (Hrsg.): Lehre und Personalentwicklung an österreichischen Universitäten, Innsbruck, Wien, München, 2000, S. 24-38

Institut der deutschen Wirtschaft (2001); Zufriedene Professoren, in: DHV: Handbuch für den wissenschaftlichen Nachwuchs, 8. Aufl., Bonn, 2006, S. 3

Ipsen, D.; Portele, G. (1976); Organisation von Forschung und Lehre an westdeutschen Hochschulen, München, 1976

Ipsen, J. (2002); Die neue niedersächsische Hochschulverfassung, in: Niedersächsische Verwaltungsblätter, 10/2002, 9. Jg., S. 257-262

Isaacs, W.N. (1996); Dialog, kollektives Denken und Organisationslernen, in: Fatzer, G. (Hrsg.): Organisationsentwicklung und Supervision: Erfolgsfaktoren bei Veränderungsprozessen, Köln, 1996, S. 181-207

Ivancevich, J.; Donnelly, J. (1968); Job Satisfaction Research: A Manageable Guide for Practitioners, in: Personnel Journal, 1968, Jg. 47, S. 172-177

Jäger, P. (2001); Der Erwerb von Kompetenzen als Konkretisierung der Schlüsselqualifikationen: eine Herausforderung an Schule und Unterricht. Dissertation. Online unter: http://elib.ub.uni-passau.de/opus/volltexte/2001/117/index.html [14.01.2004], Passau, 2001

Jäger, W. (2004); Pro Schlüsselqualifikationen, in: Forschung und Lehre, 11/2004, 11. Jg., S. 606

Janson, K.; Schomburg, H.; Teichler, U. (2006); Wissenschaftliche Wege zur Professor oder ins Abseits? Strukturinformationen zu Arbeitsmarkt und Beschäftigung an Hochschulen in Deutschland und den USA, Kassel, 2006

Jarausch, K.H. (1991); Universität und Hochschule, in: Berg, C. (Hrsg.): 1870-1918. Von der Reichsgründung bis zum Ende des Ersten Weltkriegs. Handbuch der deutschen Bildungsgeschichte, Bd. IV, München, 1991, S. 313-370

Jeschek, W. (1993); Fachhochschulen im Hochschulsystem in Deutschland, in: Vierteljahreshefte zur Wirtschaftsforschung, 1-2/1993, S. 5-16

Jetter, F.; Skrotzki, R. (2000); "LIPS" - Systemische Personalentwicklung durch Lernimpulse, in: Jetter, F. et al. (Hrsg.): Managementkompetenz für Führungskräfte. Ein Handbuch zur Personalführung und Personalentwicklung, Hamburg, 2000, S. 103-141

John, R.; Fallner, H. (1980); Handlungsmodell Supervision, 2. Aufl., Mayen, 1980

Jost, E. et al. (2004); Warum wurde ich Wissenschaftler? Welche Qualitäten sind karriereförderlich?, in: Forschung und Lehre, 11/2004, 11. Jg., S. 594-595

Jung, C. (2005); Hochschule der Zukunft, in: DUZ Spezial: Kluge Köpfe frische Ideen, 2005, S. 31-34

Jung, H. (2003); Personalwirtschaft, 5. Aufl., München, 2003

Jungkind, W.; Willems, C. (2008); Vom Leidbild zum Leitbild - Fachbereiche als Lernende Organisation, in: Stelzer-Rothe, T. (Hrsg.): Kompetenzen in der Hochschullehre. Rüstzeug für gutes Lehren und Lernen an Hochschulen, Rinteln, 2008, S. 366-393

Kailer, N. (2004); Fort- und Weiterbildung, in: Gaugler, E.; Oechsler, W.A.; Weber, W. (Hrsg.): Handwörterbuch des Personalwesens, Stuttgart, 2004, S. 768-777

Kälin, K. (1995),Transaktionsanalyse und Führung, in: Kieser, A. (Hrsg.): Handwörterbuch der Führung, 2. Aufl., Stuttgart, 1995, S. 2039-2053

Kalkum, D. (1989); Der Lehrkörper an Fachhochschulen, Berlin, 1989

Kamenz, U.; Wehrle, M. (2008); Professor Untat: was faul ist hinter den Hochschulkulissen, 1. Aufl., Berlin, 2008

Kammhuber, S. (2003); Anforderungen an interkulturelle Trainings, in: Wirtschaftspsychologie aktuell, 2/2003, 10. Jg., S. 26-30

Kammhuber, S.; Müller, H.-M. (2007); Trainings interkultureller Kompetenz, in: Kanning, U.P. (Hrsg.): Förderung sozialer Kompetenzen in der Personalentwicklung, Göttingen, 2007, S. 239-261

Kanning, U.P. (2005); Soziale Kompetenzen. Entstehung, Diagnose und Förderung, Göttingen et al., 2005

Kanning, U.P. (2007); Steigerung der Effizienz von Personalentwicklungsmaßnahmen, in: Kanning, U.P. (Hrsg.): Förderung sozialer Kompetenzen in der Personalentwicklung, Göttingen, 2007, S. 319-345

Käppeli, S. (1991); Zur Entwicklung von Forschungskompetenz in der Weiterbildung und in der Pflegepraxis, in: Pflege, 2/1991, 4. Jg., S. 105-111

Karpen, U. (1984); Die Situation des wissenschaftlichen Nachwuchses an den deutschen Hochschulen aus Sicht des Hochschulverbandes: Referate gehalten in Kurs III/6 des Fortbildungsprogramms für die Wissenschaftsverwaltung (Projekt im Rahmen des OECD-Hochschulverwaltungsprogramms) vom 8. - 10.2.1984 in Hamburg, in: Arbeitsgruppe Fortbildung im Sprecherkreis der Hochschulkanzler (Hrsg.): Die Hochschule - Forschungsstätte als Arbeitsplatz für den wissenschaftlichen Nachwuchs, Essen, 1984, S. 51-96

Karpen, U. (1989); Hochschulfinanzierung zwischen Staatsverwaltung und Selbstverwaltung, in: Karpen, U. (Hrsg.): Hochschulfinanzierung in der BRD, Baden-Baden, 1989, S. 19-40

Karpen, U. (1995); Status und Besoldung von Hochschullehrern im internationalen Vergleich, in: Enders, J.; Teichler, U. (Hrsg.): Der Hochschullehrerberuf. Aktuelle Studien und ihre hochschulpolitische Diskussion, Neuwied, Kriftel, Berlin, 1995, S. 81-104

Kastner, M. (1990); Personalmanagement heute, Landsberg Lech, 1990

Keller, G. (1983); Academic strategy: the management revolution in American higher education, 2. Aufl., Baltimore et al., 1983

Kempen, B. (2005); Die Universität in fünfzig Jahren. Eine Prognose mit aktuell-kritischem Bezug, in: Forschung und Lehre, 5/2005, 12. Jg., S. 240-244

Kempen, B. (2006); Mehr Mut, in: Forschung und Lehre, 3/2006, 13. Jg., S. 117

Kern, H. (2002); Steuern durch Zielvereinbarungen, in: Oppermann, T. (Hrsg.): Vom Staatsbetrieb zur Stiftung, Göttingen, 2002, S. 83-91

Kersting, H.J.; Krapohl, L. (2000); Teamsupervision, in: Pühl, H. (Hrsg.): Handbuch der Supervision 2, Berlin, 2000, S. 59-77

Keßler, H.; Hönle, C. (2002); Karriere im Projektmanagement, Berlin et al., 2002

Kiehnle, A. (2002); Feedback als Chance. Ein Best-Practice Beispiel der kollegialen Hospitation aus der juristischen Lehre, in: Berendt, B. (Hrsg.): Neues Handbuch Hochschullehre. Lehren und Lernen effizient gestalten, Stuttgart et al., 2002, L 3.3

Kiel, S. (1987); Der Hochschullehrer als Betreuer, Berlin, 1987

Kirchhöfer, D. (2004); Lernkultur Kompetenzentwicklung: begriffliche Grundlagen, Berlin 2004

Kitzmann, A.; Zimmer, D. (1982); Grundlagen der Personalentwicklung, Weil der Stadt, 1982

Klein, O.G. (2002); Grundlagen, Themen und Methoden eines Coaching-Prozesses mit konstruktivistischem Hintergrund, in: Rauen, C. (Hrsg.): Handbuch Coaching, Göttingen et al., 2. Aufl., 2002, S. 143-160

Kliesch, S. et al. (2002); Eine Reform zum Schaden des wissenschaftlichen Nachwuchs. Eine notwendige Polemik zur Hochschullehrerdienstrechtsreform, in: Forschung und Lehre, 4/2002, 9. Jg., S. 195-198

Klinkhammer, M. (2004); Supervision und Coaching für Wissenschaftlerinnen. Theoretische, empirische und handlungsspezifische Aspekte, Dissertation, Wiesbaden, 2004

Klinkhammer, M. (2005); Supervision für Hochschullehrerinnen und Hochschullehrer. Beratungsbedarf kontra Beratungsbedürfnis, in: Supervision, 1/2005, 31. Jg., S. 60-64

Klinkhammer, M. (2006a); Brauchen Wissenschaftler/innen (k)eine Beratung? Supervision und Coaching für Wissenschaftler/innen, in: P-OE, Personal- und Organisationsentwicklung in Einrichtungen der Lehre und Forschung, 2/2006, 1. Jg., S. 34-39.

Klinkhammer, M. (2006b); Supervision und Coaching im Hochschul- und Forschungsbereich: Beschreibung eines Beratungsformates, in: P-OE, Personal- und Organisationsentwicklung in Einrichtungen der Lehre und Forschung, 4/2006, 1. Jg., S. 89-94

Klüver, J. (1983); Hochschule und Wissenschaftssystem, in: Huber, L.: Ausbildung und Sozialisation in der Hochschule, Enzyklopädie der Erziehungswissenschaft, Bd. 10, Stuttgart, 1983, S. 78-91

Kluge, N.; Neusel, A.; Teichler, U. (1981); Beispiele praxisorientierten Studiums, Bonn, 1981

KMK (2006); Das Bildungswesen in der BRD 2004. Darstellung der Kompetenzen und Strukturen sowie der bildungspolitischen Entwicklungen für den Informationsaustausch in Europa, o.O., 2006

KMK (2009); Grundstruktur des Bildungswesens in der Bundesrepublik Deutschland, online unter http://www.kmk.org/fileadmin/doc/Dokumentation/Bildungswesen_pdfs/dt-2009.pdf, Bonn, Stand Januar 2009

Knoll, J. (2004); Hochschuldidaktik und Qualitätsentwicklung. Ein Programm, in: Fröhlich, W.; Jütte, W.; Knoll, J. (Hrsg.): Hochschuldidaktik und Qualitätsentwicklung: Ein Beitrag zur Förderung innovativer Lehr-Lernkultur in der wissenschaftlichen Weiterbildung, Krems, 2004, S. 9-15

Koballa, T.R. et al. (1992); Peer coaching: Capitalizing on constructive criticism. In: The Science Teacher, 59. Jg., S. 42-44

Kolmerer, H. (2005); Führungskräfteentwicklung und Action Learning, in: Jetter, F.; Swotzki, R. (Hrsg.): Soziale Kompetenz. Führungskräfte lernen Emotionale Intelligenz, Motivation, Coaching, Regensburg, Berlin, 2005, S. 143-173

König, E. (1992); Soziale Kompetenz, in: Gaugler, E.; Weber, W. (Hrsg.): Handwörterbuch des Personalwesens, 2. Aufl., Stuttgart, 1992, S. 2046-2056

Kopetz, H. (2002); Forschung und Lehre. Die Idee der Universität bei Humboldt, Jaspers, Schelsky und Mittelstraß, Wien, Köln, Graz, 2002

Kopp, B. von; Weiß, M. (1995); Der Arbeitsplatz Universität und die Zukunft der Hochschulen. Ergebnisse einer Befragung von Professoren westdeutscher Universitäten, in: Enders, J.; Teichler, U. (Hrsg.): Der Hochschullehrerberuf. Aktuelle Studien und ihre hochschulpolitische Diskussion, Neuwied, Kriftel, Berlin, 1995, S. 105-126

Kopp, R.; Weiß, M. (1993); Der Arbeitsplatz Universität und die Zukunft der Hochschulen aus der Sicht von Hochschullehrern. Eine internationale Vergleichsuntersuchung. Erster Ergebnisbericht, Frankfurt am Main, 1993

Korte, H. (1995); Die Prüfungsangst der Professoren, in: Die Zeit, Nr. 6 vom 03.02.1995, S. 38

Kossbiel, H.; Helfen, P.; Flöck, G. (1987); Situation und Perspektiven der Habilitanden an bundesdeutschen Hochschulen, Bonn, Bad Godesberg, 1987

Krahe, F.W. (1974); Was tut der Professor im Forschungssemester?, In: Mitteilungen des Hochschulverbandes, 3/1974, 22. Jg., S. 173-177

Krämer, M. (2007); Grundlagen und Praxis der Personalentwicklung, Göttingen, 2007

Krell, G. (2004); Vorgesetztenfeedback im wissenschaftlichen Bereich, in: Hanft, A. (Hrsg.): Grundbegriffe des Hochschulmanagements, Bielefeld, 2004, S. 482-486

Krell, G.; Weiskopf, R. (2004); Mitarbeiterführung, in: Hanft, A. (Hrsg.): Grundbegriffe des Hochschulmanagements, 2. Aufl., Bielefeld, 2004, S. 286-291

Kremkow, R. (1998); Ist "gute Lehre" meßbar? Die Verwendbarkeit studentischer Lehrbewertungen zur Darstellung der Lehrqualität und weitere Maßnahmen, in: Das Hochschulwesen, 4/1998, 46. Jg., S. 195-199

Kröber, E.; Thumser-Dauth (2002); Das Lehren lernen. Ein Grundlagenmodell hochschuldidaktischer Weiterbildung, in: Berendt, B. (Hrsg.): Neues Handbuch Hochschullehre. Lehren und Lernen effizient gestalten, Stuttgart et al., 2002, L 1.7

Kromrey, H. (1994); Wie erkennt man "gute Lehre"? Was studentische Vorlesungsbefragungen (nicht) aussagen, in: Empirische Pädagogik, 2/1994, 8. Jg., S. 153-168

Krüger, H. (1996); Grundtypen der Hochschulen, in: Flämig, C.: Handbuch des Wissenschaftsrechts, Bd. I, Berlin et al., 1996, S. 207-226

Krumbiegel, J. et al. (1995); Business Process Reengineering an der Universität, in: Personal, 10/1995, 47 Jg., S. 526-533

Kruse, O.; Jakobs, E.-M. (1999); Schreiben lehren an der Hochschule: Ein Überblick, in: Kruse, O. (Hrsg.): Schlüsselkompetenz Schreiben: Konzepte, Methoden, Projekte für Schreibberatung und Schreibdidaktik an der Hochschule, Neuwied, Kriftel, 1999, S. 19-36

Kübler, H. (1980); Organisation und Führung von Behörden, 4. Aufl., Stuttgart et al., 1980

Küchler, J. (1979); Gruppendynamische Verfahren in der Aus- und Weiterbildung, München, 1979

Kuhl, J.; Henseler, W. (2003); Entwicklungsorientiertes Scanning (EOS), in: Erpenbeck, J.; Rosenstiel, L. von (Hrsg.): Handbuch Kompetenzmessung, Stuttgart, 2003, S. 428-453

Kühler, L.L. (2005); Die Orientierung der Reformen im deutschen Hochschulsystem - seit 1998 - am Vorbild des amerikanischen Hochschulwesens, Dissertation, München, 2005

Kuhne, D. (2004); Von der (Un)Möglichkeit des Notwendigen - Personalentwicklung für das wissenschaftliche Personal an Hochschulen, in: Gützkow, F.; Quaißer, G. (Hrsg.): Hochschule gestalten. Denkanstöße aus Hochschulpolitik und Hochschulforschung, Bielefeld, 2004, S. 27-38

Künzel, M. (2005); Certified Teacher in Higher Education - Der Berner modularisierte und individualisierte Studiengang, in: Brendel, S.; Kaiser, K.; Macke, G. (Hrsg.): Hochschuldidaktische Qualifizierung. Strategien und Konzepte im internationalen Vergleich, Bielefeld, 2005, S. 135-142

Kupper, H. (2001); Die Kunst der Projektsteuerung. Qualifikationen und Aufgaben eines Projektleiters, 9. Aufl., München, Wien, 2001

Küpper, H.-U.; Hartmann, Y.E. (1997); Bedeutung verhaltenswissenschaftlicher Erkenntnisse für das Personal-Controlling von Forschungsprojekten, in: Klimecki, R. (Hrsg.): Personal als Strategie: mit flexiblen und lernbereiten Human-Ressourcen Kernkompetenzen aufbauen, Neuwied et al., 1997, S. 338-366

Küpper, H.-U.; Sinz, E.J. (1998); Vorwort, in: Küpper, H.-U.; Sinz, E.J.: Gestaltungskonzepte für Hochschulen. Effizienz, Effektivität, Evolution, Stuttgart, 1998, S. VII-VIII

Lammers, F. (1998); Personalentwicklung "off the job", in: Kleinmann, M.; Strauß, B. (Hrsg.): Potentialfeststellung und Personalentwicklung, Göttingen et al., 1998, S. 199-220

Landfester, K.; Rössel, J. (2003); Sieht alt aus, der Kleine, in: Süddeutsche Zeitung, 27.06.2003, S. 18

Landfried, K. (2001); Bildungsreform: Was wird aus den deutschen Hochschulen?, in: IfO-Schnelldienst, 4/2001, 54. Jg., S. 3-13

Laske, S.; Auer, M. (2006); Strategisches akademisches Personalmanagement - Gedanken zum Versuch an Hochschulen Speck mit "Mäusen" zu fangen, in: P-OE, Personal- und Organisationsentwicklung in Einrichtungen der Lehre und Forschung, 03/2006, 1. Jg., S. 65-68

Laske, S.; Habich, J. (2004); Kompetenz und Kompetenzmanagement, in: Gaugler, E.; Oechsler, W.A.; Weber, W. (Hrsg.): Handwörterbuch des Personalwesens. Enzyklopädie der Betriebswirtschaftslehre, Bd. V, 3. Aufl., Stuttgart, 2004, S. 1006-1014

Laske, S.; Hammer, R. (1997); Zur Autonomiefähigkeit der Universität - Eine eher skeptische Nabelschau, in: Altrichter, H.; Schratz, M.; Pechar, H. (Hrsg.): Hochschulen auf dem Prüfstand. Was bringt Evaluation für die Entwicklung von Universitäten und Fachhochschulen?, Innsbruck, 1997, S. 27-47

Laske, S.; Meister-Scheytt, C. (2003); Wer glaubt, dass Universitätsmanager Universitäten managen, glaubt auch, dass Zitronenfalter Zitronen falten, in: Lüthje, J. (Hrsg.): Universitätsentwicklung: Strategien, Erfahrungen, Reflexionen, Frankfurt am Main et al., 2003, S. 163-187

Laske, S.; Meister-Scheytt, C. (2004); Domestizierung des Personals oder Entwicklung von Persönlichkeiten, in: Reinhardt, C. (Hrsg.): Verborgene Bilder - große Wirkung, Bielefeld, 2004, S. 33-43

Laske, S.; Meister-Scheytt, C. (2006); Leitungskompetenz, in: Pellert, A. (Hrsg.): Einführung in das Hochschulmanagement und Wissenschaftsmanagement. Ein Leitfaden für Theorie und Praxis, Bonn, 2006, S. 102-118

Latham, G.P.; Saari, L.M. (1979); The application of social learning theoriy to training supervisors through behavior modeling, in: Journal of Applied Psychology, 1979, 64. Jg., S. 239-246

Leichsenring, H.; Berthold, C. (2004); Umfrage unter Fachbereichs-Geschäftsführern und Geschäftsführerinnen, Gütersloh, 2004

Leichsenring, H. (2007); Die Professionalisierung des Fakultätsmanagements. Bericht zur Befragung 2006. Arbeitspapier Nr. 87 des CHE, Gütersloh, Mai 2007

Lenz, W. (1990); Fortbildung für Hochschullehrer - Eine unerfüllbare Sehnsucht?, in: Lenz, W.; Brunner, C. (Hrsg.): Universitäre Lernkultur. Lehrerbildung, Hochschullehrerfortbildung, Weiterbildung, Wien, Köln, Bohlau, 1990, S. 96-109

Lenzen, D.; Hedenigg, S. (2001); Hochschullehrer/Hochschullehrerin und wissenschaftlicher Nachwuchs, in: Roth, L. (Hrsg.): Pädagogik. Handbuch für Studium und Praxis, 2. Aufl., München, 2001, S. 1218-1233

Leutner-Ramme, S. (1997); "Der Dozent kratzt sich am Bart" - Beobachtungen und Beobachtungsmethoden im Weiterbildungskonzept "Lehren-lernen", in: Arnold, E. et al. (Hrsg.): Lehren Lernen. Ergebnisse aus einem Projekt zur hochschuldidaktischen Qualifizierung des akademischen Mittelbaus, Münster, 1997, S. 129-156

Lewin, K. (1947); Frontiers in Group Dynamics, I und II, in: Human Relations 1947, S. 4-41 sowie 143-153

LHG (2008); Minifest. Schluss mit der chronischen Unterfinanzierung der Hochschulen, Berlin, 2008

Linneweh, K. (2003); Weiterbildung für Top-Manager, in: Hofmann, L.M.; Regnet, E. (Hrsg.): Innovative Weiterbildungskonzepte: Trends, Inhalte und Methoden der Personalentwicklung in Unternehmen, 3. Aufl., Göttingen, 2003, S. 157-170

Litke, H.D. (2007); Projektmanagement. Methoden, Techniken, Verhaltensweisen, Evolutionäres Projektmanagement, 5. Aufl., München, 2007

Long, B.; Selent, P. (2006); Mentoring als mehrdimensionales Beratungsfeld, in: Wildt, J.; Szczyrba, B.; Wildt, B. (Hrsg.): Consulting. Coaching. Supervision. Eine Einführung in Formate und Verfahren Hochschuldidaktischer Beratung, Bielefeld, 2006, S. 215-225

Loss, W.; Rauen, C. (2002); Einzel-Coaching - Das Konzept einer komplexen Beratungsbeziehung, in: Rauen, C. (Hrsg.): Handbuch Coaching, 2. Aufl., Göttingen et al., 2002, S. 115-142

Lowey, S.; Czempik, S.; Lütze, B. (2005); Die Kompetenzhaltigkeit moderner betrieblicher Assessments, in: Arbeitsgemeinschaft Betriebliche Weiterbildungsforschung/Projekt Qualifikations-Entwicklungs-Management (Hrsg.): Kompetenzmessung im Unternehmen: Lernkultur- und Kompetenzanalysen im betrieblichen Umfeld, Münster et al., 2005, S. 723-759

Lübeck, D.; Soellner, R. (2006); Die Lehrmails - Konzeption, Implementation und Evaluation eines niedrigschwelligen Personalentwicklungsangebots für Hochschullehrende, in: Zeitschrift für Hochschulentwicklung, 2/2006, 1. Jg., S. 1-15

Lücke, N. (2004); Eine neue Welt entdecken, in: DUZ Magazin, 6/2004, 60. Jg., S. 31

Lundgreen, P. (1999); Mythos Humboldt in der Gegenwart: Lehre - Forschung - Selbstverwaltung, in: Ash, M.G. (Hrsg.): Mythos Humboldt. Vergangenheit und Zukunft der deutschen Universitäten, Wien, Köln, Weimar, 1999, S. 145-169

Lüthje, J. (2004); Leitungsstrukturen, in: Hanft, A. (Hrsg.): Grundbegriffe des Hochschulmanagements, Bielefeld, 2004, S. 267-275

Lynen, P.M. (2004); Entwicklungen des Hochschulorganisationsrechts und rechtliche Besonderheiten der anderen Hochschulen, in: Hartmer, M.; Detmer, H. (Hrsg.): Hochschulrecht. Ein Handbuch für die Praxis, Heidelberg, 2004, S. 512-547

Macke, G. (2005); Das Baden-Württemberg-Zertifikat für den Erwerb hochschuldidaktischer Kompetenzen - Konzept, Programm, Ergebnisse, in: Brendel, S.; Kaiser, K.; Macke, G. (Hrsg.): Hochschuldidaktische Qualifizierung. Strategien und Konzepte im internationalen Vergleich, 2005, S. 143-156

Macke, G.; Kaiser, K.; Brendel, S. (2003); Erwerb von Lehrkompetenz. Das Programm des Hochschuldidaktikzentrums der Universitäten des Landes Baden-Württemberg, in: Das Hochschulwesen, 1/2003, 51. Jg., S. 25-31

Maier-Leibnitz, H. (1979); Zwischen Wissenschaft und Politik. Ausgewählte Reden und Aufsätze 1974-1979, Bonn, 1979

Maier-Leibnitz, H. (1987); Akademische Ethik und Abwägen als Hilfsmittel der Entscheidungsfindung, in: Noelle-Neumann, E.; Maier-Leibnitz, H. (Hrsg.): Zweifel am Verstand. Das Irrationale als die neue Moral, 2. Aufl., Zürich, 1987

Maier-Leibnitz, H.; Schneider, C.M. (1991); The status of academic research in the Federal German Republic: a report on two surveys and the testimony of individual scientists, in: Minerva, 1/1991, 29. Jg., S. 27-60

Malik, F. (2001); Führen, leisten, leben. Wirksames Management für eine neue Zeit, München, 2001

Mangels, P. (1995); Nur derjenige, der selbst sozial kompetent ist, kann auch soziale Kompetenz vermitteln, in: Seyfried, B. (Hrsg.): "Stolperstein" Sozialkompetenz: was macht es so schwierig, sie zu erfassen, zu fördern und zu beurteilen?, Bielefeld, 1995, S. 53-66

March, J. (1999); Exploration an Exploitation in Organizational Learning, in: March, J. (Hrsg.): The Pursuit of Organizational Intelligence, Oxford, 1999, S. 114-136

Marx, S. (2002); Neue Wege in der hochschuldidaktischen Weiterbildung. Das Konzept des Kompetenzzentrums Hochschuldidaktik Niedersachsen, in: Berendt, B. (Hrsg.): Neues Handbuch Hochschullehre. Lehren und Lernen effizient gestalten, Stuttgart et al., 2002, L 1.2

Mayer, K.U. (2002); Schwindendes Vertrauen? Überlegungen zum Verhältnis von Hochschule und Gesellschaft, in: Beiträge zur Hochschulforschung, 4/2002, 24. Jg., S. 6-17

Mayer, S.J.; Russel, J.S. (1987); Behavior modeling training in organizations: Concerns and conclusions, in: Journal of Management, 13/1987, 13. Jg., S. 21-40

McKeachie, W.J. (1979); Perspectives from Psychology. Financial Incentives are Ineffective for Faculty, in: Lewis, D.R.; Becker, E.E. Jr. (Hrsg.): Academic Rewards in Higher Education, Cambridge 1979, S. 3-20

McKeachie, W.J. (1982); The Rewards of Teaching, in: Bess, J. (Hrsg.): New Directions for Teaching and Learning: Motivating Professors to Teach Effectively, San Francisco, 1982, S. 7-13

Mehrtens, M. (2004); Personalentwicklung für Juniorprofessoren. Instrument gezielter Förderung und aktiver Hochschulentwicklung in der Universität Bremen, in: Das Hochschulwesen, 2/2004, 52. Jg., S. 51-55

Mehrtens, M. (2006); Personalentwicklung - Ein kritischer Erfolgsfaktor für eine nachhaltige (Qualitäts-)Entwicklung (in) der Universität, P-OE, Personal- und Organisationsentwicklung in Einrichtungen der Lehre und Forschung, 1/2006, 1. Jg., S. 13-15

Mehrtens, M. (2008), Gespräch über Personalentwicklung an Hochschulen mit Martin Mehrtens, Dezernent für Organisation, Personalentwicklung, EDV und zentrale Dienste der Universität Bremen, P-OE, Personal- und Organisationsentwicklung in Einrichtungen der Lehre und Forschung, 1+2/2008, 3. Jg., S. 3-8

Meier, H.; Schindler, U. (1992); Aus- und Fortbildung für Führungskräfte, in: Gaugler, E.; Weber, W. (Hrsg.): Handwörterbuch des Personalwesens, 2. Aufl., Stuttgart, 1992, S. 510-524

Mendenhall, M.E.; Dunbar, E.; Oddou, G.R. (1987); Expatriate Selection, Training and Career-Pathing. A Review and Critique, in: HRM, 1987, 26. Jg., S. 331-345

Mentzel, W. (1989); Unternehmenssicherung durch Personalentwicklung: Mitarbeiter motivieren, fördern und weiterbilden, 4. Aufl., Freiburg im Breisgau, 1989

Merk, R.; Rempe, M.; Niemeier, W. (2004); Kompetenzanalyse und Kompetenzentwicklung - vom Leitbild zur Umsetzung Erfahrungen und Perspektiven an der Fachhochschule des Mittelstandes (FHM) Bielefeld, in: Heyse, V.; Erpenbeck, J.; Max, H. (Hrsg.): Kompetenzen erkennen, bilanzieren und entwicklen, Münster, 2004, S. 62-68

Merkt, M. (2002); Vom Zertifikat zum Master. Das Hamburger Modell der hochschuldidaktischen Weiterbildung, in: Berendt, B. (Hrsg.): Neues Handbuch Hochschullehre. Lehren und Lernen effizient gestalten, Stuttgart et al., 2002, L 1.6

Merkt, M.; Schulmeister, R. (2004); Die Entwicklung von Medienkompetenz unter dem Aspekt der Professionalisierung von Hochschullehrenden, in: Bett K.; Wedekind J.; Zentel P. (Hrsg.): Medienkompetenz für die Hochschullehre, Münster, 2004, S. 111-130

Mersch, B. (2004); Fachwissen bestens, Darstellung mangelhaft, in: Spiegel Online, 14.12.2004

Mertens, D. (1974); Schlüsselqualifikationen. Thesen zur Schulung für eine moderne Gesellschaft, Mitteilungen aus der Arbeitsmarkt- und Berufsforschung, 7/1974, S. 36-43

Meyer, K.U. (2005); Das Hochschulwesen, in: Cortina, K.S. et al. (Hrsg.): Das Bildungswesen in der Bundesrepublik Deutschland. Strukturen und Entwicklungen im Überblick, 2. Aufl., Reinbek bei Hamburg, 2005, S. 581-624

Meynhardt, T. (2004); Kompetenzcoaching für Studenten mit KODE², in: Heyse, V.; Erpenbeck, J.; Max, H. (Hrsg.): Kompetenzen erkennen, bilanzieren und entwickeln, Münster, 2004, S. 69-73

Minssen, H.; Piorr, R. (2004); Warum entspricht die Vielfalt von Personalentwicklungsmaßnahmen der Anzahl der Unternehmen, die sie einsetzen? Personalentwicklung und verborgene Bilder von Organisationen, in: Reinhardt, C. (Hrsg.): Verborgene Bilder - große Wirkung. Was Personalentwicklung an Hochschulen bewegt, Bielefeld, 2004, S. 13-32

Mintzberg, H. (1979); The structuring of organizations: a synthesis of the research, London, 1979

Mintzberg, H. (1983); Structures in Five: Designing Effective Organizations, New Yersey, 1983

Mintzberg, H. (1992); Die Mintzberg-Struktur: Organisationen effektiver gestalten, Landsberg/Lech, Konstanz, 1992

Mittelstraß, J. (1997); Die Zukunft der Wissenschaft und die Gegenwart der Universität, in: Bachmaier, H.; Fischer, E.P. (Hrsg.): Der Streit der Fakultäten. Oder die Idee der Universität, 1997, S. 9-28

Mittmann, M. (1995); Public Management. Personalentwicklung für Hochschullehrer und Hochschullehrerinnen, 1995

Mohn, L. (2001); Unternehmenskultur in der Zeitenwende, in: Simon, H. (Hrsg): Unternehmenskultur und Strategie, Frankfurt am Main, 2001, S. 307-308

Mohr, H. (1999); Wissen. Prinzip und Ressource, Berlin et al., 1999

Möller, H.; Meister-Scheytt, C.; Edlinger, G. (2006); Die Einführung von Mitarbeiter/Innengesprächen an österreichischen Universitäten, in: Organisationsberatung - Supervision - Coaching, 4/2006, 13. Jg., S. 363-376

Morkel, A. (2000); Die Universität muss sich wehren, Darmstadt, 2000

Moses, I. (1986); Promotion of academic staff, in: Higher Education, 15/1986, 33. Jg., S. 135-149

Möstl, E. (2000); Personalschulung und Kurse an der Veterinärmedizinischen Universität Wien, in: Altricher, H.; Kloimwieder, T.; Stöbich, T.: Lehre und Personalentwicklung an österreichischen Universitäten, Innsbruck, Wien, München, 2000, S. 44-46

Motzel, E.; Pannenbäcker, O. (1999); Der Projektmanagement-Kanon, Eschborn, 1999

Motzel, E.; Pannenbäcker, O.; Wolf, U. (1998); Qualifizierung und Zertifizierung von Projektpersonal, Köln, 1998

Müller, A.; Fisch, R. (2005); Personalentwicklung für Hochschule und Forschung, in: Fisch, R.; Koch, S.: Human Resources in Hochschule und Forschung. Leistungsprozesse, Strategien, Entwicklung, Bonn, 2005, S. 11-22

Müller, B. (1989); Grundlagen, in: Karpen, U. (Hrsg.): Hochschulfinazierung in der Bundesrepublik Deutschland, Baden-Baden, 1989, S. 41-57

Müller, R.A. (1990); Geschichte der Universität. Von der mittelalterlichen Universitas zur deutschen Hochschule, München, 1990

Müller, V. (2004); Agentur von Ahnungslosen, in: Forschung und Lehre, 10/2004, 11. Jg., S. 562

Müller-Böling, D. (1999); Hochschulmanagement als Konfliktmanagement, in: Schwaninger, M. (Hrsg.): Intelligente Organisationen, Konzepte für turbulente Zeiten auf der Grundlage von Systemtheorie und Kybernetik; wissenschaftliche Jahrestagung der Gesellschaft für Wirtschafts- und Sozialkybernetik vom 2. - 4. Oktober 1997 in St. Gallen, Schweiz, Berlin, 1999, S. 33-46

Müller-Böling, D.; Schreiterer, U. (1999); Hochschulmanagement durch Zielvereinbarungen - Perspektiven eines neuen Steuerungsinstruments, in: Fedrowitz, J.; Krasny, E.; Ziegele, F. (Hrsg.): Hochschulen und Zielvereinbarungen - neue Perspektiven der Autonomie. Vertrauen - verhandeln - vereinbaren, Gütersloh, 1999, S. 9-26

Müller-Wolf, H.-M. (1977); Lehrverhalten an der Hochschule. Dimensionen, Zusammenhänge, Trainingsmöglichkeiten, 1. Aufl., München, 1977

Münch, J. (1995); Personalentwicklung als Mittel und Aufgabe moderner Unternehmensführung. Ein Kompendium für Einsteiger und Profis, Bielefeld, 1995

Munzel, M. (2003); Open Space. Kreatives Arbeiten mit großen Gruppen, in: Hofmann, L.M.; Regnet, E. (Hrsg.): Innovative Weiterbildungskonzepte, Göttingen et al., 2003, S. 291-296

Mürmann, M. (2005); Nicht nur immer wichtiger, sondern auch immer besser! Bundesweite Abstimmung und Weiterentwicklung hochschuldidaktischer Qualifizierung, Newsletter für die Hochschuldidaktik, www.hd-on-line.de/newsletter/06/news02.html, 4/2005, S. 1-3

Mürmann, M.; Schulte, D. (2003); Lehrveranstaltungen lerngerecht planen, in: Welbers, U. (Hrsg.): Hochschuldidaktische Aus- und Weiterbildung. Grundlagen - Handlungsformen - Kooperationen, Bielefeld, 2003, S. 133-140

Mußgnug, R. (1997); Der Professor im Recht, in: Hoebink, H. (Hrsg.): Perspektiven für die Universität 2000. Reformbestrebungen der Hochschulen um mehr Effizienz, Neuwied, 1997, S. 125-144

Mutzeck, W. (1989); Kollegiale Supervision. Wie LehrerInnen durch reflektierte Erfahrung, gegenseitige Beratung und Stützung lernen, ihren Berufsalltag besser zu bewältigen, in: Forum Pädagogik, 4/1989, o.Jg., S. 178-182

Mutzeck, W. (2008); Methodenbuch kooperative Beratung, Weinheim, Basel, 2008

Nagel, K. (1991); Weiterbildung als strategischer Erfolgsfaktor, 2. Aufl., 1991

Nehlsen-Pein, T. (2006); Multimedial gestütztes Qualifizierungsmodell "Projektmanagement", Dissertation, Bremen, 2006

Neuberger, O. (1994); Personalentwicklung, 2. Aufl., Stuttgart, 1994

Neyses, J. (1998); Zur Bedeutung kollegialer Leitungsstrukturen, in: Müller-Böling, D.; Fedrowitz, J. (Hrsg.): Leitungsstrukturen für autonome Hochschulen. Verantwortung, Rechenschaft, Entscheidungsfähigkeit, Gütersloh, 1998, S. 181-188

Nickel, S.; Zechlin, L. (2006); Die Suche nach der optimalen Organisationsstruktur. Zur Reform der dezentralen Ebene in Universitäten, in: Welte, H.; Auer, M.; Meister-Scheytt (Hrsg.): Management von Universitäten. Zwischen Tradition und (Post-)Moderne, 2. Aufl., München, Mering, 2006, S. 193-208

Nickut, J. (2002); Personal- und Managemententwicklung in der Bosch-Gruppe: Ein Überblick, in: Riekhof, H.-C. (Hrsg.): Strategien der Personalentwicklung, 5. Aufl., Wiesbaden, 2002, S. 55-72

Noelle-Neumann, E. (1980); Die Arbeitssituation der Professoren, Mitteilungen des Hochschulverbandes, 3/1980, 28. Jg., S. 143-148

Nork, M.E. (1989); Management Training. Evaluation - Probleme - Lösungsansätze, München, Mering, 1989

North, K.; Reinhardt, K. (2005); Kompetenzmanagement in der Praxis. Mitarbeiterkompetenzen systematisch identifizieren, nutzen und entwickeln, 1. Aufl., Wiesbaden, 2005

o.V. (2003); Gewinn für alle Seiten, in: DUZ, 20/2003, 59. Jg., S. 13

o.V. (2005); Berufsrisiko Hochschullehrer?, in: UNI, 2/2005, o.Jg., S. 40-44

o.V. (2006); Erste Schritte trotz knapper Mittel, in: Personalführung, 7/2006, 39. Jg., S. 4-6

OECD (1973); Bildungswesen: mangelhaft. BRD-Bildungspolitik im OECD-Länderexamen, Frankfurt am Main, Berlin, München, 1973

Oechsler, W.A.; Rigbers, A. (2003); Eigenverantwortliches Handeln in der Hochschulverwaltung - zum Projekt Personalentwicklung an der Universität Mannheim, in: Koch, S.; Kaschuber, J.; Fisch, R. (Hrsg.): Eigenverantwortung für Organisationen, Göttingen et al., 2003, S. 153-163

Oehler, C. (1990); Forschung an den Hochschulen der BRD, in: Bundesministerium für innerdeutsche Beziehungen (Hrsg.): Vergleich von Bildung und Erziehung in der BRD und in der DDR, 1990, S. 482-485

Oehler, C.; Bradatsch, C. (1998); Die Hochschulentwicklung nach 1945, in: Führ, C.; Furck, C.-L. (Hrsg.): 1945 bis zur Gegenwart. Erster Teilband. Bundesrepublik Deutschland. Handbuch der deutschen Bildungsgeschichte, Bd. VI, München, 1998, S. 412-446

Oehler, C. et al. (1978); Organisation und Reform des Studiums - Eine Hochschullehrerbefragung, München et al., 1978

Offermanns, M.; Steinhübel, A. (2003); Coaching als ergänzendes Instrument zur Personalentwicklung, in: Hamborg, K-C.; Holling, H. (Hrsg.): Innovative Personal- und Organisationsentwicklung, Göttingen et al., 2003, S. 211-235

Oppermann, T. (1996); Selbstverwaltung und staatliche Verwaltung, in: Flämig, C.: Handbuch des Wissenschaftsrechts, Bd. I, 2. Aufl., Berlin et al., 1996, S. 1009-1038

Oppermann, T. (2002); Vom Staatsbetrieb zur Stiftung. Impulse für neue Hochschulen, in: Oppermann, T. (Hrsg.): Vom Staatsbetrieb zur Stiftung, Göttingen, 2002, S. 10-25

Oppermann, T. (2005); Ordinarienuniversität - Gruppenuniversität - Räteuniversität, in: Flämig, C. et al.: Wissenschaftsrecht. Die janusköpfige Rechtsnatur der Universität - ein deutscher Irrweg?, Tübingen, 2005, S. 1-18

Orth, H. (1999); Schlüsselqualifikationen an deutschen Hochschulen. Konzepte, Standpunkte und Perspektiven, Neuwied, Kriftel, Berlin, 1999

Orthey, A.; Rotering-Steinberg, S. (2001); Konzept und Erfahrungen zur Lehr-/Lernsupervision im Tandem: Tandemintervision, in: Gruppendynamik und Organisationsberatung, 4/2001, 32. Jg., S. 393-402

Osborne, A.F. (1963); Applied Imagination, New York, 1963

Pack, L. (1977); Arbeitszeit und Arbeitstempo der Hochschullehrer, Forum des Hochschulverbandes, Heft 13, Bonn, Bad Godesberg, 1977

Pallasch, W. (1993); Supervision. Neue Formen beruflicher Praxisbegleitung in pädagogischen Arbeitsfeldern, Weinheim, München, 1993

Pallasch, W. (1996); Beratung - Training - Supervision: eine Bestandsaufnahme über Konzepte zum Erwerb von Handlungskompetenz in pädagogischen Arbeitsfeldern, Weinheim et al., 1996

Pallasch, W.; Reimers, H.; Mutzeck, W. (1996); Überblick, in: Pallasch, W.; Mutzeck, W.; Reimers, H. (Hrsg.): Beratung - Training – Supervision: Eine Bestandsaufnahme über Konzepte zum Erwerb von Handlungskompetenz in pädagogischen Arbeitsfeldern, 2. Aufl., Weinheim, München, 1996, S. 9-30

Pawlowsky, P.; Menzel, D.; Wilkens U. (2005); Wissens- und Kompetenzerfassung in Organisationen, in: Sonntag, K.-H. et al.: Kompetenzmessung in Unternehmen, Münster et al., 2005, S. 343-453

Peisert, H. (1990); Entwicklung und Struktur des Hochschulwesens in der BRD, in: Bundesministerium für innerdeutsche Beziehungen (Hrsg.): Vergleich von Bildung und Erziehung in der BRD und in der DDR, 1990, S. 394-413

Peisert, H.; Framhein, G. (1980); Das Hochschulsystem in der Bundesrepublik Deutschland: Funktionsweise und Leistungsfähigkeit, 2. Aufl., Stuttgart, 1980

Peisert, H.; Framhein, G. (1997); Das Hochschulsystem in der BRD, 2. Aufl., Bonn, 1997

Pellert, A. (1995a); Zwischen Gesellschaftsrelevanz und Gesellschaftsdistanz: Versuch einer Aufgabenbestimmung der Universität, in: Pellert, A.; Welan, M.: Die formierte Anarchie. Die Herausforderung der Universitätsorganisation, Wien, 1995, S. 30-80

Pellert, A. (1995b); Die Besonderheiten der Organisation Universität und ihrer Veränderungsprozesse, in: Pellert, A.; Welan, M.: Die formierte Anarchie. Die Herausforderung der Universitätsorganisation, Wien, 1995, S. 81-112

Pellert, A. (1995c); Gedanken einer zukunftsorientierten Personalentwicklung an Universitäten. Ausgangspunkte - Ansatzpunkte - Spannungsfelder, in: Pellert, A.: Universitäre Personalentwicklung; Zeitschrift für Hochschuldidaktik, 1/1995, 19. Jg., S. 122-140

Pellert, A. (2000); Qualität der Lehre und Personalentwicklung an österreichischen Universitäten - Gegenwärtiger Stand und Entwicklungsmöglichkeiten, in: Altricher, H.; Kloimwieder, T.; Stöbich, T. (Hrsg.): Lehre und Personalentwicklung an österreichischen Universitäten, Zeitschrift für Hochschuldidaktik, 2-3/2000, 24. Jg., S. 10-16

Pellert, A. (2001); Frauenförderung = Hochschulreform!, Dokumentation der gleichnamigen Tagung vom 28. Februar bis 2. März 2001 in Graz, Graz, 2001

Pellert, A. (2004a); Die Leitung von Universitäten oder die Herausforderung Hochschulmanagement, in: Welte, H.; Auer, M.; Meister-Scheytt, C. (Hrsg.): Management von Universitäten, Innsbruck, 2004, S. 47-60

Pellert, A. (2004b); Personalentwicklung an Universitäten, in: Laske, S.; Scheytt, T.; Meister-Scheytt, C. (Hrsg.): Personalentwicklung und universitärer Wandel. Programm - Aufgaben - Gestaltung, 1. Aufl., München, Mering, 2004, S. 161-189

Pellert, A. (2004c); Personalentwicklung, in: Hanft, A. (Hrsg.): Grundbegriffe des Hochschulmanagements, 2. Aufl., Bielefeld, 2004, S. 348-352

Pellert, A. (2005); Personalmanagement an Universitäten, in: Fisch, R.; Koch, S.: Human Resources in Hochschule und Forschung, Bonn, 2005, S. 25-46

Pellert, A. (2006); Gestiegene Anforderungen an die Professionalisierung von Leitung und Management, in: Stifterverband für die deutsche Wissenschaft (Hrsg.): Akademisches Personalmanagement, Essen, 2006, S. 23-31

Pellert, A. et al. (1999); Die Universität als Expertenorganisation; Die Kunst Experten zu managen, Wien, Köln, Graz, 1999

Pellert, A.; Widmann, A. (2008); Personalmanagement in Hochschule und Wissenschaft, Münster et al., 2008

Picht, G. (1964); Die deutsche Bildungskatastrophe. Analyse und Dokumentation, Olten, Freiburg i.Br., 1964

Platz, J. (1984); Schulung als Instrument der Einführung des Projektmanagements, Beiträge zur Jahrestagung der Gesellschaft für Projektmanagement, München, 1984

Podsiadlowski, A. (2004); Interkulturelle Kommunikation und Zusammenarbeit, München, 2004

Pollack, W.; Pirk, D. (2001); Personalentwicklung in lernenden Organisationen. Konzepte, Beispiele, Übungen, 1. Aufl., Wiesbaden, 2001

Portele, H. (1992); Gute akademische Lehre. Ein Diskussionsbeitrag, in: Das Hochschulwesen, 3/1992, 40. Jg., S. 121-126

Portele, G. (1995); Hochschullehrerfortbildung und TZI, in: Portele, G.; Heger, M. (Hrsg.): Hochschule und Lebendiges Lernen. Beispiele für Themenzentrierte Interaktion, Weinheim, 1995, S. 247-258

Pötschke, M. (2004); Akzeptanz hochschuldidaktischer Weiterbildung. Ergebnisse einer empirischen Studie an der Universität Bremen, in: Das Hochschulwesen, 3/2004, 52. Jg., S. 94-99

Prahl., H.-W.; Schmidt-Harzbach, I. (1981); Die Universität. Eine Kultur- und Sozialgeschichte, München, Luzern, 1981

Preissler, U. (2003); Die Juniorprofessur, in: Forschung und Lehre, 3/2003, 10. Jg., S. 125-126

Pritschow, G. (1993); Wissenschaftsmanagement aus der Sicht eines universitären Institutsleiters im Bereich der Ingenieurwissenschaften, in: Blum, J.; Bürgel, H.D.; Horváth, P. (Hrsg.): Wissenschaftsmanagement. Spitzenleistungen trotz knapper Mittel durch Management der Wissenschaft, Stuttgart, 1993, S. 89-104

Pühl, H. (2000); Einzel-Supervision - Coaching - Leitungsberatung: Drei Begriffe für dieselbe Sache?, Pühl, H. (Hrsg.): Handbuch der Supervision 2, Berlin, 2000, S. 100-111

Puorger, A. (2005); Produkteschulungen. „Von der Produktpräsentation zu nachhaltigen Trainings", Diplomarbeit, Luzern 2005

QUEM (2007); Professionalisierung und Kompetenzentwicklungskonzepte in Weiterbildungseinrichtungen, Berlin, 2007

Rappe-Giesecke, K. (1999); Supervision - Veränderung durch soziale Selbstreflexion, in: Fatzer, G.; Rappe-Giesecke, K.; Looss, W. (Hrsg.): Qualität und Leistung von Beratung, Köln, 1999, S. 27-104

Rauen, C. (2001); Coaching für Frauen, in: Coaching-Newsletter von Christopher Rauen, 7/2001, S. 1-2

Rauen, C. (2002a); Varianten des Coachings im Personalentwicklungsbereich, in: Rauen, C. (Hrsg.): Handbuch Coaching, Göttingen et al., 2. Aufl., 2002, S. 67-94

Rauen, C. (2002b); Der Ablauf eines Coaching-Prozesses, in: Rauen, C. (Hrsg.): Handbuch Coaching, Göttingen et al., 2. Aufl., 2002, S. 233-249

Rauen, C. (2008); Coaching, 2. Aufl., Göttingen et al., 2008

Rehling, M. (2008); Personalentwicklung als Pilotprojekt an einer Hochschule: Eine struturationstheoretische und mikropolitisch geleitete Analyse, 1. Aufl., München, Mering, 2008

Reiber, K. (2002); Die Lehrhospitation mit teilnehmender Beobachtung. Expertengestützte Beratung als Beitrag zur Kompetenzentwicklung, in: Berendt, B. (Hrsg.): Neues Handbuch Hochschullehre. Lehren und Lernen effizient gestalten, Stuttgart et al., 2002, L 3.2

Reiber, K. (2006); Hochschuldidaktische Weiterbildung als Kompetenzentwicklung - Konzeptionelle Grundlagen und praktische Umsetzung, in: P-OE, Personal- und Organisationsentwicklung in Einrichtungen der Lehre und Forschung, 4/2006, 1. Jg., S. 95-100

Reichardt, S. (2006); Die Zukunft der Juniorprofessur. Erfahrungen von Juniorprofessoren der Universität Konstanz, in: DHV (Hrsg.), Handbuch des wissenschaftlichen Nachwuchs, 8. Aufl., Bonn, 2006, S. 225-227

Reichwald, R.; Koller, H. (1995); Optimierung von Universitätsprofessoren, in: Müller-Böling, D. (Hrsg.): Qualitätssicherung in Hochschulen, Gütersloh, 1995, S. 258-288

Reinhardt, C. (2004); Personalentwicklung an Hochschulen und im Open Space. Ein Wetterbericht zur Einführung, in: Reinhardt, C. (Hrsg.): Verborgene Bilder - große Wirkung, Bielefeld, 2004, S. 3-12

Reinhardt, C. (2006); "Man bekommt immer wieder überraschende Einsichten." Kollegiales Coaching von Führungskräften, Reinhardt, C.; Dorando, M.; Kerbst, R. (Hrsg.): Coaching und Beratung an Hochschulen, Bielefeld, 2006, S. 20-31

Reinhardt, C. et al. (2006); Universitätsübergreifende Kooperation und kollegiale Beratung - Eine Fortbildung für Führungskräfte der Universitäten Bochum, Dortmund und Witten-

Herdecke. Teil 1, in: P-OE, Personal- und Organisationsentwicklung in Einrichtungen der Lehre und Forschung, 1/2006, 1. Jg., S. 16-21

Reinhardt, C.; Kerbst, R.; Dorando, M. (2006); "Ich habe jetzt erst gemerkt, was mir gefehlt hat." Coaching mit wissenschaftlichen Führungskräften, Reinhardt, C.; Dorando, M.; Kerbst, R. (Hrsg.): Coaching und Beratung an Hochschulen, Bielefeld, 2006, S. 55-83

Reinmann, G.; Mandl, H. (2006); Unterrichten und Lernumgebungen gestalten, in: Krapp, A.; Weidemann, B. (Hrsg.): Pädagogische Psychologie, Weinheim, Basel, 2006, S. 613-658

Rindermann, H. (1999); Was zeichnet gute Lehre aus?, in: Zeitschrift für Hochschuldidaktik, 1/1999, 23. Jg., S. 137-156

Risser, D. (2003); Governance and Functioning of British Universities, in: Beiträge zur Hochschulforschung, 1/2003, 25. Jg., S. 84-101

Rittgerott, C. (2006); Multitalente gefragt. "Was macht fitte Hochschulpräsidentinnen und -präsidenten aus?" Notwendigkeiten und Grenzen der Professionalisierung, in: Wissenschaftsmanagement, 3/2006, S. 5

Robertson, I.T. (1990); Behavior modeling: Is record an potential in training and development, in: British Journal of Management, 1/1990, o.Jg., S. 117-125

Rose, G. (1972); Haben Hochschullehrer genug Zeit zur Forschung?, in: Mitteilungen des Hochschulverbandes, 1/1972, 20. Jg., S. 27-33

Rosenbladt, B. von (1977a); Befragung des wissenschaftlichen Personals der Hochschulen zur Fortentwicklung von Lehre und Forschung WS 1976/77, Infratest Sozialforschung, Berichtsband, 1977

Rosenbladt, B. von (1977b); Befragung des wissenschaftlichen Personals der Hochschulen zur Fortentwicklung von Lehre und Forschung WS 1976/77, Infratest Sozialforschung, Materialband, 1977

Rosenstiel, L. von (1998); Personalentwicklung an Universitäten, in: Küpper, H.U.; Sinz, E. J. (Hrsg.): Gestaltungskonzepte für Hochschulen. Effizienz, Effektivität, Evolution, Stuttgart, 1998, S. 201-236

Rotering-Steinberg, S. (1990); Ein Modell kollegialer Supervision, in: Pühl, H. (Hrsg.): Handbuch der Supervision, Berlin, 1990, S. 428-440

Roth, L. (2001); Universität, Hochschule, in: Roth, L. (Hrsg.): Pädagogik. Handbuch für Studium und Praxis, München, 2001, S. 554-579

Rothfuß, A.M. (1997); Hochschulen in den USA und in Deutschland. Ein Vergleich aus ökonomischer Sicht, Baden-Baden, 1997

Rückle, H. (2002); Gruppen-Coaching, in: Rauen, C. (Hrsg.): Handbuch Coaching, Göttingen et al., 2. Aufl., 2002, S. 161-176

Rummler, M. (2006); Das Weiterbildungsprogramm für das wissenschaftliche Personal der TU Berlin, in: Zeitschrift für Hochschulentwicklung, 2/2006, 1. Jg., S. 1-24

Russel, J.S.; Wexley, K.N.; Hunter, J.E. (1984); Questioning the effectiveness of behavior modeling training in an industrial setting, in: Personnel Psychology, 37/1984, 37. Jg., S. 465-482

Rüth, K. (2006); Bewerben Sie sich mit Ihrer 'Mappe' als Lehr-Profi, in: DUZ Werkstatt, 3/2006, o.Jg., S. 2-3

Rüttinger, R. (1992); Transaktions-Analyse, 5. Aufl., Heidelberg, 1992

Sandfuchs, G.; Stewart, G. (2002); Lehrberichte an bayerischen Universitäten, München, 2002

Schaeper, H. (1994); Zur Arbeitssituation von Lehrenden an westdeutschen Universitäten. Ergebnisse einer empirischen Untersuchung in fünf ausgewählten Disziplinen, Hannover, 1994

Schaeper, H. (1997); Lehrkulturen, Lehrhabitus und die Struktur der Universität, Weinheim, 1997

Schaeper, H.; Briedis, K. (2004); Kompetenzen von Hochschulabsolventinnen und Hochschulabsolventen, berufliche Anforderungen und Folgerungen für die Hochschulreform, online unter: http://www.forschung.bmbf.de/pub/his_projektbericht_08_04.pdf, 2004

Schanz, G. (1994); Organisationsgestaltung. Management von Arbeitsteilung und Koordination, 2. Aufl. München, 1994

Schanz, G. (2000); Personalwirtschaftslehre. Lebendige Arbeit in verhaltenswissenschaftlicher Perspektive, 3. Aufl., München, 2000

Schanz, G. (2004); Das individualisierte Unternehmen. Neurobiologische und motivationstheoretische Grundlagen, konzeptionelle Merkmale, Gestaltungs- und Handlungsfelder, 1. Aufl., München, Mering 2004

Scheer, A.-W. (1991); Verstaubte Lehre - Die deutschen Hochschulen vermitteln praxisfernes Wissen und vernachlässigen die zukunftsträchtige Großforschung, in: Wirtschaftswoche Nr. 7, 08.02.1991

Scheidegger, U.M. (2001); Management des Strategieprozesses an Universitäten, Dissertation, Bern, Stuttgart, Wien, 2001

Scheitler, C. (2005); Soziale Kompetenzen als strategischer Erfolgsfaktor für Führungskräfte, Frankfurt am Main et al., 2005

Schelsky, H. (1967); Berufsbild und Berufswirklichkeit des Professors, in: Mikat, P.; Schelsky, H. (Hrsg.): Grundzüge einer neuen Universität, Gütersloh, 1967, S. 21-34

Schenk, E. (2006); Aus der Praxis: Interkulturelle Kompetenz in der betrieblichen Weiterbildung, in: Gruppendynamik und Organisationsberatung, 1/2006, 37. Jg., S. 51-59

Schenk, E.; Krewer, B.; Scheitza, A., Bredendiek, M. (2000); Developing Intercultural Competence, Saarbrücken, 2000

Scheunpflug, A. (2001); Biologische Grundlagen des Lernens, 1. Aufl., Berlin, 2001

Schiedermair, H. (1984); Die deutsche Universitätsreform im Jahre 1983, in: Zeidler, W.; Maunz, T.; Roellecke, G. (Hrsg.): Festschrift für Hans Joachim Faller, München, 1984, S. 217-248

Schiek, G. (1988); Die Innenseite des Lehrbetriebs. "Liebe Frau Professor ...!" Briefe von Studierenden an ihre Hochschullehrerin, Baltmannsweiler 1988

Schimank, U. (1992); Forschungsbedingungen der Professoren an den westdeutschen Hochschulen - Daten aus einer Befragung im WS 1990/91, Köln, 1992

Schindler, G. (1986); Zur Entwicklung der wissenschaftlichen Hochschulen in der BRD bis zum Jahre 2000, in: FU Berlin Forschungsschwerpunkt "Ökonomische Theorie der Hochschule: Bevölkerungsentwicklung, Studienverhalten und Hochschulpolitik", 1986, S. 110-177

Schlee, J. (1996); Beratung und Supervision in kollegialen Unterstützungsgruppen, in: Pallasch, W.; Mutzeck, W.; Reimers, H. (Hrsg.): Beratung - Training - Supervision. Eine Bestandsaufnahme über Konzepte zum Erwerb von Handlungskompetenz in pädagogischen Arbeitsfeldern, 2. Aufl., Weinheim, München, 1996, S. 188-199

Schlicksupp, H. (1989); Innovationen, Kreativität und Ideenfindung, 3. Aufl., Würzburg, 1989

Schlicksupp, H. (1992); Kreativitätsförderung als Aufgabe der Personalentwicklung, in: Riekhof, H.-C. (Hrsg.): Strategien der Personalentwicklung, 3. Aufl., Wiesbaden, 1992, S. 376 ff.

Schlüter, A. (2006); Vorwort, in: Stifterverband für die Deutsche Wissenschaft e.V. (Hrsg.): Akademisches Personalmanagement. Positionen, Essen, 2006, S. 4

Schmid, U. (2005); Deutsche Hochschulen - fit für das digitale Zeitalter?, in: Wissensmanagement. Das Magazin für Führungskräfte, 6/2005, 53. Jg., S. 40-42

Schmidt, B. (2007a); Personalentwicklung an der Hochschule. Zehn Wege in ein unentdecktes Land, Die Hochschule. Journal für Wissenschaft und Bildung, 2/2007, 16. Jg., S. 125-153

Schmidt, R (2007b); Personalentwicklung für junge wissenschaftliche Mitarbeiter/-innen. Kompetenzprofil und Lehrveranstaltungsevaluation als Instrumente hochschulischer Personalentwicklung, Dissertation, Jena, 2007

Schmidt, B. (2008); Wege zwischen Tradition und Bologna: Mitarbeitergespräch, kollegiales Netzwerk und persönliche Beratung als Instrumente zur Promotionsunterstützung. Teil 1: Konzeptionelle Entwicklungen, in: P-OE, Personal- und Organisationsentwicklung in Einrichtungen der Lehre und Forschung, 1+2/2008, 3. Jg., S. 29-36

Schmitt, T. (2004); Berufungsverfahren im internationalen Vergleich, in: Forschung und Lehre, 6/2004, 11. Jg., S. 304-306

Schoenbaum, D. (1973); The Free University of Berlin, or, How Free Can a University Be?, in: AAUP Bulletin, 1/1973, 59.Jg., S. 5-9

Scholz, C. (1994); Personalmanagement - Informationsorientierte und Verhaltenstheoretische Grundlagen, 4. Aufl., München, 1994

Scholz, C. (2000); Personalmanagement - Informationsorientierte und Verhaltenstheoretische Grundlagen, 5. Aufl., München, 2000

Scholz, G.; Lauer, F. (2006); Personalentwicklung an Hochschulen, in: Benz, W. (Hrsg.): Handbuch Qualität in Studium und Lehre, Bd. 3, 2006, S. 1-24

Schönbohm, W. (1973); Keine Zeit für Forschung. Zur Zeitökonomie von Hochschullehrern, in: DUZ, 24/1973, 29. Jg., S. 1018-1022

Schott, E.; Ahlborn, J. (2005); Personalentwicklung und Projektmanagement-Qualifizierung, in: Schott, E.; Campana, C. (Hrsg.): Strategisches Projektmanagement, Berlin et al., 2005, S. 175-193

Schramm, F.; Zeitlhöfler, I. (2004); Personalpolitik an Hochschulen, Berlin, 2004

Schreiber, A. (2003); Schöne Bescherung, in: DUZ, 24/2003, 59. Jg., S. 20-21

Schreiterer, U. (2002); Im Prinzip ja, bloß wie?, in: Checkup, 2/2002, S. 6-7

Schreyögg, A. (1992); Supervision. Ein integratives Modell. Lehrbuch zu Theorie & Praxis, 2. Aufl., Paderborn, 1992

Schreyögg, A. (1998); Coaching. Eine Einführung für Praxis und Ausbildung, Frankfurt am Main, 1998

Schuler, H. (1996); Psychologische Personalauswahl. Einführung in die Berufseignungsdiagnostik, Göttingen, 1996

Schuler, H. et al. (1995); Personalauswahl in Forschung und Entwicklung. Eignung und Leistung von Wissenschaftlern und Ingenieuren, Göttingen, 1995

Schuler, H.; Barthelme, D. (1995); Soziale Kompetenz als berufliche Anforderung, in: Seyfried, B. (Hrsg.): "Stolperstein" Sozialkompetenz: was macht es so schwierig, sie zu erfassen, zu fördern und zu beurteilen?, Bielefeld, 1995, S. 77-116

Schulmeister, R. (1983); Micro-teaching in der Hochschullehrerfortbildung, in: Hochschulausbildung. Zeitschrift für Hochschuldidaktik und Hochschulforschung, 1/1983, 1. Jg., S. 59-77

Schulmeister, R. (2005a); Der Studiengang 'Master of Higher Education'. Ein Curriculum in Hochschuldidaktik für den Hochschullehrernachwuchs, in: Brendel, S.; Kaiser, K.; Macke, G. (Hrsg.): Hochschuldidaktische Qualifizierung. Strategien und Konzepte im internationalen Vergleich, Bielefeld, 2005, S. 123-134

Schulmeister, R. (2005b); Welche Qualifikationen brauchen Lehrende für die "Neue Lehre?" Versuch einer Eingrenzung von E-Competence und Lehrqualifikation, in: Kerres, M.; Keil-Slawik, R. (Hrsg.): Hochschulen im digitalen Zeitalter: Innovationspotenziale und Strukturwandel, Münster et al., 2005, S. 215-234

Schulte, D.; Auferkorte-Michaelis, N. (2005); Das informelle Netzwerk Hochschuldidaktische Professionalisierung HD-Pro, in: Brendel, S.; Kaiser, K.; Macke, G. (Hrsg.): Hochschuldidaktische Qualifizierung. Strategien und Konzepte im internationalen Vergleich, Bielefeld, 2005, S. 275-282

Schulz, R. (1979); Zur Lage der Forschung an deutschen Universitäten. Werkstattbericht über eine Repräsentativumfrage unter Professoren, Assistenten und Doktoranden, in: Flämig, C. et al. (Hrsg.): Die Rolle der Forschung in wissenschaftlichen Hochschulen, Zeitschrift für Recht und Verwaltung der wissenschaftlichen Hochschulen und der wissenschaftspflegenden und -fördernden Organisationen und Stiftungen, Beiheft 7, Tübingen, 3/1979, S. 67-80

Schulze, A. (2005); Erfahrungsbericht aus dem Projekt "Personalentwicklung im Reformprozess" an der Universität Mannheim, in: Fisch, R.; Koch, S.: Human Resources in Hochschule und Forschung, Bonn, 2005, S. 77-96

Schüren, P. (2000); Kleine Münze - Große Leistungen? Motivation in der Wissenschaft, in: Forschung und Lehre, 5/2000, 7. Jg., S. 232-234

Schwuchow, K. (1992); Weiterbildungsmanagement. Planung, Durchführung und Kontrolle der externen Führungskräfteweiterbildung, Dissertation, Stuttgart, 1992

Seelheim, T.; Witte, E.H. (2007); Teamfähigkeit und Performance, in: Gruppendynamik und Organisationsberatung, 1/2007, 38. Jg., S. 73-95

Seidel, C. (1991); Bildung und/oder Ausbildung - Was erwartet die Wirtschaft von der Universität?, Haubold, W. (Hrsg.): Zur Idee und zum Bildungsauftrag der Universität, Stuttgart, 1991, S. 47-55

Seyfried, B. (1995); "Stolperstein" Sozialkompetenz: was macht es so schwierig, sie zu erfassen, zu fördern und zu beurteilen? Bielefeld, 1995

Siebert, H. (2002); Vom Markt lernen, in: B. Fahrholz; S. Gabriel, P. Müller (Hrsg.): Nach dem Pisa-Schock, 2002, S. 206-211

Siebert, H (2003); Pädagogischer Konstruktivismus: Lernen als Konstruktion von Wirklichkeit, 2. Aufl., Neuwied, 2003

Simon, D. (1990); Aufgabenverteilung zwischen Staat und Universitäten in der Bundesrepublik Deutschland, in: Weger, H.-D. (Hrsg.): Evolution im Hochschulbereich, Gütersloh, 1990, S. 13-22

Sinn, H. (1974); Bedeutung und Funktion der Forschung im stark expandierenden Tertiärbereich, Forum des Hochschulverbandes, Heft 2, Forschungs- und Lehrkapazität, 1974

Six, B. (1995); Durchsetzung, in: Sarges, W. (Hrsg.): Managementdiagnostik, 2. Aufl., Göttingen et al., 1995, S. 400-404

Soellner, R.; Lübeck, D. (2002); Qualitätssicherung durch hochschuldidaktisch ausgerichtete Personalentwicklung. Das Projekt Fit für die Lehre, in: Berendt, B. (Hrsg.): Neues Handbuch Hochschullehre. Lehren und Lernen effizient gestalten, Stuttgart et al., 2002, J 1.2

Sonntag, K. (1996); Lernen im Unternehmen. Effiziente Organisation durch Lernkultur, München, 1996

Sonntag, K. (1998); Personalentwicklung "on the job", in: Kleinmann, M.; Strauß, B. (Hrsg.): Potentialfeststellung und Personalentwicklung, Göttingen et al., 1998, S. 175-198

Sonntag, K. (2002); Personalentwicklung und Training. Stand der psychologischen Forschung und Gestaltung, in: Zeitschrift für Personalpsychologie, 2/2002, 1. Jg., S. 59-79

Sonntag, K.; Schäfer-Rauser, U. (1993); Selbsteinschätzung beruflicher Kompetenzen bei der Evaluation von Bildungsmaßnahmen, in: Zeitschrift für Arbeits- und Organisationspsychologie, 4/1993, 37. Jg., S. 163-169

Sonntag, K.; Schaper, N. (2006); Förderung beruflicher Handlungskompetenz, in: Sonntag, K. (Hrsg.): Personalentwicklung in Organisationen, 3. Aufl. Göttingen et al., 2006, S. 270-311

Sonntag, K.; Schaper, N.; Friebe, J. (2005); Erfassung und Bewertung von Merkmalen unternehmensbezogener Lernkulturen, in: Erpenbeck, J. (Hrsg.): Kompetenzmessung im Unternehmen, Münster, 2005, S. 19-339

Sonntag, K.; Stegmaier, R. (2006a); Verhaltensorientierte Verfahren der Personalentwicklung. In: Schuler, H. (Hrsg.): Lehrbuch der Personalpsychologie, 2. Aufl., Göttingen, 2006, S. 281-304

Sonntag, K.; Stegmaier, R. (2006b); Personalentwicklung und Unternehmensperformance - Eine Evaluationsperspektive für das Human Resource Management, in: Sonntag, K. (Hrsg.): Personalentwicklung in Organisationen, 3. Aufl., Göttingen et al., 2006, S. 389-410

Spiel, C.; Fischer, U. (1998); Evaluierung eines Weiterbildungsangebots für Hochschullehrende, in: Zeitschrift für Hochschuldidaktik, 1/1998, 22. Jg., S. 83-99

Spiel, C.; Wolf, P.; Popper, V. (2002); Lehre und Lehrevaluation - (un)geliebt?, in: Zeitschrift für Psychologie, 1/2002, S. 27-39

Stahr, I. (2002); Professionalisierung der Lehrkompetenz. Das Weiterbildungsprogramm mit Zertifikatsabschluss an der Universität Duisburg-Essen, in: Berendt, B. (Hrsg.): Neues Handbuch Hochschullehre. Lehren und Lernen effizient gestalten, Stuttgart et al., 2002, L 1.3

Stallworthy, E.A.; Kharbanda, O.P. (1983); Total Project Management, Aldershot, 1983

Starbatty, J. (2004); Sire, geben Sie Gestaltungsfreiheit, in: Forschung und Lehre, 7/2004, 11. Jg., S. 367-368

Statistisches Bundesamt (2005); Hochschulstandort 2005, Wiesbaden, 2005

Staudt, E.; Kottmann, M. (2001); Deutschland gehen die Innovatoren aus. Zukunftsbranchen ohne Zukunft?, Frankfurt am Main, 2001

Steiger, G. (1981); Brotgelehrte' und 'Philosophische Köpfe'. Universitäten und Hochschulen zwischen zwei Revolutionen, in: Steiger, G.; Flaschendräger, W. (Hrsg.): Magister und Scholaren, Professoren und Studenten. Geschichte deutscher Universitäten und Hochschulen im Überblick, Leipzig, Jena, Berlin, 1981, S. 77-102

Stengel, V.; Debo, S. (2006); Lernen durch interkulturelle Fallberatung, in: Personalführung, 2/2006, 39. Jg., S. 40-45

Steuer, E. (2001); Gruppencoaching - aber wie?, in: Journal Hochschuldidaktik, 2/2001, 12. Jg., S. 15-17

Stichweh, R. (1994); Wissenschaft. Universität. Professionen, Frankfurt am Main, 1994

Stifterverband für die Deutsche Wissenschaft (2006); Nur jede fünfte Hochschule hat Mittel für Personalentwicklung von Wissenschaftlern: Stifterverband will Personalmanagement an Hochschulen verbessern, Essen, 20.04.2006

Stock, M. (2004); Steuerung als Fiktion. Anmerkungen zur Implementierung der neuen Steuerungskonzepte an Hochschulen aus organisationssoziologischer Sicht, in: Die Hochschule. Journal für Wissenschaft und Bildung, 01/2004, 13. Jg., S. 30-48

Süß, S. (2006); Wandel der Forschung und dysfunktionale Effekte des zunehmenden Wettbewerbs um wissenschaftliche Reputation. Eine Fallstudie aus der Betriebswirtschaftslehre, in: Die Hochschule. Journal für Wissenschaft und Bildung, 1/2006, 15. Jg., S. 84-97

Szczyrba, B.; Wildt, B.; Wildt, J. (2006); Promotionscoaching - Eine hochschuldidaktische Weiterbildung in einem neuen Beratungsformat, in: Wildt, J.; Szczyrba, B.; Wildt, B. (Hrsg.): Consulting. Coaching. Supervision. Eine Einführung in Formate und Verfahren Hochschuldidaktischer Beratung, Bielefeld, 2006, S. 117-131

Szczyrba, B.; Wildt, J. (2002); Lehren aus der Perspektive des Lernens. Anregungen zur Perspektivenübernahme durch Zielgruppenimagination, in: Berendt, B. (Hrsg.): Neues Handbuch Hochschullehre. Lehren und Lernen effizient gestalten, Stuttgart et al., 2002, A 3.2

Tack, M.W.; Patitu, C.L. (1992); Faculty Job Satisfaction. Women and Minorities in Peril, ASHE-ERIC Higher Education Report No. 4, Washington, D.C., 1992

Teichler, U. (1990); Das Hochschulwesen in der Bundesrepublik Deutschland - Ein Überblick, in: Teichler, U. (Hrsg.): Das Hochschulwesen in der Bundesrepublik Deutschland, Weinheim, 1990, S. 11-42

Teichler, U. (1999); Der Professor im internationalen Vergleich, in: Forschung und Lehre, 5/1999, 6. Jg., S. 242-245

Teichler, U. (2002); Hochschulbildung, in: Tippelt, R. (Hrsg.): Handbuch Bildungsforschung, Opladen, 2002, S. 349-370

Teichler, U. (2003); Europäisierung, Internationalisierung, Globalisierung - quo vadis, Hochschule?, in: Kehm, B.M. (Hrsg.): Die Hochschule. Journal für Wissenschaft und Bildung, 1/2003, 12. Jg., S. 19-30

Teichler, U. (2004); Das Hochschulwesen in Deutschland, in: Gützkow, F.; Quaißer, G. (Hrsg.): Hochschule gestalten. Denkanstöße aus Hochschulpolitik und Hochschulforschung, Bielefeld, 2004, S. 93-106

Teichler, U. (2005a); Quantitative und strukturelle Entwicklungen des Hochschulwesens, in: Teichler, U.; Tippelt, R. (Hrsg.): Hochschullandschaft im Wandel, Zeitschrift für Pädagogik, 50. Beiheft, Weinheim et al., 10/2005, S. 8-24

Teichler, U. (2005b); Hochschulsysteme und Hochschulpolitik. Quantitative und strukturelle Dynamiken, Differenzierungen und der Bologna-Prozess, Münster et al., 2005

Teichler, U.; Buttgereit, M.; Holtkamp, R. (1984); Hochschulzertifikate in der betrieblichen Einstellungspraxis, BMBW, Studien zu Bildung und Wissenschaft, 6, Bad Honnef, 1984

Thiel, H.-U. (2000); Zur Verknüpfung von kollegialer und professioneller Supervision, in: Pühl, H. (Hrsg.): Handbuch der Supervision 2, Berlin, 2000, S. 184-200

Thieme, W. (1965); Hochschullehrer, in: Bundesanstalt für Arbeitsvermittlung und Arbeitslosenversicherung, Nürnberg – Berufsberatung – (Hrsg.): Blätter zur Berufskunde, Bd. 3, 3. Aufl., o.O., 1965

Thieme, W. (1990); Die Personalstruktur der Hochschulen, in: Teichler, U. (Hrsg.): Das Hochschulwesen in der Bundesrepublik Deutschland, Weinheim, 1990, S. 101-122

Thieme, W. (1994); Die dienstlichen Aufgaben der Professoren, Bonn, 1994

Thieme, W. (2004); Deutsches Hochschulrecht, 2004

Thom, N.; Tholen, B. (2004); Förderung der Management-Kompetenz für Dozierende und Führungskräfte der Universität Bern, in: Laske, S.; Scheytt, T.; Meister-Scheytt, C. (Hrsg.): Personalentwicklung und universitärer Wandel. Programm - Aufgaben - Gestaltung, 1. Aufl., München, Mering, 2004, S. 355-378

Thomas, A. (1993); Kulturvergleichende Psychologie, Göttingen, 1993

Thomas, A.; Hagemann, K.; Stumpf, S. (2003); Training Interkultureller Kompetenz, in: Bergemann, N.; Sourisseaux, A.L.J. (Hrsg.): Interkulturelles Management, 3. Aufl., Berlin et al., 2003, S. 237-272

Thomas, K. (1991); Lehren und Lernen: die soziale Situation, in: Das Hochschulwesen, 5/1991, 39. Jg., S. 194-196

Thumser, K.; Kröber, E.; Heger, M. (2006); Praxisbegleitende Beratung im Rahmen hochschuldidaktischer Weiterbildung, in: Wildt, J.; Szczyrba, B.; Wildt, B. (Hrsg.): Consulting. Coaching. Supervision. Eine Einführung in Formate und Verfahren Hochschuldidaktischer Beratung, Bielefeld, 2006, S. 68-80

Tietze, K.-O. (2003); Kollegiale Beratung. Problemlösungen gemeinsam entwickeln, Reinbek bei Hamburg, 2003

Traxel, O.; Schulte, O.A.; Hennecke, B. (2004); Wie e-kompetent sind Hochschullehrende? Eine Befragung zum Thema E-Learning/E-Teaching, in: Das Hochschulwesen, 3/2004, 52. Jg., S. 89-93

Trepte, V. et al. (1976); Arbeiten und Arbeitsumwelt. Ergebnisse von Befragungen an zwei deutschen Universitäten, München, 1976

Tschunke, L. (1975); Sechs Stunden sind noch lange keine Woche: so leben Hochschullehrer heute, München, 1975

Turner, G. (2000); Hochschule zwischen Vorstellung und Wirklichkeit, Berlin, 2000

Turner, S.R. (1987); Universitäten, in: Jeismann, K.-E.; Lundgreen, P. (Hrsg.): 1800-1870. Von der Neuordnung Deutschlands bis zur Gründung des Deutschen Reiches, Handbuch der Bildungsgeschichte, Bd. III, München, 1987, S. 221-249

van Lith, U. (1979); Die Kosten der akademischen Selbstverwaltung. Eine vergleichende Untersuchung über den Zeitaufwand und die Kosten der Gremientätigkeiten an vier deutschen Universitäten, München et al., 1979

Vedder, G. (2004); Wie familienorientiert sind deutsche Hochschulen? Delemmata und Paradoxien der Vereinbarkeit von Studium/Beruf und Elternschaft, in: Beiträge zur Hochschulforschung, 2/2004, 26. Jg., S. 102-123

Viebahn, P. (2004); Hochschullehrerpsychologie. Theorie- und empiriebasierte Praxisanregungen für die Hochschullehre, Bielefeld, 2004

Vossenkuhl, W. (2006); Die Qualitäten von Hochschulen. Ihre Förderung und Sicherung, in: Benz, W. (Hrsg.): Handbuch Qualität in Studium und Lehre, Bd. 3, 2006, S. 1-18

Wagner, E. (2001); Universitäten im Wettbewerb. Strategisches Management von Qualifizierungsdienstleistungen, Wiesbaden, 2001

Wagner, D. (2004); Wissenstransfer und Hochschule. Stand und Perspektiven im Spannungsfeld von Wissenschaft, Wirtschaft und Verwaltung, in: Edeling, T.; Jann, W.; Wagner, D. (Hrsg.): Wissensmanagement in Politik und Verwaltung, Wiesbaden, 2004, S. 235-253

Wahl, D. (1991); Handeln unter Druck. Der weite Weg vom Wissen zum Handeln bei Lehrern, Hochschullehrern und Erwachsenenbildnern, 1. Aufl., Weinheim, 1991

Wahl, D. (1992a); Grundkonzeption, in: Wahl, D. et al. (Hrsg.): Erwachsenenbildung konkret. Mehrphasiges Dozententraining. Eine neue Form erwachsenendidaktischer Ausbildung von Referenten und Dozenten, 2. Aufl., Weinheim, 1992, S. 58-103

Wahl, D. (1992b); Erfahrungen mit den KOPING-Kleingruppen und den Praxis-Tandems, in: Wahl, D. et al. (Hrsg.): Erwachsenenbildung konkret. Mehrphasiges Dozententraining. Eine neue Form erwachsenendidaktischer Ausbildung von Referenten und Dozenten, 2. Aufl., Weinheim, 1992, S. 166-180

Walger, G. (1997); Projektmanagement - eine Herausforderung für die Personalentwicklung, in: Auer, L.; Laske, S. (Hrsg.): Personalwirtschaftliche Ausbildung an Universitäten. Sonderband der Zeitschrift für Personalforschung, München, 1997, S. 303-325

Walger, G.; Miethe, C. (1996); Studium der Unternehmenspraxis und Praxis des Universitätsstudiums, in: Hutter, M. (Hrsg.): Wittener Jahrbuch für ökonomische Literatur, Marburg, 1996, S. 263-274

Walter, H. (1976); Hochschullehrer, in: Bierfelder, W. (Hrsg.): Handwörterbuch des öffentlichen Dienstes: das Personalwesen, Berlin, 1976, S. 787-794

Wang, Y. (2008); Interkulturelle Kompetenz als Erfolgsfaktor für Management in China, Hamburg, 2008

Weber, M. (1930); Wissenschaft als Beruf, 3. Aufl., Minden, Leipzig, 1930

Weber, J. (1996); Hochschulcontrolling. Das Modell WHU, Stuttgart, 1996

Weber, U. (1987); Instrumentaler Aspekt der Hochschulplanung am Beispiel der Universität Zürich, Zürich, 1987

Webler, W.-D. (1991); Kriterien für gute akademische Lehre, in: Das Hochschulwesen, 6/1991, 39. Jg., S. 243-249

Webler, W.-D. (1992); Qualität der Lehre - Zwischenbilanz einer unübersichtlichen Entwicklung, in: Das Hochschulwesen, 4/1992, 40. Jg., S. 153-176

Webler, W.-D. (1993); Professionalität an Hochschulen. Zur Qualifizierung des wissenschaftlichen Nachwuchses für seine künftigen Aufgaben in Lehre, Prüfung, Forschungsmanagement und Selbstverwaltung, in: Das Hochschulwesen, 3/1993, 41. Jg., S. 119-126

Webler, W.-D. (1997); Vorbereitung auf die akademische Lehre, in: Das Hochschulwesen, 1/1997, 45. Jg., S. 13-18

Webler, W.-D. (2000); Weiterbildung der Hochschullehrer als Mittel der Qualitätssicherung, in: Helmke, A.; Hornstein, W.; Ferhart, E. (Hrsg.): Qualität und Qualitätssicherung im Bildungsbereich, Weinheim, Basel, 2000, S. 225-246

Webler, W.-D. (2003a); Zur professionellen Vorbereitung auf die Hochschullehre. Ein Blick auf den internationalen Sachstand aus Anlaß modellhafter Nachwuchspolitik in Baden-Württemberg, in: Das Hochschulwesen, 1/2003, 51. Jg., S. 14-24

Webler, W.-D. (2003b); Lehrkompetenz - über eine komplexe Kombination aus Wissen, Ethik, Handlungsfähigkeit und Praxisentwicklung, in: Welbers, U. (Hrsg.): Hochschuldidaktische Aus- und Weiterbildung. Grundlagen - Handlungsformen - Kooperationen, Bielefeld, 2003, S. 53-82

Webler, W.-D. (2003c); Das Werkstattseminar "Motivierendes Lehren und Lernen an Hochschulen - Reflexion, häufigste Probleme und aktivierende Lösungen", in: Welbers, U. (Hrsg.): Hochschuldidaktische Aus- und Weiterbildung. Grundlagen - Handlungsformen - Kooperationen, Bielefeld, 2003, S. 169-188

Webler, W.-D. (2003d); Zur Förderung des wissenschaftlichen Nachwuchses - das Beispiel der Universität Bielefeld, in: Das Hochschulwesen, 6/2003, 51. Jg., S. 243-251

Webler, W.-D. (2004); Professionelle Ausbildung zum Hochschullehrer. Modularisierter Auf- und Ausbau der Forschungs- und Lehrkompetenz sowie des Wissenschaftsmanagements in einem Curriculum, in: Das Hochschulwesen, 2/2004, 52. Jg., S. 66-74

Webler, W.-D. (2008); Möglichkeiten der Stärkung der Personalentwicklung an Hochschulen, in: P-OE, Personal- und Organisationsentwicklung in Einrichtungen der Lehre und Forschung, 1+2, 2008, 3. Jg., S. 9-13

Webler, W.-D.; Otto, H.-U. (1991); Akademische Lehre im Funktionsgeflecht der Hochschule, in: Webler, W.-D.; Otto, H.-U. (Hrsg.): Der Ort der Lehre in der Hochschule. Lehrleistungen, Prestige und Hochschulwettbewerb, Weinheim, 1991, S. 9-22

Weder, H. (1998); Zum Leitbild der Universität Zürich, in: Müller-Böling et al. (Hrsg.): Strategieentwicklung an Hochschulen. Konzepte - Prozesse - Akteure, Gütersloh, 1998, S. 61-70

Weick, C. (1995); Räumliche Mobilität und Karriere. Eine individualistische Analyse der baden-württembergischen Universitätsprofessoren unter besonderer Berücksichtigung demographischer Strukturen, Heidelberg, 1995

Weick, K. (1976); Educational Organizations as Loosely Coupled Systems, in: Administrative Science Quarterly, 1/1976, o.Jg., S. 1-19

Weigand, W. (1984); Von den Schwierigkeiten der Supervision in pädagogischen Arbeitsfeldern, in: Supervision, 5/1984, o.Jg., S. 78-92

Welbers, U. (1997); Die Lehre braucht hochschuldidaktische Qualifikation: Ein Aus- und Weiterbildungsprogramm auf Fachbereichsebene, in: Welbers U. (Hrsg.): Das Integrierte Handlungskonzept Studienreform. Aktionsformen für die Verbesserung der Lehre an Hochschulen, Neuwied, Kriftel, Berlin, 1997, S. 87-100

Welbers, U. (2003a); Hochschuldidaktische Aus- und Weiterbildung: Stand, Strukturen, Perspektiven, in: Welbers, U. (Hrsg.): Hochschuldidaktische Aus- und Weiterbildung. Grundlagen - Handlungsformen - Kooperationen, Bielefeld, 2003, S. 11-52

Welbers, U. (2003b); Die moderierte Intervision als Teil hochschuldidaktischer Personalentwicklung auf Fachbereichsebene, in: Wildt, J.; Encke, B.; Blümcke, K. (Hrsg.): Professionalisierung der Hochschuldidaktik. Ein Beitrag zur Personalentwicklung an Hochschulen, Bielefeld, 2003, S. 236-243

Welbers, U. (2003c); Die moderierte Intervision: Hochschuldidaktische Personalentwicklung auf Fachbereichsebene, in: Welbers, U. (Hrsg.): Hochschuldidaktische Aus- und Weiterbildung. Grundlagen - Handlungsformen - Kooperationen, Bielefeld, 2003, S. 311-322

Welbers, U. (Hrsg.) (2005); The shift from teaching to learning: Konstruktionsbedingungen eines Ideals, für Johannes Wildt zum 60. Geburtstag, Bielefeld, 2005

Werpers, K. (2007); Konfliktmanagement in Organisationen, in: Kanning, U.P. (Hrsg.): Förderung sozialer Kompetenzen in der Personalentwicklung, Göttingen, 2007, S. 197-213

Wexley, K.N.; Baldwin, T.T. (1986); Management Development, in: Hunt, I.G.; Blair, J.D. (Hrsg.): Yearly Review of Management of the Journal of Management, 1986, 12. Jg., S. 227-294

Wiesner, D. (2005); Führung von Mitarbeitergesprächen. Eine strategische Management-Aufgabe, in: Speck, P. (Hrsg.): Employability - Herausforderungen für die strategische Personalentwicklung. Konzepte für eine flexible, innovationsorientierte Arbeitswelt von morgen, 2. Aufl., Wiesbaden, 2005, S. 103-118

WIFI Management Forum (2009); Veränderungsbereitschaft und Veränderungsfähigkeit. Konstruktiver Umgang mit Wandlung und Veränderung, o.O., 2009

Wildt, B. (2003); Sich beraten am Fall - Überlegungen zur Supervision im hochschuldidaktischen Weiterbildungskontext, in: Welbers, U. (Hrsg.): Hochschuldidaktische Aus- und

Weiterbildung. Grundlagen - Handlungsformen - Kooperationen, Bielefeld, 2003, S. 189-210

Wildt, J. (1984); Forschung über Lehre und Lernen an der Hochschule, in: Goldschmidt, D.; Teichler, U.; Webler, W.-D. (Hrsg.): Forschungsgegenstand Hochschule. Überblick und Trendbericht, Frankfurt, New York, 1984, S. 155-180

Wildt, J. (2001); Das "Modell Benediktbeuern" - eine hochschuldidaktische Weiterbildung für den wissenschaftlichen Nachwuchs in der Theologie, in: Journal Hochschuldidaktik, 2/2001, 12. Jg., S. 12-14

Wildt, J. (2005); Trends und Entwicklungsoptionen der Hochschuldidaktik in Deutschland, in: Brendel, S.; Kaiser, K.; Macke, G. (Hrsg.): Hochschuldidaktische Qualifizierung. Strategien und Konzepte im internationalen Vergleich, Bielefeld, 2005, S. 87-104

Wildt, J.; Gaus, O. (2001); Überlegungen zu einem gestuften System hochschuldidaktischer Weiterbildungsstudien, in: Welbers, U. (Hrsg.): Studienreform mit Bachelor und Master, 1. Aufl., Neuwied et al., 2001, S. 159-195

Wilkesmann, U. (2004); Leistungsanreize, in: Hanft, A. (Hrsg.): Grundbegriffe des Hochschulmanagements, 2. Aufl., Bielefeld, 2004, S. 259-267

Winde, M. (2006); Wie kann modernes Personalmanagement an deutschen Hochschulen gefördert werden?, in: P-OE, Personal- und Organisationsentwicklung in Einrichtungen der Lehre und Forschung, 3/2006, 1. Jg., S. 61-64

Winnes, R. (1993); Neue Anforderungen an Führungsqualität und Persönlichkeitsstruktur, in: Schuppert, D. (Hrsg.): Kompetenz zur Führung: was Führungspersönlichkeiten auszeichnet, Wiesbaden 1993, S. 73-112

Winteler, A. (2002a); Lehrqualität = Lernqualität? (Teil 1) Über Konzepte des Lehrens und die Qualität des Lernens, in: Das Hochschulwesen, 2/2002, 50. Jg., S. 42-49

Winteler, A. (2002b); Lehrqualität = Lernqualität? (Teil 2) Über Konzepte des Lehrens und die Qualität des Lernens, in: Das Hochschulwesen, 3/2002, 50. Jg., S. 82-89

Winteler, A. (2003); Ein Programm zur Entwicklung und Veränderung von Konzeptionen des Lehrens und Lernens, in: Welbers, U. (Hrsg.): Hochschuldidaktische Aus- und Weiterbildung. Grundlagen - Handlungsformen - Kooperationen, Bielefeld, 2003, S. 141-150

Winteler, A.; Krapp, A. (1999); Programme zur Förderung der Qualität der Lehre an Hochschulen, in: Zeitschrift für Hochschuldidaktik, 1/1999, 23. Jg., S. 45-60

Winter, M. (2004a); Editorial, in: Die Hochschule. Journal für Wissenschaft und Bildung, 1/2004, 13. Jg., S. 6-11

Winter, M. (2004b); Fachbereiche und Fakultäten. Bestehende Organisationsstrukturen und aktuelle Reformprojekte an Universitäten, in: Die Hochschule. Journal für Wissenschaft und Bildung, 1/2004, S. 100-142

Witt, M.M. (1999); Teamentwicklung im Projektmanagement. Vergleich konventioneller und erlebnisorientierter Programme. Dissertation, Hamburg, 1999

Witt, R. (1990); Schlüsselqualifikationen als Inhaltsproblem, in: Reetz, L.; Reitmann, T. (Hrsg.): Schlüsselqualifikationen: Dokumentation des Symposions in Hamburg "Schlüsselqualifikationen - Fachwissen in der Krise?", Hamburg, 1990, S. 93-100

Wolf, G.; Draf, D. (1999); Leiten und Führen in der öffentlichen Verwaltung. Handbuch für die Praxis, 5. Aufl., München, Berlin, 1999

Wolff, K.D. (2006); Universitätsmanagement als emergente Profession. Zur Konstituierung einer reflexiven Führungspraxis in der europäischen Universität, in: Welte, H.; Auer, M. (Hrsg.): Management von Universitäten, München, Mering, 2006, S. 35-46

Wolter, A. (1999); Die Transformation der deutschen Universität. Historische Erbschaft und aktuelle Herausforderungen, in: Scholz, W.-D.; Schwab, H. (Hrsg.): Bildung und Gesellschaft im Wandel. Bilanz und Perspektiven der Erziehungswissenschaft, Oldenburg, 1999, S. 19-60

Wörner, J.-D. (2007); Ein wilder Hazard. Anmerkungen eines scheidenden Universitätspräsidenten zu Führung und Macht an Universitäten, in: Forschung und Lehre, 1/2007, 14. Jg., S. 10-11

Wottreng, S. (2003); Handbuch Handlungskompetenz: Einführung in die Selbst-, Sozial- und Methodenkompetenz, 4. Aufl., Aarau, 2003

WR (1975); Empfehlungen des Wissenschaftsrates zu Organisation, Planung und Förderung der Forschung, Bonn, 1975

WR (Hrsg.) (1993); 10 Thesen zur Hochschulpolitik, Berlin, 1993

WR (2001); Personalstruktur und Qualifizierung: Empfehlungen zur Förderung des wissenschaftlichen Nachwuchses, Köln, 2001

WR (2006); Empfehlungen zur künftigen Rolle der Universitäten im Wissenschaftssystem, Köln, 2006

WRK (1988); Die Zukunft der Hochschulen. Überlegungen für eine zukunftsorientierte Hochschulpolitik, Bonn, Bad Godesberg, 1988

Würtenberger, T. (2003); Forschung nur noch in der Freizeit? Eine Studie zur Arbeitsbelastung der Professoren, in: Forschung und Lehre, 9/2003, 10. Jg., S. 478-480

Zechlin, L. (2006); Im Zeitalter des Wettbewerbs angekommen. Der Differenzierungsprozeß innerhalb der Universitäten läuft, in: Forschung und Lehre, 8/2006, 13. Jg., S. 446-448

Zehetmair, H. (1998); Geleitwort, in: Küpper, H.U.; Sinz, E. J. (Hrsg.): Gestaltungskonzepte für Hochschulen. Effizienz, Effektivität, Evolution, Stuttgart, 1998, S. V-VI

Ziegele, F. (2004); Finanzierung und Organisation von Hochschulen. Wie Veränderungsprozesse ineinander greifen, in: Die Hochschule. Journal für Wissenschaft und Bildung, 1/2004, 13. Jg., S. 74-86

Ziegler, A. (1994); Ethische Überlegungen zur Menschenführung in wirtschaftlichen Krisenzeiten, Hofmann, L.; Regnet, E. (Hrsg.): Innovative Weiterbildungskonzepte: Trends,

Inhalte und Methoden der Personalentwicklung in Unternehmen, Göttingen, 1994, S. 25-38

Zittlau, J. (1994); Eine Elite macht Kasse: Der Professoren-Report, Hamburg, 1994

Zuber-Skerritt, O. (1997); Die Universität als lernende Organisation. Ein Projekt zur Qualitätsverbesserung in einer australischen Universität, in: Altrichter, H.; Schratz, M.; Pechar, H. (Hrsg.): Hochschulen auf dem Prüfstand. Was bringt Evaluation für die Entwicklung von Universitäten und Fachhochschulen?, Innsbruck, Wien, 1997, S. 290-306

Zundja, A.; Mayer, G. (2000); Bildungserhebung im Rahmen der Einführung der Personalentwicklung, in: Altricher, H.; Kloimwieder, T.; Stöbich, T. (Hrsg.): Lehre und Personalentwicklung an österreichischen Universitäten, Innsbruck, Wien, München, 2000, S. 57-74

Zürn, P. (1993); Die sieben Komponenten der persönlichen Führungskompetenz, in: Schuppert, D. (Hrsg.): Kompetenz zur Führung: was Führungspersönlichkeiten auszeichnet, Wiesbaden, 1993, S. 187-206

Zwicky, F. (1966); Entdecken, Erfinden, Forschen im Morphologischen Weltbild, München, 1966

ZWM (2006); Weiterbildungsprogramm 2006. Expertengespräche. In-house. Thementage. Trainings, Speyer, 2006

VERWENDETE INTERNETQUELLEN

http://www.bmbf.de/de/820.php

http://www.destatis.de/jetspeed/portal/cms/Sites/destatis/Internet/DE/Content/Statistiken/Bildung ForschungKultur/Hochschulen/Tabellen/Content50/HochschulenHochschularten,templateId=renderPrint.psml

http://www.daad.de

http://www.fu-berlin.de/weiterbildung/weiterbildungsprogramm/wimi/wimi_programm/mb$wm_013-ws08_09.html

http://www.gew.de/print/HRG-Novellen.html

http://www.hochschulkompass.de/hochschulen.html

http://www.hochschulkurs.de

http://www.kmk.org/fileadmin/doc/Dokumentation/Bildungswesen_pdfs/dt-2009.pdf

http://www.oefre.unibe.ch/law/dfr/bv035079.html

http://www.spiegel.de/unispiegel/studium,0,1518,563614,00.html

http://www.spiegel-online.de/unispiegel/studium/0,1518,564060,00.html

http://tina.brelogic.de/

http://www.uni-konstanz.de/ag-moral/kurse/k-ITSE_block.htm

http://www.uni-konstanz.de/itse-projekt/itse_home.htm

http://www.uni-siegen.de/uni/hochschuldidaktik/programm/pruefungen_09.html?lang=de

http://www2.tu-berlin.de/zek/wb/online lehre/index.html

http://www.2000ff.de/pm